法律实务精解与应用系列

中国固定收益业务

》》》法律实务

——债券和资产证券化

余红征 著

厦门大学出版社

XIAMEN UNIVERSITY PRESS

国家一级出版社

全国百佳图书出版单位

图书在版编目(CIP)数据

中国固定收益业务法律实务:债券和资产证券化/余红征著.—厦门:厦门大学出版社,2016.2
(法律实务精解与应用系列)
ISBN 978-7-5615-5936-9

Ⅰ.①中…　Ⅱ.①余…　Ⅲ.①证券投资基金法-研究-中国　Ⅳ.①D922.287.4

中国版本图书馆 CIP 数据核字(2016)第 032466 号

出 版 人　蒋东明
责任编辑　甘世恒
装帧设计　蒋卓群
责任印制　许克华

出版发行　厦门大学出版社
社　　址　厦门市软件园二期望海路 39 号
邮政编码　361008
总 编 办　0592-2182177　0592-2181253(传真)
营销中心　0592-2184458　0592-2181365
网　　址　http://www.xmupress.com
邮　　箱　xmupress@126.com
印　　刷　厦门市万美兴印刷设计有限公司印刷

开本　720mm×1000mm　1/16
印张　26
插页　2
字数　440 千字
版次　2016 年 2 月第 1 版
印次　2016 年 2 月第 1 次印刷
定价　65.00 元

厦门大学出版社
微信二维码

厦门大学出版社
微博二维码

序

贺学会[*]

　　固定收益业务在成熟国家的金融市场上一直处于十分重要的位置。这一方面可能是因其不同于股权市场的收益和风险特征而在资产配置中享有独特的地位，另一方面可能也正是因为固定收益业务中所体现的契约关系的相对完备性。研究前一方面的因素是金融学者的使命，而后者则往往需要依赖律师和相关利益方的共同介入。君泽君律师事务所余红征律师所撰写的《中国固定收益业务法律实务——债券和资产证券化》一书，为学界和业界提供了一个很好的视角。在当前我国分业监管、综合服务的金融格局下，固定收益业务无疑面临对各类固收产品、各监管机构在法规制度和监管措施上的差异和协调问题。在此背景下，该书应运而生，可庆可贺。

　　作者深入细致地总结了其二十余年在金融行业摸爬滚打的经验，分门别类地介绍了目前市场上主要的固收业务，将纷繁复杂、浩如烟海的固收业务法规吸收、拆散后进行归类、重构，放入不同机构的不同固收产品，通过案例予以说明，并结合自己的专业经验进行点评，有深度，也有新意。这是本书的一个亮点。

　　我和红征律师相交已逾十年。我素知红征律师做人做事独具匠心，本书当然也不例外。据我所知，本书的框架提纲 2014 年 8 月已经草拟，后几经讨

---

　　* 贺学会，现任上海对外经贸大学金融管理学院院长、教授，上海市金融学会常务理事，上海自由贸易试验区分账核算业务风险审慎合格评估专家组成员，长期从事金融市场和行为金融学领域的研究工作。历任湖南大学金融学院副院长、上海国家会计学院教授等职。

论、变更、优化方才确定。为紧跟固收业务的最新法规和市场动态，体现出真正急需的业务"实务"，不惜一再修补书稿，将使用的监管法规和典型案例涵盖到 2015 年 12 月的最新内容，包括 2015 年 11 月 30 日国家发改委发布的《关于简化企业债券审报程序、加强风险防范和改革监管方式的意见》、上交所 2015 年 12 月 10 日发布的《公司债券审核人员行为准则（试行）的通知》、央行 2015 年 12 月 15 日发布的《银行间债券市场发行绿色金融债券有关事宜公告》、深交所 2015 年 12 月 30 日发布的《非公开发行公司债券转让条件确认业务指引》《资产支持证券挂牌条件确认业务指引》，包括 2015 年 11 月的 ABS 产品，书稿修订多达 18 轮，这可以说是新鲜出炉的最应时读本了。这是该书的另一亮点：将最新监管法规、政策导向、市场动态、典型案例，系统而全面地展现在读者面前。

作者余红征律师曾担任新疆金新信托股份有限公司的信托业务经理和金融工程研究员，2001 年左右就开始从事员工持股计划、管理层收购、资产证券化、REITs 以及信托税收和信托登记问题的研究和探索，并在公司大力支持下积极参与《信托公司管理办法》《信托公司集合资金信托计划管理办法》的制定和修订工作。从事律师工作后依然充满研究精神，不断探索新业务。

余律师盛情相邀，作为故交和知己，本人虽自感力所不逮，但仍欣然作序，以示支持之意。

2016 年 1 月 3 日于上海松江大学城

自　序

　　作为金融律师之前，我是一名期货、信托、证券业的老兵，在摸索中逐渐意识到自己缺乏数字敏感性和商业整合能力，加上数次报考产业经济学博士未果，于是决然离开金融业，从事纯粹法律技术的金融律师工作。

　　正是这种特殊的工作经历和律师身份，使我能够较为直接、深入地参与各类债券和资产证券化业务中，我2002年就开始在工作单位新疆金新信托投资股份公司、上海金新金融工程研究院的安排下，从事资产证券化业务的政策法规研究和业务推进，项目团队撰写了三万二千余字的研究报告《我国资产证券化问题研究》，系统地研究资产证券化的运作原理及国际经验，探讨我国资产证券化的操作方案，着重研究我国住房抵押贷款和企业应收账款的证券化方案设计，分析资产证券化给信托业带来的机遇，并重点从定价和分销两个维度分析美国运通赊账卡应收账款的证券化案例。

　　固定收益业务的种类庞杂，多头监管，市场分割，政策多变，业界关于固定收益的工具和观点很丰富、很深刻，但是在新媒体、自媒体及"快餐文化"的大背景下似乎显出碎片化，大家都很忙，没有人会有精力和耐心来做这些梳理、整理的工作。我没有什么业余爱好，不喜欢玩也不会玩，就是喜欢工作、思考、读书、写作，操些不该由律师操的心，于是就想到了写一本书来总结一下固定收益业务。原本以为是件轻松愉悦的事情，没想到真正写起来如此之难，耗费了大量时间和精力：

　　第一，监管法规体系庞大、法律渊源层级低（大部分连部门规章都算不上，而且有些根本不对社会公开）、朝令夕改，所以首先要保证法规不遗漏、不重复；第二，即兴偶得的观点常自以为高明，可仔细推敲并写在纸上却是另一回事，因为我要确保其在理论、法律和实践上站得住脚，结论经得起推敲；第三，既然是实务，就要确保能够让读者读后可以系统而清晰地了解各类固定收益业务的核心特征和本质区别,这需要将现行有效的监管法规拆散之后再组装进不同机构的不同固定收益业务,这也是个极精细、极耗时的事;第四,原以为自己有比较丰富的法律服务经验和综合深入的知识积累,可以轻松通过案例来分类演示固定收益业务的完整流程,但动笔时不得不考虑要避免泄露客户的商业秘密或有违律师职业道德之嫌,所以要到资管机构的网站、监管部门的网站等公开渠道去查找它们公开的信息或做技术处理。

这本书的写作历时 17 个月,代价很大:写到兴头上或百思不得其解时,思想均无法从中抽出,不得不放弃很多商业机会。

任何的金融产品,本质都是若干份法律文书组成的一套环环相扣的交易文件,它的核心要素有二:一是法律结构(体现为交易结构),二是商业要素(体现为成本、收益、增信),二者最终必须融合,在合法框架下实现各方的商业诉求。因此,律师在资产管理业务中介入很早、很深,要参与产品交易结构的设计、论证,要排除具有商业合理性但违背强制性规定的交易结构,要在现行法制框架下将各方的商业诉求通过合法途径嵌入各种交易文件,可以说,律师是资管产品的制造者之一。资管产品的销售、托管、投资、投后管理、退出、清盘等所有阶段,无一不需要律师参与。

正如狄更斯在《双城记》中所说:"这是最好的时代,也是最坏的时代。"客户需要的是综合的金融服务,所以既要打破不同金融机构之间的业务分割,更要打破同一金融机构内部的部门分割,最终金融机构要靠服务客户的真正实力,只要有了这个真功夫,其他的机构和部门都将是你的通道。

未来需要我们共同努力,抓住建立多层次资本市场、提高直接融资比例、盘活存量、万众创新的历史性机遇,促进固定收益业务的结构优化和健康发展,为实体经济的发展提供有力支持。

余红征
2016 年 1 月 5 日于上海陆家嘴世纪金融广场

目 录

第一编 概 述

第二编 资产证券化类固定收益业务

第三编　非金融债券业务

第四编 金融债券业务

第一编

概

述

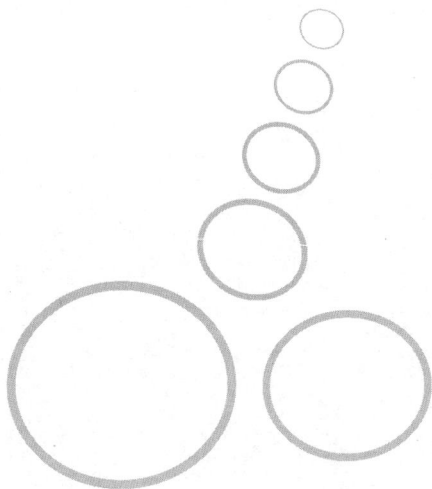

第一章

我国固定收益业务概况

　　本章从固定收益产品的概念、特征及分类、原理及功能、交易场所及品种、成交金额及结构、发展趋势等方面出发,对我国固定收益业务进行概括性介绍。

第一节　概念、特征及分类

一、固定收益产品的概念及特点

　　鉴于固定收益业务的多头管理以及产品层次和种类的繁杂,经查找文献、书籍、法规等资料和网络检索,在监管层面及法规层面均未能对固定收益产品的概念作出明确的统一的界定,理论界、各类监管机构、各类金融机构都分别从各自不同的角度对固定收益业务进行了描述。

　　综合各方描述,并结合长期工作经验,笔者认为:固定收益产品是指持有人可以在特定的时间内取得固定的收益并预先知道取得收益的数量和时间的金融产品。

　　与股票等权益类产品相比,固定收益产品具有以下特征:

　　一是收益率固定,取得收益的时间固定;

　　二是产品期限固定,到期向投资人偿还本金;

　　三是可流通性,可以在规定的交易场所向合格的投资者转让变现;

　　四是优先受偿权,作为债权人的债券投资者的本金和利息,优先于作为股东的股票投资者受偿,相对权益类产品投资风险较小;

　　五是发行人支付的利息或费用可税前扣除,具有节税效益。

二、固定收益产品的主要类别

梳理我国资本市场的固定收益产品,可以将其分为两大类:一类是债券(包括公司债、企业债、非金融企业债务融资工具、金融债、政府债等),另外一类为资产证券化产品。

二者的主要区别在于:债券的发行人是作为融资主体的企业(或政府),偿债基础为发债主体的整体经营产生的现金流;资产证券化产品的发行人是专门设立的特殊目的载体(SPV)而不是融资主体,产品本金及收益依赖于原本属于融资主体但被转移至 SPV 名下的某特定资产产生的现金流而不是融资主体。

(一)债券

债券是一种有价证券,是各类经济主体(或政府)为筹集资金直接向投资者举借债务而向投资者出具的承诺按一定利率、定期支付利息并到期偿还本金的标准化的债权债务凭证。(详见本书第七章《我国非金融债券业务概述》、第十一章"我国金融债券业务概述"、第十二章《关于金融债券的监管要点》)

(二)资产支持证券

资产证券化是指将权属明确、能够产生可预测现金流的财产、财产权利或其组合作为基础资产,将该基础资产真实转移至依法构建的 SPV(特殊目的载体,包括 SPT 和 SPC),使该基础资产在法律上具有独立性和破产隔离的功能,在此基础上发行资产支持证券的金融活动。[1](详见本书第三章"资产证券化业务概述")

第二节   原理及功能

一、固定收益产品的原理

虽然有限责任公司作为现代社会最伟大的发明,股东的有限责任使投资

---

[1]   余红征:《中国资产管理法律实务》,厦门大学出版社 2013 年版,第 39 页。

者避免因商业失败需承担无限责任而倾家荡产,极大地刺激了投资业务的发展,但在公司运营和扩张的过程中,仅有来自公司股东的投资远远不够,大多数公司还需进行债务性融资,以扩大公司的资产规模,并改善财务结构。

发行债券是发行人运用债务性融资工具进行融资的过程。债券的发行人既是资金的需求者,也承担着按约定偿还本息的义务;债券的购买者作为资金的提供方,在法律上享有要求发行人按约定偿还本息的权利。债券是证明其持有人与发行人之间债权债务关系的法律凭证,债券契约规定了债权债务的金额、期限、利率、支付方式及债权人与债务人各自应有的权益。① 实践中,各债券市场参与者通过系列金融设计与创新,针对债券各要素进行重新组合安排,创造出不同的债券品种,在繁荣我国债券市场的同时,也不断丰富着投资者的理财投资渠道,为企业融资提供便利。

资产证券化是以特定资产组合或特定现金流为支持,发行可交易证券的一种融资形式,该行为通常伴随着以特定资产出表为结果,并在实现融资的同时改善企业的资产负债结构。与股权性融资不同的是,资产证券化投资人所获收益一般为固定收益(结构化产品中次级持有人收益为可变利益的除外),因此一般认为资产证券化业务与债务性融资有类似的基因。

对于投资者而言,固定收益产品的收益固定,并不意味着产品没有风险,只是风险较低。其风险主要包括利率风险、价格变动风险、通货膨胀风险、信用风险、兑付风险、流动性风险、税收风险及政策风险等。

经过将近40年的成长与发展,固定收益证券已成为世界资本市场交易量最高的一种证券,其交易量已达到全世界资本市场所有证券交易量的2/3。② 作为一种重要的融资工具,固定收益类融资产品已为政府及企业融资提供了巨大的推动作用,同时也丰富了投资者的投资品种。在资本市场产品链上,固定收益类产品已成为助推资本良性流通不可或缺的重要一环。

---

① 李扬、王国刚主编:《资本市场导论》,经济管理出版社1998年版,第91页。
② 陈松男:《固定收益证券与衍生品:原理与应用》,机械工业出版社2014年版,序言。

二、固定收益产品的功能

(一)对投资者的功能

行为经济学认为,在投资活动中,根据投资者对风险的喜好程度,可将投资者分为风险回避型、风险追求型与风险中立型。由于不同投资者风险承受能力不同,必定会出现不同的投资意愿,固定收益类投资品种的创设及内容的不断丰富,将为风险中立及风险回避型等中低风险喜好投资者提供多样化的投资选择。

现代金融学理论认为,公司的价值与公司的资本结构有某种程度的关联。作为投资者中重要的一类——机构投资者来说,企业内部资本结构将是其投资、融资行为不可或缺的考量因素。在企业投资、融资活动中,固定收益类产品与股权投资品种的结合,为企业采取灵活的投资方案提供了前提条件。

(二)对融资方的功能

根据改进的财务分析体系,企业的权益净利率＝净经营资产净利率＋(净经营资产净利率－税后利息率①)×净财务杠杆。对成长性较好的企业来说,一般会有较高的净经营资产净利率,而当净经营资产净利率大于税后利息率的前提下,债务性融资便能够提高公司的净资产收益率,具有提升企业价值的财务杠杆作用。同时,与普通股筹资相比,债务融资具备以下功能:一是资本成本低,债券利息可税前扣除,与股息相比可起到抵税的作用;二是投资要求回报低,与股权投资相比,债权投资风险小,因而投资者要求的投资报酬率较低,降低企业的融资成本;三是负债筹资不会稀释公司的控制权,以稳定公司股权治理结构。

(三)固定收益产品就确保固定收益吗

在我国,"固定收益产品"很容易被误认为是"确保固定收益"的"低风险低收益产品",许多资信状况较差的产品在发行前往往会被设置多重内外部

---

① 此处利息费用金额为财务费用与公允价值变动收益及投资收益抵消后的结果。

增信措施以调高信用等级,最终变形为高收益低风险的产品,且在 2014 年以前,违约产品都存在"刚性兑付"现象,投资者最终并没有承担相应的投资风险。

但是以上种种,不过是因为投资品供给严重短缺的资本市场和维稳政治导向叠加而扭曲了固定收益产品原本的经济原理和法律属性,而该类产品的经济和法律本质依然不变:(1)债券是发行人与持有人之间的债务人与债权人关系,本质是一张格式化的、可以合法流通的"借条",发行人作为债务人的所有法律义务体现为按照"借条"写明的时间、金额还本付息;(2)而资产证券化产品虽然从本质上来说应当具有破产隔离的功能,但是实践中由于基础资产的特殊性、发行人认购次级份额、发行人承诺补足等原因,基础资产的风险与收益并不能完全转移至依法构建的 SPV,因而无法实现出表,产品收益仍与发行人的经营状况密切相关,仍存在违约风险。

2014 年被媒体称为"违约元年",以"11 超日债"到期无法全额兑付为开始标志。据有关统计,自 2014 年以来,国内共发生债券违约事件 15 起,其中公募债违约事件 6 起,私募债违约事件 9 起,最终发生实质性违约 7 起。[①] 且 2015 年 4 月 21 日,保定天威集团有限公司 2011 年度第二期中期票据付息违约更是开启了国企债券违约第一例,也是首单违约的银行间市场债券。

上述违约事件成为证券定价市场化、投资者风险教育以及打破"刚性兑付"的里程碑,固定收益产品中的债券将真正分化为垃圾债和高等级债,对解决市场建设、投资者教育、监管理念等基础问题和深层次问题而言是长期利好;但是对于目前低迷、脆弱、敏感的国内资本市场而言,来得不是时候,有点雪上加霜,可能会成为压死骆驼的最后一根稻草,它造成的恐慌心理也将波及比它更不规范的信托、券商资管、基金子公司资管等机构的非标融资业务,使得最需要资金的企业得到资金的难度更大、成本更高,对整个经济运行是非常负面的,是很大的利空。

---

① 郭儒逸:《债券市场违约潮初现:哪些债更容易违约?》,载《财经综合报道》2015 年 4 月 8 日。

第三节　交易场所及品种

一、交易场所及交易品种

我国真正意义上的债券市场从 20 世纪 80 年代开始,按照市场发展轨迹大致可分为萌芽、起步、规范整顿、加速发展四个阶段。第一阶段:萌芽阶段(1981—1986 年),此阶段发行的债券以国债为主,没有成型的债券交易机制和交易场所;第二阶段:起步阶段(1987—1997 年),随着 1990 年底沪深交易所的成立,债券交易重心逐步转向交易所,但由于出现了部分企业债券到期无法兑付的问题,同时为制止乱集资现象,企业债券经历了从人民银行到国家计委归口管理的转变;第三阶段:规范整顿阶段(1998—2004 年),1997 年 6 月为规范市场、控制风险,央行要求各商业银行将债券交易由交易所转至全国同业拆借中心,银行间债券市场框架基本形成;第四阶段:加速发展阶段(2005 年至今),债券市场多头监管格局形成,银行间债券市场成为我国债券市场主体,市场成员、产品序列不断丰富。

目前,我国固定收益类产品各交易场所的基本情况为:银行间市场是债券市场的主体,债券存量约占全市场 95%[①],银行间市场各类债券均通过中国外汇交易中心暨全国银行间同业拆借中心的交易系统进行交易;交易所市场是债券市场的重要组成部分;商业银行柜台市场是银行间市场的延伸,根据2016 年 2 月 14 日人民银行发布的《全国银行间债券市场柜台业务管理办法》,符合条件的金融机构开展柜台业务的债券品种包括经发行人认可的已发行国债、地方政府债券、国家开发银行债券、政策性银行债券和发行对象包括柜台业务投资者的新发行债券。根据证监会 2015 年 1 月 16 日发布的《公司债券发行与交易管理办法》以及 2014 年 11 月 19 日发布的《证券公司及基金管理公司子公司资产证券化业务管理规定》,公开发行公司债券的交易场所由上海、深圳证券交易所拓展至全国中小企业股份转让系统(简称"股转系统");

---

① 　中央国债登记结算有限责任公司网站,债券市场专栏,http://www.chinabond.com.cn/Info/10016774,访问日期:2015 年 10 月 16 日。

非公开发行公司债券、证券公司及基金子公司发行的资产支持证券的交易场所由上海、深圳证券交易所拓展至股转系统、机构间私募产品报价与服务系统（简称"报价系统"）和证券公司柜台。

我国固定收益类产品的交易品种根据交易场所的不同，表现为不同的形式。其中，银行间债券市场的交易品种包括：现券交易、质押式回购、买断式回购、远期交易、债券借贷；交易所债券市场的交易品种包括：现券交易、质押式回购、融资融券。① 柜台市场的交易品种包括现券买卖、质押式回购、买断式回购以及经人民银行认可的其他交易品种。

二、固定收益类产品品种

目前在深圳证券交易所流通交易的固定收益类产品包括：（1）中小企业私募债；（2）中小企业可交换私募债；（3）证券公司次级债；（4）证券公司短期公司债；（5）资产支持证券；（6）企业债；（7）公司债；（8）国债；（9）地方政府债。其中，自 2015 年 5 月 29 日起，深交所停止对中小企业私募债、中小企业可交换私募债、证券公司次级债以及证券公司短期公司债进行发行前备案，改为由深交所根据发行人是否符合非公开发行公司债券的相关规定，判断是否允许其在交易所挂牌转让。

目前在上海证券交易所上市交易的固定收益类产品包括：（1）国债；（2）地方政府债；（3）政策性金融债；（4）企业债；（5）公司债；（6）可转债；（7）分离债；（8）资产支持证券；（9）中小企业私募债。其中，自 2015 年 5 月 29 日起，上交所停止对中小企业私募债进行发行前备案，改为由上交所根据发行人是否符合非公开发行公司债券的相关规定，判断是否允许其在交易所挂牌转让。

银行间市场是中国最主要的债券交易市场以及中短期资金拆借市场，交易品种涵盖同业存单、国债、地方政府债、政策性金融债、央票、二级资本工具、混合资本债、普通金融债、证券公司短期融资券、国际开发机构债、次级债、政府支持机构债券、中期票据、集合票据、企业债、短期融资券、超短期融资券、非公开定向债务融资工具以及资产支持证券等几乎所有的债券品种。

---

① 中央国债登记结算有限责任公司网站，债券市场专栏：http://www.chinabond.com.cn/Info/10017040，访问日期：2015 年 4 月 15 日。

第四节 成交金额及结构

一、深交所固定收益产品交易情况

根据深交所网站披露的信息,2015 年 10 月 16 日在深交所流转的固定收益品种交易情况如下[①]:

表 1-1

名称	数量(只)	成交金额(元)	成交量(张)
公募品种	914	1249339217	11493912
国债及地方政府债	653	277412	2757
企业债	27	23872859	229068
公司债	233	960304650	9434831
可转债	1	264884295	1827256
债券回购	9	37490977000	374909770
非公募品种	251	111538400	1100000
私募债	211	111538400	1100000
可交换私募债	6	0	0
证券公司次级债	34	0	0
证券公司短期公司债	17	0	0
资产支持证券	143	100000000	1000000

① 深圳证券交易所固定收益信息平台,数据统计专栏,http://www.szse.cn/main/ints/sjtj/ywgk/,访问日期:2015 年 10 月 16 日。

二、上交所固定收益产品交易情况

根据上交所网站披露的信息,2015 年 10 月 16 日上交所上市交易的固定收益类产品成交、发行、挂牌及托管情况如下[①]:

(一)债券发行及成交金额

表 1-2

名称	发行总额 (亿元)	市价总值 (亿元)	成交笔数 (万笔)	成交金额 (万元)	占债券总成交金额的百分比 (%)
公司债现货	11924.53556	12105.51	0.0986	283673.82	0.48
企业债现货	23364.8	23315.19	0.2341	313063.88	0.53
可分离债	68.0	66.88	0.0046	169.17	0
地方政府债	29949.3563	29938.44	0.0	0	0
国债买断式回购	0.0	0	0.0	0	0
可转债	93.8	125.46	1.5052	65302.8	0.11
企业债回购	0.0	0	0.0	0	0
新质押式债券回购	0.0	0	28.7937	57117430	95.94
国债现货	70835.2	71879.56	0.1323	249649.95	0.42
债券	139490.51686	140709.5	40.4245	59531618.25	100

---

① 上海证券交易所网站,债券成交概况,http://www.sse.com.cn/market/dealingdata/overview/bond/turnover/,访问日期:2015 年 10 月 16 日。

(二)债券成交数量

表 1-3

名称	上市(只)	交易(只)	上涨(只)	持平(只)	下跌(只)
公司债现货	557	261	42	186	33
企业债现货	1721	164	62	64	38
可分离债	1	1	1	0	0
地方政府债	480	0	0	0	0
国债买断式回购	6	0	0	0	0
可转债	3	1	1	0	0
企业债回购	3	0	0	0	0
新质押式债券回购	9	9	3	1	5
国债现货	174	29	10	10	9
债券	3540	1029	127	806	96

(三)固定收益产品挂牌只数及托管面值①

表 1-4

名称	合计挂牌(只)	托管面值(亿元)
国债	174	5021.969
地方政府债	473	35.1
政策性金融债	3	300

---

① 上海证券交易所债券信息网,http://bond.sse.com.cn/fisp/fixed/debenture/zsjtgl.html,访问日期:2015 年 10 月 16 日。

续表

名称	合计挂牌（只）	托管面值（亿元）
企业债	1721	9418.66
公司债	557	11751.042
可转债	3	93.754
分离债	1	68
资产支持证券	234	475.062
中小企业私募债	545	2426.002
合计	3711	29589.589

三、银行间市场上市固定收益品种交易情况

截至 2015 年 10 月 16 日，当年在银行间债券市场发行的政策性银行债、商业银行债券、非银行金融机构债券、企业债券、短期融资券、资产支持证券、中期票据及集合票据情况如下[①]：

表 1-5

名称	现券交易	质押式回购交易		买断式回购交易	
	交割量	交割量	支付额（亿元）	交割量	支付额（亿元）
政策性银行债	266233.72	1215355.53	1198801.45	41729.59	42137.87
国家开发银行	177436.57	732941.81	724292.23	33993.50	34394.95
中国进出口银行	37660.84	189921.80	186944.76	3558.72	3577.01
中国农业发展银行	51136.31	292491.92	287564.46	4177.37	4165.92

---

① 中央国债登记结算有限责任公司网站，统计数据专栏，http://www.chinabond.com.cn/Channel/19012917#，访问日期：2015 年 10 月 16 日。

续表

名称	现券交易	质押式回购交易		买断式回购交易	
	交割量	交割量	支付额(亿元)	交割量	支付额(亿元)
商业银行债券	3496.75	26196.66	25630.75	571.54	586.58
普通债	3321.57	19671.17	19438.48	396.92	409.96
次级债	168.07	5830.88	5506.98	169.92	171.78
混合资本债	7.11	694.61	685.28	4.70	4.83
非银行金融机构债券	671.00	547.42	541.08	17.39	17.67
企业债券	43328.82	137004.41	134493.47	41798.99	43372.90
中央企业债券	2339.01	15152.76	14857.32	718.29	740.98
地方企业债券	40914.39	120944.96	118745.41	41036.32	42585.34
集合企业债	75.43	906.69	890.74	44.39	46.59
短期融资券	0.00	0.00	0.00	0.00	0.00
资产支持证券	167.14	451.79	396.92	0.00	0.00
中期票据	24162.42	73660.24	72483.16	7840.43	8056.02
集合票据	44.98	36.12	36.08	1.10	1.18

第五节　发展趋势

一、市场趋势

梳理我国的金融市场的整个体系和发展脉络,结构不平衡的现象较为突出:首先,直接融资和间接融资比例不平衡,金融市场过分依赖银行体系的间接融资。其次,在直接融资领域,股票市场和固收市场发展不平衡,重股轻债长期且普遍存在。再次,在固收市场内部也不平衡,债券一枝独秀,品种单一,盘活存栏量的 ABS 举步维艰。最后,在债券市场内部依然不平衡:第一是国家信用的债券和企业信用的债券不平衡,具有政府信用背景的债券占比远超以企业信用作为基础的债券(其中国家电网、铁道债等,实际上还是以国家信用为主);第二是在信用债券内部大企业为主,中小企业的债券稀少。

以上诸多的不平衡,是我国资本市场需要改进的地方,未来提高直接融资比例将有赖于扩大债券市场和股票市场的广度、深度,目前我国以债券市场为主的固定收益市场还处于初步发展阶段,仍存在一些深层次的问题,如监管体制与市场分割的局面尚未理顺、市场品种失衡、以社会信用为基础的信用债券市场比较薄弱、投资者结构单一、市场风险未能有效分散等,这些都制约了我国固定收益市场的发展,未来我国必将建立起与股票市场同等重要的固定收益市场,为投资者建立一个安全高效的交易运作平台,固定收益行业的市场空间空前巨大。

国务院及各级政府和监管机构已充分认识这些问题,并持续出台相关举措。《国务院办公厅关于金融支持经济结构调整和转型升级的指导意见》国办发〔2013〕67 号规定:"加快发展多层次资本市场","稳步扩大公司(企业)债、中期票据和中小企业私募债券发行,促进债券市场互联互通"。《国务院关于创新重点领域投融资机制鼓励社会投资的指导意见》国发〔2014〕60 号也规定:"支持重点领域建设项目采用企业债券、项目收益债券、公司债券、中期票据等方式通过债券市场筹措投资资金。推动铁路、公路、机场等交通项目建设企业应收账款证券化。建立规范的地方政府举债融资机制,支持地方政府依法依规发行债券,用于重点领域建设。"

因此,我们有理由相信,提高直接融资比例,建立多层次资本市场,我国固定收益业务必将蓬勃发展。

二、监管趋势

如前所述,固定收益市场多头监管的弊病导致监管套利、市场混乱等现象时有发生,监管理念比较落后,监管技能水平不足,这些已成为影响固定收益市场发展繁荣的主要障碍。目前我国固定收益产品交易场所多样、相对分割:包括银行间债券市场、交易所债券市场和商业银行柜台等传统交易场所,以及股转系统、报价系统和证券公司柜台等新兴交易场所。不统一的监管格局更是被戏称为"六龙治水"：从产品发行监管看，财政部负责国债和地方政府债券的发行，央行和银监会监管在银行间市场发行的非金融企业债、金融债券、信贷资产证券化等，证监会负责监管公司债、券商及基金子公司作为管理人的资产证券化等，发改委则监管和审批企业债券，保监会负责监管保险公司债权投资计划、保险资产管理公司作为受托人的资产证券化等。除发行市场外，托管、清算等环节也同样存在严重分割。

近年来，国家相关部门不断采取措施解决上述问题，并在部分领域取得了一些成绩：一是鼓励产品创新，如交易商协会推出项目收益票据、证监会修订公司债发行的监管办法，将公司债的发行主体扩容等。二是允许不同的发行市场互通，建立跨市场转托管机制。三是允许部分产品自主选择交易场所，如国债、企业债既可在交易所发行，也可在银行间市场发行，允许由市场和发行人双向选择信贷资产支持证券交易场所等。四是发行监管思路逐步由审批制向注册制过渡，或下放监管权限，如银监会将信贷资产支持证券发行资格由审批制改为备案制，央行对信贷资产支持证券发行实行注册制管理，面向合格投资者公开发行的公司债由交易所预审，简化证监会的审批程序等。

为深化企业债券审批制度改革，推进企业债券发行管理由核准制向注册制过渡，加大企业债券服务实体经济的力度，发改委2015年10月出台《关于进一步推进企业债券市场化方向改革有关工作的意见（征求意见稿）》，进一步简化程序，提高企业债券审核效率，主要举措为：

第一，简化申报程序，精简申报材料，提高审核效率。地方企业直接向省级发展改革部门提交企业债券申报材料，要求发行人对土地使用权、采矿权、收费权等与债券偿债直接有关的证明材料进行公示，纳入信用记录事项，并由征信机构出具信用报告。发改委将委托第三方专业机构就申报材料的完备性、合规性开展技术评估，同时优化委内审核程序，缩短核准时间。

第二，分类管理，鼓励信用优良企业发债融资。信用优良企业发债豁免委内复审环节。符合相关条件并仅在机构投资者范围内发行和交易的债券，可豁免委内复审环节；放宽信用优良企业发债指标限制，债项级别为AA及以上的发债主体（含县域企业），不受发债企业数量指标的限制；信用示范城市企业发债及创新品种可直接向发改委申报发债。

第三，增强债券资金使用灵活度，提高使用效率。进一步匹配企业资金需求，支持债券资金用于项目前期建设，允许债券资金适度灵活使用，确保债券资金按时到位用于项目建设,允许债券资金按程序变更用途。

第四,强化信息披露。完善企业债券信息披露规则,明确信息披露的责任人。

第五,强化中介机构责任。提高债权申报材料质量,提高主承销商存续期持续服务能力,强化中介机构主办人责任。

第六,加强事中、事后监管。委托省级发展改革部门做好债券存续期监管有关工作,加强企业债券存续期"双随机"抽查。

第七,加强信用体系建设。建立健全企业债券市场信用体系,加强中介机构信用管理,以信用建设促进城投公司加强自我约束和市场约束。

第二章
固定收益业务的主要参与者

固定收益业务的参与者通常包括发行人、各类专业服务机构、监管机构与自律组织、投资人四类。

第一节　发行人

发行人即融资方,是指通过出售相关固定收益凭证获得融资的主体。结合固定收益类产品的特征,本书将该类产品的发行人分为非金融类企业与金融类企业。本书暂不讨论国债、地方政府债这些各级政府发行的债券。

一、非金融类企业

非金融类企业群体庞大,不同主体的资信、规模、经营等情况存在较大差别,如上市公司与非上市公司、国有企业与非国有企业以及主营业务处于不同行业的企业,在债务偿还能力、公司规范等方面差异巨大。因此,各种债务融资工具都针对发行主体资产、负债以及信用等情况的不同,在发行债券方面做出不同的要求。如公开发行公司债券与非公开发行公司债券对发行人的要求不同,前者对发行人的要求更为严格;对于 ABS 业务的原始权益人也有不同的要求,尤其是依赖其未来经营才能产生现金流的特殊的原始权益人。

提请注意:ABS 业务的发行人并不是作为融资主体的原始权益人,而是特殊目的载体。

二、金融类企业

金融类企业对国民经济发挥着极其重要的作用,监管机构对其设立、运营有严格的财务指标要求,如对商业银行有资本充足率、对证券公司有净资本等要求。如果金融机构发行债券进行融资,应当审慎考虑融资行为对关键财务指标的影响,如资产负债率、产权比率。关于金融机构的 ABS 业务,对其发起机构、基础资产、受托机构、投资机构等,也有各不相同的要求。

由于资本充足率、净资本等监管指标的存在,金融机构发行的债务融资工具更为多元,诸如保险公司次级债务、证券公司次级债务等。证券公司次级债务是指证券公司向股东或机构投资者定向借入的清偿顺序在普通债之后的次级债务,以及证券公司向机构投资者发行的、清偿顺序在普通债之后的有价证券。次级债务、次级债券为证券公司同一清偿顺序的债务。

提请注意:ABS 业务的发行人并不是作为融资主体的发起机构(银监会监管的金融机构的信贷资产 ABS、金融租赁债权 ABS)或原始权益人(证监会、保监会监管的 ABS),而是特殊目的载体。

第二节　专业服务机构

一、管理人(受托机构、受托人)

资产证券化业务中,需由管理人设立特殊目的载体以受让基础资产,并对特殊目的载体进行管理。银监会监管的信贷资产证券化业务须由信托公司作为管理人(在该类业务中被称为"受托机构");证监会监管的资产证券化业务须由券商或基金子公司作为管理人;保监会监管的资产证券业务需由保险资产管理公司等作为受托人。

二、承销机构

承销机构指受管理人或发行人委托,以分销或包销(又分为余额包销和全额包销)等形式代为销售固定收益产品的机构。如企业债应由具备从事企业债券承销业务资格的金融机构代理发行。此外,承销机构还承担受托向主管部门提交申请材料的义务,如银行间债券市场非金融企业债务融资工具的发行,须由主承销商将注册文件向银行间市场交易商协会递交文件;面向合格投资者公开发行并拟上市的公司债券公开发行,发行人应当在发行前委托承销机构向上交所申请预审核等。

三、托管机构

目前,我国债券托管机构主要包括中央国债登记结算有限责任公司(简称"中债登"或"中央结算公司")、中国证券登记结算有限责任公司(简称"中证登")以及银行间市场清算所股份有限公司(简称"上清所"或"上海清算所")。

由中债登统一托管的债券品种包括:政府债券、央行票据、政策性银行债、政府支持机构债券、商业银行债券、非银行金融机构债券、企业债券、外国债券以及其他债券等。

由上清所托管的产品包括:信用风险缓释凭证、超短期融资券、非公开定向债务融资工具、短期融资券、中小企业集合票据、证券公司短期融资券、信贷资产支持证券、资产支持票据、中期票据、同业存单等。

而在证券交易所发行或流通的公司债、企业债、证券公司及基金子公司资产证券化产品等在中证登托管。

但诸如国债、企业债等可在银行间债券市场和交易所市场流通的债券,若同时在两个市场发行流通则会涉及跨市场转托管问题。转托管是指处于不同市场由不同机构分别托管的债券可以通过转托管业务,将债券从一个市场转移到另一个市场进行交易。

从托管结构看,中国债券市场的主体(约占债市存量的 90%)实现了集中统一托管体系。中央结算公司作为中国债券市场的总托管人,直接托管银行间债券市场参与者的大部分债券资产,而中证登公司作为分托管人托管交易所债券市场参与者的债券资产,四大国有商业银行作为二级托管人托管柜台市场参与者的债券资产。此外,尚有部分债券未纳入上述中央托管体系,上海清算所和中证登分别为银行间债券市场和交易所市场直接托管一部分债券(约占债市存量的 10%)。[①]

---

① 中央国债登记结算有限责任公司网站,债券市场专栏,http://www.chinabond. com.cn/Info/10016848,访问日期:2015 年 10 月 16 日。

四、评级机构

信用评级是指专业化的信用评级机构对部分固定收益类产品的发行人的还本付息能力和可信度的综合评价并给出相应的等级。关于是否必须进行评级,相关监管法规对各类产品有不同的规定。以公司债、企业债为例,公开发行公司债券,应当委托具有从事证券服务业务资格的资信评级机构进行信用评级;非公开发行公司债券是否进行信用评级由发行人确定,并在债券募集说明书中披露;企业债券发行过程中,发行人应当聘请具有企业债券评估从业资格的信用评级机构对其债券进行信用评级。

五、担保机构

不同的债务融资工具对是否必须安排担保以及对担保方的要求各不相同,大部分债务融资工具关于是否安排担保以及担保的方式,都由发行人自主决定,但部分产品除外。如公开发行可转换公司债券,就要求必须提供担保(发行人最近一期末经审计的净资产不低于人民币15亿元的公司除外),规定以保证方式提供担保的,应当为连带责任担保,且保证人最近一期经审计的净资产额应不低于其累计对外担保的金额,证券公司或上市公司不得作为发行可转债的担保人(上市商业银行除外)。

六、其他专业服务机构

固定收益产品的发行人还需聘请律师事务所、会计师事务所等专业服务机构,以共同完成上报材料中规定的法律与财务评价等文件。其中应注意有些产品的发行过程中需专业服务机构有特定的资质,如在公司债的发行过程中,会计师事务所需具备证券业务从业资格,但对律师事务所则没有特定的资质要求。另应注意的是,参与银行间债券市场非金融企业债务融资工具的中介机构,需为交易商协会会员或者声明遵守自律规则并在交易商协会登记的非会员机构。

第三节 监管机构与自律组织

我国债券市场监管机构主要包括人民银行、银监会、证监会、保监会和发改委等（国债、地方政府债券等由财政部监管，但不属于本书介绍范围）。自律管理机构包括交易商协会、基金业协会、证券业协会等行业协会以及证券交易所、银行间市场等交易场所。

我国对固定收益业务的监管体系可分为发行监管、挂牌交易和信息披露监管、清算结算和托管监管三类。

发行监管：目前我国按照产品发行主体和发行品种两个不同维度对债券产品发行实行多头监管，比如公司发行中期票据要向人民银行主管下的交易商协会进行注册，公司发行企业债券由发改委审批，公司公开发行公司债券由证监会审批。

挂牌交易和信息披露监管：主要通过交易场所进行自律监管，交易场所主要包括交易所市场、银行间市场、股转系统、报价系统、银行及证券公司场外市场。

清算、结算和托管监管：主要通过清算、结算和托管机构完成，债券清算、结算和托管机构主要有中证登、上清所和中债登，其相应的主管机构是证监会、人民银行、银监会和财政部。[①]

以下对主要机构进行简要介绍：

一、中国人民银行

中国人民银行（简称"央行"或"人民银行"）具备起草有关法律和行政法规草案的职能，完善有关金融机构运行规则，发布与履行职责有关的命令和规章；完善金融宏观调控体系，负责防范、化解系统性金融风险，维护国家金融稳定与安全；并对银行间债券市场进行监督管理等众多职能，对中国固定收益市场起着宏观指导与协调的作用。

二、中国银行业监督管理委员会

由中国银行业监督管理委员会（简称"银监会"）履行监管职责的固定收益产品主要为金融类债券，包括商业银行债券、企业集团财务公司发行的非银行金融机构债券以及信贷资产支持证券；此外，还包括商业银行次级债券和混合

---

① 上海证券交易所债券信息网，http://bond.sse.com.cn/fisp/fixed/info/bszs.html，访问日期：2015年10月16日。

债券等债券品种。

三、中国保险监督管理委员会

由中国保险监督管理委员会(简称"保监会")负责审核的固定收益产品主要有保险公司次级债券、保险资产管理公司作为受托人的资产证券化业务等。

四、中国证券监督管理委员会

由中国证券监督管理委员会(简称"证监会")负责审核的固定收益类产品主要有公开发行的公司债券、可转换为股票的公司债券、可分离交易的可转换公司债券、上市公司股东公开发行的可交换公司债等。此外,证监会还负责对沪、深交易所、股转系统进行监督管理。

五、国家发展和改革委员会

由国家发展和改革委员会(简称"发改委")负责审核的固定收益类产品主要有企业债与中小企业集合债券。需注意的是,在目前的法律体系下,公司债与企业债分属不同的监管机构。

六、银行间债券市场交易商协会

由银行间债券市场交易商协会(简称"交易商协会")负责注册的固定收益类产品主要有超短期融资券、企业短期融资券、中期票据、资产支持票据、项目收益票据、非公开定向发行债券、中小非金融企业集合票据等。

七、上海证券交易所与深圳证券交易所

上海证券交易所(简称"上交所")、深圳证券交易所(简称"深交所")均成立于1990年底,且归属证监会直接管理。其主要职能包括:提供证券交易的场所和设施;制定证券交易所的业务规则;接受上市申请,安排证券上市;组织、监督证券交易;对会员、上市公司进行监管;管理和公布市场信息。在债券监管方面,交易所负责债券挂牌交易和信息披露监管,同时非公开发行公司债券以及资产证券化产品拟在交易所挂牌转让的,需向交易所提出申请。

八、中国证券投资基金业协会

根据证监会2014年11月19日发布的《证券公司及基金管理公司子公司

资产证券化业务管理》的规定,证券公司、基金管理公司子公司资产证券化业务需在中国证券投资基金业协会(简称"基金业协会")履行备案手续,即管理人应当自专项计划设立完成后 5 个工作日内将设立情况报基金业协会备案。

九、中国证券业协会

根据证监会 2015 年 1 月 15 日发布的《公司债券发行与交易管理办法》的规定,非公开发行公司债券应向中国证券业协会(简称"证券业协会")备案,承销机构或自行销售的发行人应当在每次发行完成后五个工作日内向证券业协会备案。此外,报价系统由证券业协会按照市场化原则管理的金融机构——中证机构间报价系统股份有限公司(原名中证资本市场发展监测中心有限责任公司,2013 年 2 月 27 日成立,2015 年 2 月 10 日更名改制,简称"中证报价公司")进行日常管理及信息发布工作。

十、监管体系

中国债券市场的监管体系,根据市场、债券类别和业务环节不同进行分别监管。

(一)债券市场监管

表 2-1

市场类别	监管机构
银行间债券市场	人民银行
交易所债券市场	证监会
银行间柜台市场	人民银行和银监会

（二）债券清算、结算和托管机构监管

表 2-2

托管机构	监管机构
中证登	证监会
中债登	人民银行、财政部、银监会
上清所	人民银行

（三）债券发行审批监管①

表 2-3

债券品种		监管（自律）机构
国债、地方政府债券		财政部
中央银行债：央行票据		人民银行
金融债	政策性银行债	
	特种金融债	
	非银行金融机构债	
	商业银行债	人民银行、银监会
	证券公司短期融资券	
	证券公司债券	人民银行、证监会
保险公司债券		保监会

①　上海证券交易所债券信息网，http://bond.sse.com.cn/fisp/fixed/info/bszs.html，访问日期：2015 年 10 月 16 日。

续表

债券品种		监管（自律）机构
非金融机构债	企业债	发改委
	中期票据	人民银行(非金融机构债券通过交易商协会完成注册,并实行自律管理)
	短期融资券	
	超短期融资券	
	中小企业集合债券	
	中小企业集合票据	
	资产支持证券	人民银行、银监会和证监会
	可转换债券	证监会
	分离交易可转化债券	
	公司债券	
国际机构债券		人民银行、发改委、证监会、财政部

第四节　投资者

拥有一定规模的各种形态的资产的投资者,是固定收益业务赖以生存的市场基础,投资者的认购情况与产品发行人或原始权益人、发起机构能否实现融资目的有直接关系。由于市场准入标准的不同,固定收益产品的投资者根据产品发行市场的不同而有不同种类:

一、银行间市场投资者

银行间市场投资者是各类机构投资者,主要为金融机构。但 2014 年 10 月 17 日人民银行发布《关于非金融机构合格投资人进入银行间债券市场有关事项的通知》,规定在原有的商业银行等金融机构的基础上增加非金融机构合格投资人进入银行间债券市场。2015 年 6 月 15 日人民银行发布《关于私募投资基金进入银行间债券市场有关事项的通知》,允许净资产不低于 1000 万元的基金管理人管理的私募投资基金投资银行间债券市场。

二、交易所市场投资者

交易所市场投资者是各类社会投资者,但产品非公开发行,投资者需符合相应合格投资者标准,且合格投资者任一时点累计不得超过200人。

三、股转系统投资者

目前,公开发行公司债券的发行场所增加了股转系统,非公开发行的公司债不可以在此发行但可以在此转让。不过《全国中小企业股份转让系统投资者适当性管理细则(试行)》只规定了股票投资的合格投资者标准,尚未制定针对固定收益产品投资者的适当性标准,作者认为该等标准可参照适用上述公司债。

四、报价系统投资者

目前非公开发行公司债券以及企业资产证券化产品可以在报价系统发行、流通转让,投资者应当是符合适当性安排的合格投资者。根据《机构间私募产品报价与服务系统管理办法(试行)》的规定,参与人代理合格投资者在报价系统认购、申购、赎回、受让、转让私募产品,应当开通代理交易类业务权限。开通代理交易类业务权限的参与人应当为符合以下条件的金融机构或证券业协会认可的其他机构:(1)最近一期净资产不少于人民币1000万元;(2)具有从事代理业务的专业人员和业务能力;(3)具备必要的信息技术设施;(4)具有自有资金与客户资金有效隔离的内部控制机制;(5)最近一年内未因违规经营受到自律组织纪律处分;(6)最近一年内未因违法违规经营受到行政处罚或刑事处罚,且申请时未被监管部门采取业务限制措施;(7)中证报价公司规定的其他条件。

五、柜台市场投资者

根据《全国银行间债券市场柜台业务管理办法》的规定,至少满足以下条件之一的投资者并且在经开办机构审核认定的情况下,才可投资柜台业务的全部债券品种和交易品种:(1)国务院及其金融行政管理部门批准设立的金融机构;(2)依法在有关管理部门或者其授权的行业自律组织完成登记,所持有或者管理的金融资产净值不低于一千万元的投资公司或者其他投资管理机构;(3)上述金融机构、投资公司或者投资管理机构管理的理财产品、证券投资基金和其他投资性计划;(4)净资产不低于人民币一千万元的企业;(5)年收入不低于五十万元,名下金融资产不少于三百万元,具有两年以上证券投资经验的个人投资者;(6)符合中国人民银行其他规定并经开办机构认可的机构或者个人投资者。不满足上述条件的投资者只能买卖发行人主体评级或者债项评级较低者不低于 AAA 的债券,以及参与债券回购交易。

第二编

资产证券化类固定收益业务

第三章
资产证券化业务概述

第一节　概念及原理

一、概念

　　笔者研究资产证券化已超过十年,结合国内外的资产证券化产品、我国的法规及笔者的工作实践,笔者认为:资产证券化系指将权属明确、能够产生可预测现金流的财产、财产权利或其组合作为基础资产,将该基础资产真实转移至依法构建的 SPV(特殊目的载体,包括 SPT 和 SPC),使该基础资产在法律上具有独立性和破产隔离的功能,在此基础上发行资产支持证券的金融活动。

　　相关监管法规对资产证券化业务的界定如下:

　　1.《证券公司及基金管理公司子公司资产证券化业务管理规定》规定

　　第二条　本规定所称资产证券化业务,是指以基础资产所产生的现金流为偿付支持,通过结构化等方式进行信用增级,在此基础上发行资产支持证券的业务活动。

　　第三条　本规定所称基础资产,是指符合法律法规规定,权属明确,可以产生独立、可预测的现金流且可特定化的财产权利或者财产。基础资产可以是单项财产权利或者财产,也可以是多项财产权利或者财产构成的资产组合。前款规定的财产权利或者财产,其交易基础应当真实,交易对价应当公允,现金流应当持续、稳定。基础资产可以是企业应收款、租赁债权、信贷资产、信托受益权等财产权利,基础设施、商业物业等不动产财产或不动产收益权,以及证监会认可的其他财产或财产权利。

第四条　证券公司、基金管理公司子公司通过设立特殊目的载体开展资产证券化业务适用本规定。前款所称特殊目的载体,是指证券公司、基金管理公司子公司为开展资产证券化业务专门设立的资产支持专项计划或者证监会认可的其他特殊目的载体。

2. 人民银行、银监会制定了《信贷资产证券化试点管理办法》规定

第二条　在中国境内,银行业金融机构作为发起机构,将信贷资产信托给受托机构,由受托机构以资产支持证券的形式向投资机构发行受益证券,以该财产所产生的现金支付资产支持证券收益的结构性融资活动,适用本办法。

受托机构应当依照本办法和信托合同约定,分别委托贷款服务机构、资金保管机构、证券登记托管机构及其他为证券化交易提供服务的机构履行相应职责。受托机构以信托财产为限向投资机构承担支付资产支持证券收益的义务。

第三条　资产支持证券由特定目的信托受托机构发行,代表特定目的信托的信托受益权份额。资产支持证券在全国银行间债券市场上发行和交易。

二、原理

基础资产的收益来源于基础资产产生的现金流,而非原始权益人自身经营产生的新增现金流,实现了基础资产信用对原始权益人整体信用的替代,优化了原始权益人的资产结构,放大了原始权益人的融资能力。

但是根据现行法规:

1. 信托公司的资产证券化业务受到诸多限制。仅限于将特定目的信托作为 SPV 的唯一载体,将金融机构的信贷资产作为基础资产的唯一形式,且实践中更是仅允许银行业金融机构而非所有金融机构作为发起人。即便是注册资本金高达 120 亿元的中国证券金融股份有限公司,也未见作为发起人。近期,证监会正会同银监会,旨在让证券公司介入规模庞大的金融机构信贷资产证券化业务。

2. 企业资产证券化业务属于券商资管业务、投行业务、固收业务的交叉业务,在"盘活存量"新政的导向下,未来必将成为券商展业的新天地,具有广阔的市场前景,但是目前似乎处于"雷声大雨点小"的鸡肋状态。现金流很好的资产,其资产主体的信用通常也很好,它可以很便宜地拿到银行贷款,没有必要通过 ABS 来融资,除非是为了优化资产负债结构,但调整资产结构意味着该项资产必须出表,而出表意味着它不能通过持有次级、承诺补足等内部增

信手段来保留风险,外部增信又会增加融资成本,因此这样的 ABS 将是无担保的低收益产品,买方不感兴趣。反过来,一个具有优质资产的低信用等级企业,即便它愿意提高融资成本、愿意提供内外部增信,但是没有券商敢于或愿意为其发行 ABS,要么担心它的主体信用风险会殃及基础资产,要么嫌弃它的现金流太少导致的融资规模太小,券商做这单业务赚不到钱。

资产证券化业务系券商客户资产管理业务三个领域之一,2005 年前后券商陆续推出 ABS 产品,但美国次贷危机的爆发,引发了我国监管层的不必要、不专业的恐惧,此后便再无券商推出 ABS 产品。直到近两三年,专项资管才再次涌动。2014 年年初,券商专项资产管理计划的行政审批事项被取消,证监会征求各界意见对《证券公司资产证券化业务管理规定》进行修订,2014 年 11 月 19 日证监会公布《证券公司及基金管理公司子公司资产证券化业务管理规定》及配套的信披和尽调指引,券商资产证券化业务迎来了历史性的发展机遇。

三、本质

资产证券化的本质是将具有稳定现金流的资产真实转移至依法构建的 SPV,使该资产在法律上具有独立性和破产隔离的功能,并以该基础资产未来现金流为支持发行证券,实现特定资产的局部信用对资产拥有者主体信用的替代功能。

四、注意事项

不能混淆作为融资工具和手段的"资产证券化"与作为资产配置的"资产证券化"。前者是我们今天讨论的 ABS,后者是指在资产配置和投资组合里,证券化的资产的占比和结构,包括上市股票、债券等各种证券化的资产。

资产证券化把资产负债表左端的资产进行出售来融资,可以提高发行人资产周转率,并且避免直接贷款或发行债券等债务性融资进一步恶化发行人的资产负债结构,资产证券化属于盘活存量的范畴。而能否在会计上做到真实销售和终止确认决定融资行为属于资产证券化融资(左端)或贷款融资(右端),证券化的会计处理方式对于发行人调整资产负债结构至关重要。

第二节 主要分类、业务流程及参与主体

一、主要分类

我国资产证券化业务,从基础资产的来源划分,可以分为信贷资产证券化与企业资产证券化;从监管方的不同划分,可以分为证监会监管下的券商及基金子公司资产支持专项计划,银监会监管下的信贷资产证券化,保监会监管下的项目资产支持计划。

提请注意:交易商协会注册的资产支持票据、项目收益票据、发改委监管的项目收益债等也与资产证券化具有相似点,即都以特定资产未来现金流为还款来源而发行的证券,但是发行资产支持票据、项目收益票据、项目收益债无需成立特殊目的载体,其发行人为特定资产所属的公司(或项目公司)而非SPV,因而也不具备破产隔离的功能。以下简要介绍上述四类业务的法律本质:

1. 信托公司作为受托人的信贷资产证券化的法律本质是:作为发起人的商业银行将信贷资产委托给信托公司设立财产权信托,然后信托公司作为发行人将信托受益权拆分转让,由券商承销,募集资金。三个动作分别是设立财产权信托、将信托受益权拆分和由券商销售。(详见本书第五章"信托公司作为受托机构的信贷资产证券化业务")

2. 券商、基金子公司的资产证券化、保险资管公司的资产支持计划的法律本质是:先设立资产支持专项计划募集资金,然后用该资金从原始权益人处购买基础资产。本质是先设立集合资金信托计划募集资金,然后用信托资金投资于基础资产。(详见本书第四章"证券公司及基金子公司作为管理人的资产证券化业务",第六章"保险资产管理公司作为受托人的资产证券化业务")

3. 项目收益债的本质企业债,发行人是该企业本身。2015年5月15日发改委发布的《项目收益债券试点管理办法(试行)》规定:项目收益债券是与特定项目相联系的,债券募集资金用于特定项目的投资与建设,债券的本息偿还资金完全或基本来源于项目建成后运营收益的债券。实施主体可以是境内注册的具有法人资格的企业或仅承担发债项目投资、建设、运营的特殊目的载体,取消一般企业债对成立年限、三年平均利润足够支付一年利息、债券余额

不超过净资产 40% 等要求,使新建项目公司或 SPV 发债成为可能。(详见本书第九章第三节"项目收益债")

4. 资产支持票据、项目收益票据的本质是非金融企业债务融资工具。中国银行间市场交易商协会 2012 年 08 月 03 日颁布实施的《银行间债券市场非金融企业资产支持票据指引》规定:资产支持票据(Asset-Backed Medium-term Notes, ABN),是指非金融企业在银行间债券市场发行,由基础资产所产生的现金流作为还款支持的,约定在一定期限内还本付息的债务融资工具。2014 年 7 月 11 日交易商协会颁布《银行间债券市场非金融企业项目收益票据业务指引》正式推出项目收益票据(简称"PRN")并规定,PRN 是指非金融企业在银行间债券市场发行的,募集资金用于项目建设且以项目产生的经营性现金流为主要偿债来源的债务融资工具,项目包括但不限于市政、交通、公用事业、教育、医疗等与城镇化建设相关的、能产生持续稳定经营性现金流的项目。(详见本书第十章第九节"资产支持票据"及第八节"项目收益票据")

分业监管框架下,各项资产证券化业务要素比较分析如下表:

表 3-1

要素	信贷资产证券化	资产支持专项计划	项目资产支持计划
监管机构	央行、银监会	证监会	保监会
SPV 名称	特殊目的信托	资产支持专项计划	项目资产支持计划
发起人	银行业金融机构	基础资产所属的各类企业	基础资产所属的各类企业
管理人	信托公司	证券公司、基金子公司	保险资产管理公司
登记机构	中债登	中证登	无
发行管理制度	备案制	备案制	初次申报核准,同类产品事后报告

续表

要素	信贷资产证券化	资产支持专项计划	项目资产支持计划
发行流通市场	银行间市场、交易所市场	证券交易所、股转系统、报价系统、证券公司柜台市场以及证监会认可的其他场所	暂无较好的发行流通市场
基础资产	信贷资产	企业应收款、租赁债权、信贷资产、信托受益权等,基础设施、商业物业等不动产财产或不动产收益权,以及证监会认可的其他财产或财产权利	信贷资产、金融租赁应收款、符合条件的股权资产等

二、业务流程及参与主体

实践中,资产证券化业务的开展一般经历以下步骤:(1)组建资产池。资产证券化的发起人根据自身的融资要求、资产情况和市场条件(包括证券需求,定价和其他融资选择等),对资产证券化的目标资产和规模进行规划。[1] (2)将组建的基础资产真实转移至设立的SPV。若要实现资产的出表,发起人必须真实转移基础资产上的所有风险、报酬及处分权。(3)设计交易结构。根据市场情况和各参与方的要求,对交易架构进行设计,同时考虑采取提供抵押、质押、保证担保以及认购劣后份额、承诺回购、承诺补足等一项或多项措施为产品进行信用增级,以便利发行。(4)评级。监管法规一般强制要求对资产支持证券进行评级,且对评级机构的资质有一定的要求,评级的主要目的是为投资者提供选择和定价依据。(5)产品发行及管理。发行方式分为公开发行和非分开发行。目前我国的资产证券化产品,SPV管理人一般会聘请发起人作为资产服务机构对基础资产的现金流进行管理。

以下分类进行简要说明:

---

[1] 林华主编,郁冰峰、邓海清、郝延山编著《金融新格局——资产证券化的突破与创新》,中信出版社2014年版,第65页。

(一)企业资产证券化业务流程及参与主体(结构图)

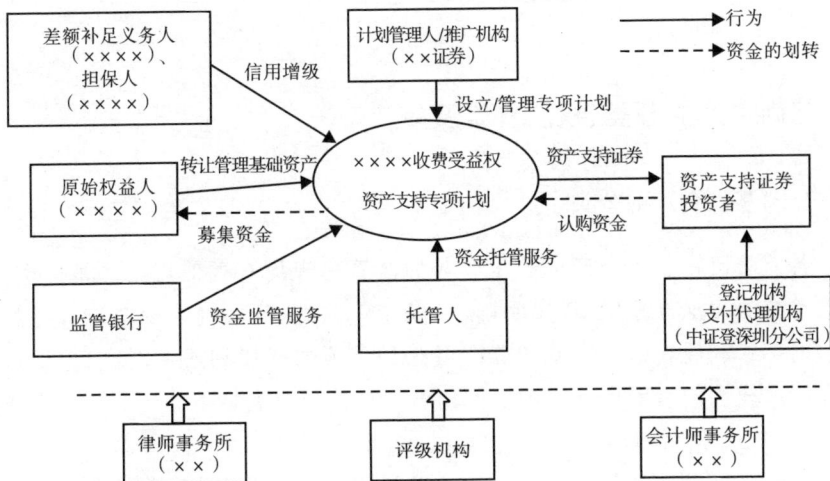

图 3-1

(二)信贷资产证券化业务流程及参与主体(结构图)

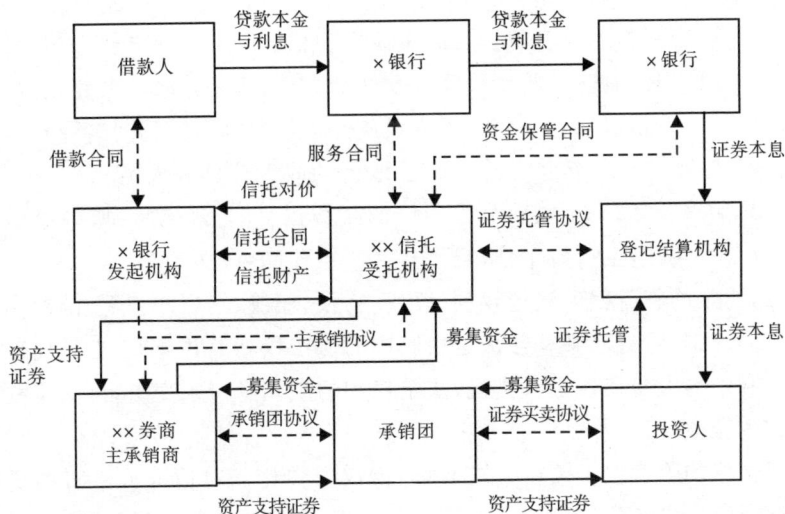

图 3-2

第三节 核心问题及处理

一、基础资产的分类、权属界定及转让

(一)基础资产的分类

各监管机构关于资产证券化业务的监管法规均有类似规定。基础资产,是指符合法律法规规定,权属明确,可以产生独立、可预测的现金流且可特定化的财产权利或者财产。基础资产可以是单项财产权利或者财产,也可以是多项财产权利或者财产构成的资产组合。现简要分类如下:

1. 法定的收益权及约定的收益权

(1)法定的财产权。目前,仅信托法设定了信托受益权、交通运输部设定了收费公路权益,并明文规定其可以转让。

①信托受益权。《信托法》规定:"受益人是在信托中享有信托受益权的人","受益人不能清偿到期债务的,其信托受益权可以用于清偿债务","受益人的信托受益权可以依法转让和继承"。

②收费公路收益权交通运输部、发改委、财政部 2008 年 8 月 20 日发布并于同年 10 月 1 日实施的《收费公路权益转让办法》规定:"收费公路权益,是指收费公路的收费权、广告经营权、服务设施经营权","收费公路权益转让,是指收费公路建成通车后,转让方将其合法取得的收费公路权益有偿转让给受让方的交易活动","同一个收费公路项目的收费权、广告经营权、服务设施经营权,可以合并转让,也可以单独转让"。

(2)约定的收益权。法定权利(股权、物权、债权、知识产权等)的权利主体通过合同约定,将自己某整体法定权利中的财产权剥离并让渡,自己仅保留该法定权利中的人身权。也就是说,法定权利的主体身份未变更,但法定权利的财产权内容被转让。

①债权的收益权。债权人未变更,债权人转让其对债务人享有的要求债务人履行金钱义务的请求权及附属担保权益。因为未变更债权人,所以要质押相关应收账款,或/并通过三方监管协议约定监管债权人的收款账户:债权人要承诺该账户是唯一收款账户,并授权监管银行在具备相关条件时直接从

该监管账户划款至 SPV 专户。

②股权的收益权。股东未变更,股东转让其基于股权而享有的分红权、分配公司清算财产权、该股权的变现、处置收入等财产权利。因为未变更股东,所以要质押股权,或/并通过三方监管协议约定监管股东的收入账户:股东要承诺该账户是其接收公司分红、公司清算收入、变现处置股权收入的唯一收款账户,并授权监管银行在具备相关条件时直接从该监管账户划款至 SPV 专户。

③物权的收益权。《中华人民共和国物权法》规定:"物权是指权利人依法对特定的物享有直接支配和排他的权利,包括所有权、用益物权和担保物权",虽然"所有权人对自己的不动产或者动产,依法享有占有、使用、收益和处分的权利",但是因为"物权的种类和内容,由法律规定",所以在法定的用益物权之外,所有权人对物的使用权、收益权的合同处分属于债权,比如出租之后享有的依据租赁合同享有的租金请求权即租赁债权。

④各类票款的收益权。各类交通、演艺、游乐项目的经营者未变更,但是该经营者获取经营收益的权利被转让。因为未变更经营主体,所以要将相关门票通过特殊编码等技术手段特定化,或/并通过三方监管协议约定监管经营者的收入账户:经营者要承诺该账户是其接收票款收入的唯一收款账户,并授权监管银行在具备相关条件时直接从该监管账户划款至 SPV 专户。

⑤物业管理、港口服务、供水、供热、供电、供气等收费的收益权。该等业务的经营者未变更,但是该经营者获取经营收费的权利被转让。因为未变更经营主体,所以要通过三方监管协议约定监管经营者的收入账户:经营者要承诺该账户是其接收服务收费的唯一收款账户,并授权监管银行在具备相关条件时直接从该监管账户划款至 SPV 专户。

2. 既有债权和将来的债权

实践中,基于合同产生的债权,根据债权人的合同义务是否已经履行完毕,大致可以分为两类:

(1)既有债权。债权人的合同义务已经履行完毕,故其在合同项下只有权利,已无义务。此时的债权是相对确定,比较容易量化。比如租赁债权,出租方依照租赁合同的约定将出租物交付承租方之后,基本只享有按照租赁合同收取租金的权利而无其他义务;或者银行贷款发放之后,银行只享有收回本息的权利而无其他义务。

(2)未来的债权。即合同尚未签订,或虽已签订但尚未履行合同义务,业界称其为"未来的债权"。比如:收费公路、各种门票,车辆通行或旅客购票之前,双方并无合同关系,但是按照此前惯例,车辆的通行、旅客的购票是大概率事件,是可以预估和量化的。物业管理、水费等属于双方已经签署合同,但物业管理公司、自来水公司尚未履行或全面履行合同义务,此时的债权具有不确定性,在其提供物业管理服务或供水之后才能确定其债权,但按照此前惯例,是可以预估和量化的。

提请注意:无论证券公司、基金子公司的企业资产 ABS 业务,还是信托公司的信贷资产 ABS 业务,基础资产主要是以上所说的类别。很多产品只是出于营销和吸引市场眼球的考虑,为一款并无技术和法律创新的产品起了一个比较另类和醒目的名称。比如"京东白条应收账款债权资产支持专项计划",其基础资产不过是基于赊销形成的应收账款而已;比如号称"首单酒店、会展行业资产证券化"业务的"汇富河西嘉实 1 号资产支持专项计划",其基础资产不过是委托贷款形成的债权而已。

(二)对基础资产的要求

1. 权属明确,无争议或争议的隐患

(1)权利的属性应该是明确的,权利本身应该是无瑕疵的,权利的归属应该是明确的。因此,原始权益人应合法拥有基础资产,原始权益人应当拥有基础资产相关权属证明或运营许可,其取得基础资产的基础应当真实,其继受取得基础资产的交易对价应当公允,以免日后发生争议。

(2)按照穿透原则,基础资产不应附带担保负担或者其他权利限制,能够通过资产支持专项计划相关安排解除基础资产相关担保负担和其他权利限制的除外。

(3)根据业务发展、市场承受能力和监管需要,实践中通常认为法律界定及业务形态属于不同类型且缺乏相关性的资产组合(如基础资产中包含企业应收账款、高速公路收费权等两种或两种以上不同类型资产)也容易导致基础资产整体的权利属性不明确,从而产生争议。

2. 可产生独立、稳定、可预测的现金流

(1)该基础资产必须可以产生独立的现金流。第一层次:基础资产必须可以产生现金流,因此必须是经营性资产;第二层次:该现金流的产生不依赖原始权益人的其他资产,因此必须是完整的经营性资产;第三层次:该现金流不与原始权益人的其他资产产生的现金流混同,因此必须能够财务独立,能够进行合法、清晰、独立的会计处理。

（2）矿产资源开采收益权、土地出让收益权等产生现金流的能力具有较大不确定性的资产，不能直接产生现金流、仅依托处置资产才能产生现金流的提单、仓单、产权证书等具有物权属性的权利凭证，不适宜作为基础资产。

（3）对基础资产现金流的预测应当遵循合理、审慎的原则。预测现金流应当以历史数据为基础，充分考虑影响未来现金流变化的各种因素，分析因素变化对预测结果可能产生的影响。

3. 可特定化

（1）基础资产必须可特定化。可特定化是将基础资产与原始权益人的其他资产区分开来。可特定化是基础资产独立性的必然要求和前提条件，唯此方可防止其与原始权益人其他财产的混同以及由此产生的现金流混同，确保基础资产的独立性，实现其破产隔离功能。

（2）对于门票，通常通过编码等技术手段将其特定化。

（3）对于信贷资产等，通常就借款人、贷款、抵押物三方面设定特定的标准而将其特定化。

（4）对于货币收入，通常通过设置专门的监管账户将其特定化。

4. 施行动态的负面清单管理

（1）基金业协会、保监会根据基础资产风险状况、市场供需状况和监管需要对基础资产实施动态、负面管理，及时调整和公布。其中，基金业协会至少每半年对负面清单进行一次评估，可以根据业务发展与监管需要不定期进行评估，也可以邀请监管机构、证券交易场所及其他行业专家对负面清单进行讨论研究，提出调整方案，经证监会批准后进行调整。

（2）银监会对于可以作为基础资产的信贷资产，要求其应当"具有较高的同质性"，"能够产生可预测的现金流收入"，"金融机构应当根据本机构的经营目标、资本实力、风险管理能力和信贷资产证券化业务的风险特征，确定是否从事信贷资产证券化业务以及参与的方式和规模"，但并无明文规定其种类，只是笼统提到应是"好和比较好"的"优质资产"，2008年甚至允许尝试不良资产证券化，但是各发起机构经识别和评估可能面临的信用风险、利率风险、流动性风险、操作风险、法律风险和声誉风险，通常仅将其正常类信贷资产作为基础资产，并且各行针对正常类贷款的具体认定标准也各不相同。

（3）未来，交易所也会根据各监管机构发布的负面清单，对适格基础资产进行分类及明确其应具备的基本条件，并对社会公布，旨在便于ABS业务的参与各方寻找适格的基础资产,减少不必要的前期沟通,提高业务效率。

(三)基础资产的转让:批准、通知、登记

1. 基础资产转让的批准、通知、登记问题

根据基础资产的不同类型及归属,其转让需要履行不同的手续。简要列举如下:

(1)不动产物权的变更需要依法登记才能发生效力(因法院、仲裁委员会的法律文书或人民政府的征收决定等,导致物权设立、变更、转让或者消灭的,自法律文书或者人民政府的征收决定等生效时发生效力因继承或者受遗赠取得物权的,自继承或者受遗赠开始时发生效力。但是此种非交易性过户依然需要办理变更登记,以取得公示效力,便于流转)。

(2)债权的转让未通知债务人的,该转让对债务人不发生效力。

(3)国有资产的转让需要履行立项、评估、审批等程序。

当然,实际操作中,为提高资产服务机构管理基础资产、归集现金流的效率,降低归集成本,基础资产转移至 SPV 时,通常并不办理相关法律手续,而是通过提前设置的权利完善机制来处理,在触发条件成就时,方才按照既定操作流程来完善相关变更及通知手续。

2. 主债权转让,抵、质押权的变更登记问题

在实际操作中,很多情况下,基础资产为众多分散的小额债权,基础债权转让时,对附属于其上的抵、质押权进行变更登记,会存在效率低、不经济而大幅增加原始权益人融资成本的现象,因此有必要对"主债权转让时抵、质押权未进行变更登记,抵、质押权是否仍具效力"的问题进行分析。

首先,根据《物权法》第 187 条的规定,不动产抵押权自登记时设立;根据第 188 条、第 189 条的规定,特定动产抵押权自抵押合同生效时设立,未经登记,不得对抗善意第三人。

但是《物权法》第 192 条规定:"抵押权不得与债权分离而单独转让或者作为其他债权的担保。债权转让的,担保该债权的抵押权一并转让,但法律另有规定或者当事人另有约定的除外。"

此外,《合同法》第 81 条规定:"债权人转让权利的,受让人取得与债权有关的从权利,但该从权利专属于债权人自身的除外。"

上述法律规定足以说明:主债权转让时抵质押权一并转让,属于抵质押权的法定转让,该法定转让不因未办理变更登记而不生效。

《最高人民法院关于审理涉及金融资产管理公司收购、管理、处置国有银行不良贷款形成的资产的案件适用法律若干问题的规定》第 9 条更是明确规定:"金融资产管理公司受让有抵押担保的债权后,可以依法取得对债权的抵押权,原抵押权登记继续有效。"

因此,根据担保物权从权利的属性,以及已有的司法解释,主债权转让时,抵、质押权虽未进行变更登记,但该抵、质押权依然生效。

二、信用增级的主要方式

资产证券化涉及的增信问题包括对基础资产的增信和对 ABS 证券的增信,信用增级的措施主要包括:原始权益人或第三方担保、原始权益人或第三方远期收购承诺、信用缓释凭证、分层结构、流动性支持、保险,以及内部增信(包括但不限于超额抵押、资产支持证券分层结构、现金抵押账户和利差账户等方式)和外部增信(包括但不限于备用信用证、第三方担保和保险等方式)等。

以下简要介绍资产证券化业务涉及的主要增信方式:

(一)优先/次级分层

优先/次级安排是证券化项目中最常见的内部信用增级安排,将资产支持证券按照受偿顺序分为不同档次的证券。对资产支持证券进行优先/次级分层,其中优先级内部可进一步分层,从资产池回收的资金将会按照事先约定的现金流支付顺序支付,现金流分配劣后的次级资产支持证券将最先承担损失,从而为优先级资产支持证券提供信用增级。次级资产支持证券可以由原始权益人认购,也可由第三人认购,而全部由原始权益人认购虽可以有效防范原始权益人的道德风险,但可能会影响基础资产的出表。

在这一分层结构中,较高档次的证券比较低档次的证券在本息支付上享有优先权,因此具有较高的信用评级;较低档次的证券先于较高档次的证券承担损失,以此为较高档次的证券提供信用保护。

(二)超额抵、质押

资产证券化业务中,将资产池价值超过资产支持证券票面价值的差额作为信用保护的一种内部信用增级方式,该差额用于弥补信贷资产证券化业务活动中可能会产生的损失。

(三)设置现金抵押账户和利差账户等储备账户

现金抵押账户是指资产证券化过程中的一种内部信用增级方式。现金抵押账户资金由发起机构提供或者来源于其他金融机构的贷款,用于弥补资产证券化业务活动中可能产生的损失。

利差账户是指资产证券化过程中的一种内部信用增级方式。利差账户资金来源于资产利息收入和其他证券化交易收入减去资产支持证券利息支出和其他证券化交易费用之后所形成的超额利差,用于弥补资产证券化业务活动中可能产生的损失。

(四)差额补足机制

差额补足机制,一般是指由原始权益人或其关联方提供的按照《差额补足承诺函》规定的条款和条件,在不超过差额补足上限的范围内为产品提供流动性支持的义务。通常约定为:当专项计划账户内可供分配的资金余额不足以支付专项计划费用、优先级资产支持证券的各期预期收益和未偿本金余额的,则触发差额补足启动事件。差额支付承诺人将在收到时计划管理人发出的《差额支付通知书》后,对专项计划账户进行差额补足。

(五)担保

担保作为 ABS 业务中的增信措施,可以分为原始权益人提供的担保和第三方提供的担保;担保方式包括保证、抵押、质押。其中,承诺回购、承诺置换、承诺补足、承诺流动性支持、承诺远期收购等增信措施的法律本质是保证担保。

通常由外部第三方为专项计划向投资者兑付本金及收益提供的连带责任保证担保,一般约定:若专项计划账户当期收到的款项仍不足当期必备的兑付金额,则计划管理人将于担保启动日向担保人发送《担保履约通知书》,担保人于收到担保通知后一定时间内根据要求将相应款项划入专项计划账户。

(六)权利完善措施及加速清偿机制

通常指当发生资产服务机构被解任,或评级机构给予资产服务机构或原始权益人的主体长期信用等级低于一定级别、原始权益人发生有关的丧失清偿能力事件或违约事件时,将触发权利完善事件。此时相关权利完善措施包括但不限于：

1. 原始权益人有义务将基础资产上的相关抵、质押等担保措施变更登记到计划管理人名下；

2. 通知债务人，基础资产已转移给专项计划，债务人应于收到通知后直接向专项计划账户还款；

3. 计划管理人停止以专项计划资金向原始权益人循环购买新的基础资产，循环期提前终止，优先级产品提前开始兑付等。

(七)不合格基础资产赎回

不合格基础资产赎回，是指若拟转让的基础资产存在瑕疵(包括为基础资产未来收益提供担保的抵/质押物的资产存在未办理或不能抵质押的情形以及基础资产上存在其他权利负担)，若该情形在专项计划设立前即存在，在专项计划设立后才发现，则原始权益人有义务赎回对应的基础资产，或有义务置换为合格的基础资产；若该情形在专项计划设立后才发生，则原始权益人有权利赎回或置换。

(八)提前终止事件

若原始权益人发生任何金融债务违约或原始权益人主体评级下降至低于一定级别或资产池累计违约率超过一定比例等情形发生时，专项计划管理人有权宣布专项计划提前到期。

(九)信用风险缓释工具

《银行间市场信用风险缓释工具试点业务指引》规定：信用风险缓释工具是指信用风险缓释合约、信用风险缓释凭证及其他用于管理信用风险的简单的基础性信用衍生产品。信用风险缓释凭证是指由标的实体以外的机构创设的，为凭证持有人就标的债务提供信用风险保护的，可交易流通的有价凭证，其内容包括但不限于标的实体、标的债务、名义本金、保障期限、信用事件、结算方式。信用风险缓释工具标的债务为债券或其他类似债务，标的债务的债务人为标的实体。

(十)有限范围的流动性支持

原始权益人通常还通过提供流动性支持的方式来为资产证券化产品增

信,但此种流动性支持需控制在一定的时间和金额范围内,未来 SPV 取得收益后需再返还给提供流动性支持的一方。此种设计既可以起到增信作用,也有利于基础资产的出表。

(十一)提供备选的贷款服务机构

鉴于原始权益人作为资产服务机构,存在破产、被接管、托管的可能,以及违背合同约定履行服务职能的风险,不愿或无力提供有限范围的流动性支持等不利情形,因此可以提前设定备选资产服务机构的机制,明确触发条件及备选服务机构名单,并与备选机构签署协议。

(十二)保险

作为 ABS 业务信用增级工具的保险,可以分为单线保险和多线保险,其中单线保险直接对证券投资者提供偿付担保,保险标的是 ABS 证券,被保险人是 ABS 证券持有人;多线保险是保证入池特定资产的价值,保险标的是入池的特定资产,被保险人是原始权益人。

三、账户设置及监管

管理人应当全面监控基础资产现金流自产生至分配投资人的整个流程,明确各个账户环节、流入与流出时间、可能面临的风险及监管措施。因为基础资产产生现金流后通常并未直接支付至专项计划托管的账户而是直接支付至资产服务机构(通常由原始权益人担任)的账户,管理人应采取有效措施,防止现金流在流转环节中的混同风险,设置混同风险的防范机制。

通常会设置以下账户,控制基础资产现金流的所有环节:

1. 专项计划的募集资金专用账户(临时账户):用于认购资金的接收和划转;

2. 专项计划账户(托管账户):专项计划的货币收支必须通过该账户;

3. 原始权益人的现金流归集账户(原始权益人的经营性账户,监管账户);

4. 原始权益人或第三人的保证金账户(监管账户);

5. 储备账户(现金抵押账户、利差账户);

6. 信贷 ABS 中,通常将信托保管账户下设若干子账户、分账户(图 3-3)。

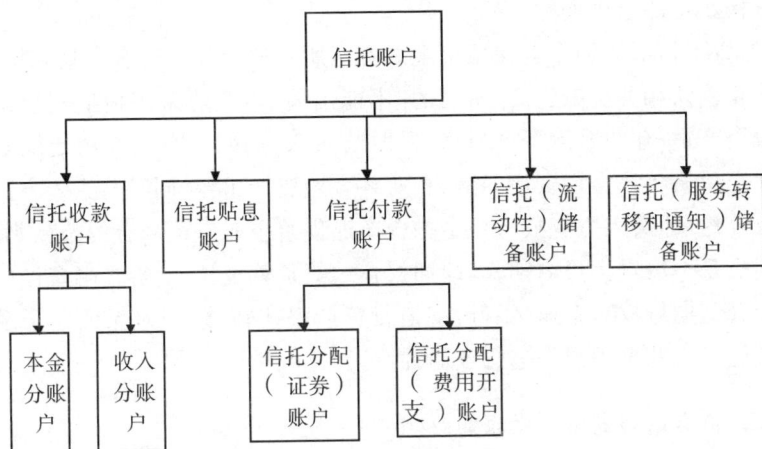

图 3-3

四、基础资产出表问题

(一)关于是否出表的判断标准

1.《企业会计准则第 23 号——金融资产转移》规定:企业已将金融资产所有权上几乎所有的风险和报酬转移给转入方的,应当终止确认该金融资产;保留了金融资产所有权上几乎所有的风险和报酬的,不应当终止确认该金融资产。终止确认是指将金融资产或金融负债从企业的账户和资产负债表内予以转销。

2.《〈企业会计准则第 23 号——金融资产转移〉解释》规定:企业已将金融资产所有权上几乎所有风险和报酬转移给转入方的,应当终止确认该金融资产。其中,"几乎所有"通常是指达到或超过全部风险和报酬 95% 的情形。

3.《〈企业会计准则第 23 号——金融资产转移〉应用指南》规定:

(1)以下情形表明企业已将金融资产所有权上几乎所有风险和报酬转移给了转入方,应当终止确认相关金融资产(所谓的"出表"):不附追索权的金融资产出售;企业将金融资产出售,同时与买入方签订协议,在约定期限结束时按当日该金融资产的公允价值回购;企业将金融资产出售的,同时与买入方签订看跌期权合约(即买入方有权将该金融资产返售给企业),但从合约条款判断,该看跌期权是一项重大价外期权(即期权合约的条款设计,使得金融资产的买方极小可能会到期行权)。

(2)以下情形表明企业保留了金融资产所有权上几乎所有风险和报酬,不应当终止确认相关金融资产(所谓的"不能出表"):企业采用附追索权方式出售金融资产;企业将金融资产出售,同时与买入方签订协议,在约定期限结束时按固定价格将该金融资产回购;企业将金融资产出售,同时与买入方签订看跌期权合约(即买入方有权将该金融资产返售给企业),但从合约条款判断,该看跌期权是一项重大价内期权(即期权合约的条款设计,使得金融资产的买方很可能会到期行权);企业(银行)将信贷资产整体转移,同时保证对金融资产买方可能发生的信用损失进行全额补偿。

(二)特殊机制安排对出表的影响

1. 有限范围的流动性支持与出表

《企业会计准则第 23 号——金融资产转移》规定:将金融资产转移给另一方,但保留收取金融资产现金流量的权利,并承担将收取的现金流量支付给最终收款方的义务,同时满足下列条件可使金融资产出表:

(1)从该金融资产收到对等的现金流量时,才有义务将其支付给最终收款方。企业发生短期垫付款,但有权全额收回该垫付款并按照市场上同期银行贷款利率计收利息的,视同满足本条件。

(2)根据合同约定,不能出售该金融资产或作为担保物,但可以将其作为对最终收款方支付现金流量的保证。

(3)有义务将收取的现金流量及时支付给最终收款方。企业无权将该现金流量进行再投资,但按照合同约定在相邻两次支付间隔期内将所收到的现金流量进行现金或现金等价物投资的除外。企业按照合同约定进行再投资的,应当将投资收益按照合同约定支付给最终收款方。

2. 原始权益人持有次级份额,基础资产能否出表

国际上通常认为,原始权益人认购次级份额达到总规模的 10%,基础资产即不能出表;亦有四大会计师事务所认为认购次级份额达到总规模的 5%,基础资产即不能出表。(原理:空气净化器将污染的空气净化,净化后的空气作为优先级发售给市场,净化器里的脏空气被作为次级由主人持有,因此次级持有人实际上承担了所有风险。)

五、特殊目的载体并表问题

1.《企业会计准则第33号——合并财务报表》规定:母公司是指控制一个或一个以上主体(含企业、被投资单位中可分割的部分,以及企业所控制的结构化主体等,下同)的主体,子公司是指被母公司控制的主体。合并财务报表的合并范围应当以控制为基础予以确定。控制是指投资方拥有对被投资方的权力,通过参与被投资方的相关活动而享有可变回报,并且有能力运用对被投资方的权力影响其回报金额。相关活动是指对被投资方的回报产生重大影响的活动,被投资方的相关活动应当根据具体情况进行判断,通常包括商品或劳务的销售和购买、金融资产的管理、资产的购买和处置、研究与开发活动以及融资活动等。投资方自被投资方取得的回报可能会随着被投资方业绩而变动的,视为享有可变回报,投资方应当基于合同安排的实质而非回报的法律形式对回报的可变性进行评价。

2.《〈企业会计准则第33号——合并财务报表〉解释》规定:应当纳入合并财务报表合并范围的主体包含特殊目的主体,在判断母公司能否控制特殊目的主体时,应当综合考虑下列因素:

(1)母公司根据其特定经营业务的需要直接或间接设立特殊目的主体,向企业提供融资、商品或劳务以支持其主要经营活动。

(2)母公司实质上具有控制或获得控制特殊目的主体或其资产的决策权,包括在特殊目的主体成立后才开始存在的某些决策权力,通常采用预先设定经营计划方式授权。如企业拥有单方面终止特殊目的主体的权力、变更特殊目的主体章程的权力、对变更特殊目的主体章程的否决权等。

(3)通过章程、合同、协议等,母公司实质上具有获取特殊目的主体大部分利益的权力。如以未来净现金流量、利润、净资产等方式,获取从特殊目的主体中分配的大部分经济利益的权力以及在清算中获取大部分剩余权益的权力。

(4)通过章程、合同、协议等,母公司实质上承担了特殊目的主体的大部分风险。如母公司通过向特殊目的主体提供大部分资本的投资者做出获得固定回报的承诺,而提供大部分资本的投资者实际承担有限风险,母公司保留了特殊目的主体剩余权益风险即所有权风险。

综上,是否合并财务报表,业界通常的判断标准为"通过控制而对可变利益产生重大影响",一般认为公募基金因收取固定管理费所以不进行合并财务报表;若为私募,通常收取浮动管理费,若浮动管理费占管理人收入超过30%的,则应当合并财务报表。

第四节 我国房地产信托的现状、问题与战略应对①

近几年来,房地产市场供需两旺,各种围绕房地产的投融资创新活动也层出不穷,建议引进国外房地产证券化者有之,建议搞出中国特色者有之,政府关心,企业关心,专家学者关心,老百姓议论纷纷,担忧者有之,欣喜者有之。但其中最受关注的共同的热门话题恐非房地产信托莫属。此中情景令人振奋,笔者不禁浮想联翩:

面对入世这一历史性挑战和机遇,几年来,全国各族人民、各民主党派和社会团体在中国共产党和各级政府领导下万众一心、众志成城,表现出强烈的凝聚力和博大的胸怀,焕发出惊人的自信心和创造力。政府与市场、国家与社会在反复博弈中良性互动、功能互补,党和政府的执政能力、领导艺术和政治文明空前提高。

"国家兴亡,匹夫有责。"作为目睹并亲历我国房地产、房地产金融创新的一名专业人士,笔者忍不住将所见、所做、所思和盘托出,期待能抛砖引玉、集思广益,对伟大祖国这一新生事物的健康发展尽自己绵薄之力。

一、房地产信托的含义、种类、特性

(一)房地产信托的含义及与相关概念的界定

业界对"房地产信托"名称的叫法各不相同,叫房地产信托者有之,叫房地产信托基金者有之,叫房地产基金者有之,有人甚至直接称之为房地产证券化。为避免歧义,在此有必要首先梳理一下房地产信托和相关名词的含义。

---

① 本节内容全部来自《多方博弈、良性互动中的中国房地产信托——我国房地产信托的现状、问题与战略应对》一文,该文作者余红征,该文被录入2005年《第六届华东律师论坛论文集》,并以"中国房地产信托的现实问题与律师业务空间"为题,发表于《上海律师》2005年第12期。作为资产证券化的高级形态和主要品种,在此全文引用,旨在回顾、记录2005年时我国资产证券化及房地产信托的市场和法规环境。

规范的房地产信托在国外称为 REITs(Real Estate Investment Trusts)，规范的房地产信托指的是运用信托的原理和功能，通过证券市场募集社会资金并投资于收益性房地产，投资人分享房地产经营收益的金融工具或金融行为，其本质是证券化的产业投资基金。

我国信托业界和法律界将信托公司通过发行资金信托计划募集的资金称为"信托资金"，但该信托资金在国际上称为"信托基金"或直接称为"基金"。所以"房地产信托"在我国又被称为"房地产信托基金"或"房地产基金"，这只是我国信托法和国外法技术冲突导致的称谓不同而已，这几种称谓可以相互替代，没有对错之分。但在世界经济一体化的背景下，为便于开展国际交流合作、提高效率降低成本，应尽量避免在技术性很强、不具有意识形态的法律名词的称谓上搞"中国特色"。

我国相关信托法律制度所称的"信托受益权凭证"在美国称为"基金单位"或"基金份额"，该基金单位通过证券交易所公开发售并上市流通，因此我国有人将房地产信托称为房地产资产证券化。这不是对同一个东西的称谓不同了，而是混淆了概念。

资产证券化是将缺乏流动性但具有未来现金流收入的资产进行适当组合，并依托该现金流发行证券来融通资金的过程。显然，房地产证券化属于资产证券化的一种。国际上房地产证券化包括两部分，一是对银行拥有的以房地产为抵押的债权的证券化，二是对房地产开发经营机构所拥有的房地产产权(含使用权、收益权)的证券化，后者才是房地产信托。

但是在我国，由于历史和现实条件的制约，目前金融机构仍然分业经营，行政机关仍然分业监管，信托公司由银监会监管，不得从事债券之外的证券承销业务(债券之外的证券承销业务是证监会监管下的证券公司的专营业务)，信托产品属于非公募金融工具，基本上没有流动性，受益权的转让本质上只能通过变更信托合同主体来实现小范围匹配，根本没有规范的受益权凭证和可供其公开集中竞价转让的场所。所以目前在我国，无论何种形式的房地产信托都无法被称作房地产证券化，充其量是房地产产权(含使用权、收益权)及与房地产有关的股权、债权的阶段性变现。

(二)国际上房地产信托分类和模式

根据信托资金运用方式的不同，国际上将房地产信托分为权益型房地产信托、债权型房地产信托和混和型房地产信托权益型房地产信托投资人通过信托方式拥有收益性房地产产权(或相关使用权、收益权)并经营该收益型房地产,业务范围包括房地产开发、房地产租赁和房地产经营。投资人的收益来源包括房地产资产增值收入和房地产经营利润。

债权型房地产信托指将信托资金直接贷款给房地产开发者和房地产经营者,或通过收购房地产抵押担保债权间接发放贷款。投资人的收益主要是贷款利息收入或出售证券化房地产抵押担保债券的溢价。

混合型房地产信托既投资于房地产物业,又为房地产开发者、经营者提供贷款。该类型具有收益来源多样化的特性。

美国的资产证券化的程度很高,金融资产的总量和在社会总资产中的占比在国际上都是名列前茅,房地产资产也不例外,而且美国房地产信托最成熟、最具特色,并形成所谓房地产信托的美国模式。美国房地产信托的特色是有二:一是表现为资金信托,REITs 发起人首先要通过证券市场募集到信托资金;二是房地产开发商和房地产投资商相互独立,各司其职,房地产开发商发挥房地产开发经营的专业优势,相关开发、经营资金则由专业投资商筹措。与上述房地产信托的美国模式相比,日本房地产信托的特色表现为房地产信托主要是特定房地产资产的信托,而房地产信托香港模式的特色则表现为房地产开发商和房地产投资商合二为一。

(三)房地产信托的特征

总体看来,房地产信托具有下列特征:

1. 政府产业政策导向和税收优惠

房地产投资信托是资产证券化的初级金融产品,对资产证券化和房地产市场的发展起推动作用。美国拥有世界最为发达和健全的房地产投资信托业与美国政府的强大支持具有很强的正相关性,美国信托业的发展以税制改革为先行者,旨在鼓励通过信托手段缓解金融市场流动性、提高居住水平、赋予普通人甚至低收入家庭参与投资大型项目的平等权利。REITs 同其他信托产品一样,实行一级税,信托基金免交公司所得税和资本利得税,房地产信托盈利以后的净利润全部返回给投资人,股东或投资人只需对其分红按照相应的适用税率交纳所得税和资本利得税即可。而通常的公司结构实行二级税制,公司盈利要交纳企业所得税,公司分红给公司股东时,公司股东要就其分红额再次交纳所得税(个人所得税或企业所得税)。

2. 资金投向和利益分配的强制性要求

与政府对房地产信托的税收优惠政策相匹配、平衡,政府同时也加大对房地产信托的监管力度,严格限定房地产信托所募集资金的主营投资结构、主营收入的最低占比、投资收益的强制性高比例分配。通常规定所募信托资金的75%以上应组合投资于房地产、抵押票据、短期银行票据和政府债券,房地产信托主营收入的75%以上应来自于租金收入、抵押收入和房地产销售收入,投资收益的90%以上应分红派息。

3. 细分投资市场,公私募并存

以具有代表性的美国房地产信托为例。发起人通常会根据房地产信托资金具体投资标的风险程度的不同,匹配相应不同风险偏好及抗风险能力的投资人,选择决定房地产信托基金采取公募还是私募。其中公募类从发行到上市交易都要严格遵守证券发行、销售、交易的相关规定,充分履行相关报批义务和信息披露义务。对于私募房地产信托,则严格限定最终投资人数量,上限是35人,且在净资产、风险识别和抗风险能力方面应符合法律规定的合格投资人条件。

二、我国房地产信托的现状与问题

(一)产品层次低、规范性差

1. 产品规范性较差

目前房地产信托产品的设计、发行、流转到信息披露多是各个信托公司自行其是、各自为政,信托计划、信托合同从内容到形式都五花八门,有的信托计划甚至很像一些商场、饭店的促销广告、招贴,很难让人联想到是一个标准的规范的金融产品。

《信托投资公司管理办法》第57条规定:"人民银行对信托投资公司的信托从业人员实行信托业务资格考试制度。考试合格的,由人民银行颁发信托从业人员资格证书;未经考试或者考试不合格的,不得经办信托业务。"可迄今为止,尚无任何机构组织过该资格考试,信托经理、信托人员任职、从业资格无法认定。所以从这个角度讲,目前所有已经发行的信托计划都是非法的。

2. 信托收益率偏低

房地产信托投资产品属于高风险高收益型"双高"投资工具,而我国目前所谓的房地产信托大多属贷款性质,要么直接贷款给房地产公司,要么是通过认购房地产项目公司股权或将股权信托后阶段性转让出去的优先受益权间接进行变相放贷。信托公司在信托计划中总喜欢提示投资人：该计划预期投资收益率相对于同期存款利率如何如何。此举实在令人费解：投资人以丧失流动性为代价，承担房地产开发建设和市场、政策变化等多种风险，却仅可能获得相对高于同期存款利率的收益，风险与收益不相匹配。

3. 产品流动性差

我国信托产品目前流动性很差，前期的信托产品甚至没有考虑流动性。目前的流动性设计主要是按照合同法"意思自治"原则由信托合同约定，没有公开的、法定的转让场所，主要的转让方式包括发起人回购、特定第三方溢价受让、信托公司协助寻找普通第三方议价受让、变更信托合同主体等途径小范围定向转让，与国外 REITs 产品可以在交易所上市交易相差甚远。在美国房地产投资信托的投资中，投资者可通过购买 REITs 的受益凭证方式进行投资，受益凭证可以在美国的主要证券交易所上市交易。

4. 政策法律风险大、不确定性大

很多信托产品所谓的金融创新实质上是突破现行法律规范的不法行为，在政策法律上的不确定性很大。

由于信托业历来市场形象不好，加之信托公司、信托产品的同质性，各信托机构本身的投资能力很难被社会认可，所以虽监管部门屡次严禁保本保息的承诺条款，但信托公司和资金需求方纷纷变相保本，以争取发行成功。我国只有中央政府可以发行债券，但地方政府为募集资金建设当地基础设施，往往采取信托公司募集资金、基础设施类地方国企使用资金、地方财政或另一本地国企担保、回购的模式变相发行地方政府债券。非国有企业使用信托资金也同样存在规避证券法、公司法对企业债发行的资质和程序的严格要从而变相发行企业债券的问题。

这样，投资人关注的问题不是拟投资项目的未来收益，而是哪个产品的担保、回购措施到位这些项目之外的因素，而这些担保措施都不同程度存在法律风险，有很大的不确定性。

(二)运行的政策法律环境较差

1. 信托登记

委托人交付的信托财产是否与受托人的自我财产在法律上相隔离，这一点在信托财产能否进行自由处分、强制执行、财产归还等问题上，对第三者来说非常重要,因为只有将信托契约约定的信托财产以登记的形式使其与其他资产相隔离从而才具有对抗第三者的法律效力。我国《信托法》甚至规定应当登记的信托未进行信托登记的,该信托无效;但该法及所有现行法律制度都没有涉及信托登记的申报登记义务主体、登记受理机关、登记程序这些操作所必需的关键问题。按照日本的情况,信托登记包括四类:

(1)信托登记:信托计划执行时,其信托计划本身的登记。

(2)转移、变更登记:信托计划结束时,财产所有权的转移登记;当受托人为多人、其中一人的信托计划结束时,需要进行变更登记。

(3)信托备案登记:当信托计划的备案(信托计划中各种事项的记录)发生更改时,必须要对其进行登记。

(4)取消登记:当信托计划结束或者被迫解除该计划时,需对信托登记进行取消登记。

2. 信托税收

信托产品个性突出、种类丰富,信托产品可能涉及我国现行的所有税种,因此,信托的设立、运作、终止的过程中的税收问题相当复杂。而我国现行的税收法律体系是在原有税制基础上经过 1994 年工商税制改革逐渐完善形成的,包括七类 23 个税种,并没有关于信托税收的任何规定,证券投资基金虽然属于典型的证券型资金信托产品,财政部与国家税务总局也分别于 1998 年颁布了《关于证券投资基金税收问题的通知》、2002 年 8 月颁布《关于开放式证券投资基金税收问题的通知》(财税〔2002〕128 号),但该规定不适用于信托公司。因此目前信托投资公司仍适用一般性的税收政策。信托的纳税主体、纳税客体、税负均无所适从。

信托税收制度的缺失对房地产信托的影响最为严重,因为房地产的过户、流转、价值增值导致的税收问题更为突出,甚至在某种程度上可以说税收制度直接决定房地产信托能否存活。国外的房地产信托甚至所有类型的信托的发展都是和税收改革形影不离的。

3. SPV 发行证券无法可依

我国信托界所谓的信托财产独立性、破产隔离机制在证券界称为风险隔离机制或防火墙,是资产证券化的核心制度,而 SPV 无疑是房地产资产证券化核心,因为 SPV 是实现特殊目的(将资产证券化)的特定待证券化资产的承载主体。SPV 在资产证券化中的作用一是构建风险隔离机制,二是赋予证券化资产以独立的法律人格。

但 SPV 在我国却无法可依,成为现行公司法、证券法等法律约束的盲点,具体表现在:(1)我国现行公司法、合伙法等企业组织法都没有 SPV 这一企业组织形式,SPV 不具备作为基本法律主体和民商事活动主体的法律地位和法律资格。(2)就发行证券的资格而言,按照现有《公司法》《企业债券管理条例》等法律法规的规定,证券发行主体应具备净资产、持续经营年限、利润水平等一系列严格的资格限制,对于专为证券化而设立的"空壳"SPV 来说,显然无法达到,SPV 不可能具备上述发行证券的主体资格。(3)SPV 所发行的证券品种的限制:我国现行所有证券法规规定的所有可发行的证券的类型只包括普通股票、公司债券、中央政府债券、可转债及证券投资基金五种证券,SPV 所发行证券显然不在其中。

三、我国房地产信托业务发展的机遇与对策

(一)市场需求层面

房地产市场供需两旺,投资需求和居住需求巨大,房地产金融投资具有房地产资产升值和房地产经营获利的双重收益渠道,我国开展房地产信托业务的市场前景十分看好。

早在"九五计划"就将房地产业列为我国新的经济增长点,作为拉动经济增长的支柱产业。目前阶段,我国房地产业属高成长性产业,具有很强的前后向产业关联性,其上游可以带动钢铁、水泥、新型材料制造等第二产业,下游可以带动装潢设计、物业管理、咨询中介服务等第三产业,还能充分发挥我国劳动力资源优势,大量吸纳大批初级劳动力、催生技术工人。当然,发展房地产业对于改善城镇居民居住条件、扭转我国城市化进程远远落后于现代化进程也同样具有重大的意义。

中国最近六年来房地产投资额年平均增长率达到 20% 以上,房地产销售额以每年超出 27% 的速度增长,大多数城市房地产开发平均利润在 10% 以上,中高档房地产平均利润率甚至达到 30%～40%,而房地产开发又是资本密集型、资源密集型、劳动力密集型行业,住房产业的发展离不开金融业的支持,而现有融资工具(银行信贷占压倒性优势,上市、发债起点缓作用)既无法满足房地产开发商巨大的资金需求,又造成流动性风险和商业经营风险结构性过度集中于银行。

另一方面,随着改革开放的纵深发展,社会可支配财富直线增长,民间投

资需求强劲,现有投资工具显得相对单一,投资人选择余地小,相当一部分资金基本处于投资无门状态。社会大众很难参与房地产投资、分享该行业高速增长带来的巨大收益,形成房地产产业投资资金匮乏与社会资金大量沉淀并存的奇怪现象。

(二)国家政策法律层面

相关国家机关与社会各界广泛互动,反复博弈,均衡各方利益、长短期发展,坚持房地产信托规范与发展并重,以规范促发展,同时又通过发展来发现问题、总结经验并最终促进立法建设。

党和各国家机关科学执政,不断提高、完善执政能力,立足我国经济、环境和社会可持续发展的战略布局,借鉴国际成熟经验,大力健全信托配套法规,不断完善房地产信托业务开展的法制环境。按照制度经济学的理论,制度变迁分为从上而下的强制性制度变迁(国家主动、事前立法)和从下而上的诱致性制度变迁(国家被动、事后立法)。这一理论在房地产信托法制化建设进程中得到了完美注解:法律、法规、规章的环环相扣,不同监管部门的分工协同,程序流畅,效果显著。

2001 年 1 月人民银行发布《信托投资公司管理办法》后不久,2001 年 4 月全国人大常委会通过《中华人民共和国信托法》。为贯彻执行信托法的精神,人民银行在广泛征询信托公司意见建议的基础上于 2002 年 6 月发布《信托投资公司资金信托管理暂行办法》,紧接着又发布《关于信托投资公司资金信托业务有关问题的通知》(银发〔2002〕314 号)规范当时最为主流的信托品种——资金信托,确保信托业务在信托法的框架内运行。

根据宏观调控的需要,人民银行于 2003 年 6 月发布《中国人民银行关于进一步加强房地产信贷业务管理的通知》(银发〔2003〕121 号),提高房地产相关主体贷款条件,导致部分房地产企业纷纷求助于信托公司;2003 年 4 月底成立的银监会一边组织建设,一边积极行使人民银行剥离出的监管职能,尽可能避免权力交接过程中监管空白导致行业无序发展,于 2004 年 9 月发布《商业银行房地产贷款风险管理指引》,开展房地产信托的企业主动参照执行,保证了宏观调控的连续性和执行效果;2004 年 12 月银监会发布《关于进一步规范集合资金信托业务有关问题的通知》,对开展房地产信托最敏感的异地信托和关联交易做出明确规定。

针对庆泰信托事件、金新信托事件暴露出的信托公司挪用信托资金、变相异地借银行信用公募的问题,各职能部门及时开展危机公关;银监会于 2004 年 4 月在合肥召开的"中国非银行金融机构监管会议"上,确定了对目前作为房地产信托唯一运作平台的信托公司的监管与发展思路,明确了分类监管和交叉稽核、现场检查等一系列监管措施,并于同年 6 月发布《关于进一步加强信托公司监管的通知》(银监发〔2004〕46 号);2004 年 7 月上海证监局进一步下发《关于禁止推介或代销信托公司信托产品和非上市股份公司股权的通知》(沪证机〔2004〕192 号),要求上海市各证券经营机构、证券投资咨询公司停止代理推介或代销信托公司的信托产品和非上市股份公司的股权;此前上海银监局也曾发出通知,禁止商业银行代销异地信托公司的信托产品。

鉴于分业监管缺乏协调机制而部分信托产品具有跨行业投融资性质,2004 年 6 月银监会、证监会、保监会联合发布《在金融监管方面分工合作的备忘录》;2004 年 9 月银监会、证监会发布《关于信托投资公司开设信托专用证券账户和信托专用资金账户有关问题的通知》;紧接着中国证券登记结算有限责任公司配套发布《特殊法人机构证券账户开立业务实施细则》。

在财务会计方面,财政部于 2002 年 1 月颁布实施《金融企业会计制度》,听取信托业界意见建议后于 2005 年 1 月发布实施《信托业务会计核算办法》。

关于政务公开、民主决策、科学决策方面,监管机构借助现代通信手段,热心、广泛听取社会各界的意见和建议,2002 年 12 月人民银行公布《信托投资公司关联交易行为指引(讨论稿)》;银监会公布《信托投资公司集合资金信托业务信息披露暂行规定(征求意见稿)》,该规定在充分、高效征求意见后于2004 年 12 月以《关于信托投资公司集合资金信托业务信息披露有关问题的通知》正式发布、生效;2004 年 7 月银监会公布《信托投资公司信息披露管理暂行办法(征求意见稿)》,2005 年 1 月发布《信托投资公司信息披露管理暂行办法》;2004 年 10 月银监会公布《信托投资公司房地产信托业务管理暂行办法(征求意见稿)》,该征求意见稿进一步体现了规范与发展并重、扶优抑劣的指导思想,并委托上海银监局征求意见,上海银监局甚至主动向上海市房屋土地资源管理局征求意见,市房地局又向上海市君悦律师事务所征求意见,笔者有幸受律所指派到市房地局发表建议。

(三)房地产产业发展层面

房地产业、金融业甚至媒体、民间协会与科研院所等各种社会力量也投入巨大热情,挖掘各种社会资源,致力相关组织建设与房地产信托投资的研究和相关人力资本投资,显示出该产业前景和该金融工具的巨大社会影响力和群众基础,也是这一行业健康发展的社会基础。以 2004 年下半年为例:

2004 年 7 月,美国第二大资产管理公司联邦国民抵押协会 Fannie Mae (房利美)和上海第一财经主办"2004 中国房地产金融资产证券化论坛";2004 年 11 月国务院国研中心开办"房地产信托融资实务"研修班;同月中国商业地产联盟、广东省连锁经营协会、广东省商业地产专业委员会联办"商业地产金融创新与资本运营论坛";2004 年 12 月"中国住交会"发起"2004 中国房地产金融论坛";同月深圳证券交易所召集相关银行、基金管理公司、信托公司、证券公司召开"房地产金融产品创新专题研讨及论证会"。

(四)现实金融创新适应性层面

信托投资公司并不消极坐等政策,而是围绕市场,紧贴政策面,综合运用多种金融工具,开发过渡性金融产品,解决房地产企业融资需求和资本逐利性的现实矛盾。主要通过以下途径:

1. 投资于房地产项目公司

(1)直接投资:将信托资金投资于项目公司增发股份形成股权;

(2)间接投资:用信托资金对项目公司发放信托贷款形成债权。

2. 投资于房地产物业

(1)产权投资:用信托资金购买房地产产权

(2)使用权、经营权、收益权投资

3. 投资于中长期房地产信贷资产

4. 房地产公司股权信托,信托受益权转让

5. 房地产物业(所有权或使用权)信托,信托受益权转让

6. 综合运用信托、自有房地产典当等手段融通房地产开发建设资金

我国目前尚无统一的产业投资基金法,央行 1995 年制定、国务院批准的《设立境外中国产业投资基金管理办法》本质上是规范中国在国外设立的产业投资基金,该基金在本质上属于国外基金,我国实践中的产业投资基金目前只有两家且均为创业投资基金、风险投资基金,主要投资于初创阶段的高新技术企业,与成熟的经营性物业无涉;中瑞合作基金由中国国家开发银行出资、瑞士联邦对外经济部出资,于 1997 年成立、1998 年取得中外合资企业法人营业执照,是具有中国有限责任法人资格的永久性基金,由中方股东国开行作为基金管理人;中国政府与比利时政府发起成立的"中国—比利时直接股权投资基

金"即中比基金于 2004 年依中国法律注册成立,存续期间 12 年,属封闭式基金,该基金由中外合资的海富产业投资基金管理公司作为管理人。

鉴于我国目前尚无产业投资基金法,信托业界又普遍看好房地产信托尤其是收益型商业物业的市场前景,纷纷进行尝试,其中深圳国际信托和联华国际信托的探索最具代表性和前瞻性。深圳国际信托公司模式可称实业投资型:信托公司专门设立深国投商用置业有限公司(以下简称"置业公司")作为投资商业地产的专业平台,继新加坡嘉德置地集团之后,2005 年 7 月又与美国西蒙房地产集团有限公司、摩根士丹利房地产基金签订了开发商业地产的合作协议,置业公司专门与外方投资人发起设立中外合资的商业地产项目公司;联华国际信托公司模式可称品牌经营型:联华国际信托公司设立专业房地产投融资管理咨询公司并将该咨询公司字号"联信筑城"申请注册为注册商标,作为联华国际信托公司对外开展房地产信托业务的统一品牌。

四、我国房地产信托发展的未来走向

(一)房地产信托代表了我国房地产业持续健康发展的必然趋势

信托投资计划通过募集社会闲置资金投资房地产业,既拉动了国民经济的发展,降低了银行风险,又拓宽了大众的投资渠道,使投资人可以以小规模的资金获取房地产大规模投资的高收益。

对于处于房地产信托核心的房地产公司来说,如果能通过房地产信托实现资产融资,一方面,可以阶段性盘活存量房地产资产,充分实现企业房地产资产价值,提高房地产资产流动性和收益率,同时以房地产资产信用替代企业整体信用,也可能在降低企业融资成本的同时增加现金流,而且表外融资还能优化房地产公司财务结构。另一方面,房地产资产信托有利于房地产开发经营公司提高专业水平。

因此,规范、完善的房地产信托基本上可以实现投资者、开发商、金融机构的多赢局面,代表了我国房地产业持续健康发展的必然趋势。

(二)大多数房地产投资信托转而由房地产公司发起并管理

我国的信托业由银监会监管,证券型基金由证监会监管,作为非金融机构的产业投资基金则由发改委归口管理。专业房地产公司目前不具备作为信托投资基金组织发起人的法律资格,但是拥有发起资格的信托投资公司的房地产开发经营管理经验不足,这样就加大了投资风险。

但是,目前在世界范围内,房地产投资信托基金的发起人包括房地产公司、商业银行、独立经纪人、联营公司、人寿保险公司等诸多主体,而且从房地产证券化发达国家的经验看,大多数房地产投资信托已逐渐转由房地产公司发起并管理,因为房地产公司比银行、信托等机构拥有房地产经营和管理的专业人才优势,房地产投资信托也日益演变为由专业的房地产公司发起并管理。这也体现了房地产投资信托发展的必然趋势。

考虑到我国的现实,由金融机构和专业房地产公司合作共同作为房地产信托的发起人,可能会有比较理想的效果。

银行每一笔房地产贷款收不回来基本上都会形成一笔不良资产,而金融机构和专业房产公司共同发起的房地产信托则相应拥有强大的后续运作团队和经营能力,在开发商无力营运项目公司时及时介入,从而真正保证投资者的利益。而且也只有这种组合才有能力在更大范围内甄别、选择优质项目,从而从源头上降低房地产信托投资人的投资风险。

五、我国房地产信托业务发展战略规划

我们是发展中国家,正处于传统计划经济向现代市场经济的转型期,结合我国经济发展的现状,按照发展经济学和过渡经济学的理论,我国政府在此发展、过渡和转型期中应起主导作用,对主导产业、重点产业进行选择和扶植,实现产业结构的协调化和高度化。战后日本经济的复苏和腾飞就是一个典型的例子。

市场经济是法治经济,经济的运行、国家的管理都必须坚持法治的原则,因为制度可以降低交易成本,为大规模社会分工协作创造条件,提供激励机制,实现个人收益率尽可能接近社会收益率,促进外部性的内部化。而国家是制度的供给者,在过渡时期和转型阶段政府对经济增长起着决定性作用,按照发展经济学、过渡经济学的观点,结合第二次世界大战后日本经济腾飞的经验,像中国这样的发展中国家在经济过渡的过程中,政府主导型是非常有益的经济增长模型。当然,政府的作用是有边界的,和市场无形之手的调节是互动互补的、动态平衡的。

在房地产信托的问题上,政府应通过与社会的充分互动,规范与发展的充分互动,综合平衡房地产产业发展的资金需求与证券市场对扩容的承受能力两者间的矛盾,以及房地产居住办公需求、投资需求、房地产产业发展与国家

宏观调控四者的矛盾,立足中国现实,着眼未来,面向国际,细分投资人市场,根据投资人的风险偏好和抗风险能力不同,鼓励贴近市场进行金融创新,在坚持流动性、规范化的前提下分阶段适时匹配相应的房地产金融产品。具体可分三步走。

第一步为培育、过渡期:半公募发行信托受益权凭证,采取合格投资人制度

国家经济建设和社会发展需要安定团结的外部环境,作为拥有 13 亿人口的大国,稳定无疑是压倒一切的首要问题。我国资本市场运行时间短、规范性欠缺,监管层、交易所、房产商、投资人四方面都不同程度存在经验不足的问题,房地产业一定程度上也存在着种类、时间、区域上的结构性不平衡问题,直接面向社会公众公募房地产信托资金很可能引发一系列社会问题,反而影响了这一新生事物的最终发展。因此一方面可以适当放宽信托合同 200 份的限额,在不同地区、针对不同项目半公募发售信托产品;另一方面明确设定合格投资人的资质条件,杜绝风险承受能力低的投资主体进入这一市场。

第二步为规模、规范发展期:组建房地产产业投资基金(简称房地产基金)

产业投资基金是伴随着我国经济体制改革、行业结构调整及市场经济发展而提出的一个与证券投资基金相对应的概念,国外并没有产业投资基金这一明确的提法。产业投资基金主要以特定行业或特定地区为投资对象,对未上市企业直接提供资金、资本支持,以追求长期收益为目标,并从事资本经营与监督。产业投资基金具有投资基金的共性,即"集合投资、专家理财、分散风险、降低成本"。

我国目前关于产业投资基金的政策法规只有 1995 年 8 月 11 日国务院批准、1995 年 9 月 6 日人民银行发布的《设立境外中国产业投资基金管理办法》这一部法规。该办法第 2 条规定境外中国产业投资基金(以下简称"境外投资基金"),是指中国境内非银行金融机构、非金融机构以及中资控股的境外机构(以下统称中资机构)作为发起人,单独或者与境外机构共同发起设立,在中国境外注册、募集资金,主要投资于中国境内产业项目的投资基金。

不过,我国已有数年的根据《证券投资基金法》组建的证券投资基金管理公司的行业监管、投资组合、国际交流经验和人员储备基础,政府可以在此基础上,将《设立境外中国产业投资基金管理办法》和《证券投资基金法》有机结合,制定非证券化的或初级证券化的房地产产业投资基金管理制度,规定该产业基金的发起设立可以离岸,可以本土;可以外国国籍,可以中国国籍;组织结

构可以公司型,可以契约型。

第三步:全面推进房地产证券化

商品的特性之一是价值可以充分量化,随着商品经济的充分发展,世界经济一体化和资产、风险评估、计量手段不断进步,实物资产会日益具有金融资产的特性,证券化资产未来将会成为社会财富的主要形式。作为投资金额和时间跨度巨大的不动产,风险集中和流动性低的特性将使其成为资产证券化的先头部队。

资产证券化就是将那些缺乏流动性、但具有未来现金收入流的资产进行适当组合,对该组合产生的现金流进行结构性重组,对不同的风险(包括信用、流动性、利率、外汇等风险)进行重新配置管理,并依托该现金流发行债券来融通资金的过程。简而言之,资产证券化就是以资产现金流或信用增级为保证的债券融资形式。一般来说,资产证券化过程的主要参与者有:发起人、特设机构(SPV:Special Purpose Vehicle)、投资银行、信用提高机构、信用评级机构、托管人、投资者等。

资产证券化基本流程如下:

SPV 特设信托机构是一个中介机构,它购买发起人的基础资产(实物资产、无形资产、股权、债权等形式的资产)加以整合,然后出售包装后的证券。SPV 以某种价格购买发起人的基础资产,通过将它们包装成投资市场的交易商品,而增加了基础资产的价值,然后由投资银行负责以一个较高的价格向投资者销售资产支持证券(ABS),特设机构(SPV)从投资银行处获取证券发行收入,再按资产买卖合同中规定的购买价格,把发行收入的大部分支付给发起人。

根据 SPV 的组织形式的不同,可分为 SPC(公司型)和 SPT(信托型)。

资产证券化本质上属于资产融资,资产融资以公司的特定资产而非整体信用或整体资产为基础进行融资,具体形式包括但不限于资产证券化和保理。资产融资具有不改变企业资产负债结构、不增加企业偿债压力、盘活企业存量资产的特性。资产证券化在我国刚刚起步,目前关于资产证券化的有效法律文件很少,而且法律位阶很低,主要包括央行、银监会制定的《信贷资产证券化试点管理办法》、财政部制定的《信贷资产证券化试点会计处理规定》、央行制定《资产支持证券信息披露规则》、全国银行间同业拆借中心制定央行批准的《资产支持证券交易操作规则》、建设部发布的《关于个人住房抵押贷款证券化涉及的抵押权变更登记有关问题的试行通知》五部文件。

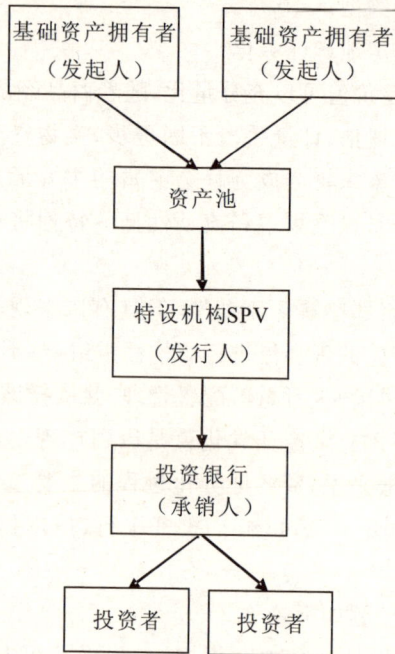

```
┌─────────────┐      ┌─────────────┐
│ 基础资产拥有者 │      │ 基础资产拥有者 │
│   （发起人）  │      │   （发起人）  │
└─────────────┘      └─────────────┘
         │                  │
         └────────┐  ┌───────┘
                  ▼  ▼
            ┌──────────┐
            │   资产池   │
            └──────────┘
                  │
                  ▼
            ┌──────────┐
            │ 特设机构SPV │
            │  （发行人） │
            └──────────┘
                  │
                  ▼
            ┌──────────┐
            │  投资银行  │
            │  （承销人） │
            └──────────┘
                 │  │
          ┌──────┘  └──────┐
          ▼                ▼
     ┌────────┐      ┌────────┐
     │  投资者  │      │  投资者  │
     └────────┘      └────────┘
```

图 3-4

六、律师在房地产信托中的作用

房地产信托投资属金融创新工具，技术性和系统性较强，环节和程序复杂，涉及主体多，稍有纰漏就可能留下纠纷隐患，并可通过多种市场产生蝴蝶效应，波及整个社会，甚至引发集团诉讼、社会动荡等问题。投资银行、资产评估机构、信用增级机构、信用评估机构、会计师事务所、律师事务所等专业中介结构的业务能力和职业道德直接决定这一金融工程的成败。该产品的风险主要包括经济风险和法律风险。作为一名法律工作者，笔者想谈谈法律风险对该产品的影响及防范。

以迄今世界最大的房地产信托基金——香港领汇房地产投资信托基金（Link Real Estate Investment Trust，香港简称"领汇"）上市受阻为例。该领汇受一位 67 岁的低收入香港公屋租户以"房委会贱卖政府资产"为由提起的诉讼影响，被香港政府取消了原定 2004 年 12 月 20 日上市的计划。香港政府将不得不在所有法律障碍均获清除后才可能再度启动该基金的上市进程。

此次诉讼虽由香港普通市民提起,却成功阻止了政府计划,并广泛影响到包括香港政府机构、投资银行及近 50 万名认购该基金的散户投资者。此次领汇上市搁浅虽不能排除特殊利益集团对政府资产民营化的抵触,但是一些投行专家认为从技术层面看与主办律师未能充分履行尽职调查义务或者专业水平欠缺、未能充分揭示所有相关可能的法律风险并及时提请政府注意不无关系。

因此,律师,特别是房地产专业律师,在积极介入房地产信托的实践活动的同时,应从一个法律工作者应担负的社会使命的高度出发,利用对房地产开发、交易、物业管理、经营管理诸多环节系统了解的业务优势,主动为相关规则制定献计献策,促进我国房地产信托健康、规范发展。

笔者认为,在具体工作中,律师应主要做好以下几项:

1. 设计房地产信托法律框架,完善、优化房地产信托流程,特别是要准确把握各接点的时间跨度,在严守各项期间的强制性规定的前提下提高资金使用效率;

2. 按照勤勉尽责、诚实信用的原则进行尽职调查并制作法律意见书,对所有相关法律问题明确发表结论性意见;

3. 跟踪监督信托基金和房地产经营管理的动态,发现违法违规及异常变动及时发出律师函并向相关主管部门报告。

我们看到,我国房地产信托的实践活动生机勃勃,在多方互动、博弈中迎面走来;我们相信,在社会各界的共同努力下,必将有一个美好的未来。

第四章
证券公司及基金子公司作为管理人的资产证券化业务

第一节　法定概念及发展概况

依据证监会 2014 年 11 月 19 日发布的《证券公司及基金管理公司子公司资产证券化业务管理规定》(本章简称为《管理规定》),资产证券化业务(又称"资产支持证券",Asset-Backed Securitization,ABS),是指以特定基础资产或资产组合所产生的现金流为偿付支持,通过结构化方式进行信用增级,在此基础上发行资产支持证券的业务活动。

与原《证券公司资产证券化业务管理规定》相比,《管理规定》的修订亮点包括:明确了上位法依据为《证券公司监督管理条例》《基金法》《私募投资基金监督管理暂行办法》,明确特殊目的载体为"资产支持专项计划",将资产证券化业务由事前行政审批改为事后备案;将基金子公司开展资产证券化业务纳入监管范围,新增股转系统、报价系统、证券公司柜台市场以及证监会认可的其他证券交易场所,同时为期货公司、证金公司和证监会负责监管的其他公司、商业银行、保险公司、信托公司等金融机构开展资产证券化业务预留了空间;建立了全面的事中、事后监管机制,切实做好风险控制;明确了证券交易所和基金业协会等监管机构的职能分工。

然而,无论是《证券公司资产证券化业务管理规定》,还是《管理规定》,虽然都明确规定基础资产具有法律上的独立性从而实现"破产隔离"的功能,原始权益人可以通过此举优化资产负债结构从而突破融资规模限制,实现其融资目的,可谓一石二鸟。但是非常遗憾的是,证券公司通过资产支持专项计划SPV 开展 ABS 业务运用的完全是《信托法》的基本原理,然而鉴于分业经营、分业监管的现实,这两个规章却一直在回避"信托法""信托财产"等"信托"字眼(该规章的征求意见稿本有"信托"字眼,生效版本却将其悉数删除,大概是证监会不希望给银监会以"捞过界"之感,以免影响监管机构之间的微妙平衡、表面和谐),使得原本可以受到《信托法》强力保护的基础资产在法律上缺乏明确的身份。因此从法律渊源来看,信托公司开展的信贷资产证券化业务无疑具有最高的合法性依据。[①] 当然,《管理规定》明确上位法依据为《证券投资基金法》,而《证券投资基金法》在第 2 条明确规定:"本法未规定的,适用《中华人民共和国信托法》、《中华人民共和国证券法》和其他有关法律、行政法规的规定。"按照《中华人民共和国立法法》的规定及达成广泛共识的法学理论,作为证监会规章的《管理规定》,可以间接从《中华人民共和国信托法》获得法律层面的资源支持和信托效力。

自 2005 年 8 月开始证券公司资产证券化业务试点至备案制实施前,证券公司发行的资产证券化产品较少,主要项目的信息如表 4-1。

表 4-1

序号	产品名称	基础资产	管理人	核准日期
1	中国联通 CDMA 网络租赁费收益计划	租赁收入收益权	中金公司	2005 年 8 月 5 日
2	莞深高速公路收费收益权专项资产管理计划	公路收费收益权	广发证券	2005 年 12 月 22 日
3	中国网通应收款资产支持受益凭证	应收账款债权	中金公司	2006 年 2 月 27 日
4	华能澜沧江水电收益专项资产管理计划	电费收入收益权	招商证券	2006 年 4 月 24 日
5	远东首期租赁资产支持收益专项资产管理计划	租金请求权	东方证券	2006 年 4 月 26 日
6	浦东建设 BT 项目资产支持收益专项资产管理计划	项目回购款债权	国泰君安证券	2006 年 6 月 16 日

[①]　余红征:《中国资产管理法律实务》,厦门大学出版社 2013 年版,第 140 页。

续表

序号	产品名称	基础资产	管理人	核准日期
7	南京城建污水处理收费资产支持收益专项资产管理计划	污水处理收费收益权	东海证券	2006 年 6 月 26 日
8	南通天电销售资产支持收益专项资产管理计划	电费收入收益权	华泰证券	2006 年 6 月 27 日
9	江苏吴中集团 BT 项目回购款专项资产管理计划	项目回购款债权	中信证券	2006 年 8 月 11 日
10	远东二期专项资产管理计划	租金请求权	中信证券	2011 年 4 月 13 日
11	南京公用控股污水处理收费收益权专项资产管理计划	污水处理收费收益权	中信证券	2011 年 12 月 5 日
12	欢乐谷主题公园入园凭证专项资产管理计划	门票收入收益权	中信证券	2012 年 10 月 30 日
13	工银租赁专项资产管理计划	租金请求权	中信证券	2012 年 11 月 8 日
14	民生租赁专项资产管理计划	租金请求权	中信证券	2012 年 11 月 15 日
15	华能澜沧江第二期水电上网收费权专项资产管理计划	电费收入收益权	招商证券	2013 年 1 月 11 日
16	隧道股份 BOT 项目专项资产管理计划	专营权收入	国泰君安证券	2013 年 4 月 22 日
17	东证资管—阿里巴巴×号专项资产管理计划	小额贷款资产包	东方证券	2013 年 6 月 25 日
18	中信远东三期专项资产管理计划	租金请求权	中信证券	2013 年 12 月 20 日
19	浦发集团 BT 回购项目专项资产管理计划	项目回购款债权	海通证券	2013 年 12 月 20 日

续表

序号	产品名称	基础资产	管理人	核准日期
20	国泰一期专项资产管理计划	租金请求权	齐鲁证券	2014 年 1 月 2 日
21	中信启航专项资产管理计划	私基金份额，最终为物业所有权	中信证券	2014 年 1 月 16 日
22	吉林城建 BT 项目资产支持收益专项资产管理计划	项目回购款债权	广发证券	2014 年 1 月 23 日
23	海印股份信托受益权专项资产管理计划	信托受益权，最终为租金收益权	中信建投证券	2014 年 4 月 2 日
24	中航租赁资产支持收益专项资产管理计划	租赁债权	广发证券	2014 年 4 月 2 日
25	迁安热力供热收费权专项资产管理计划	供热收费收益权	恒泰证券	2014 年 4 月 30 日
26	中国水务供水合同债权专项资产管理计划	水费合同债权	中国民族证券	2014 年 6 月 3 日

　　2014 年年初,券商专项资产管理计划的行政审批事项被取消,证监会征求各界意见对《证券公司资产证券化业务管理规定》进行修订,2014 年 11 月 19 日证监会公布《管理规定》及配套的信息披露和尽职调查指引,明确资产证券化业务的备案制,并将主体扩展至证券公司及基金子公司。2014 年 12 月 24 日,基金业协会发布《资产支持专项计划备案管理办法》及配套规则,包括说明书内容与格式指引、风险控制指引、负面清单指引等,明确了备案制的操作程序。

　　至此,企业资产证券化业务法规体系已基本建立,证券公司及基金子公司资产证券化业务迎来历史性的发展机遇。截至 2015 年 9 月 30 日,不到一年时间,在基金业协会备案的资产证券化产品已达 103 单,以各单产品基础资产类别为划分依据,对产品分类归纳如下:

一、小额贷款类基础资产

表 4-2

序号	产品名称	基础资产	管理人	备案日期
1	中银国际—金坤小贷二期资产支持专项计划	小额贷款债权	中银国际证券	2015 年 9 月 7 日
2	中金—蚂蚁微贷 2015 年第五期小额贷款资产支持专项计划	小额贷款债权	中金公司	2015 年 9 月 7 日
3	江西省小额贷款公司 2015 年小额贷款资产支持专项计划	小额贷款债权	申万宏源证券	2015 年 8 月 25 日
4	中金—蚂蚁微贷 2015 年第四期小额贷款资产支持专项计划	小额贷款债权	中金公司	2015 年 8 月 11 日
5	中金—蚂蚁微贷 2015 年第二期小额贷款资产支持专项计划	小额贷款债权	中金公司	2015 年 8 月 4 日
6	宇商小贷 1 号	小额贷款债权	融通资本	2015 年 8 月 4 日
7	中金—蚂蚁微贷 2015 年第三期小额贷款资产支持专项计划	小额贷款债权	中金公司	2015 年 7 月 27 日
8	东证资管—蚂蚁微贷（SZ）1 号资产支持专项计划	小额贷款债权	东证资管	2015 年 6 月 25 日
9	万家共赢皖投小贷一期资产支持专项计划	小额贷款债权	万家共赢资管	2015 年 6 月 5 日
10	中银国际—金坤小贷一期资产支持专项计划	小额贷款债权	中银国际证券	2015 年 6 月 5 日

续表

序号	产品名称	基础资产	管理人	备案日期
11	中和农信 2015 年第一期公益小额贷款资产支持专项计划	小额贷款债权	中信证券	2015 年 5 月 29 日
12	融通资本—宇商小额贷款资产支持专项计划 1 号	小额贷款债权	融通资本	2015 年 5 月 22 日
13	北银丰业金通小贷资产支持专项计划	小额贷款债权	北银丰业资管	2015 年 5 月 15 日
14	中金—蚂蚁微贷 2015 年第二期小额贷款资产支持专项计划	小额贷款债权	中金公司	2015 年 5 月 15 日
15	国正小贷一期资产支持专项计划	小额贷款债权	德邦证券	2015 年 3 月 9 日
16	民生加银金通小贷一期资产支持专项计划	小额贷款债权	民生加银	2015 年 2 月 11 日
17	镇江优选小贷 1 号资产支持专项计划	小额贷款债权	恒泰证券	2015 年 2 月 11 日
18	中金—蚂蚁微贷 2015 年第一期小额贷款资产支持专项计划	小额贷款债权	中金公司	2015 年 2 月 11 日
19	第一创业金通小贷资产支持专项计划	小额贷款债权	第一创业证券	2015 年 1 月 23 日
20	银河金汇—瀚华小额贷款资产支持专项计划 1 号	小额贷款债权	银河金汇	2015 年 1 月 23 日

二、租赁债权类基础资产

表 4-3

序号	产品名称	基础资产	管理人	备案日期
1	汇通三期资产支持专项计划	租赁债权	国金证券	2015 年 9 月 30 日
2	远东四期资产支持专项计划	租赁债权	国泰君安	2015 年 9 月 30 日
3	南山租赁一期资产支持专项计划	租赁债权	信达证券	2015 年 9 月 28 日
4	汇通二期资产支持专项计划	租赁债权	国金证券	2015 年 9 月 22 日
5	广发恒进—中关村科技租赁 1 期资产支持专项计划	租赁债权	广发证券	2015 年 9 月 14 日
6	渤钢租赁资产支持专项计划	租赁债权	申万宏源证券	2015 年 9 月 14 日
7	海晟租赁一期资产支持专项计划	租赁债权	西部证券	2015 年 9 月 7 日
8	中建投租赁一期资产支持专项计划	租赁债权	申万宏源证券	2015 年 9 月 7 日
9	广发恒进—南方水泥租赁资产支持专项计划	租赁债权	广发资管	2015 年 8 月 31 日
10	华泰—金美—中联水泥三期租赁资产支持专项计划	租赁债权	华泰资管	2015 年 8 月 31 日
11	浙江海洋租赁一期资产支持专项计划	租赁债权	富诚海富通资管	2015 年 8 月 31 日

续表

序号	产品名称	基础资产	管理人	备案日期
12	宝信租赁四期资产支持专项计划	租赁债权	西部证券	2015 年 8 月 11 日
13	丰汇租赁一期资产支持专项计划	租赁债权	恒泰证券	2015 年 8 月 11 日
14	港联租赁一期资产支持专项计划	租赁债权	恒泰证券	2015 年 8 月 4 日
15	中电投融和租赁一期资产支持专项计划	租赁债权	申万宏源	2015 年 8 月 4 日
16	第一创业聚信租赁一期资产支持专项计划	租赁债权	第一创业摩根大通证券	2015 年 7 月 27 日
17	华泰—金美—中联水泥二期租赁资产支持专项计划	租赁债权	华泰资管	2015 年 7 月 27 日
18	远东宏信(天津)三期资产支持专项计划	租赁债权	中信证券	2015 年 7 月 3 日
19	福能租赁资产支持专项计划	租赁债权	兴证资产	2015 年 7 月 3 日
20	兴证资管—东海租赁一期资产支持专项计划	租赁债权	兴证资管	2015 年 6 月 25 日
21	正奇租赁一期资产支持专项计划	租赁债权	东兴证券	2015 年 6 月 25 日
22	民生加银资管先锋租赁1号汇富资产支持专项计划	租赁债权	民生加银资管	2015 年 6 月 18 日
23	宝信租赁三期资产支持证券专项计划	租赁债权	西部证券	2015 年 6 月 5 日

续表

序号	产品名称	基础资产	管理人	备案日期
24	华科租赁一期资产支持专项计划	租赁债权	西部证券	2015 年 6 月 5 日
25	华泰—金美—中联水泥一期租赁资产支持专项	租赁债权	华泰资管	2015 年 6 月 5 日
26	环球租赁资产支持专项计划	租赁债权	中信证券	2015 年 6 月 5 日
27	汇通一期资产支持专项计划	租赁债权	国金证券	2015 年 6 月 5 日
28	远东 2015 年第二期租赁资产支持专项计划	租赁债权	国信证券	2015 年 5 月 29 日
29	海通恒信一期资产支持专项计划	租赁债权	富诚海富通资管	2015 年 5 月 22 日
30	国开泰富资管—齐鲁证券—远东天津资产支持专项计划	租赁债权	国开泰富资管	2015 年 5 月 15 日
31	兴证资管—融信租赁一期资产支持专项计划	租赁债权	兴证资管	2015 年 4 月 24 日
32	宝信租赁二期资产支持专项计划	租赁债权	恒泰证券	2015 年 4 月 3 日
33	南方骐元—远东宏信（天津）1 号资产支持专项计划	租赁债权	南方资本	2015 年 3 月 16 日
34	狮桥一期资产支持专项计划	租赁债权	长江证券	2015 年 2 月 3 日

三、供水、供热、供电、供气、污水处理、物业服务、港口服务、公交经营、车辆通行等收费收益权类基础资产

表 4-4

序号	产品名称	基础资产	管理人	备案日期
1	鹤岗市热力公司热电收费收益权资产支持专项计划	热电收费收益权	民族证券	2015 年 9 月 28 日
2	连徐公司车辆通行费资产支持专项计划	车辆通行费收益权	上海银行和国泰君安	2015 年 9 月 22 日
3	哈尔滨机场专用路通行费收入收益权资产支持专项计划	通行费收入收益权	民生证券	2015 年 9 月 22 日
4	永利热电电力上网收费权债权和供用热合同债权资产支持专项计划	电力上网收费权、供热合同债权	浙商证券资管	2015 年 9 月 16 日
5	博时资本—世茂天成物业资产支持专项计划	物业费收入	博时资本	2015 年 8 月 31 日
6	万家共赢丰源通达电力资产支持专项计划	供电收入	万家共赢	2015 年 8 月 31 日
7	宇光能源供热收费收益权资产支持专项计划	供热收费收益权	光大证券	2015 年 8 月 31 日
8	平安长春经开供热合同债权资产支持专项计划	供热合同债权	平安大华汇通	2015 年 8 月 31 日
9	兴光燃气天然气供气合同债权 1 号资产支持专项计划	供气合同债权	农银汇理	2015 年 8 月 25 日
10	衡枣高速公路车辆通行费收益权资产支持专项计划	高速公路车辆通行费收益权	申万宏源	2015 年 8 月 4 日

续表

序号	产品名称	基础资产	管理人	备案日期
11	大丰海港港口有限责任公司港口服务费收益权资产支持专项计划	港口服务费收益权	长江证券	2015 年 7 月 17 日
12	天富能源资产支持专项计划	供电收入	东方汇智	2015 年 7 月 14 日
13	平安凯迪电力上网收费权资产支持专项计划	供电收费权	平安大华汇通财富	2015 年 7 月 14 日
14	陕西交通集团车辆通行费资产支持专项计划	高速公路车辆通行费收益权	国开证券	2015 年 7 月 14 日
15	泰兴市滨江污水处理有限公司污水处理收费权资产支持专项计划	污水处理收费权	中航证券	2015 年 6 月 18 日
16	富阳水务资产收费收益权资产支持专项计划	水务资产收费收益权	德邦证券	2015 年 6 月 5 日
17	内蒙古哈伦能源有限责任公司集中供热合同债权资产支持专项计划	集中供热合同债权	日信证券	2015 年 5 月 8 日
18	包东高速公路通行费收入收益权资产支持专项计划	高速公路通行费收益权	中山证券	2015 年 5 月 8 日
19	吉林水务供水收费权资产支持专项计划	水务供水收费收益权	恒泰证券	2015 年 5 月 8 日
20	嘉兴天然气收费收益权资产支持专项计划	天然气收费收益权	东吴证券	2015 年 4 月 3 日
21	银河瑞阳供热资产支持专项计划	供热收费收益权	银河金汇证券	2015 年 3 月 25 日

续表

序号	产品名称	基础资产	管理人	备案日期
22	南京公交集团公交经营收费收益权资产支持专项计划	公交经营收费收益权	申万宏源证券	2015 年 3 月 9 日
23	衡枣高速公路车辆通行费收益权资产支持专项计划	高速公路收费收益权	申万宏源证券	2015 年 3 月 9 日
24	濮阳供水收费收益权资产支持专项计划	供水收费收益权	中国民族证券	2015 年 2 月 11 日
25	长春供热集团供热合同债权 1 号资产支持专项计划	特定供热合同债券及其从权利	中国中投证券	2015 年 1 月 23 日

四、应收账款类基础资产

表 4-5

序号	产品名称	基础资产	管理人	备案日期
1	京东白条应收账款债权资产支持专项计划	应收账款债权	华泰证券	2015 年 9 月 30 日
2	龙桥集团应收账款资产支持专项计划	应收账款	中山证券	2015 年 8 月 25 日
3	国金—金光一期资产支持专项计划	外商投资企业应收账款资产	国金证券	2015 年 8 月 11 日
4	宝钢集团新疆八一钢铁有限公司一期应收账款资产支持专项计划	应收账款债权	工银瑞投	2015 年 5 月 22 日

五、保理融资债权类基础资产

表 4-6

序号	产品名称	基础资产	管理人	备案日期
1	摩山保理一期资产支持专项计划	保理融资债权	恒泰证券股份有限公司	2015 年 6 月 5 日

六、包含银行信用的企业应收账款类基础资产

表 4-7

序号	产品名称	基础资产	管理人	备案日期
1	广发资管·民生银行安驰 1 号汇富资产支持专项计划	应收账款	广发证券	2015 年 9 月 30 日
2	广发资管·民生银行安驰 2 号汇富资产支持专项计划	应收账款	广发证券	2015 年 9 月 30 日

七、信托受益权类基础资产

表 4-8

序号	产品名称	基础资产	管理人	备案日期
1	国君资管恒信 2 号资产支持专项计划	信托受益权	国泰君安	2015 年 9 月 30 日
2	扬州保障房信托受益权资产支持专项计划	信托受益权	华泰证券	2015 年 9 月 7 日
3	天津房信限价房信托受益权资产支持专项计划	信托受益权	华泰证券	2015 年 8 月 31 日

续表

序号	产品名称	基础资产	管理人	备案日期
4	美兰机场信托受益权资产支持专项计划	信托受益权	国海证券	2015 年 7 月 17 日
5	星美国际影院信托受益权资产支持专项计划	信托受益权	安信证券	2015 年 7 月 14 日
6	畅行资产支持专项计划	信托收益权	中信建投证券	2015 年 5 月 29 日
7	国君资管恒信 1 号资产支持专项计划	信托受益权	国泰君安	2015 年 4 月 3 日

八、私募基金份额类基础资产

表 4-9

序号	产品名称	基础资产	管理人	备案日期
1	中信华夏苏宁云创资产支持专项计划	11 家自有门店物业所在公司股权	华夏资本	2014 年 12 月 31 日

九、票款收入类基础资产

表 4-10

序号	产品名称	基础资产	管理人	备案日期
1	北京首都航空有限公司 BSP(Billing and Settlement Plan,简称 BSP)票款债权资产支持专项计划	BSP 票款债权	国开证券	2015 年 9 月 30 日
2	海南航空 1 期 BSP 票款债权资产支持专项计划	BSP 票款债权	恒泰证券	2015 年 4 月 24 日

十、住房公积金贷款类基础资产

表 4-11

序号	产品名称	基础资产	管理人	备案日期
1	武汉住房公积金贷款1号	公积金贷款	民生加银	2015 年 8 月 4 日

十一、股票质押融资债权类基础资产

表 4-12

序号	产品名称	基础资产	管理人	备案日期
1	中信华夏股票质押债权一期资产支持专项计划	中信证券开展股票质押业务而对融入方享有的债权及其附属担保权益	华夏资本	2015 年 7 月 27 日

十二、券商两融债权类基础资产

表 4-13

序号	产品名称	基础资产	管理人	备案日期
1	国君华泰融出资金债权资产证券化 1 号资产支持专项计划	两融融出资金债权	华泰证券	2015 年 8 月 25 日
2	华泰国君融出资金债权 1 号资产支持专项计划	两融融出资金债权	国泰君安	2015 年 8 月 25 日

第二节　基础资产、参与主体及备案流程

一、基础资产

(一)对基础资产的要求

1. 证监会对基础资产的要求

(1)可以作为基础资产的财产或财产权利

《管理规定》规定,专项计划的基础资产,是指符合法律法规规定,权属明确,可以产生独立、可预测且持续稳定的现金流且可特定化的财产权利或者财产,其可以是单项财产权利或者财产,也可以是多项财产权利或者财产构成的资产组合。同时,该管理规定还对基础资产的范围进行了不完全列举:基础资产可以是企业应收款、租赁债权、信贷资产、信托受益权等财产权利,基础设施、商业物业等不动产财产或不动产收益权,以及证监会认可的其他财产或财产权利。

(2)对上述潜在基础资产的基本要求

《管理规定》要求基础资产不得附带抵押、质押等担保负担或者其他权利限制,但通过专项计划相关安排,在原始权益人向专项计划转移基础资产时能够解除相关担保负担和其他权利限制的除外。基础资产的规模、存续期限应当与资产支持证券的规模、存续期限相匹配。以基础资产产生现金流循环购买新的同类基础资产方式组成专项计划资产的,专项计划的法律文件应当明确说明基础资产的购买条件、购买规模、流动性风险以及风险控制措施。

2. 基金业协会负责基础资产负面清单管理工作

(1)负面清单的确定、调整及公布

基金业协会负责资产证券化业务基础资产负面清单管理工作,研究确定并在基金业协会网站及时公开发布负面清单。基金业协会至少每半年对负面清单进行一次评估,并可以根据业务发展与监管需要进行不定期评估。基金业协会可以邀请监管机构、证券交易场所及其他行业专家对负面清单进行讨论研究,提出调整方案,经证监会批准后进行调整。

(2)2014 年 12 月 24 日基金业协会发布负面清单主要内容如下

①以地方政府为直接或间接债务人的基础资产。但地方政府按照事先公开的收益约定规则,在政府与社会资本合作模式(PPP)下应当支付或承担的财政补贴除外。

②以地方融资平台公司为债务人的基础资产。本条所指的地方融资平台公司是指根据国务院相关文件规定,由地方政府及其部门和机构等通过财政拨款或注入土地、股权等资产设立,承担政府投资项目融资功能,并拥有独立法人资格的经济实体。

③矿产资源开采收益权、土地出让收益权等产生现金流的能力具有较大不确定性的资产。

④有下列情形之一的与不动产相关的基础资产:因空置等原因不能产生稳定现金流的不动产租金债权;待开发或在建占比超过 10% 的基础设施、商业物业、居民住宅等不动产或相关不动产收益权。当地政府证明已列入国家保障房计划并已开工建设的项目除外。

⑤不能直接产生现金流,仅依托处置资产才能产生现金流的基础资产,如提单、仓单、产权证书等具有物权属性的权利凭证。

⑥法律界定及业务形态属于不同类型且缺乏相关性的资产组合,如基础资产中包含企业应收账款、高速公路收费权等两种或两种以上不同类型资产。

⑦违反相关法律法规或政策规定的资产。

⑧最终投资标的为上述资产的信托计划受益权等基础资产。

(二)转让程序

关于基础资产的转让程序,《管理规定》明确:法律法规规定基础资产转让应当办理批准、登记手续的,应当依法办理;法律法规没有要求办理登记或者暂时不具备办理登记条件的,管理人应当采取有效措施,维护基础资产安全;基础资产为债权的,应当按照有关法律规定将债权转让事项通知债务人。

二、参与主体

《管理规定》对资产证券业化业务的相关参与主体进行了规范,主要包括:管理人、托管人、原始权益人、投资者这四类主体,但实际业务中通常还会包括管理人委托的资产服务机构以及对资产服务机构进行账户监管的监管银行。

(一)管理人

1. 概念

管理人是指为资产支持证券持有人之利益,对专项计划进行管理及履行其他法定及约定职责的主体。根据《管理规定》,开展资产证券化业务的主体为证券公司和基金管理公司子公司,其通过专门设立的资产支持专项计划(本章简称"专项计划")或者证监会认可的其他特殊目的载体从事资产证券化业务。

2. 管理人任职条件

开展资产证券化业务的证券公司须具备客户资产管理业务资格,基金管理公司子公司须由证券投资基金管理公司设立且具备特定客户资产管理业务资格。除此以外,还应当具备下列两项条件:(1)具有完善的合规、风控制度以及风险处置应对措施,能有效控制业务风险;(2)最近一年未因重大违法违规行为受到行政处罚。

3. 管理人职责

在开展资产证券化业务中,管理人应当履行下列职责:

(1)按照本规定及所附《证券公司及基金管理公司子公司资产证券化业务尽职调查工作指引》对相关交易主体和基础资产进行全面的尽职调查,可聘请具有从事证券期货相关业务资格的会计师事务所、资产评估机构等相关中介机构出具专业意见;

(2)在专项计划存续期间,督促原始权益人以及为专项计划提供服务的有关机构,履行法律规定及合同约定的义务;

(3)办理资产支持证券发行事宜;

(4)按照约定及时将募集资金支付给原始权益人;

(5)为资产支持证券投资者的利益管理专项计划资产;

(6)建立相对封闭、独立的基础资产现金流归集机制,切实防范专项计划资产与其他资产混同以及被侵占、挪用等风险;

(7)监督、检查特定原始权益人持续经营情况和基础资产现金流状况,出现重大异常情况的,管理人应当采取必要措施,维护专项计划资产安全;

(8)按照约定向资产支持证券投资者分配收益;

(9)履行信息披露义务；

(10)负责专项计划的终止清算；

(11)法律、行政法规和证监会规定以及计划说明书约定的其他职责。

4. 管理人禁止行为

管理人在履行职责过程中，不得有下列行为：

(1)募集资金不入账或者进行其他任何形式的账外经营；

(2)超过计划说明书约定的规模募集资金；

(3)挪用专项计划资产；

(4)以专项计划资产设定担保或者形成其他或有负债；

(5)违反计划说明书的约定以专项计划资产对外投资；

(6)法律、行政法规和证监会禁止的其他行为。

(二)托管人

托管人是指为资产支持证券持有人之利益，按照规定或约定对专项计划相关资产进行保管，并监督专项计划运作的商业银行或其他机构。托管人办理专项计划的托管业务，应当履行下列职责：

1. 安全保管专项计划资产；

2. 监督管理人专项计划的运作，发现管理人的管理指令违反计划说明书或者托管协议约定的，应当要求改正；未能改正的，应当拒绝执行并及时报告管理人住所地证监会派出机构；

3. 出具资产托管报告；

4. 计划说明书以及相关法律文件约定的其他事项。

提请注意：证券公司及基金子公司的资产证券化业务中，托管人可以同时担任对原始权益人的现金流归集账户进行监管的监管者。

(三)原始权益人

原始权益人是指按照本规定及约定向专项计划转移其合法拥有的基础资产以获得资金的主体。原始权益人不得侵占、损害专项计划资产，并应当履行下列义务：

1. 依照法律、行政法规、公司章程和相关协议的规定或者约定移交基础资产；

2. 配合并支持管理人、托管人以及其他为资产证券化业务提供服务的机构履行职责；

3. 专项计划法律文件约定的其他职责；

4. 原始权益人向管理人等有关业务参与人所提交的文件应当真实、准确、完整，不存在虚假记载、误导性陈述或者重大遗漏；原始权益人应当确保基础资产真实、合法、有效，不存在虚假或欺诈性转移等任何影响专项计划设立的情形。

其中，业务经营可能对专项计划以及资产支持证券投资者的利益产生重大影响的特定原始权益人还应当符合下列条件：

(1)生产经营符合法律、行政法规、特定原始权益人公司章程或者企业、事业单位内部规章文件的规定；

(2)内部控制制度健全；

(3)具有持续经营能力，无重大经营风险、财务风险和法律风险；

(4)最近三年未发生重大违约、虚假信息披露或者其他重大违法违规行为；

(5)法律、行政法规和证监会规定的其他条件；

(6)在专项计划存续期间，应当维持正常的生产经营活动或者提供合理的支持，为基础资产产生预期现金流提供必要的保障。发生重大事项可能损害资产支持证券投资者利益的，应当及时书面告知管理人。

(四)投资者

1. 合格投资者的标准

资产支持证券应当面向合格投资者发行，发行对象不得超过 200 人，单笔认购不少于 100 万元人民币发行面值或等值份额。合格投资者应当符合《私募投资基金监督管理暂行办法》规定的条件，依法设立并受国务院金融监督管理机构监管，并由相关金融机构实施主动管理的投资计划不再穿透核查最终投资者是否为合格投资者和合并计算投资者人数。

《私募投资基金监督管理暂行办法》规定：合格投资者需符合下列相关标准：

(1)净资产不低于 1000 万元的单位；

(2)金融资产不低于 300 万元或者最近三年个人年均收入不低于 50 万元的个人。金融资产包括银行存款、股票、债券、基金份额、资产管理计划、银行理财产品、信托计划、保险产品、期货权益等。

(3)下列投资者视为合格投资者：

①社会保障基金、企业年金等养老基金和慈善基金等社会公益基金；

②依法设立并在基金业协会备案的投资计划；

③证监会规定的其他投资者。

2. 投资者的权利

投资者享有的资产支持证券可以依法继承、交易或转让。资产支持证券投资者不得主张分割专项计划资产，不得要求专项计划回购资产支持证券。资产支持证券投资者享有下列权利：

(1)分享专项计划收益；

(2)按照认购协议及计划说明书的约定参与分配清算后的专项计划剩余资产；

(3)获得资产管理报告等专项计划信息披露文件，查阅或者复制专项计划相关信息资料；

(4)依法以交易、转让或质押等方式处置资产支持证券；

(5)根据交易场所相关规则，通过回购进行融资；

(6)认购协议或者计划说明书约定的其他权利。

(五)资产服务机构及监管银行

1. 上述四类主体是资产证券化业务的基本主体。但是，基于基础资产现金流的产生、归集需要大量的、专业的、持续的服务，所以，管理人通常会通过签署《服务协议》委托专业机构担任资产服务机构。因原始权益人对基础资产非常熟悉，特殊的原始权益人更是有义务进行持续经营以确保基础资产获得持续、稳定的现金流，所以在专项计划设立时通常会委托原始权益人担任资产服务机构，并会设置备用资产服务机构机制，以防原始权益人不能或不愿继续提供合格的资产服务时，基础资产可以得到不间断的优质服务。

2. 鉴于实践中基础资产的现金流归集有赖于作为资产服务机构的原始权益人的持续服务，所以三方会签署《监管协议》，明确资产服务机构归集现金流的账户，并要求资产服务机构授权该账户的监管银行可以在约定条件下直接将监管账户内的收入划付至资产支持计划的专用账户。

提请注意：信贷资产证券化业务里的信托财产的保管人不能担任该信贷资产证券化业务的贷款服务机构，因为信贷资产服务机构按规定应由作为原始权益人的发起机构担任,保管人、信贷资产服务机构合二为一将无法监督发起机构、无法确保信托财产的安全。

三、备案流程

依据《管理规定》,专项计划管理人应当自专项计划成立日起 5 个工作日内将设立情况报基金业协会备案,同时抄送对管理人有辖区监管权的证监会派出机构。资产支持证券申请在证券交易场所挂牌转让的,还应当符合证券交易所或其他证券交易场所规定的条件。

(一)备案应提交的文件

依据 2014 年 12 月 24 日基金业协会发布的《资产支持专项计划备案管理办法》,管理人向基金业协会报送的备案材料包括:

1. 备案登记表;

2. 专项计划说明书、交易结构图、发行情况报告;

3. 主要交易合同文本,包括但不限于基础资产转让协议、担保或其他增信协议(如有)、资产服务协议(如有)、托管协议、代理销售协议(如有);

4. 法律意见书;

5. 特定原始权益人最近三年(未满三年的自成立之日起)经审计的财务会计报告及融资情况说明;

6. 合规负责人的合规审查意见;

7. 认购人资料表及所有认购协议与风险揭示书;

8. 基础资产未被列入负面清单的专项说明;

9. 首次开展资产证券化业务的管理人和其他参与机构,还应当将相关资质文件报基金业协会备案;

10. 基金业协会要求的其他材料。

(二)基金业协会的复核

基金业协会通过书面审阅、问询、约谈等方式对备案材料的完备性进行复核,不进行实质性复核。

（三）专项计划拟在证券交易场所挂牌、转让的，由该交易场所进行前置的、实质性的审核

拟在证券交易场所挂牌、转让资产支持证券的专项计划，管理人应当向基金业协会提交证券交易场所拟同意挂牌转让文件；管理人向基金业协会报送的备案材料应当与经证券交易场所审核后的挂牌转让申报材料保持一致。

第三节　尽职调查与信息披露

一、尽职调查

（一）尽职调查是管理人的义务

《证券公司及基金管理公司子公司资产证券化业务尽职调查工作指引》规定：证券公司及基金管理公司子公司应当勤勉尽责地通过查阅、访谈、列席会议、实地调查等方法对业务参与人以及拟证券化的基础资产进行尽职调查，应当有充分理由确信相关发行文件及信息披露真实、准确、完整的过程。该指引同时明确：该指引是对管理人尽职调查工作的一般要求，凡对投资者做出投资决策有重大影响的事项，不论指引是否有明确规定，管理人均应当勤勉尽责进行尽职调查。

（二）尽职调查的内容

总的来说，管理人对业务参与人（包括原始权益人、资产服务机构、托管人、信用增级机构以及对交易有重大影响的其他交易相关方）的法律存续状态、业务资质及相关业务经营情况等都需进行调查。此外，对下列主体及基础资产的调查有更明确的要求：

1. 特定原始权益人

对特定原始权益人的尽职调查应当包括但不限于以下内容：

(1)基本情况：特定原始权益人的设立、存续情况；股权结构、组织架构及治理结构。

(2)主营业务情况及财务状况：特定原始权益人所在行业的相关情况；行

业竞争地位比较分析;最近三年各项主营业务情况、财务报表及主要财务指标分析、资本市场公开融资情况及历史信用表现;主要债务情况、授信使用状况及对外担保情况;对于设立未满三年的,提供自设立起的相关情况。

(3)与基础资产相关的业务情况:特定原始权益人与基础资产相关的业务情况;相关业务管理制度及风险控制制度等。

2. 资产服务机构

对资产服务机构的尽职调查应当包括但不限于以下内容:

(1)基本情况:资产服务机构设立、存续情况;最近一年经营情况及财务状况;资信情况等。

(2)与基础资产管理相关的业务情况:资产服务机构提供基础资产管理服务的相关业务资质以及法律法规依据;资产服务机构提供基础资产管理服务的相关制度、业务流程、风险控制措施;基础资产管理服务业务的开展情况;基础资产与资产服务机构自有资产或其他受托资产相独立的保障措施。

3. 托管人

对托管人的尽职调查应当包括但不限于以下内容:

(1)托管人资信水平。

(2)托管人的托管业务资质;托管业务管理制度、业务流程、风险控制措施等。

4. 信用增级机构

对提供信用增级的机构的尽职调查,应当充分反映其资信水平及偿付能力,包括但不限于以下内容:

(1)基本情况:公司设立、存续情况;股权结构、组织架构及治理结构;公司资信水平以及外部信用评级情况。

(2)主营业务情况及财务状况:公司最近三年各项主营业务情况、财务报表及主要财务指标分析及历史信用表现;主要债务情况、授信使用状况及对外担保情况等;对于设立未满三年的,提供自设立起的相关情况。

(3)其他情况:业务审批或管理流程、风险控制措施;包括杠杆倍数(如有)在内的与偿付能力相关的指标;公司历史代偿情况等。

5. 重要债务人

重要债务人是指其债务本金余额单独占资产池比例超过15%或与其关联方的债务本金余额合计占资产池的比例超过20%的人。对此类债务人,要全面调查其经营情况及财务状况,以反映其偿付能力和资信水平。

6. 其他重要参与人

对与基础资产的形成、管理或者资产证券化交易相关的其他重要业务参与人的尽职调查,应当包括但不限于以下内容:参与人的基本情况、资信水平;参与人的相关业务资质、过往经验以及其他可能对证券化交易产生影响的因素。

7. 基础资产

对基础资产的尽职调查包括基础资产的法律权属、转让的合法性、基础资产的运营情况或现金流历史记录,同时应当对基础资产未来的现金流情况进行合理预测和分析。

(1)对基础资产合法性的尽职调查应当包括但不限于以下内容:基础资产形成和存续的真实性和合法性;基础资产权属、涉诉、权利限制和负担等情况;基础资产可特定化情况;基础资产的完整性等。

(2)对基础资产转让合法性的尽职调查应当包括但不限于以下内容:基础资产是否存在法定或约定禁止或者不得转让的情形;基础资产(包括附属权益)转让需履行的批准、登记、通知等程序及相关法律效果;基础资产转让的完整性等。

(3)对基础资产现金流状况进行尽职调查,应当包括但不限于以下内容:基础资产质量状况;基础资产现金流的稳定性和历史记录;基础资产未来现金流的合理预测和分析。

二、信息披露

(一)发行环节信息披露

在资产支持证券发行前,管理人应向合格投资者披露计划说明书、法律意见书、评级报告(如有)等文件。

1. 计划说明书

计划说明书由管理人编制,应当载明包括但不限于以下内容:

(1)资产支持证券的基本情况,包括:发行规模、品种、期限、预期收益率(如有)、资信评级状况(如有)以及登记、托管、交易场所等基本情况;

(2)专项计划的交易结构;

(3)资产支持证券的信用增级方式;

(4)原始权益人、管理人和其他服务机构情况;

(5)基础资产情况及现金流预测分析;

（6）专项计划现金流归集、投资及分配；

（7）专项计划资产的构成及其管理、运用和处分；

（8）专项计划的有关税务、费用安排；

（9）原始权益人风险自留的相关情况；

（10）风险揭示与防范措施；

（11）专项计划的设立、终止等事项；

（12）资产支持证券的登记及转让安排；

（13）信息披露安排；

（14）资产支持证券持有人会议相关安排；

（15）主要交易文件摘要；

（16）《证券公司及基金管理公司子公司资产证券化业务管理规定》第17条、第19条和第20条要求披露或明确的事项；

（17）备查文件（包括与基础资产交易相关的法律协议等）存放及查阅方式。

除以上内容外，计划说明书还应披露有关基础资产的相关信息，包括但不限于以下内容：

（1）基础资产符合法律法规规定，权属明确，能够产生稳定、可预测现金流的有关情况；

（2）基础资产是否存在附带抵押、质押等担保负担或其他权利限制的情况以及解除前述权利负担或限制的措施；

（3）基础资产构成情况；

（4）基础资产的运营及管理；

（5）风险隔离手段和效果；

（6）基础资产循环购买（如有）的入池标准、计划购买规模及流程和后续监督管理安排；

（7）资金归集监管情况；

（8）若专项计划由类型相同的多笔债权资产组成基础资产池的，管理人还应在计划说明书中针对该基础资产池披露以下信息：①基础资产池的遴选标准及创建程序；②基础资产池的总体特征；③基础资产池的分布情况；④基础资产池所对应的单一债务人未偿还本金余额占比超过15%，或债务人及其关联方的未偿还本金余额合计占比超过20%的，应披露该等债务人的相关信用情况。

2. 法律意见书

法律意见书应载明包括但不限于以下内容：

(1)管理人、销售机构、托管人等服务机构的资质及权限；

(2)计划说明书、资产转让协议、托管协议、认购协议等法律文件的合规性；

(3)基础资产的真实性、合法性、权利归属及其负担情况；

(4)基础资产转让行为的合法有效性；

(5)风险隔离的效果；

(6)循环购买(如有)安排的合法有效性；

(7)专项计划信用增级安排的合法有效性；

(8)对有可能影响资产支持证券投资者利益的其他重大事项的意见。

3. 信评报告

信评报告,内容应当包括但不限于：

(1)评级基本观点、评级意见及参考因素；

(2)基础资产池及入池资产概况、基础资产(池)信用风险分析；

(3)特定原始权益人的信用风险分析及法律风险分析；

(4)专项计划交易结构分析；

(5)管理人、托管人等服务机构的履约能力分析；

(6)现金流分析及压力测试；

(7)跟踪评级安排。

设置循环购买的交易,还需对基础资产的历史表现进行量化分析。

(二)存续期间信息披露

资产支持证券存续期内,应当披露的信息包括但不限于：专项计划收益分配报告；年度资产管理报告；托管报告；不定期跟踪评级报告等。

1. 年度资产管理报告,应当包括但不限于下列内容：

(1)基础资产的运行情况；

(2)原始权益人、管理人和托管人等资产证券化业务参与人的履约情况；

(3)特定原始权益人的经营情况；

(4)专项计划账户资金收支情况；

(5)各档次资产支持证券的本息兑付情况；

(6)管理人以自有资金或者其管理的资产管理计划、其他客户资产、证券投资基金等认购资产支持证券的情况；

(7)需要对资产支持证券投资者报告的其他事项。

2. 托管报告应当包括但不限于下列内容：

(1)专项计划资产托管情况，包括托管资产变动及状态、托管人履责情况等；

(2)对管理人的监督情况，包括管理人的管理指令遵守计划说明书或者托管协议约定的情况以及对资产管理报告有关数据的真实性、准确性、完整性的复核情况等；

(3)需要对投资者报告的其他事项。

3. 发行时存在信用评级的，在评级对象有效存续期间，资信评级机构应当及时披露不定期跟踪评级报告。内容包括但不限于以下要点：评级意见及参考因素、基础资产(池)的变动概况、专项计划交易结构摘要、当期资产支持证券的还本付息情况、基础资产现金流运行情况、现金流压力测试结果、基础资产(池)信用质量分析、特定原始权益人的信用分析、资产证券化交易结构相关各方情况分析和评级结论等。设置循环购买交易的，还需包括循环购买机制有效性的分析。

第四节 挂牌转让

根据《管理规定》，资产支持证券可以按照规定在证券交易所、股转系统、报价系统、证券公司柜台市场以及证监会认可的其他证券交易场所进行挂牌，并在合格投资者范围内转让，且转让后持有资产支持证券的合格投资者合计亦不得超过 200 人。

作为资产支持证券主要转让场所之一的证券交易所，沪深交易所于《管理办法》出台后不久都相应发布了各自的《资产证券化业务指引》，2015 年 12 月 30 日深交所发布了《资产支持证券挂牌条件确认业务指引》，2016 年 2 月 1 日上交所发布了《资产证券化业务指南》，以进一步指导资产支持证券在交易所进行挂牌转让。下面主要以深交所为例，介绍其挂牌转让规则。

一、发行及受让对象

管理人应当向具备相应风险识别和承担能力的合格投资者发行资产支持证券。单只资产支持证券的投资者合计不得超过 200 人。参与资产支持证券认购、转让的合格投资者，应当符合下列条件之一：

1. 经有关金融监管部门批准或者备案设立的金融机构,包括但不限于银行、证券公司、基金管理公司、信托公司和保险公司等;

2. 前项规定的金融机构面向投资者发行的金融产品,包括但不限于银行理财产品、信托产品、保险产品、基金产品、证券公司资产管理产品等;

3. 经有关金融监管部门认可的境外金融机构及其发行的金融产品,包括但不限于合格境外机构投资者、人民币合格境外机构投资者;

4. 社会保障基金、企业年金等养老基金和慈善基金等社会公益基金;

5. 在行业自律组织备案或者登记的私募基金及私募基金管理人;

6. 净资产不低于 1000 万元的非金融机构;

7. 符合证监会《私募投资基金监督管理暂行办法》及相关规定的其他合格投资者。

二、挂牌、终止挂牌

(一)挂牌条件

资产支持证券在深交所挂牌转让的,应当符合以下条件:

1. 基础资产符合相关法律法规以及负面清单的规定,权属明确,可特定化,可以产生独立、可预测的现金流;

2. 产品结构设计符合证监会以及深交所《资产证券化业务指引》的相关要求;

3. 深交所规定的其他条件。

(二)提交文件

拟在交易所挂牌、转让的资产支持专项计划,管理人应当在发行前向交易所提交挂牌申请文件,由交易所确认是否符合挂牌条件。拟在深交所挂牌转让的,应当通过深交所指定业务邮箱或者深交所固定收益品种业务专区提交以下资产支持证券挂牌条件确认申请文件:

1.关于确认资产支持专项计划是否符合深圳证券交易所挂牌条件的申请;

2.管理人合规审查意见;

3.资产支持专项计划说明书、标准条款(如有);

4.基础资产买卖协议、托管协议、监管协议(如有)、资产服务协议(如有)

等主要交易合同文本；

5.法律意见书；

6.信用评级报告(如有)；

7.特定原始权益人最近三年(未满三年的自成立之日起)经审计的财务会计报告及融资情况说明；

8.基础资产评估报告/现金流预测报告(如有)；

9.差额支付承诺函/担保协议或担保函(如有)；

10.深交所要求的其他材料。

深交所对资产支持证券挂牌条件的确认工作遵循公平、公正、公开原则，实行双人双审、外部咨询专家核对、挂牌工作小组集体决策制度。深交所接收管理人提交的挂牌条件确认申请文件后，在二个交易日内对申请文件是否齐全和符合形式要求进行核对。文件齐备的，予以受理；文件不齐备的，一次性告知补正；明显不符合本所挂牌条件的，不予受理。

专项计划备案后，管理人申请资产支持证券在深交所挂牌的，应当经深交所同意，与深交所签订转让服务协议，并提交下列文件：

1.挂牌申请书；

2.专项计划备案证明文件；

3.计划说明书、交易合同文本以及法律意见书等专项计划法律文件；

4.资信评级机构出具的报告(如有)；

5.特定原始权益人最近三年(未满三年的自成立之日起)经具有从事证券期货相关业务资格的会计事务所审计的财务会计报告及融资情况说明；

6.募集完成后经具有从事证券期货相关业务资格的会计师事务所出具的验资报告；

7.深交所指定登记结算机构出具的登记托管证明文件；

8.专项计划是否发生重大变化的说明；

9.深交所要求的其他文件。

(三)深交所资产支持证券挂牌流程①

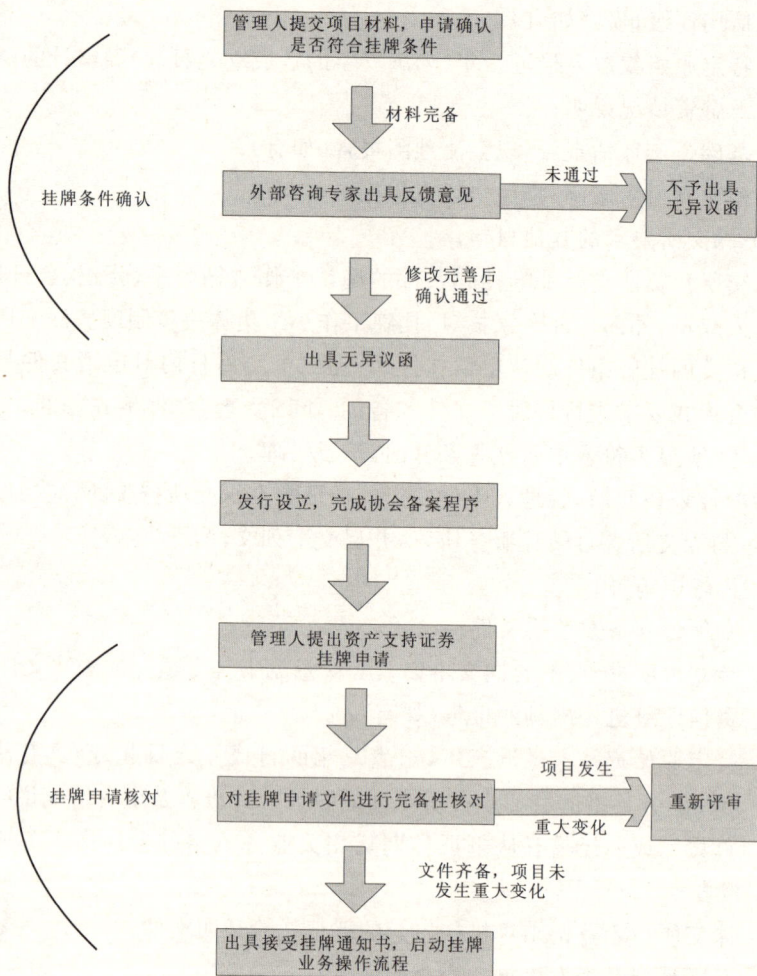

图 4-1

① 深圳证券交易所:《深交所资产证券化产品挂牌流程与挂牌条件确认关注点》,《资产证券化业务培训班(第二期)》,2015年1月。

(四)终止挂牌情形

资产支持证券出现下列情况之一的,深交所终止其挂牌:

1. 资产支持证券到期的;

2. 资产支持证券未到期,但专项计划根据计划说明书约定终止的;

3. 发生对投资者利益重大不利影响的情形,需要终止挂牌的。

第五节 典型案例剖析(参与各方、基础资产、 交易结构、增信监管、创新或特色)

本节以本章第一节对目前已发行的企业资产证券化产品进行的分类为依据,从每类产品中挑选几个具有代表性的产品,从基础资产、交易结构、增信方式及产品特点方面对其进行详细介绍。

第一类 小额贷款类基础资产(剖析两个产品)

案例一:中和农信 2015 年第一期公益小额贷款资产支持专项计划①

一、基本情况

(一)参与方

1. 原始权益人:中和农信项目管理有限公司

2. 计划管理人/推广机构:中信证券

3. 托管人:北京银行

4. 监管银行:北京银行北辰路支行

5. 资产服务机构:在专项计划设立时系指中和农信项目管理有限公司;在其根据《服务协议》规定作为资产服务机构的职责被终止时,为计划管理人

---

① 产品信息来源:《中和农信 2015 年第一期公益小额贷款资产支持专项计划说明书》。

委任的符合《服务协议》规定条件的其他替代资产服务机构。

(二)产品分级情况

优先级:优先级资产支持证券的目标募集总规模为人民币××万元。其中,优先 A 档资产支持证券的目标募集总规模为人民币××万元,优先 B 档资产支持证券的目标募集总规模为人民币××万元。每份优先级资产支持证券的面值为 100 元。优先 A 档与优先 B 档资产支持证券的预期到期日均为××年××月××日,优先 A 档资产支持证券的评级均为 AAA 级,优先 B 档资产支持证券的评级均为 A 级。优先级资产支持证券在专项计划存续期间将在深交所综合协议交易平台进行转让。

次级:次级资产支持证券目标募集规模为人民币××万元。未评级。原始权益人认购次级资产支持证券后,不得转让其所持任何部分或全部次级资产支持证券。

(三)基础资产

指《资产买卖协议》项下计划管理人以认购人交付的认购资金及循环期内计划管理人利用专项计划资金自专项计划设立日(含该日)起,向原始权益人购买的小额信贷资产(包含已计提但尚未支付的利息和/或费用)。基础资产明细以计划管理人在原始权益人 IT 系统内开立的单一数据区域内资料为准。

二、交易结构

(一)交易结构概述

1. 认购人通过与计划管理人签订《认购协议》,将认购资金以专项资产管理的方式委托计划管理人管理,计划管理人设立并管理专项计划,认购人取得资产支持证券,成为资产支持证券持有人。

2. 计划管理人根据与原始权益人签订的《资产买卖协议》的约定,以认购人交付的认购资金自专项计划设立日(含该日)起,向原始权益人购买小额信贷资产(包含已计提但尚未支付的利息和/或费用)。

3. 资产服务机构根据《服务协议》的约定,负责基础资产对应的应收贷款的回收和催收,以及违约资产处置等基础资产管理工作。

4. 托管人依据《托管协议》的约定,管理专项计划账户,执行计划管理人的划款指令,负责办理专项计划名下的相关资金往来。同时,当托管人发现计划管理人的划款指令与《托管协议》的约定、《收益分配报告》或《资产管理报告》中的相关内容不符的,有权拒绝执行,并要求计划管理人改正。

5. 计划管理人根据《计划说明书》及相关文件的约定,向托管人发出分配指令,托管人根据分配指令,将相应资金划拨至登记托管机构的指定账户用于支付资产支持证券本金和预期收益。

(二)专项计划的交易结构(图 4-2)

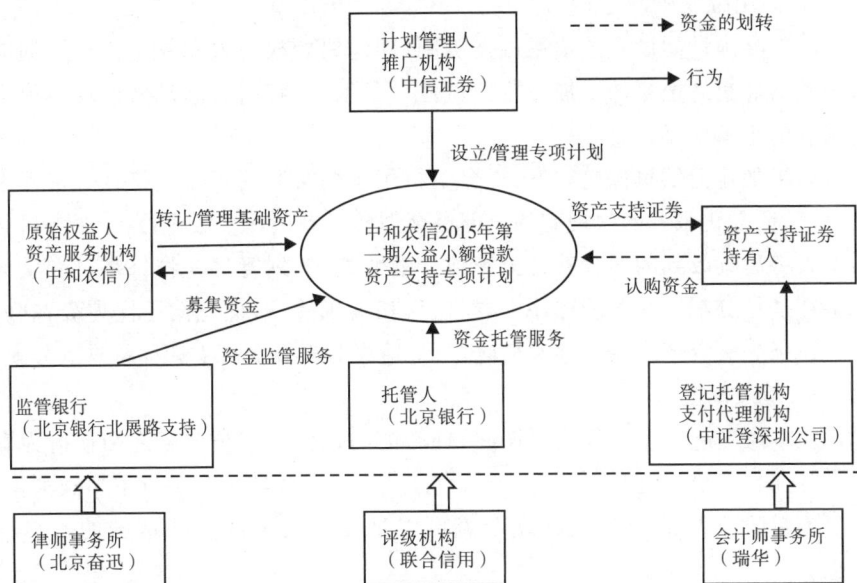

图 4-2

三、信用增级方式

(一)内部增级

内部信用增级是指在证券化交易的结构中不引入外部机构而进行的信用增级方式。本次专项计划内部信用增级包括以下几个方面:

1. 优先/次级安排

优先/次级安排是证券化项目中最常见的内部信用增级安排。本项目的资产支持证券分为：(1)优先 A 档资产支持证券；(2)优先 B 档资产支持证券；(3)次级资产支持证券。

根据现金流分配顺序,次级资产支持证券为优先 B 档资产支持证券提供信用支持,次级资产支持证券和优先 B 档资产支持证券为优先 A 档资产支持证券提供信用支持。从资产池回收的资金将会按照事先约定的现金流支付顺序支付,现金流分配劣后的次级资产支持证券将最先承担损失,从而为优先级资产支持证券提供信用增级。

2. 信用触发机制

本次专项计划设置了信用触发机制,即同原始权益人和参与机构履约能力相关的加速清偿事件。加速清偿事件一旦触发,将引致基础资产现金流支付机制的重新安排。

如果加速清偿事件被触发,资金不再用于购买原始权益人符合合格标准的资产,证券化服务账户现有的全部资金划转至专项计划账户;资产服务机构需按天将后续收到的回收款转至专项计划账户,计划管理人将每月对专项计划资产进行分配。在分配顺序上,在偿付相关税费后,优先偿还优先级本金,再偿还优先级资产支持证券预期收益,最后再对次级资产支持证券进行分配。

3. 超额覆盖

在本次专项计划循环购买期间,资产池的未偿本金与现金之和保持为资产支持证券未偿本金余额的××％,资产池对资产支持证券进行了超额覆盖,进一步保障资产池所产生的现金流可以足额支付资产支持证券的本金与利息。

(二)外部增级

外部信用增级是指由第三方,如其他银行或者债券担保公司提供的外部信用担保。本次专项计划没有采用外部信用增级方式。

四、产品特点

中和农信 2014 年第一期公益小额贷款资产支持专项计划是国内市场首单公益贷款证券化项目。中和农信是由中国扶贫基金会于 2008 年成立的社会企业,专门负责小额信贷扶贫试点项目的实施与管理,目前其已成为中国最大的公益性小额信贷机构。在我国,公益小贷机构的资金主要来自于捐赠、商业资金入股以及银行贷款,渠道有限。此单产品的发行,将为我国公益小贷机构扩宽融资渠道。

案例二:东证资管—阿里巴巴×号专项资产管理计划①

一、基本情况

(一)参与方

1. 原始权益人:重庆市阿里巴巴小额贷款有限公司
2. 计划管理人/推广机构:上海东方证券资产管理有限公司
3. 托管人/监管银行:兴业银行股份有限公司
4. 资产服务机构:在专项计划设立时系指重庆市阿里巴巴小额贷款有限公司;在其根据《服务协议》规定作为资产服务机构的职责被终止时,为计划管理人委任的符合《服务协议》规定条件的其他替代资产服务机构。

(二)分级情况

本专项计划的资产支持证券分为优先级资产支持证券、次优级资产支持证券和次级资产支持证券,原则上比例为××:××:××,该专项计划存续期××个月,目标发行规模××亿元。

专项计划发行前管理人公告专项计划优先级资产支持证券及次优级资产支持证券的预期收益率,次级资产支持证券不设预期收益率,优先级资产支持证券的评级为 AAA 级,次优级资产支持证券的评级为 A+级,次级资产支持证券未评级;优先级资产支持证券的单个客户最低参与金额为××万元,次优级资产支持证券的单个客户最低参与金额为××万元,次级资产支持证券全部由原始权益人持有。

(三)基础资产

指《资产买卖协议》项下计划管理人以认购人交付的认购资金不迟于专项

---

① 产品信息来源:《东证资管—阿里巴巴 10 号专项资产管理计划说明书》。

计划设立日后第××个工作日首次自原始权益人处购买的小额贷款资产及计划管理人在专项计划设立日后利用专项计划资金以滚动方式后续自原始权益人处购买的小额贷款资产。基础资产明细以计划管理人在原始权益人IT系统内开立的单一数据区域内资料为准。

基础资产包括信用贷款和订单贷款两种贷款产品。

信用贷款为阿里巴巴、淘宝网和天猫网卖家以自身信用为基础,向阿里小贷申请的信用贷款,信用贷款最长期限为××年,卖家可以提前还款,按日计息。截至××年××月底,信用贷款余额共计××亿元。

订单贷款是以淘宝网和天猫网卖家在支付宝已经收到买家货款后将订单款项作为经营能力的凭据向阿里小贷申请的信用贷款,买家收货确认付款后支付宝将货款直接用于还款,一般期限不超过××天,按日计息。

二、交易结构

(一)交易结构概述

1. 计划管理人通过设立专项计划募集资金,原则上专项计划优先级资产支持证券、次优级资产支持证券和次级资产支持证券的比例为×× : ×× : ××,三类资产支持证券合并运作。

2. 计划管理人运用专项计划资金购买原始权益人(资产转让方)小额贷款资产包,即原始权益人(资产转让方)在专项计划设立日转让给专项计划的、原始权益人对借款人的本金及利息的请求权和其他附属权利。

3. 计划管理人委托基础资产转让方作为资产服务机构,对基础资金进行管理,包括但不限于基础资产资料保管、对借款人应还款项进行催收、运用前期基础资产回收款滚动投资后续资产包等。

4. 发行的专项计划到期后,管理人按照合同的约定将基础资产的收益分配给专项计划资产支持证券持有人。

5. 担保及补充支付承诺人在期限届满时在保证责任范围内提供担保,并在补充支付额度内为优先级资产支持证券和次优级资产支持证券的本金及收益提供补充支付,履行担保及补充支付义务的金额合计不超过专项计划规模的××%。

(二)专项计划的交易结构(图4-3)

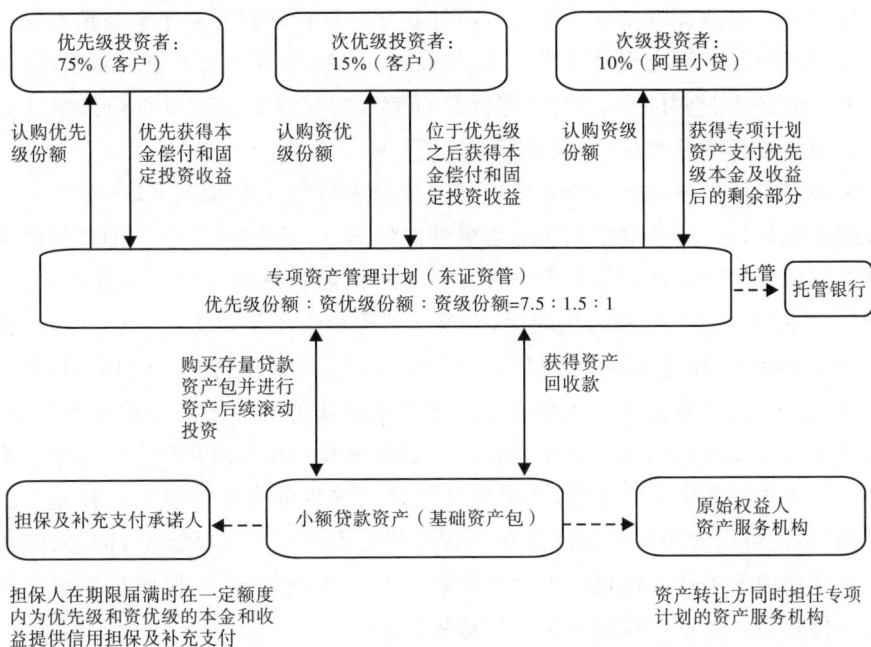

优先级投资者：75%（客户）

次优级投资者：15%（客户）

次级投资者：10%（阿里小贷）

认购优先级份额

优先获得本金偿付和固定投资收益

认购资优先级份额

位于优先级之后获得本金偿付和固定投资收益

认购资级份额

获得专项计划资产支付优先级本金及收益后的剩余部分

专项资产管理计划（东证资管）
优先级份额：资优先级份额：资级份额=7.5：1.5：1

托管

托管银行

购买存量贷款资产包并进行资产后续滚动投资

获得资产回收款

担保及补充支付承诺人

小额贷款资产（基础资产包）

原始权益人
资产服务机构

担保人在期限届满时在一定额度内为优先级和资优先级的本金和收益提供信用担保及补充支付

资产转让方同时担任专项计划的资产服务机构

图 4-3

三、信用增级方式

担保及补充支付承诺人：专项计划将确定一家阿里巴巴的担保公司作为担保及补充支付承诺人。

担保义务：如(1)在未发生加速清偿事件的正常情况下,于最后一个分配基准日,或(2)在发生加速清偿事件的情况下,于加速清偿事件发生之日后每个自然月的对应之日,如相关基础资产项下的借款人未足额偿还其到期应归还的贷款本金或应支付的利息,且届时专项计划资金不足以支付专项计划的相关税金和费用(如适用)或无法使得优先级资产支持证券持有人(如适用)和次优级资产支持证券持有人在专项计划项下累计获得足额的本金和预期收益,则在计划管理人要求其履行保证义务后第××个工作日下午××点前,担保及补充支付承诺人应向计划管理人(代表资产支持证券持有人持有专项计划资产)支付一笔金额,该笔金额应为下述两者中较低的金额:(i)等于相关借款人欠付金额之××‰的款项,或者(ii)使得优先级资产支持证券持有人和次优级资产支持证券持有人能在专项计划项下累计获得足额本金及预期收益的金额。担保及补充支付承诺人为足额履行其在《担保及补充支付承诺函》项下的保证义务而支付的金额称"担保履行额",担保及补充支付承诺人累计支付的担保履行额总和称"担保履行总额"。

补充支付义务:如(1)在未发生加速清偿事件的正常情况下,于最后一个分配基准日,或(2)在发生加速清偿事件的情况下,于法定到期日,即使担保及补充支付承诺人向计划管理人全额支付了担保履行总额,根据《标准条款》第13.3.2款约定的分配和运用顺序,专项计划资金仍不足以支付专项计划的相关税金和费用(如适用)或无法使得优先级资产支持证券持有人(如适用)和次优级资产支持证券持有人在专项计划项下累计获得足额的本金和预期收益,则担保及补充支付承诺人应在其收到计划管理人向其发出补充支付指令后第××个工作日下午××点前,向专项计划账户支付补充支付总额("补充支付总额"),使得优先级资产支持证券持有人和次优级资产支持证券持有人能在专项计划项下累计获得足额本金及预期收益。无论如何,担保履行总额与补充支付总额之和不应超过专项计划募集资金的(××‰)。

四、产品特点

该产品为首个以小额贷款债权作为基础资产发行的企业资产证券化产品,在交易结构设计上首次采用了循环购买的方式,有效地扩大贷款公司的融资规模,以最终满足众多小微企业的融资需求,同时也为解决小贷公司发展重大瓶颈之一的融资杠杆问题提供了可参考的路径。

第二类　租赁债权类基础资产(剖析两个产品)

案例一:狮桥一期资产支持专项计划①

一、基本情况

(一)参与方

1. 原始权益人:狮桥融资租赁(中国)有限公司
2. 计划管理人/推广机构:长江证券股份有限公司
3. 托管人:兴业银行股份有限公司
4. 监管银行:中国银行天津滨海分行
5. 资产服务机构:狮桥融资租赁(中国)有限公司

(二)分级情况

该专项资产支持证券分为优先级和次级两类。
优先级:优先级资产支持证券募集规模为××亿元,评级为 AA＋级。
次级:次级资产支持证券募集规模为××亿元,未评级。

(三)基础资产

指基础资产清单所列的由原始权益人在专项计划设立日转让给计划管理人的、原始权益人依据租赁合同对承租人享有的租金请求权和其他权利及其附属担保权益。

二、交易结构

(一)交易结构概述

1. 认购人通过与管理人签订《认购协议》,取得资产支持证券,成为资产支持证券持有人;管理人设立并管理专项计划。

---

① 产品信息来源:《狮桥一期资产支持专项计划说明书》。

2. 管理人根据与原始权益人签订的《资产买卖协议》的约定,将专项计划募集资金用于向原始权益人购买基础资产,即原始权益人在专项计划设立日转让给计划管理人的、原始权益人依据租赁合同对承租人所形成的租金请求权和其他权利及其附属担保权益。

3. 资产服务机构根据《服务协议》的约定,负责基础资产对应的应收租金的回收和催收,以及违约资产处置等基础资产管理工作。

4. 在回收款转付日,资产服务机构授权收款账户监管银行将基础资产回收款从专项计划收款账户划入专项计划账户,由托管银行根据《托管协议》对专项计划资产进行托管。

5. 当发生任一差额支付启动事件时,差额支付承诺人根据《差额支付承诺函》将差额资金划入专项计划账户。

6. 计划管理人根据《计划说明书》及相关文件的约定,向托管银行发出分配指令,托管人根据分配指令,将相应资金划拨至中国结算深圳分公司的指定账户用于支付资产支持证券本金和预期收益。

(二)专项计划的交易结构(图4-4)

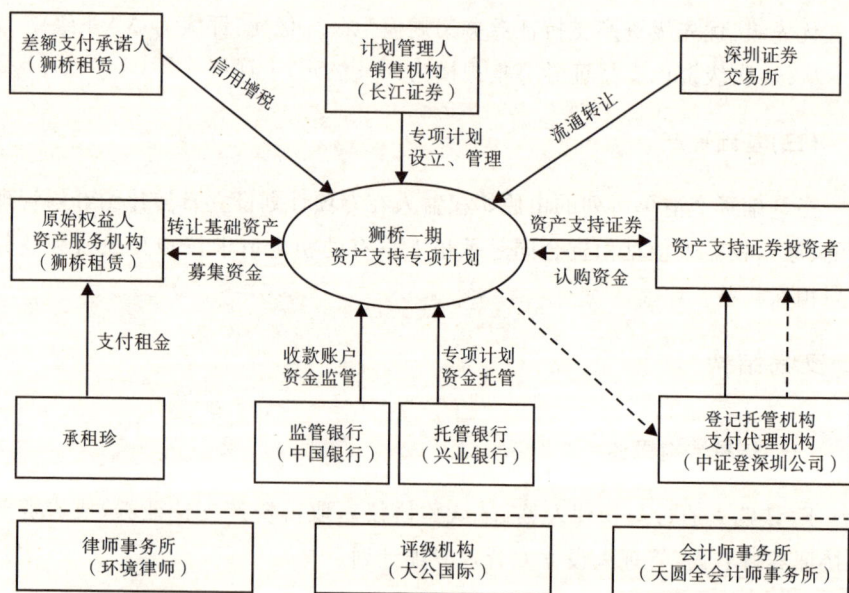

图 4-4

三、信用增级方式

(一)内部增信

1. 优先/次级方式

资产支持证券发行总规模为××亿元,其中优先级资产支持证券为××亿元,次级资产支持证券为××亿元。次级资产支持证券××亿元由原始权益人狮桥租赁全额认购。

次级资产支持证券在分配完该期应付的计划税费和优先级资产支持证券预期支付额后,分配剩余余额。次级资产支持证券作为劣后受益人为优先级资产支持证券提供优先偿付保证。

2. 基础资产现金流超覆盖

基础资产所产生的未来现金流大于需要支付给投资者的本息。保留超额现金为日后对投资者的本息偿付增加安全系数,次级资产支持证券在分配完该期应付的计划税费和优先级资产支持证券预期支付额后,分配剩余余额。优先级资产支持证券狮桥一期收益01—07,基础资产现金流超覆盖倍率分别达到××、××、××、××、××、××、××。由此,当专项计划发生损失时,基础资产现金流超覆盖的部分能够为优先级资产支持证券的投资者提供风险缓冲,在一定程度上减少优先级资产支持证券投资者的损失。

(二)外部增信

为确保专项计划项下的优先级资产支持证券的各期预期收益和本金的权利能够实现,原始权益人狮桥租赁不可撤销及无条件地向计划管理人承诺并出具《差额支付承诺函》,对专项计划资金不足以支付优先级资产支持证券的各期预期收益、全部未偿本金和约定的专项计划税费的差额部分承担补足义务。

于每个资金确认日,计划管理人与托管机构核实本期资金确认期间回收款,确认专项计划账户余额是否已达到该期应付的专项计划税费和优先级资产支持证券预期支付金额,托管人在当日××点前向计划管理人发送资金确认函。如有差额,则构成启动差额支付启动事项。计划管理人根据《差额支付承诺函》,于差额支付指令发出日××点前向差额支付承诺人发出差额补足的指令。差额支付承诺人于差额支付日××点前将应补足的差额划入专项计划账户。

四、产品特点

此单资产支持计划是深交所在资产证券化产品由审批制改为备案制后，同意挂牌交易的第一只融资租赁债权支持的产品，为商务部批准设立的融资租赁公司再融资提供借鉴方案。

案例二：港联租赁一期资产支持专项计划①

一、基本情况

（一）参与方

1. 原始权益人：港联融资租赁有限公司
2. 计划管理人/推广机构：恒泰证券股份有限公司
3. 托管人：华夏银行股份有限公司石家庄分行
4. 监管银行：华夏银行股份有限公司建华支行
5. 资产服务机构：港联融资租赁有限公司

（二）分级情况

本专项计划分为优先级资产支持证券和次级资产支持证券，次级资产支持证券能够为优先级资产支持证券提供××‰的信用支持。次级资产支持证券将全部由港联租赁认购，从而可以有效防范原始权益人的道德风险。

（三）基础资产

指原始权益人在专项计划设立日、循环购买日转让给计划管理人的、原始权益人依据租赁合同对承租人享有的请求权和其他权利及其附属担保权益。

---

① 产品信息来源：恒泰证券，《港联租赁资产支持专项计划推介材料》，http://wenku.baidu. com/link? url ＝ Njb3P7euW14KLW × kzDFmWqppyZhf-kGZ1f-FzvwJjLYqN ＿43v7ePkghvrNyU×Zof_i2tkT6FGgCj3Uf8n2w3-PG4NISbFZtGpsYME0duTYC，访问日期：2015 年 10 月 16 日。

二、交易结构

(一)交易结构概述

1. 认购人通过与管理人签订《认购协议》,取得资产支持证券,成为资产支持证券持有人;管理人设立并管理专项计划。

2. 管理人根据与原始权益人签订的《资产买卖协议》的约定,将专项计划募集资金用于向原始权益人购买基础资产,即原始权益人依据租赁合同对承租人所形成的租金请求权和其他权利及其附属担保权益。

3. 资产服务机构根据《服务协议》的约定,负责基础资产对应的应收租金的回收和催收。

4. 在回收款转付日,资产服务机构授权收款账户监管银行将基础资产回收款从专项计划收款账户划入专项计划账户,由托管银行根据《托管协议》对专项计划资产进行托管。

5. 当发生任一差额支付启动事件时,差额支付承诺人根据《差额支付承诺函》将差额资金划入专项计划账户。

6. 计划管理人根据《计划说明书》及相关文件的约定,向托管银行发出分配指令,托管人根据分配指令,将相应资金划拨至中国结算深圳分公司的指定账户用于支付资产支持证券本金和预期收益。

(二)专项计划的交易结构

见图 4-5。

三、信用增级方式

(一)优先/次级分层

本专项计划对资产支持证券进行优先/次级分层,次级资产支持证券能够为优先级资产支持证券提供约××%的信用支持。次级资产支持证券将全部由港联租赁认购,从而可以有效防范原始权益人的道德风险。

(二)差额支付承诺

在每个托管人报告日,托管人对专项计划账户进行核算,若专项计划账户

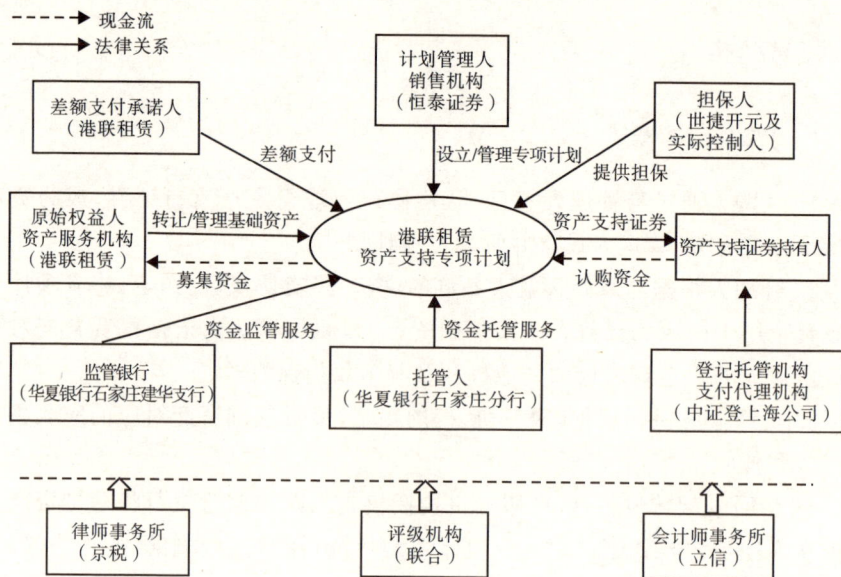

图 4-5

当期收款项不足当期必备金额,则计划管理人在差额支付启动日向港联租赁发出差额支付指令,港联租赁应按约定在差额支付划款日予以补足。

(三)世捷开元担保及实际控制人担保

托管人在差额支付划款日再次进行核算,并向计划管理人提交核算报告。根据该报告,若专项计划账户当期收到的款项仍不足当期必备金额,则计划管理人将于担保启动日向担保人发送《担保履约通知书》,担保人应于担保通知日后××个工作日内根据要求将相应款项划入专项计划账户。

(四)权利完善措施及加速清偿机制

若发生资产服务机构被解任、评级机构给予资产服务机构或原始权益人的主体长期信用等级低于或等于 A 级、原始权益人发生与有关的丧失清偿能力事件或违约事件时,将触发权利完善事件,此时:(1)原始权益人将把租赁车辆的所有权转移给计划管理人;另外,若计划管理人认为抵押车辆的登记具备可行性时,开元汽运应当在收到计划管理人书面通知或要求的××个工作日内配合计划管理人完成抵押车辆的登记手续。(2)计划管理人停止以专项计划资金向原始权益人循环购买新的基础资产,循环期提前终止,优先级产品提前开始兑付。

(五)提前终止事件

若港联租赁发生任何金融债务违约、港联租赁主体评级下降至低于 A-或资产池累计违约率超过××％等情形时,专项计划提前到期。

四、产品特点

本单产品设置了较充分的信用增级方式,除优先/次级分层、原始权益人差额补足外,还提供了第三方及实际控制人的保证担保,并设置了权利完善措施及加速清偿机制,以及提前终止事件。

第三类 收费收益权类基础资产(剖析四类、四个产品)

供水、供热、供电、供气、污水处理、物业服务、港口服务、公交经营、车辆通行等收费收益权类基础资产,此类以收费收益权为基础资产的资产证券化产品,多具备以下特定:项目前期投资规模大,后期才能产生稳定的、可预测的现金流,且基础设施投入运营后终端用户数量多而稳定,发生违约的可能性小。从前期资金需求庞大及后期还款来源稳定这一角度来讲,此类项目非常适合开展资产证券化进行融资,但基础收费权要么因具备特许经营性质而不能被转让,要么与融资方的依赖性极强而不适合被转让,因此一般采取转让基础收费权上特定期间或对特定客户的收费收益权的方式,并以收费收益权为基础资产开展资产证券化。

案例一:濮阳供水收费收益权资产支持专项计划①

一、基本情况

(一)参与方

1. 原始权益人:濮阳市自来水公司
2. 计划管理人/推广机构:中国民族证券有限责任公司

---

① 产品信息来源:《濮阳供水收费收益权资产支持专项计划说明书》。

3. 托管人:上海浦东发展银行股份有限公司郑州分行

4. 监管银行:濮阳银行股份有限公司建设路支行

5. 资产服务机构:濮阳市自来水公司

(二)分级情况

本专项计划分为优先级资产支持证券和次级资产支持证券。

优先级:优先级资产支持证券分为濮阳供水 01、濮阳供水 02、濮阳供水 03、濮阳供水 04、濮阳供水 05 五个品种,目标募集规模共××元,评级为 AA ＋级。

次级:优先级资产支持证券募集规模为××元,未评级。

(三)基础资产

指原始权益人根据政府文件,因建设和运营供水设施并向濮阳市城区及濮阳县供水而合法获得的自专项计划成立当日起××年内的供水收费收益权及其从权利。根据《城市供水条例》《河南省城市供水管理办法》及《濮阳市价格管理办公室关于调整市城区自来水价格的通知》,可以认定自来水费是一种有偿服务收费,系经营服务性收费,濮阳市自来水公司是城市供水的运营单位,可以合法收取自来水费。

二、交易结构

(一)交易结构概述

1. 认购人通过与计划管理人签订《认购协议》,将认购资金以专项资产管理的方式委托计划管理人管理,计划管理人设立并管理专项计划,认购人取得资产支持证券,成为资产支持证券投资者。

2. 计划管理人根据与原始权益人签订的《基础资产买卖协议》的约定,将专项计划募集资金用于向原始权益人购买基础资产,即原始权益人根据政府文件,因建设和运营供水设施并向濮阳市城区及濮阳县供水而合法获得的自专项计划成立当日起五年内的供水收费收益权及其从权利。

3. 原始权益人根据《资产买卖协议》的约定,负责基础资产对应的水费收入的回收和催收,及其从权利的行使。

4. 监管银行根据《监管协议》的约定,在专项计划收款日将基础资产产生的现金划付至专项计划账户。

　　5. 计划管理人对专项计划资产进行管理,托管人根据《托管协议》对专项计划资产进行托管。

　　6. 差额补足义务人依据《差额补足承诺函》承担差额补足义务。担保人为差额补足义务人履行差额补足义务提供不可撤销的连带责任保证担保。

　　7. 在分配日,计划管理人根据《计划说明书》及相关文件的约定,向托管人发出分配指令。托管人根据分配指令,在分配日划出相应款项分别支付专项计划费用、资产支持证券当期收益和当期优先级资产支持证券本金。

(二)专项计划的交易结构(图4-6)

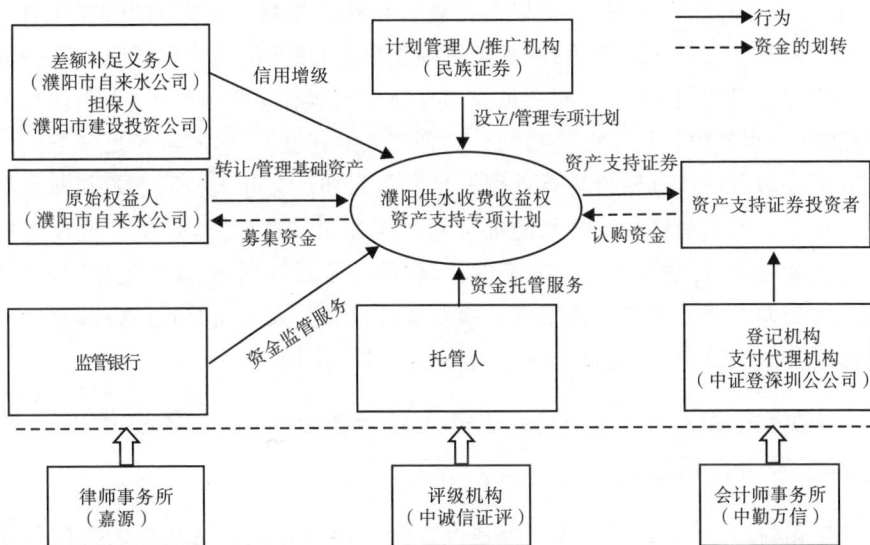

图 4-6

三、信用增级方式

(一)优先级/次级产品结构化分层

　　无论当期专项计划账户中资金总额为多少,当期优先级资产支持证券的本息均以在次级资产支持证券之前分配。

(二)超额现金流覆盖

专项计划采用了超额现金流覆盖的信用增级方式。根据评估结果值大于当期优先级资产支持证券预期支付额,能够为优先级资产支持证券提供信用支持。根据评级机构的测试,在正常情况下,各期基础资产达预期现金流对专项计划优先级资产支持证券本息的覆盖倍数均可保持在××倍以上。

(三)差额补足义务人差额支付

差额补足义务人(即原始权益人)应于计划管理人按照《资产买卖协议》的约定支付基础资产购买价款前,签署《差额补足承诺函》,不可撤销地承诺与保证;在专项计划存续期间,如果根据托管人在初始核算日发出的报告,专项计划账户内资金余额未足额达到《现金流预测报告》预测的当期水费收入现金流金额时,则计划管理人于差额补足通知日通知差额补足义务人依据《差额补足承诺函》承担差额补足义务。接到计划管理人上述通知后,差额补足义务人以自有资金对专项计划账户进行差额补足。差额补足义务人最迟于差额补足支付日中午××点前将相应金额的资金划付至专项计划账户,直至专项计划账户内资金根据《计划说明书》和《认购协议》的规定足额达到《现金流预测报告》预测的当期水费收入现金流金额。因差额补足义务人未及时履行差额补足义务而增加的交易费用和损失,由差额补足义务人承担。

(四)担保人为差额补足义务人履行差额补足义务提供不可撤销的连带责任保证担保

根据《担保函》的约定,濮阳市建设投资公司为差额补足义务人履行差额补足义务提供不可撤销的连带责任保证担保。如果根据差额补足义务人不履行差额补足义务,则由计划管理人通知担保人履行担保义务。在接到计划管理人发出的上述通知后,担保人最迟于担保履行日将相应金额的资金划付至专项计划账户。

(五)原始权益人承担基础资产回购义务

依据《资产买卖协议》的约定,发生违约事件,原始权益人应向计划管理人回购剩余基础资产。原始权益人应于违约事件发生日后××个工作日内将基础资产回购价款全额划转至专项计划账户。回购价格为以下四项之和与违约事件发生之日专项计划账户资金的差额：

1. 专项计划资产处置及清算费用、专项计划应支付的税、资产支持证券上市补费、上市月费、登记注册费、兑付兑息费、计划管理人的管理费、托管人的托管费、其他中介机构费用；

2. 优先级资产支持证券未偿本金余额；

3. 自上一个权益登记日至违约事件发生之日，优先级资产支持证券未偿本金余额按照预期年收益率计算的利息；

4. 自违约事件发生之日起至原始权益人全额支付回购价款之日，以优先级资产支持证券未偿本金余额为基数按托管人一年期活期存款利率按日计付的利息。

通过原始权益人承担基础资产回购义务的安排，保留计划管理人代表专项计划投资者向原始权益人追索的权利，以保护投资者利益。

案例二：衡枣高速公路车辆通行费收益权资产支持专项计划[①]

一、基本情况

(一)参与方

1. 原始权益人：湖南省高速公路建设开发总公司
2. 计划管理人/推广机构：申万宏源证券有限公司
3. 托管人/监管银行：中国工商银行股份有限公司湖南省分行
4. 资产服务机构：湖南省高速公路建设开发总公司

(二)分级情况

本专项计划资产支持证券分为 10 个优先档和 1 个次级档，优先档资产支持证券为 AAA 信用等级。次级未评级。

(三)基础资产

本专项计划所投资的基础资产为湘高速所合法拥有的衡阳枣木铺高速公路自计划设立日起××个完整自然年度内每年特定月份的车辆通行费收益

---

① 产品信息来源：《衡枣高速公路车辆通行费收益权资产支持专项计划说明书》。

权,特定月份指公历年的 1 月至 12 月。依据 2008 年 9 月 2 日交通运输部、发改委、财政部颁布的《收费公路权益转让办法》,在符合相关规定,按照转让操作规范执行,转让收费公路权益盘活公路存量资产将继续有效可行。

二、交易结构

(一)交易结构概述

1. 原始权益人出让衡枣高速公路车辆通行费收益权并收取相应的对价,基础资产资金归集。

2. 管理人募集并管理专项计划,运用本专项计划募集资金投资基础资产,委托托管人托管本专项计划资产。

3. 托管人开立并管理专项计划账户,安全保管并监督专项计划账户中的资金。

4. 登记机构负责资产支持证券持有人账户管理。

(二)交易结构(图 4-7)

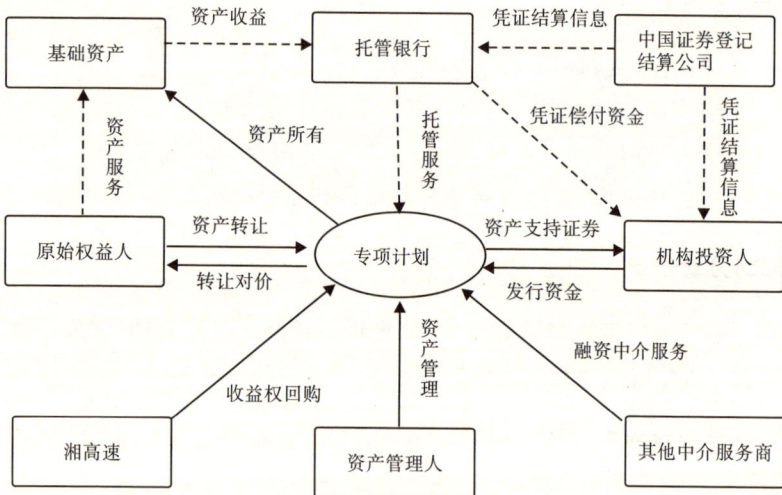

图 4-7

(三)信用增级方式

1.专项计划设置了原始权益人的差额补足机制。此外,在原始权益人信用评级下降至 AA－级以下、A－级以上的情况,湖南省财政厅将衡枣高速通行费收入直接拨付至计划账户的安排。

2.交易设置了准备金账户,在还款账户内资金余额低于一定额度或主体信用等级下降至一定程度时,该准备金账户内资金可以释放。在湘高速不能足额履行差额实践义务时,以准备金账户中的资金予以补足。

3.原始权益人以衡枣高速剩余××年通行费收费权质押。

4.本专项计划未设置外部担保机制。

案例三:哈尔滨机场专用路通行费收入收益权资产支持专项计划①

一、基本情况

(一)参与方

1.原始权益人:哈尔滨机场专用路有限公司

2.计划管理人/推广机构:民生证券股份有限公司

3.托管人/监管银行:中国建设银行股份有限公司黑龙江省分行

4.资产服务机构:哈尔滨机场专用路有限公司

(二)分级情况

本专项计划设置优先级资产支持证券和次级资产支持证券两种,目标募集规模为××元。

优先级:募集规模为××元,评级为 AA＋级。

次级:募集规模为××元,未评级。

(三)基础资产

指原始权益人根据政府文件及相关协议安排所享有的特定时期内哈尔滨

---

① 产品信息来源:《哈尔滨机场专用路通行费收入收益权资产支持专项计划计划说明书》。

机场专用路通行费收入收益权。特定时期是指将基础资产转移至专项计划之日起至××年××月××日。

二、交易结构

(一)交易结构概述

1. 认购人通过与计划管理人签订《认购协议》,取得资产支持证券,成为资产支持证券持有人;计划管理人设立并管理专项计划,认购人取得资产支持证券,成为资产支持证券投资者。

2. 计划管理人根据与认购人签订的《认购协议》以及与原始权益人签订的《基础资产买卖协议》,将专项计划所募集的认购资金用于向原始权益人购买基础资产,即原始权益人根据政府文件及相关协议安排所享有的特定时期的哈尔滨机场专用路通行费收入收益权。特定时期是指基础资产转移至专项计划之日起至××年××月××日。

3. 计划管理人与托管银行签订《托管协议》,托管银行根据计划管理人委托并在托管银行处开立专项计划账户,托管银行负责管理专项计划账户,并执行计划管理人的资金拨付指令。

4. 机场路公司股东会决议决定把机场路公司享有的特定时期内通行费收入收益权转让给专项计划。在专项计划存续期间,原始权益人在特定时期内每××—××日将哈尔滨机场专用路当日收取的车辆通行费全额存入通行费收入专用账户,并于每月前××个工作日由监管银行将通行费收入专户内收取的上一个自然月车辆通行费全额划入专项计划账户内。

5. 原始权益人出具差额支付承诺函,承诺在资产支持专项计划存续期内每一个资金确认日,专项计划账户内的资金余额按照约定的分配顺序不足以支付当期优先级资产支持证券预期支付额时,由原始权益人补足相应差额部分。

6. 担保人出具了《保证合同》,承诺为机场路公司承担差额支付义务提供连带责任保证担保。当优先级资产支持证券无法按时、足额兑付且差额支付承诺人无法按时、足额提供差额支付时,担保人将启动担保,按照约定的分配顺序补足相应差额部分。同时,担保人承诺为具有定向转让选择权的资产支持证券可能发生的定向受让所需支付的现金总额以及因机场路公司不履行回购义务而产生的违约金、损害赔偿金、实现债权的费用(包括诉讼费用、律师费用、公证费用、执行费用等)承担不可撤销的无限连带保证责任。

7. 会计师对原始权益人最近三年的财务报告进行审计,评估机构对基础资产所能产生的现金流进行预测;评级机构对专项计划进行信用评级;律师事务所对专项计划出具法律意见。

(二)交易结构(图 4-8)

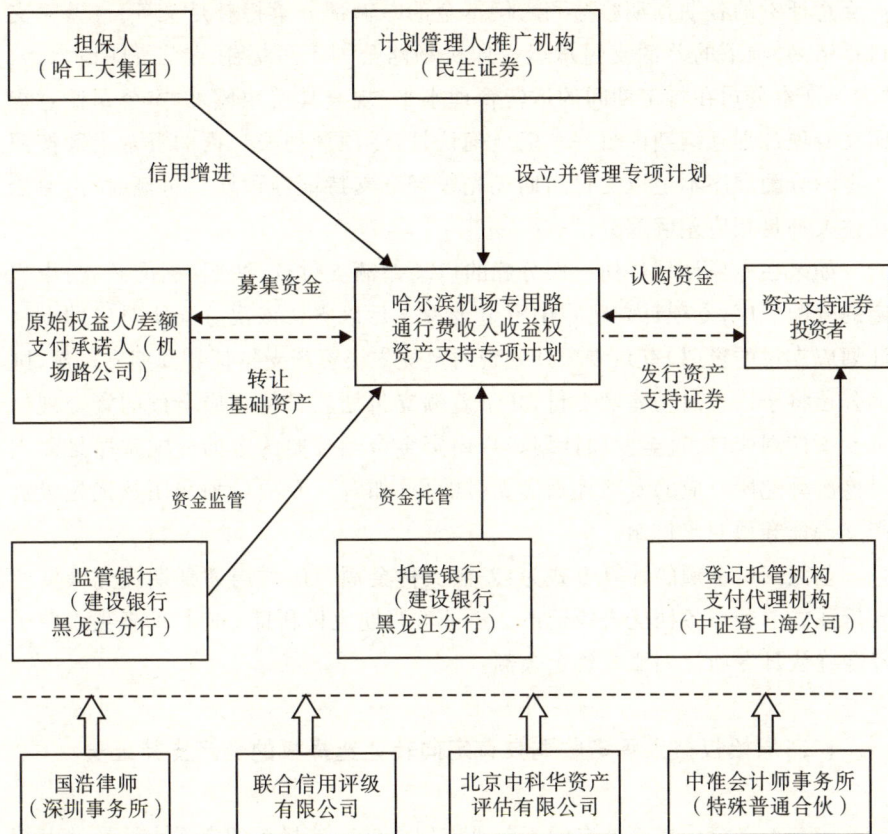

图 4-8

三、信用增级方式

(一)原始权益人差额支付承诺

依据法律、行政法规和部门规章的规定,哈尔滨机场专用路有限公司愿意按照《差额支付承诺函》的条款和条件,对专项计划资金不足以支付优先级资产支持证券的各期预期收益和未偿本金的差额部分承担补足义务。《差额支付承诺函》项下的差额支付承诺人即机场路公司不可撤销及无条件地承诺:"为保证本公司在特定期间的运营管理水平、规避其道德风险,本公司愿意承诺在专项计划存续期内每一个资金确认日,专项计划账户内的资金余额按照约定的分配顺序不足以支付当期优先级资产支持证券预期支付额时,由原始权益人补足相应差额部分。"

如果在专项计划任何一次分配的启动差额支付日,按照《标准条款》中规定的分配顺序,专项计划账户中资金余额不足以支付该次分配所对应的专项计划应支付的税(如有)、专项计划费用及优先级资产支持证券预期支付额,则本公司将于该日启动差额支付,并于差额支付划款日将相应金额的资金划付至专项计划账户,直至专项计划账户内资金余额按照约定的分配顺序足以支付该次分配所对应的专项计划应支付的税(如有)、专项计划费用及优先级资产支持证券预期支付额。

差额支付金额的计算方式为:差额支付金额=应付当期到期优先级资产支持证券本金+各档优先级资产支持证券当期应付利息+应付的各项税费-资金确认日专项计划账户资金余额。

(二)原始权益人承诺收购具有定向转让选择权的资产支持证券

持有人有权选择将持有的当年具有定向转让选择权的资产支持证券以面值全部或者部分定向转让给机场路公司。

(三)哈工大集团的担保安排

1. 哈工大集团作为担保人,对原始权益人哈尔滨机场专用路有限公司承担的差额支付义务提供连带责任保证。哈工大集团根据《保证合同》不可撤销及无条件的承诺如下:

根据《基础资产买卖协议》的约定,机场路公司承诺,在专项计划各兑付日前第××个工作如专项计划账户内资金按照约定的顺序不足以支付该次分配所对应的专项计划应支付的税(如有)、专项计划费用及优先级资产支持证券预期支付额时,由机场路公司全额补足差额部分。因机场路公司未及时履行差额支付义务而增加的交易费用和损失,由机场路公司承担。

2. 哈工大集团为机场路公司就具有定向转让选择权的资产支持证券可能发生的定向受让所需支付的现金总额以及因机场路公司不履行收购义务而产生的违约金、损害赔偿金、实现债权的费用(包括诉讼费用、律师费用、公证费用、执行费用等)承担不可撤销的无限连带保证责任。

(四)专项计划的内部结构分级

专项计划设计××亿元的优先级资产支持证券和××亿元的次级资产支持证券,其中次级资产支持证券的分配顺序在所有优先级资产支持证券之后。即当专项计划将所有品种的优先级资产支持证券的预计收益与本金全部分配完毕后,如有剩余才对次级资产支持证券进行分配。

(五)加速清偿程序

当某一次资产支持证券进行收益分配时发生加速清偿事件,计划管理人应于计划分配公告日向原始权益人发生基础资产回购指令,并于当日××点前按基金业协会规定的方式公告回购事项,各档资产支持证券均于该日提前到期,专项计划于该日终止,计划管理人于该日开始进行清算。如果原始权益人拒绝履行或无法履行回购义务,则计划管理人将与原始权益人就质押资产处置方案进行沟通,并于沟通一致后召开有控制权的资产支持证券投资者大会进行资产处置方案的表决。计划管理人依照表决形成的资产处置方案对专项计划基础资产进行处置,处置所得资金应划入专项计划账户。计划管理人应将专项计划账户收到的基础资产回购价款按照标准条款第 11.2 款规定的顺序进行分配。

四、产品创新

本产品引入了"具有定向选择权的资产支持证券"这一概念,通过原始权益人的收购义务为投资者提供了一定程度的流动性支持、流动性担保。

案例四:南京公交集团公交经营收费收益权资产支持专项计划①

一、基本情况

(一)参与方

1. 原始权益人:南京江南公交客运有限公司
2. 计划管理人/推广机构:申银万国证券股份有限公司
3. 托管人/监管银行:兴业银行股份有限公司
4. 资产服务机构:南京江南公交客运有限公司

(二)分级情况

本专项计划设置优先级资产支持证券和次级资产支持证券两种。

优先级:募集规模为××亿元,每份优先级资产支持证券的面值为100元,评级为AAA级。

次级:募集规模为××万元,每份次级资产支持证券的面值为100元,未评级。

(三)基础资产

指江南公交、扬子公交合法拥有的公交经营收费权项下自专项计划设立日之次月起五年内向市民卡公司收取特定期间公交票款结算收益(扣除服务费)的权利。

二、交易结构

(一)交易结构概述

1. 认购人通过与计划管理人签订《认购协议》,将认购资金以专项资产管理方式委托计划管理人管理,计划管理人设立并管理专项计划,认购人取得资产支持证券,成为资产支持证券投资者。

---

① 产品信息来源:《南京公交集团公交经营收费收益权资产支持专项计划说明书》。

2. 计划管理人根据与原始权益人签订的《资产买卖协议》的约定,将专项计划资金用于向原始权益人购买基础资产。

3. 根据《公交 AFC 系统服务协议》及《公交 AFC 系统服务协议之补充协议》,在专项计划存续期间,市民卡公司将江南公交和扬子公交合法拥有的公交经营收费权项下特定期间公交票款结算收益(扣除服务费)划付至专项计划账户。

4. 专项计划账户在收到基础资产产生的现金后,由托管人根据《托管协议》对专项计划资产进行托管。

5. 在专项计划初始核算日,专项计划账户中的资金余额按《标准条款》约定的分配顺序不足以支付该次分配所对应的优先级资产支持证券预期支付额的,差额补足义务人依据《差额补足承诺函》承担差额补足义务。

6. 当担保支付事件启动时,担保人根据《担保函》对差额补足义务人的补足支付义务提供全额的无条件的不可撤销的连带责任保证担保。

7. 计划管理人根据《计划说明书》及相关文件的约定,向托管人发出分配指令,托管人根据分配指令,将相应资金划拨至证券登记结算机构的指定账户,用于支付资产支持证券各期预期收益和本金。

(二)专项计划的交易结构

见图 4-9。

三、信用增级方式

(一)内部信用增级方式

专项计划通过设定优先级/次级的偿付次序来实现内部信用增级。资产支持证券根据不同的权益风险特征分为优先级资产支持证券和次级资产支持证券。次级资产支持证券获得专项计划的每一次分配,在当期应支付的优先级资产支持证券全部预期收益及当期应付本金支付完毕之后,方可进行当期次级资产支持证券的分配。因此,当基础资产产生现金流不足时,次级资产支持证券将首先承担损失,从而实现了对优先级资产支持证券的信用增级。

(二)外部信用增级方式

本专项计划采用差额补足和保证担保两种外部信用增级方式。其中,南

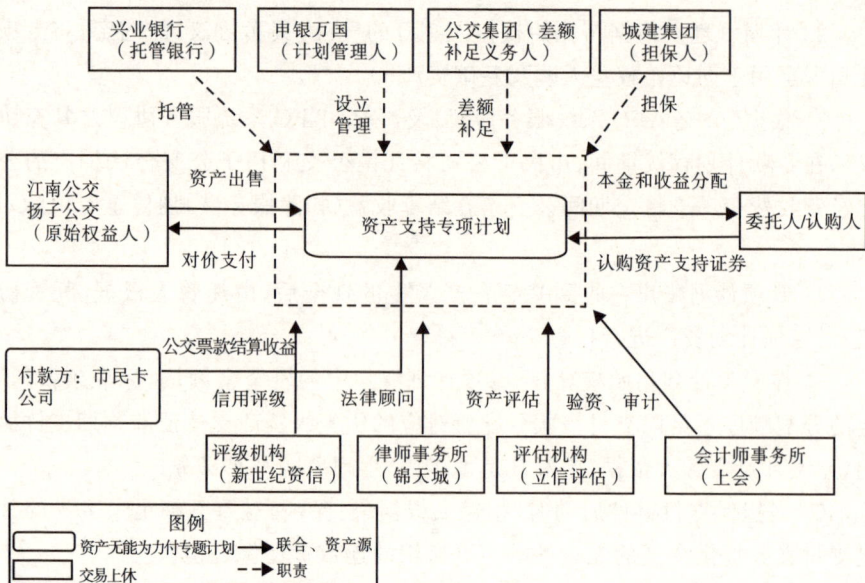

图 4-9

京公交集团对专项计划资金不足以支付优先级资产支持证券的各期预期收益和未偿本金的差额部分承担补足义务;南京城建集团对南京公交集团的差额补足义务提供全额的无条件的不可撤销的连带责任保证担保。

第四类 应收账款类基础资产(剖析两个产品)

案例一:五矿发展应收账款资产支持专项计划[1]

一、基本情况

(一)参与方

1.原始权益人:五矿发展股份有限公司(五矿发展)

2.计划管理人/推广机构:指根据《标准条款》担任管理人的中信证券股

---

[1] 产品信息来源:《五矿发展应收账款资产支持专项计划说明书》。

份有限公司,或根据《标准条款》任命的作为管理人的继任机构

3. 托管人:兴业银行股份有限公司

4. 监管银行:招商银行股份有限公司北京分行营业部

5. 资产服务机构:根据《服务协议》,资产服务机构系作为原始权益人的五矿发展股份有限公司

6. 账户服务机构:管理人委托五矿钢铁(该公司是向原始权益人转让应收账款的原始权益人的子公司之一)作为账户服务机构,该账户服务机构并应设立或指定以其为户主的专门账户作为基础资产的现金流归集账户

(二)分级情况

本专项计划设置优先级资产支持证券和次级资产支持证券两种。

优先级:募集规模为××万元,每份次级资产支持证券的面值为 100 元,评级为 AAA 级。

次级:募集规模为××万元,每份次级资产支持证券的面值为 100 元,未评级。

(三)基础资产

指基础资产清单所列的由原始权益人在专项计划设立日、循环购买日转让给管理人的、原始权益人依据销售合同及应收账款转让合同对买受人享有的应收账款及其附属担保权益。

本专项计划基础资产是由五矿钢铁及其××家分销公司、深圳进出口公司根据与买受人签订的销售合同等文件安排,在五矿钢铁及其分销公司、深圳进出口公司作为供货人履行并遵守了相关合同项下其所应当履行的义务后产生的对买受人的应收债权。

五矿钢铁及其××家分销公司、深圳进出口公司作为初始债权人,将其享有的应收债权通过应收账款转让合同内部转让给五矿发展,五矿发展为本专项计划的原始权益人,已经履行并遵守了基础资产所对应的应收账款转让合同项下其所应当履行的义务。

二、交易结构

（一）交易结构概述

1. 认购人通过与计划管理人签订《认购协议》，将认购资金以专项资产管理方式委托计划管理人管理，管理人设立并管理专项计划，认购人取得资产支持证券，成为资产支持证券持有人。

2. 管理人根据与原始权益人签订的《基础资产买卖协议》的约定，将专项计划资金用于向原始权益人购买基础资产，即基础资产清单所列的由原始权益人在专项计划日、循环购买日转让给管理人的、原始权益人依据销售合同及应收账款转让合同对买受人享有的应收账款及附属担保权益。

3. 资产服务机构根据《服务协议》的约定，负责与基础资产及其回收有关的管理服务及其他服务。

4. 监管银行根据《监管协议》的约定，监督资产服务机构在回收款转付日将基础资产产生的现金划入专项计划账户，由托管人根据《托管协议》对专项计划资产进行托管。

5. 当发生任何差额支付启动事件时，差额支付承诺人根据《差额支付承诺函》将差额资金划入专项计划账户。

6. 管理人根据《计划说明书》及相关文件的约定，向托管人发出分配指令，托管人根据分配指令，将相应资金划拨至登记托管机构的指定账户用于支付资产支持证券本金和预期收益。

（二）专项计划的交易结构

见图 4-10。

三、信用增级方式

（一）基础资产保险

基础资产已向中国出口信用保险公司投保，在保险单有效期内，五矿发展按贸易合同交付货物或提供服务后，因买方破产或无力偿付债务或买方拖欠风险引起的直接损失，五矿发展有权要求保险人按保险单的规定承担保险责任。

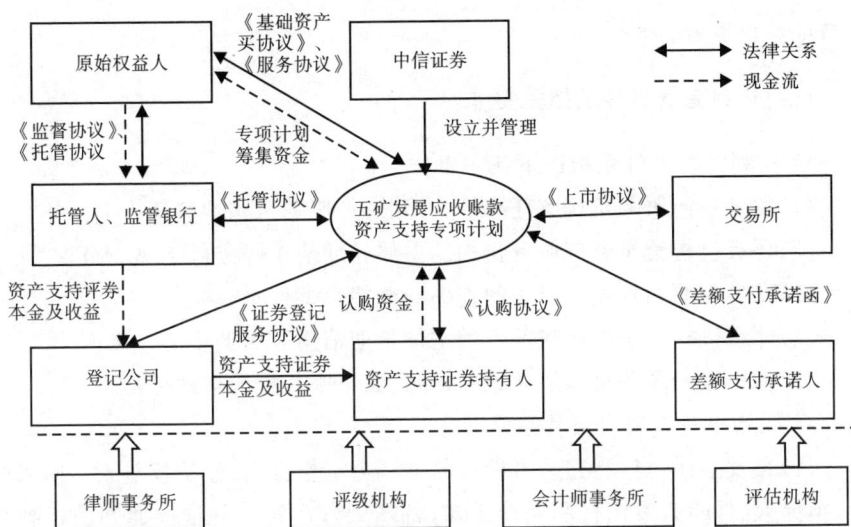

图 4-10

(二)原始权益人母公司(中国五矿)差额支付

截至任何一个管理人核算日,若发现专项计划账户内可供分配的资金不足以支付该分配基准日所对应的兑付日应付的优先级资产支持证券的预期收益,或截至任何一个预期到期日的前一个管理人核算日,若发现专项计划账户内可供分配的资金不足以支付预期到期日届至的优先级资产支持证券的本金,管理人有权代表全体资产支持证券持有人于差额支付启动日向差额支付承诺人发出启动差额支付指令,要求差额支付承诺人将等值于《标准条款》第13.2.2款第(1)项至第(6)项以及第13.2.3款第(1)项至第(5)项应付款项与该期专项计划账户中的可分配金额的差额支付至专项计划账户。

差额支付承诺人自收到上述启动差额支付指令后,应于差额支付承诺人划款日下午××点前将差额支付指令中载明的资金无条件足额汇付至专项计划账户,并在资金汇付附言中说明所划款项的性质。

(三)优先级/次级产品结构分层

无论当期专项计划账户中资金总额为多少,均按照既定的顺序依次进行分配,即专项计划税负、专项计划期间费用、当期优先级资产支持证券预期收益、当期优先级资产支持证券本金的先后顺序,如有剩余,才分配给次级资产支持证券投资者。

(四)权利完善事件及相关安排

1. 权利完善事件系指以下任一事件

(1)发生资产服务机构解任事件,导致资产服务机构被解任;

(2)评级机构给予资产服务机构的主体长期信用等级低于 A—级;

(3)发生与原始权益人有关的丧失清偿能力事件;

(4)评级机构给予原始权益人的主体长期信用等级低于 A—级;

(5)发生账户服务机构解任事件,导致账户服务机构被解任。

2. 原始权益人采取权利完善措施

(1)在发生任一权利完善事件后的××个工作日内,原始权益人应向买受人、担保人、保险人发出权利完善通知,将基础资产转让的情况通知前述各方(如此前未通知基础资产转让的情况),并协助管理人办理必要的权利转移/变更手续(如需)。

(2)在发生权利完善事件第(1)、(2)、(5)项约定的权利完善事件情形后的××个工作日内,除上述第(1)项的通知内容外,还应当在对前述各方的权利完善通知中指示各方将应收账款、担保人履行担保责任而支付的金额、保险金或其他应属于专项计划资产的款项直接支付至专项计划账户。

3. 管理人采取权利完善措施

(1)原始权益人应于专项计划设立日或之前向管理人出具授权书,授权管理人以原始权益人的名义,在发生权利完善事件且原始权益人在××个工作日内未履行通知义务时,代为履行该等通知义务。

(2)在原始权益人未履行通知义务的情况下,管理人应在原始权益人本应发送权利完善通知之日后的××个工作日内,代原始权益人向相应的买受人、担保人、保险人发送权利完善通知(如此前未通知基础资产转让的情况),并抄送给原始权益人。

四、产品特点

该单产品系国内首单贸易应收账款资产证券化产品,该专项计划在设计、发行过程中攻克了以贸易应收账款作为基础资产进行证券化交易中"无息资产有息化"、"短期资产长期化"等大量技术难题。本产品通过先由母公司购买集团内众多子公司应收账款,再由母公司将购买的应收账款资产证券化,实现了分散应收账款集中规模化操作。

在引入低成本资金的同时,也为市场化方式盘活企业集团存量资产找到了一条行之有效的创新之路:母公司将业务子公司的应收账款内部划转、集中,母公司以原始权益人的身份开展 ABS 业务,既可以优化集团的资产结构,统一、及时、高效清收业务子公司的应收账款,弥补子公司金融人才补足、渠道不畅的缺陷,在集团公司和子公司之间形成合理分工,既能充分发挥母公司的管理和金融功能,又可以让业务子公司轻装上阵、专心做业务。

案例二:京东白条应收账款债权资产支持专项计划①

一、基本情况

(一)参与方

1. 原始权益人:京东金融集团
2. 计划管理人/推广机构:华泰证券
3. 托管人/监管银行:兴业银行

(二)分级情况

发行总规模为人民币××亿元,专项计划设置优先级和次级两种资产支持证券。其中优先级资产支持证券包括优先01级资产支持证券,规模为××亿元;优先02级资产支持证券,规模为××亿元。优先01级资产支持证券的评级为 AAA 级,优先02级资产支持证券的评级为 AA—级。优先级资产支持证券转让场所为深圳证券交易所,次级档的产品则由原始权益人持有。

(三)基础资产

京东金融集团持有的基于消费者赊销购物而享有的应收账款。该基础资产是截至目前分散度最高的基础资产池。具体产品期限为××个月,前××个月为循环购买期,以入池标准挑选合格基础资产进行循环购买;循环期内每

---

① 参见《华泰资管联袂"京东白条"推出国内首单互联网消费金融 ABS》,载中国证券网,2015 年 9 月 20 日。

季度兑付优先级投资人收益;后××个月为本息摊还期,摊还期内按月兑付优先级的利息和本金。

二、增信安排情况

本产品除优先/次级安排外,未提供差额补足承诺等其他增信措施。

三、产品特点

本单产品为国内首单互联网消费金融资产证券化产品,为未来互联网金融企业参与资产证券化起到良好的示范效应,为目前国内竞争日趋激烈的互联网企业增加了新的融资渠道,也降低其运营成本。

第五类　保理融资债权类基础资产(剖析摩山保理的产品)

案例:摩山保理一期资产支持专项计划[①]

一、基本情况

(一)参与方

1. 原始权益人:上海摩山商业保理有限公司
2. 计划管理人/推广机构:恒泰证券
3. 托管人/监管银行:招商银行

(二)分级情况

产品总规模××亿元,分为三档,优先 A 级规模为××亿元,占比××%;优先 B 级规模××亿元,占比××%;次级规模为××亿元,占比××%。优先 A 和优先 B 的平均发行利率约××%。××%的劣后部分则由摩山保理自行出资认购。优先 A 级和优先 B 级的信用评级分别为 AAA 和 AA,次级不作评级。

---

① 参见《首单保理 ABS 问世,掀起保理行业资产证券化大幕》,《资产证券化浪潮》,2015 年 5 月 20 日。

(三)基础资产

本产品的基础资产是指初始基础资产清单及新增基础资产清单所列的由原始权益人于专项计划设立日或循环购买日转让给管理人的原始权益人对融资人、债务人享有的保理融资债权及其附属担保权益。

产品期限为××年,前两年设为循环期,每次循环购买价款不高于入池保理债权本金余额,结合初始入池资产所对应的原始应收账款余额超额覆盖资产池未偿本金的××%以上,每次循环购买时这一超额覆盖倍数为××%,即综合超额覆盖倍数将始终维持在××倍以上。最后一年为分配期。

产品期限内如池内资产出现不满足入池条件的情况,恒泰证券方面会要求摩山保理清偿项目,再重新选择资产入池。

二、交易结构

(一)交易结构概述

1.认购人通过与管理人签订《认购协议》,将认购资金委托给管理人管理,管理人设立并管理资产支持专项计划,认购人取得资产支持证券,成为资产支持证券持有人。

2.管理人根据与原始权益人签订的《基础资产买卖协议》的约定,将专项计划资金用于向原始权益人购买基础资产,即初始基础资产清单及新增基础资产清单所列的由原始权益人于专项计划设立日或循环购买日转让给管理人的原始权益人对融资人、债务人有的保理融资债权及其附属担保权益。基础资产包括初始基础资产及新增基础资产。

3.资产服务机构根据《服务协议》的约定,为专项计划提供与基础资产及其回收有关的管理服务及其他服务。摩山保理担任资产服务机构期间,应于资金归集日将各融资人、债务人及基础资产担保人(如有)在保理合同项下偿付的款项全部划入资产服务账户,并通知管理人及监管银行汇划资金中分属于本金回收款及收入回收款的金额。

4.监管银行根据《监管协议》的约定,根据资产服务机构的通知将相应金额分别计入资产服务账户项下的本金科目及收入科目。在回收款转付日依照资产服务机构的指令将基础科目中的超额资金(如有)、上一储备期间内费用储备科目内的储备资金及收益储备科目内的储备资金划转至专项计划账户,由托管人根据《托管协议》对专项计划资产进行托管。

5.当发生任一差额支付启动事件时,差额支付承诺人根据《差额支付承诺函》将差额资金划入专项计划账户。

6.当发生任一担保责任启动事件时,担保人根据《担保协议》将担保资金划入专项计划账户。

7.管理人根据《计划说明书》及相关文件的约定,向托管人发出分配指令,托管人根据分配指令,进行专项计划费用的提取和资金划付,并将相应资金划拨至登记托管机构的指定账户用于支付资产支持证券本金和预期收益。

（二）专项计划的交易结构（图 4-11）

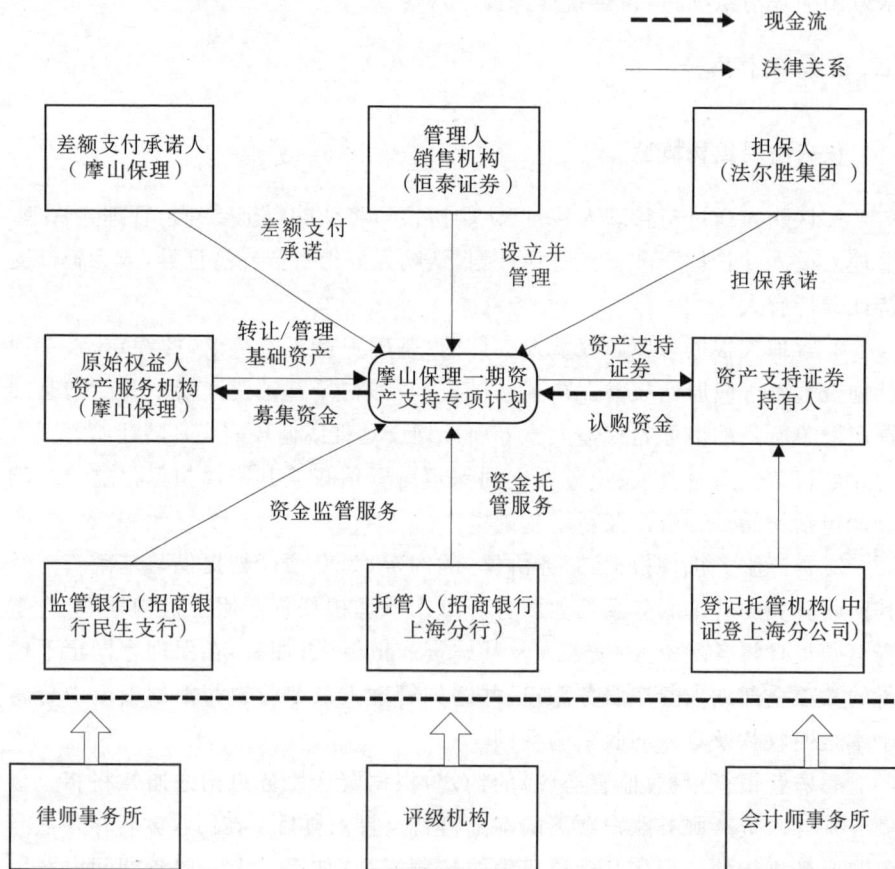

图 4-11

三、增信安排

(一)资产超额抵押

初始入池的基础资产所对应的原始应收账款相对于保理融资债权的超额覆盖率为××倍,且每次循环购买价款不高于入池保理债权本金余额,即综合超额覆盖倍数维持在××倍以上,对优先级资产支持证券的本息支付提供了较强保障。

(二)超额利差

资产池现行加权平均利率与优先级资产支持证券预计加权平均票面利率之间存在一定的超额利差,可在一定程度上吸收入池基础资产的损失,为优先级资产支持证券提供了进一步的信用支持。

(三)优先/次级分层

本期专项计划对资产支持证券进行了优先/次级分层,次级产品占资产池本金余额的比例为××%,全部由原始权益人认购。次级产品为优先 A 级和优先 B 级提供××%的信用支持,从而可以有效防范原始权益人的道德风险。

(四)差额支付承诺

在每个托管人报告日,托管人对专项计划账户进行核算,若专项计划账户内可供分配的资金不足以支付该兑付日应付优先级资产支持证券的预期收益,则管理人将在差额支付启动日向摩山保理发出差额支付通知书,摩山保理按约定在差额支付划款日予以补足。

(五)母公司担保

若差额支付承诺人无法补足当期优先级应付本息,管理人将于担保责任启动日向担保人发出履行担保责任指令,担保人应于担保人划款日根据要求将相应款项划入专项计划账户。

(六)信用触发机制

本次专项计划设置了信用触发机制,包括加速清偿事件和提前终止事件,若资产服务机构和资产池自身情况恶化时,可以更好地保护优先级资产支持证券及时、足额偿付本息。

四、产品特点

摩山保理一期资产支持专项计划是国内首单以保理融资债权为基础资产的资产证券化项目,为商业保理行业借助资产证券化市场筹集资金树立了标杆。虽然产品基础资产本质上还是应收账款,但通过保理商的收购行为,可将众多分散的企业应收账款集中起来实现规模化操作,为保理公司既能快速扩大保理业务规模,又能优化保理公司自身的资产结构或保持流动性提供了完美的解决方案;同时在结构上还安排由保理商提供增信,以最终提高产品评级,便利更多小微企业实现融资。

第六类 包含银行信用的企业应收账款类基础资产(剖析一个产品)

案例:广发资管民生银行安驰1—10号资产支持专项计划①

一、基本情况

(一)参与方

1. 原始权益人:拥有合格基础资产的贸易、工程、租赁企业

2. 原始权益人的代理人:民生银行

3. 计划管理人/推广机构:广发资管

4. 托管人/监管银行/资产服务机构:民生银行

---

① 参见《广发资管—民生银行安驰1—10号汇富资产支持专项计划推介材料》,广发证券。

(二)基础资产

本产品的基础资产是应收账款,具体包括国内信用证开证行确认付款的应收账款、银行付款保函担保的应收账款、银行提供买方信用风险担保保理服务的应收账款三类资产,该基础资产同时涵盖了贸易、工程、租赁各领域,该贸易、工程、租赁企业作为原始权益人合法持有应收账款债权。

国内信用证开证行确认付款的应收账款债权:原始权益人因其作为受益人的国内信用证获得开证行确认而向开证行享有的,要求开证行到期支付信用证下款项的权利。

银行付款保函担保的应收账款债权:民生银行开具国内付款保函以担保债务人按期足额支付基础交易合同价款的贸易应收账款债权、工程应收账款债权及/或租赁应收账款债权。

银行提供买方信用风险担保保理服务的应收账款债权:民生银行对基础交易合同价款支付提供国内保理项下买方信用风险担保保理服务的贸易应收账款债权、工程应收账款债权及/或租赁应收账款债权。

经民生银行在人民银行征信中心应收账款质押登记公示系统上确认,拟入池应收账款债权不存在第三方质押担保登记。

二、交易结构

(一)交易结构概述

1. 认购人通过与计划管理人签订《认购协议》,将认购资金以专项资产管理方式委托计划管理人管理,管理人设立并管理专项计划,认购人取得资产支持证券,成为资产支持证券持有人。

2. 原始权益人委托民生银行与管理人签订《基础资产买卖协议》的约定,将专项计划资金用于向原始权益人购买基础资产,即原始权益人依据销售合同对买受人享有的应收账款及附属担保权益。

3. 资产服务机构根据《服务协议》的约定,负责与基础资产及其回收有关的管理服务及其他服务。

4. 监管银行根据《监管协议》的约定,监督资产服务机构在回收款转付日将基础资产产生的现金划入专项计划账户,由托管人根据《托管协议》对专项计划资产进行托管。

5. 管理人根据《计划说明书》及相关文件的约定,向托管人发出分配指令,托管人根据分配指令,将相应资金划拨至登记托管机构的指定账户用于支付资产支持证券本金和预期收益。

(二)专项计划的交易结构(图 4-12)

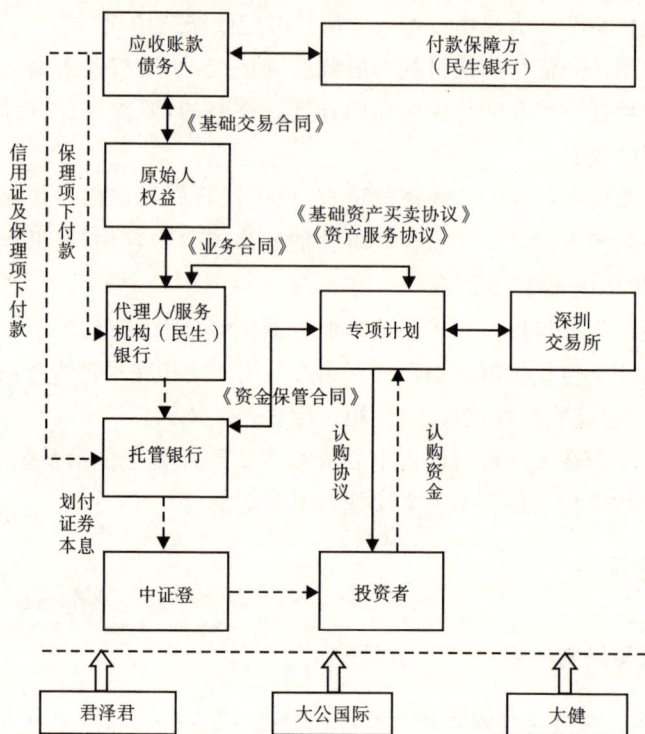

图 4-12

三、风险控制

(一)信用证

开证行确认付款后,不受基础交易抗辩影响,仅在信用证欺诈情况下,方可向法院申请中止支付或终止支付。为此,《基础资产买卖协议》作为"赎回"约定,即开证行因信用证欺诈、法院发出止付令拒付时,相关资产由作为代理人的民生银行予以赎回。

(二)付款保函

债务人在业务合同等文件中均确认债权人确已适当履行完基础交易合同勘正义务、债务人仅应履行付款义务,双方放弃基础交易抗辩,且付款保函文本明确约定保函开立行将在收到索偿通知后××至××个工作日内无条件按索偿人指示一次性支付索偿款项,承担见索即汇的担保责任,在此安排下,除非因基础交易欺诈等原因被司法机关止付,保函开立行止付拒付风险得到控制。为此,《基础资产买卖协议》作出"赎回"约定,保函开立行以单据伪造、债权人欺诈、司法命令止付拒付的,相关资产由作为代理人的民生银行赎回。

(三)提供买方信用风险担保保理服务

相关交易文件中基础交易项下的债务人确认债权人完全适当履行义务,双方放弃商业抗辩,并且保理商出具的《债权转让及保理服务确认函》明确约定:"买方已确认于应收账款到期日清偿前述应收账款,并已放弃商业纠纷等抗辩权。"因此综上安排后保理商仅可以基础交易存在商业纠纷为由拒绝支付。为此,《基础资产买卖协议》作出"赎回"约定,发生应收账款或基础交易发生商业纠纷的,或者出现因债权人在对应的《基础交易合同》项下欺诈等原因,《基础交易合同》的买方/债务人申请法院签发止付裁定或出现其他可能阻止付款的司法或行政行为的,相关资产由作为代理人的民生银行赎回。

四、产品特点

1. 首次就批量交易模式获得有权部门挂牌许可,实现了产品的标准化、模式化和批量化发行并可在交易所挂牌转让。

2. 民生银行通过作为原始权益人的代理人的方式,广泛组织全国范围内的不确定的、多数原始权益人的基础资产,据此发行证券化产品是一个全新的视角和历史性突破。

3. 民生银行担任原始权益人代理人、付款保障提供方、托管行和资产服务机构等多个角色。

4. 在企业资产证券化基础资产中引入商业银行信用,基础资产质量大为提高,现金流稳定性大为提高,为投资者提供安全保障型的投资标的。

第七类 委托贷款债权类基础资产(剖析一个产品)

案例:汇富河西嘉实1号资产支持专项计划(酒店、会展收费收益权)

一、基本情况

(一)参与方

1. 管理人:嘉实资本管理有限公司
2. 原始权益人:南京市河西新城区国有资产经营控股(集团)有限公司
3. 托管银行:民生银行

(二)产品分级情况

本产品期限为××年,发行额为××亿元,其中优先级为××亿元,分为优先01—优先10共10个品种,评级均为AA+。

(三)基础资产

南京市河西新城区国有资产经营控股(集团)有限公司委托民生银行对项目公司发放的委托贷款债权。

该委贷的还款来源为南京国际博览中心和南京金陵江滨酒店未来××年的会展、酒店行业收入。

二、交易结构

(一)交易结构概述

1. 认购人通过与计划管理人签订《认购协议》,将认购资金以专项资产管理方式委托计划管理人管理,计划管理人设立并管理专项计划,认购人取得资产支持证券,成为资产支持证券持有人。

2. 计划管理人根据与原始权益人签订的《资产买卖协议》的约定,以认购人交付的认购资金自专项计划设立日起,向原始权益人购买委托贷款债权。

3. 资产服务机构根据《服务协议》的约定,负责基础资产对应的应收贷款的回收和催收,以及违约资产处置等基础资产管理工作。

4. 托管人依据《托管协议》的约定,管理专项计划账户,执行计划管理人的划款指令,负责办理专项计划名下的相关资金往来。

5. 计划管理人根据《计划说明书》及相关文件的约定,向托管人发出分配指令,托管人根据分配指令,将相应资金划拨至登记托管机构的指定账户,用于支付资产支持证券本金和预期收益。

(二)专项计划的交易结构(图 4-13)

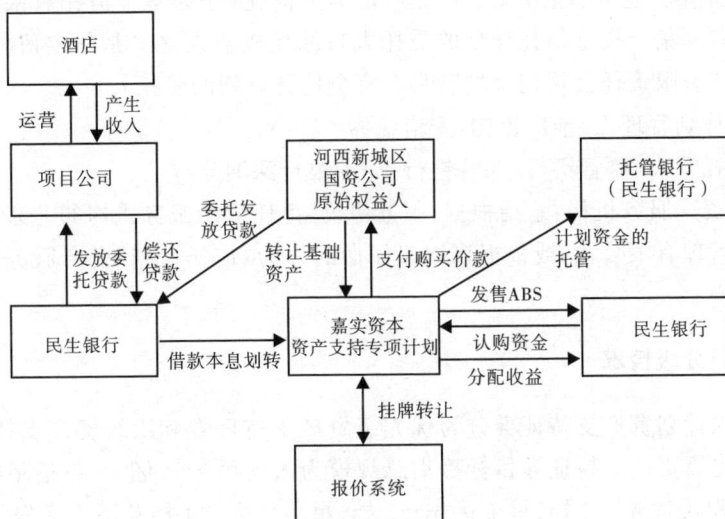

图 4-13

三、增级安排

1. 分层结构设计:优先/次级安排。

2. 原始权益人南京市河西新城区国有资产经营控股(集团)有限责任公司提供差额支付承诺。

四、产品特点

该产品在报价系统发行,虽然基础资产只是原始权益人委托贷款形成的委贷债权,但该项业务系国内首单酒店会展行业的资产证券化产品,为商业地产证券化提供了创新的思路。

第八类　信托受益权类基础资产(剖析三个产品)

案例一:星美国际影院信托受益权资产支持专项计划①

一、基本情况

(一)参与方

1. 原始权益人:原始权益人之一是华宝信托(作为华宝信托有限责任公司月月增利集合资金信托计划的受托人);原始权益人之二是华宝信托(作为华宝信托有限责任公司现金增利集合资金信托计划的受托人)

2. 计划管理人/推广机构:安信证券

3. 托管人/监管银行/保管银行:浦发银行深圳分行

4. 资产服务机构:系指根据《服务协议》担任资产服务机构的北京名翔国际影院管理有限公司,或根据该协议任命的作为"信托计划"资产服务机构的继任机构。

(二)分级情况

专项计划资产支持证券分为优先级资产支持证券和次级资产支持证券,其中优先级资产支持证券目标募集总规模为人民币××亿元,包括星美优先－1档、星美优先－2档、星美优先－3档、星美优先－4档及星美优先－5档。优先级5档均为AA＋级评级。优先级资产支持证券将在深交所固定收益证券综合电子平台进行转让、交易。

次级资产支持证券总规模为人民币××亿元,均由北京星美汇餐饮管理有限公司全额认购。次级资产支持证券未进行评级。除非根据生效判决或裁定或计划管理人事先的书面同意,北京星美汇认购次级资产支持证券后,不得转让其所持任何部分或全部次级资产支持证券。

(三)基础资产

指由原始权益人在专项计划设立日转让给计划管理人的原始权益人根据

---

① 产品信息来源:《星美国际影院信托受益权资产支持专项计划说明书》。

《华宝星美国际影院集合资金信托计划信托合同》,对华宝星美国际影院集合资金信托计划享有的信托受益权。

二、交易结构

(一)交易结构概述

1. 原始权益人与华宝信托(作为华宝星美国际影院集合资金信托计划受托人)签订《信托合同》,将××亿元货币资金委托给华宝信托设立华宝星美国际影院集合资金信托计划,并将××亿元资金划至信托计划账户,从而拥有华宝星美国际影院集合资金信托计划的信托受益权。

华宝信托(作为华宝星美国际影院集合资金信托计划受托人)与保管银行签订《保管合同》,保管银行根据《保管合同》履行对华宝星美国际影院集合资金信托计划的保管责任。

2. 华宝信托(作为华宝星美国际影院集合资金信托计划受托人)与借款人签订《信托贷款合同》及《应收账款质押合同》。该信托贷款的贷款总额为××亿元,采用一次性放款,按年计算需偿还的本息,分月支付的方式(具体以《信托贷款合同》约定的还本付息计划表为准)。该信托贷款在专项计划设立后的存续期间为××年。

借款人以所有的影院未来××年的特定质押期间的票房收入应收账款质押给华宝星美国际影院集合资金信托计划,并承诺以上述质押财产产生的现金收入作为信托贷款的还款来源。××家借款人的实际控制人覃辉、星美控股及北京名翔(作为担保人)为借款人的信托贷款提供不可撤销连带责任保证。

监管银行根据《监管协议》对上述信托贷款的还款监管账户实施监管,监管银行应于特定期间内每月的前××个工作日向安信证券提供监管账户的上月明细对账单,并在安信证券要求的其他时间随时将安信证券要求的监管账户信息提供给安信证券,而无须事先获得资产服务机构的任何同意。

3. 计划管理人设立星美国际影院信托受益权资产支持专项计划,并向华宝信托发出贷款放款指令,将××亿元贷款由信托计划账户发放至××家借款人指定账户。

4. 计划管理人指令托管银行将专项计划的募集资金××亿元用于购买原始权益人持有的华宝星美国际影院集合资金信托计划的信托受益权。资产支持证券投资者认购资产支持证券,将认购资金以专项资产管理方式委托计划管理人管理。专项计划认购人取得资产支持证券,成为资产支持证券持有人。

5. 专项计划存续期间,借款人根据《应收账款质押合同》在质押期间将票房收入应收账款产生的现金收入持续划付至监管账户,并根据《信托贷款合同》的约定,在信托贷款放款日之后质押期间内每个还款日按照《信托贷款合同》列明的信托贷款本息还款计划表支付应当偿还的信托贷款本息。

6. 专项计划存续期间,华宝星美国际影院集合资金信托计划的信托计划账户在收到从监管账户划付的该月应偿还的贷款本息后(还款日后)的×× 个工作日内,将收到借款人偿还的信托贷款本息扣除当期必要的信托计划费用后以信托受益权收益分配的方式全部分配给信托受益人,即专项计划。

7. 计划管理人根据《计划说明书》及相关文件的约定,在每个计划管理人分配日向托管银行发出分配指令,托管银行根据分配指令,将相应资金划拨至登记托管机构的指定账户用于支付资产支持证券本金和预期收益。在每个兑付日支付完毕专项计划应纳税负、当期管理费、托管费和其他专项计划费用,支付当期优先级资产支持证券预期收益和本金后,如有资金剩余则留存在专项计划账户,直至专项计划最后一个兑付日,满足优先级资产支持证券预期收益和本金后将剩余的资金全部支付给次级资产证券持有人。

(二)专项计划的交易结构

见图 4-14。

三、信用增级方式

(一)优先/次级安排

优先/次级安排是证券化项目中最常见的内部信用增级安排。本项目的资产支持证券分为:星美优先-1档、星美优先-2档、星美优先-3档、星美优先-4档及星美优先-5档和次级资产支持证券。

托管人对专项计划账户进行核算并向计划管理人提交《托管报告》。无论各期专项计划账户中资金总额为多少,均按照《标准条款》的约定,即专项计划税负、专项计划期间费用、当期优先级资产支持证券预期收益、当期优先级资

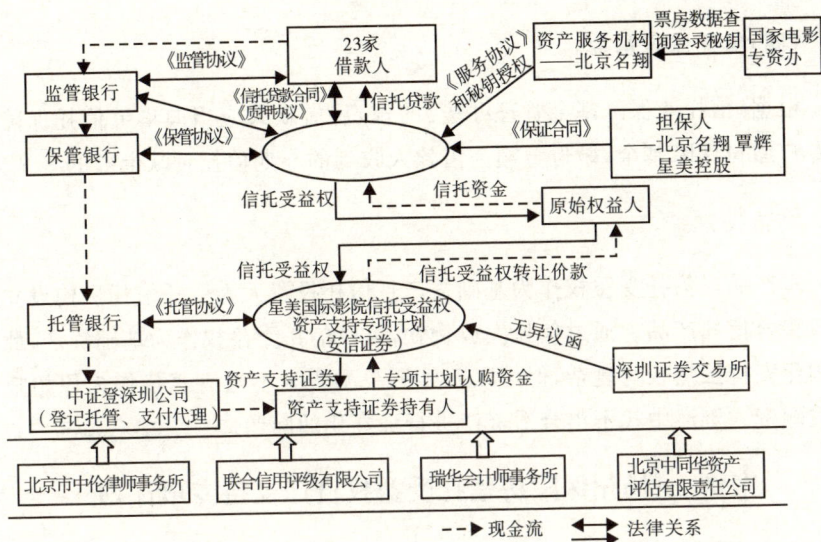

图 4-14

产支持证券本金的顺序依次进行分配,在最后一个兑付日如有剩余,才分配给次级资产支持证券持有人。

本专项计划在计算和安排特定期间的必备金额时,将在××—××年期安排的相应次级资产支持证券收益(该特定期间的次级资产支持证券收益不少于该特定期间所在年度优先级资产支持证券预期收益和/或本金的××%)。但该等××—××年期次级资产支持证券的收益对应的资金并不实际分配给次级资产支持证券持有人,而是留存于专项计划账户,从而增强对优先级资产支持证券持有者本金和收益的保障,直至专项计划最后一个兑付日满足专项计划税费、优先级资产支持证券本金及预期收益后,如有剩余才分配给次级资产支持证券持有者。

(二)质押担保

借款人以《应收账款质押合同》中质押权利清单所列之未来应收账款向华宝信托提供质押担保。

(三)保证担保

北京名翔、覃辉、星美控股为信托贷款提供保证担保。

(四)信托保障基金

根据《信托业保障基金管理办法》的规定,借款人应当向华宝信托保障基金专户缴付保障基金,缴付金额为借款人收到的当期信托贷款金额的××%。

四、产品特点

本产品以信托受益权作为基础资产且信托投资人为受托信托机构设立的两只集合信托产品。通过信托发放贷款,再以信托受益权作为基础资产,此种结构化安排虽然较为复杂,但可以巧妙解决融资人不适宜直接作为原始权益人或融资人资产中找不出合适资产进行证券化的问题。

案例二:扬州保障房信托受益权资产支持专项计划①

一、基本情况

(一)参与方

1. 原始权益人:广州银行
2. 计划管理人/推广机构/财务顾问:华泰证券
3. 托管人:华夏银行南京分行
4. 监管银行/保管银行:华夏银行扬州分行

(二)分级情况

优先级:优先级资产支持证券的目标募集总规模为人民币××亿元。其中,优先扬保障 3 资产支持证券的目标募集总规模为人民币××亿元,扬保障 4 资产支持证券的目标募集总规模为人民币××亿元,扬保障 5 资产支持证券的目标募集总规模为人民币××亿元。每份优先级资产支持证券的面值为 100 元。扬保障 3、扬保障 4 和扬保障 5 资产支持证券均为 AA+级。优先级资产支持证券交易场所为深圳证券交易所。

次级:次级资产支持证券目标募集规模为人民币××万元。每份次级资

---

① 产品信息来源:《扬州保障房信托受益权资产支持专项计划说明书》。

产支持证券的面值为 100 元,未评级。次级资产支持证券由扬州保障房全额认购,并不安排交易。

(三)基础资产

指由原始权益人在专项计划设立日转让给计划管理人的原始权益人根据《华融—扬州保障房信托贷款单—资金信托资金信托合同》对华融—扬州保障房信托贷款单—资金信托享有的信托受益权。

二、交易结构

(一)交易结构概述

1. 广州银行将××亿元货币资金委托给华融信托设立华融—扬州保障房信托贷款单—资金信托,从而拥有华融—扬州保障房信托贷款单—资金信托的信托受益权。

2. 华融信托与扬州保障房签订《信托贷款合同》,向扬州保障房发放信托贷款。

3. 计划管理人设立扬州保障房信托受益权资产支持专项计划,以募集资金购买广州银行持有的华融—扬州保障房资金信托的信托受益权。

4. 计划管理人根据与广州银行签订的《信托受益权转让协议》,用专项计划资金向广州银行购买其持有的信托受益权。交易完成后,专项计划承接广州银行与华融信托的合同关系,成为信托受益权受益人。

5. 专项计划存续期间,扬州保障房根据《应收账款质押合同》的约定在质押财产划款日将相应划款期间的质押财产转入监管账户。

6. 专项计划存续期间,信托在每个信托分配日将收到的扬州保障房偿还的信托贷款本息扣除当期必要的费用后全部分配给信托受益人,即专项计划。

7. 计划管理人根据《计划说明书》及相关文件的约定,向托管银行发出分配指令,托管银行根据分配指令,将相应资金划拨至登记托管机构的指定账户用于支付资产支持证券本金和预期收益。

(二)专项计划的交易结构

见图 4-15。

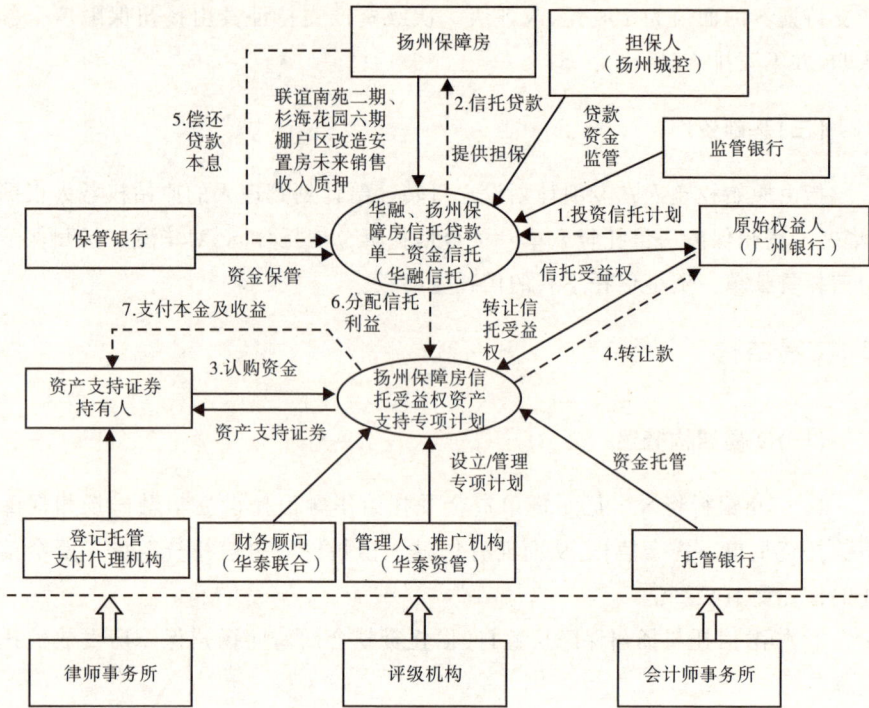

扬州保障房

担保人（扬州城控）

监管银行

联谊南苑二期、杉海花园六期棚户区改造安置房未来销售收入质押

5.偿还贷款本息

2.信托贷款

提供担保

贷款资金监管

1.投资信托计划

保管银行

华融、扬州保障房信托贷款单一资金信托（华融信托）

原始权益人（广州银行）

资金保管

信托受益权

7.支付本金及收益

6.分配信托利益

转让信托受益权

4.转让款

资产支持证券持有人

3.认购资金

扬州保障房信托受益权资产支持专项计划

资产支持证券

设立/管理专项计划

资金托管

登记托管支付代理机构

财务顾问（华泰联合）

管理人、推广机构（华泰资管）

托管银行

律师事务所

评级机构

会计师事务所

图 4-15

三、信用增级方式

（一）优先/次级安排

优先/次级安排是证券化项目中最常见的内部信用增级安排。本项目的资产支持证券分为：扬保障 3、扬保障 4、扬保障 5 资产支持证券和次级资产支持证券。扬保障 3、扬保障 4、扬保障 5 资产支持证券优先于次级资产支持证券进行分配。

（二）质押担保

扬州保障房以其合法持有的联谊南苑二期和杉湾花园六期保障房项目棚户区改造安置房未来销售之应收账款为本次信托贷款提供质押担保，承诺以联谊南苑二期和杉湾花园六期保障房项目棚户区改造安置房未来销售收入作为信托贷款的还款来源。

(三)保证担保

扬州保障房控股股东扬州城控提供不可撤销的连带责任担保。

四、产品特点

此单产品为国内首单以"棚户区拆迁安置保障房信托受益权"为基础资产的资产证券化产品。结构上采取"证券公司资产支持专项计划＋信托计划"的特殊目的载体,即双(SPV)结构。《2015 年政府工作报告》中明确在 2014 年棚户区改造 470 万套任务的基础上 2015 年增至 580 万套的任务,表明未来此类业务的需求强大,也符合国家的相关产业政策。

案例三:中信—茂庸投资租金债权信托受益权资产支持专项计划[①]

一、基本情况

(一)参与方

1. 交易安排人/推广机构/受托人:中信信托
2. 计划管理人:中信信诚
3. 原始权益人/次级凭证持有人:茂庸投资
4. 专项计划托管银行/信托保管银行:中信银行

(二)产品分级情况

本产品分优先级资产支持证券和次级资产支持证券。其中,优先级资产支持证券分为 01—08 八档,期限分别对应××—××年,优先级发行规模为人民币××亿元;次级资产支持证券发行规模为人民币××万元,产品期限为××年。优先级信用评级为 AAA 级,次级不评级。

(三)基础资产

原始权益人以租金债权设立信托而享有的信托受益权。

[①]　信息来源:中信信托,《企业资产证券化业务介绍及体会分享》,2015 年 10 月。

二、交易结构

（一）交易结构概述

1. 茂庸投资作为信托委托人,将其对标的物业承租人享有的租金债权委托给中信信托,由中信信托设立、管理物业租金债权信托。

2. 中信信诚作为专项计划管理人,设立资产支持专项计划 ABS。本资产支持证券分优先级资产支持证券和次级资产支持证券,分别由优先级认购人(合格投资者)和次级认购人(茂庸投资)认购。

3. 中信信托设立的物业租金债权信托,作为特殊的 SPV 持有对物业承租人的租金债权。中信信诚设立的资产支持专项计划 ABS,持有物业租金债权信托的信托受益权。

4. 优先级资产支持证券在深交所交易平台交易。

5. 受托机构聘请律师事务所、评估机构及评级机构等中介服务机构,对整个资产证券化项目各项安排作出专业判断,提供服务。

（二）交易结构

见图 4-16。

三、增信安排

（一）内部增信

分层结构化设计为优先级投资人提供内部增信,优先级外部评级 AAA。

（二）外部信用增级

1. 标的物业抵押担保;

2. 第三方承担差额补足和信托受益权受让义务。

四、产品特点

"中信—茂庸投资租金债权信托受益权资产支持专项计划"是国内首单直接以商用物业租金债权设立信托并以信托受益权作为基础资产的企业资产证券化业务。此外,中信茂庸 ABS 为首次由信托公司担任交易安排人并全程主

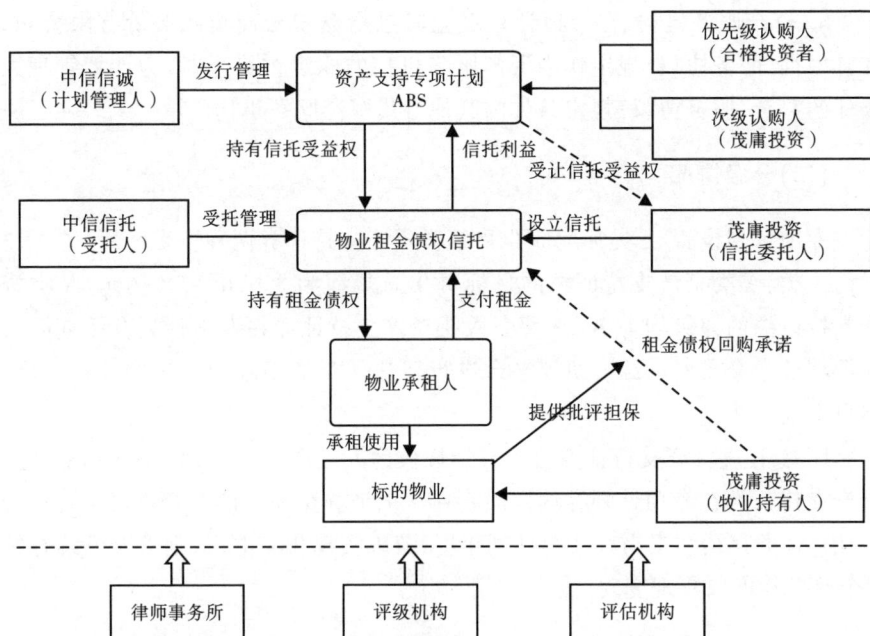

图 4-16

导的企业资产证券化产品,该产品将在深圳证券交易所挂牌交易。

第九类　基金份额类基础资产(剖析四个产品)

案例一:中信华夏苏宁云创资产支持专项计划①

一、基本情况

(一)参与方

1. 原始权益人:苏宁云商集团股份有限公司
2. 计划管理人/推广机构:华夏资本
3. 托管人:工商银行江苏省分行
4. 监管银行:工商银行南京汉府支行

---

① 产品信息来源:《中信华夏苏宁云创资产支持专项计划计划说明书》。

5. 资产服务机构:在专项计划设立时系指苏宁云商集团股份有限公司;在其根据《服务协议》规定作为资产服务机构的职责被终止时,为计划管理人委任的符合《服务协议》规定条件的其他替代资产服务机构。

(二)分级情况

专项计划设置 A 类资产证券和 B 类资产支持证券两种。

A 类:A 类资产支持证券的目标募集总规模为人民币××亿元,A 类资产支持证券的评级均为 AAA 级。A 类资产支持证券在专项计划存续期间将在深圳证券交易所的综合协议平台进行转让。A 类期限为××个计划年度,但可提前终止。

B 类:B 类资产支持证券目标募集规模为人民币××亿元。AA 级。B 类资产支持证券在专项计划存续期间将在深圳证券交易所的综合协议平台进行转让。B 类存续期限为××个计划年度,若未实现公募上市,则可能继续存续 1 个计划年度以实现变现。

(三)基础资产

1. 优先债收益权

根据《计划说明书》第二章,优先债收益权指优先债自起息日起××年(含)内利息特定部分的收益权,专项计划通过计划管理人拟与苏宁云商签署的《优先债转让协议》持有优先债收益权。

基金管理人代表私募投资基金通过《优先债委托贷款合同》对项目公司依法享有优先债债权,并根据《基金合同》,以其代表私募投资基金享有的对项目公司的优先债收益权作为对苏宁云商支付私募投资基金基金份额赎回对价。在计划管理人代表专项计划向苏宁云商购买优先债收益权后,计划管理人代表资产支持专项计划依法取得优先债收益权。

2. 私募投资基金基金份额

私募投资基金为基金管理人根据《私募投资基金监督管理暂行办法》及其他中国法律设立,苏宁云商已于私募投资基金设立时认购私募投资基金的全部份额,并缴纳全部基金出资。苏宁云商已取得优先债收益权作为对价,赎回部分私募投资基金份额。在计划管理人代表专项计划的利益,根据《基金份额转让协议》的约定购买苏宁云商持有的私募投资基金的全部存续基金份额后,计划管理人代表专项依法取得该等基金份额。

二、交易结构

(一)交易结构概述

1. 中信金石设立私募投资基金,苏宁云商认购私募投资基金的全部份额,并缴纳全部基金出资。

2. 苏宁云商将××个自有门店物业房产权及对应的土地使用权分别出资设立全资子公司(即项目公司)。中信金石以私募投资基金的名义来收购苏宁云商持有的这××个项目公司的全部股权,同时给项目发放委托贷款(包括优先债和次级债),且将持有的优先债前××年的利息收益权作为对价,赎回部分私募投资基金份额。

3. 认购人通过与计划管理人签订《认购协议》,将认购资金委托给计划管理人管理,计划管理人设立并管理专项计划,认购人取得资产支持证券,成为资产支持证券持有人。

4. 专项计划设立后,计划管理人应根据专项计划文件的约定,在《优先债收益权转让协议》约定的付款前提条件满足后××个工作日内指示专项计划托管人根据《优先债收益权转让协议》的约定,将等额于《优先债收益权转让协议》项下转让对价的认购资金划拨至苏宁云商的账户,以向苏宁云商收购优先债收益权。

5. 专项计划设立后,计划管理人应根据专项计划文件的约定,按照《基金份额转让协议》约定的支付进度,将等额于《基金份额转让协议》项下转让对价的认购资金划拨至苏宁云商的账户,以向苏宁云商收购其持有的全部私募投资基金基金份额。

(二)专项计划的交易结构

见图 4-17。

三、信用增级方式

1. 苏宁云商各下属公司、苏宁集团及苏宁云商已与各项目公司分别签署了为期××年的不可撤销租约。

2. 就私募投资基金委托委贷银行发放的优先债,各项目公司拟以其持有的门店物业为优先债的偿还提供抵押担保,并就此与委贷银行签署《抵押合

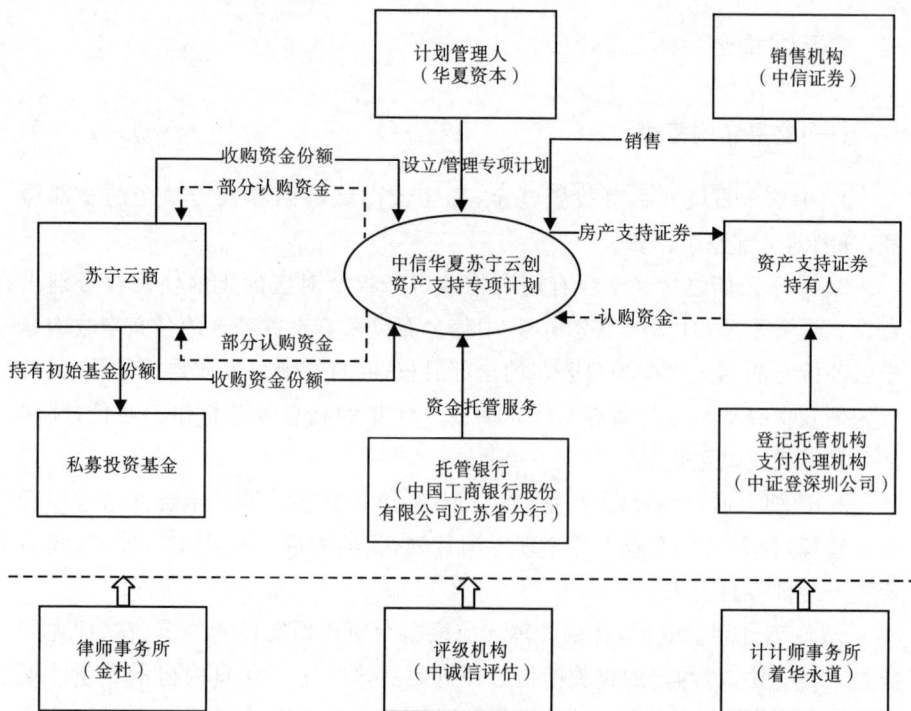

图 4-17

同》,并于计划管理人要求的其他时间办妥抵押登记。

3. 苏宁云商已签署编号为××的《中信华夏苏宁云创资产支持专项计划承诺函》,承诺在专项计划存续期内,若 A 类资产支持证券评级低于 AA+(不含),则在评级公告发布日起××个工作日内,苏宁云商将向计划管理人支付相当于截至评级下调日后××个工作日 A 类资产支持证券持有人的未分配本金和预期收益的现金,由计划管理人终止 A 类资产支持证券。

四、产品特点

此单产品为继"中信启航"项目后,第二个将成熟商贸物业纳入证券化标的的资产证券化产品,为商业物业运营管理提供了一种新的业务模式,对行业发展具有典型示范意义。产品结构设计方面以××处物业房产出资设立公司,再转让公司股权的方式,也可达到节省部分税费的目的。

案例二：中信启航专项资产管理计划[①]

一、基本情况

(一)参与方

1. 原始权益人：中信证券股份有限公司
2. 计划管理人/推广机构：中信证券
3. 托管人/监管银行：中信银行天津分行
4. 资产服务机构：在专项计划设立时系指中信证券股份有限公司；在其根据《服务协议》规定作为资产服务机构的职责被终止时，为计划管理人委任的符合《服务协议》规定条件的其他替代资产服务机构。

(二)分级情况

专项计划设置优先级受益凭证和次级受益凭证两种受益凭证。优先级受益凭证的目标发售规模为××亿元，次级受益凭证的目标发售规模为××亿元。

(三)基础资产

指中信金石基金管理有限公司设立的非公募基金份额。

二、交易结构

(一)交易结构概述

1. 认购人通过与计划管理人签订《认购协议》，将认购资金以专项资产管理方式委托计划管理人管理，计划管理人设立并管理专项计划，认购人取得受益凭证，成为受益凭证持有人。
2. 基金管理人非公开募集资金设立非公募基金，计划管理人根据专项计划文件的约定，以自己的名义，为专项计划受益凭证持有人的利益向非公募基

[①] 产品信息来源：《中信启航专项资产管理计划受益凭证募集说明书》。

金出资,认购非公募基金的全部基金份额。

3. 非公募基金在设立后,按照专项计划文件约定的方式,向中信证券收购其持有的项目公司全部股权,以实现持有目标资产的目的。

(二)专项计划的交易结构(图 4-18)

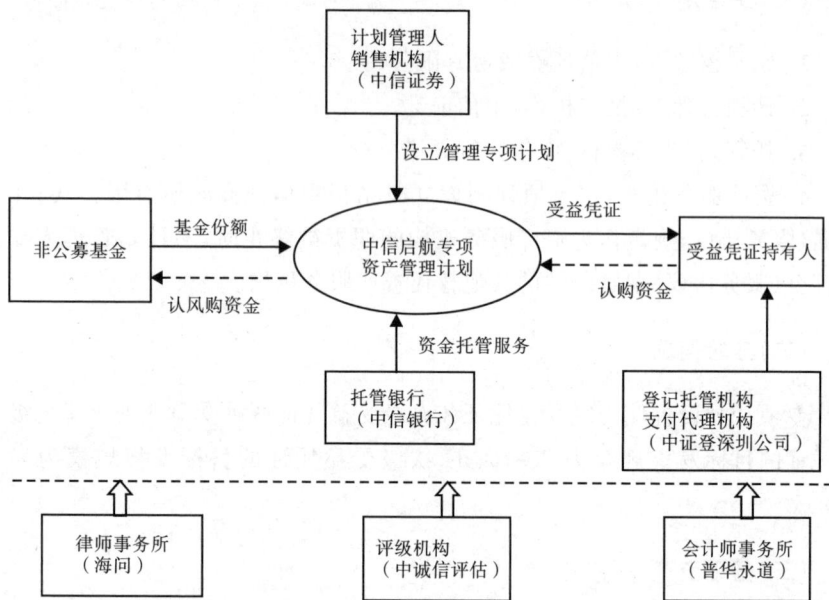

图 4-18

三、信用增级方式

除产品分级外,未安排其他的增信措施。

四、产品特点

此单产品为审核制下发行的首个将商贸物业纳入证券化标的的资产证券化产品,为中信证券发行"中信华夏苏宁云创资产支持专项计划"积累了经验。

第十类　票款收入类基础资产(剖析三个产品)

案例一:海南航空 1 期 BSP 票款债权资产支持专项计划①

一、基本情况

(一)参与方

1. 原始权益人:海南航空
2. 计划管理人/推广机构:恒泰证券
3. 托管人:华夏银行深圳分行
4. 监管银行:中国银行海口海甸支行
5. 资产服务机构:在专项计划设立时系指海南航空;在其根据《服务协议》规定作为资产服务机构的职责被终止时,为计划管理人委任的符合《服务协议》规定条件的其他替代资产服务机构。

(二)分级情况

优先级:优先级资产支持证券的目标募集总规模为人民币××亿元。其中,海航 1 期 01 资产支持证券的目标募集总规模为人民币××亿元,海航 1 期 02 资产支持证券的目标募集总规模为人民币××亿元,海航 1 期 03 资产支持证券的目标募集总规模为人民币××亿元,海航 1 期 04 资产支持证券的目标募集总规模为人民币××亿元。优先级信用等级为 AA＋。优先级资产支持证券在专项计划存续期间将在上海证券交易所固定收益平台进行转让。

次级:次级资产支持证券目标募集规模为人民币××万元。未评级。

(三)基础资产

指原始权益人根据基础协议享有的就 BSP 代理人在专项计划存续期间

---

① 产品信息来源:恒泰证券,《海南航空 1 期 BSP 票款债权资产支持专项计划推介材料》,http://www.doc88.com/p－1075866812904.html,访问日期:2015 年 10 月 16 日。

的特定报告期内销售的票号前三位为××的所有 BSP 客票要求 BSP 代理人和国际航协支付相应销售净收入的权利及其附属担保权益。"××"表示该客票为归属于海南航空的客票。

二、交易结构

(一)交易结构概述

1. 认购人通过与计划管理人签订《认购协议》,将认购资金以专项资产管理方式委托计划管理人管理,计划管理人设立并管理专项计划,认购人取得资产支持证券,成为资产支持证券持有人。

2. 计划管理人根据与原始权益人签订的协议,以认购人交付的认购资金自专项计划设立日(含)起,向原始权益人购买专项资产。

(二)专项计划的交易结构(图 4-19)

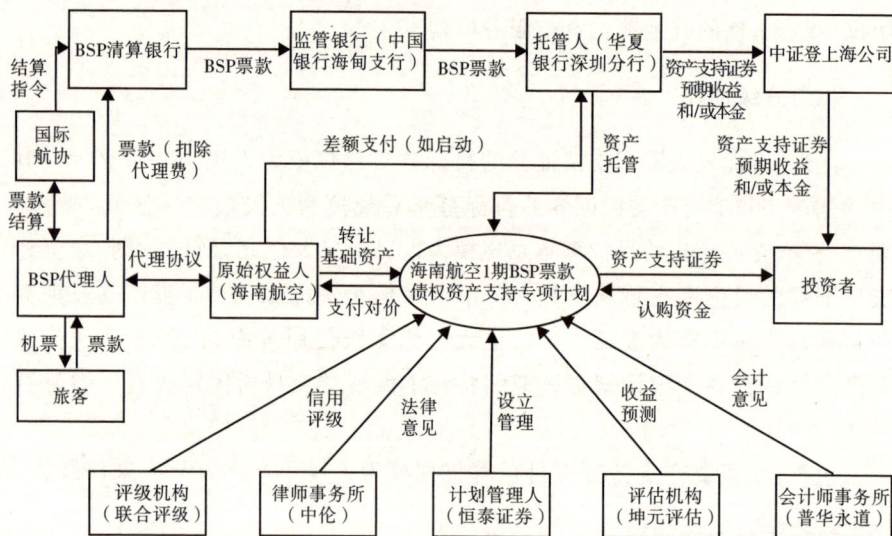

图 4-19

三、信用增级方式

(一)优先/次级安排

本专项计划对资产支持证券进行了优先/次级分层,次级资产支持证券能够为优先级资产支持证券提供××‰的信用支持。次级资产支持证券将全部由海南航空认购,从而可以有效防范原始权益人的道德风险。

(二)信用触发机制

海南航空主体评级高于或等于 AA＋时,专项计划账户的归集频率为每一特定期间结束后归集一次;海南航空主体评级等于 AA 时,专项计划账户的归集频率为每周归集一次;海南航空主体评级低于 AA 时(不含)时,基础资产现金流不经过监管账户直接由 BSP 收款账户向专项计划账户转付;当发生权利完善事件之后,原始权益人及计划管理人将通知国际航协指示 BSP 清算银行将基础资产现金流直接支付至专项计划账户。

(三)超额覆盖

根据坤元资产评估公司的预测,原始权益人××—××年特定期间基础资产现金收入相比资产证券化优先级产品各期必备金额的超额覆盖比率在××倍以上,安全边际较高,有效降低了现金流波动风险。

(四)海南航空补足承诺

在每个初始核算日,若专项计划账户当期收到款项不足当期必备金额,则计划管理人在差额支付通知书向海南航空发出《差额支付通知书》,海南航空应按约定在差额支付划款日予以补足。

四、产品特点

BSP,即开账与结算计划,它是国际航协根据运输代理业的发展和需要而建立,供航空公司和代理人之间使用的销售结算系统。此单产品为首次以航空客票债权为基础资产实现资产证券化的产品,为航空行业借助资产证券化市场筹集资金树立了标杆。

案例二:欢乐谷主题公园入园凭证专项资产管理计划①

一、基本情况

(一)参与方

1. 原始权益人:深圳华侨城、北京华侨城、上海华侨城
2. 计划管理人/推广机构:中信证券
3. 托管人/监管银行:中信银行
4. 资产服务机构:在专项计划设立时系指深圳华侨城、北京华侨城、上海华侨城;在其根据《服务协议》规定作为资产服务机构的职责被终止时,为计划管理人委任的符合《服务协议》规定条件的其他替代资产服务机构。

(二)分级情况

优先级:优先级受益凭证目标募集总规模为人民币××亿元。

次级:次级受益凭证目标募集规模为人民币××亿元,由深圳华侨城额认购。

(三)基础资产

根据《基础资产买卖协议》的约定用专项计划募集资金向原始权益人购买基础资产,即原始权益人根据政府文件,因建设和经营欢乐谷主题公园而获得的自专项计划成立之次日起五年内特定期间拥有的欢乐谷主题公园入园凭证,该入园凭证包括各类门票(包括但不限于全价票、团体票、夜场票、优惠票)、各类卡(包括但不限于年卡、情侣卡、家庭卡)及其他各类可以入园的凭证。

二、交易结构

(一)交易结构概述

1. 认购人通过与计划管理人签订《认购协议》,取得受益凭证,成为受益

---

① 产品信息来源:《欢乐谷主题公园入园凭证专项资产管理计划说明书》。

凭证持有人;计划管理人设立并管理专项计划。

2. 计划管理人根据与原始权益人签订的《基础资产买卖协议》的约定,将专项计划募集资金用于向原始权益人购买基础资产,即原始权益人根据政府文件,因建设和经营欢乐谷主题公园而获得的自专项计划成立之次日起××年内特定期间拥有的欢乐谷主题公园入园凭证,该入园凭证包括各类门票(包括但不限于全价票、团体票、夜场票、优惠票)、各类卡(包括但不限于年卡、情侣卡、家庭卡)及其他各类可以入园的凭证。

3. 原始权益人根据与计划管理人签订的《基础资产买卖协议》的约定,负责基础资产的销售并回收销售款。

4. 监管银行根据《监管协议》的约定,在划款日将销售基础资产产生的现金划付至专项计划账户。

5. 计划管理人对专项计划资产进行管理,托管人根据《托管协议》对专项计划资产进行托管。

6. 在每一个初始核算日,若在前一个特定期间内,某个欢乐谷主题公园的基础资产销售均价低于约定的最低销售均价和/或销售数量低于约定的最低销售数量,则由计划管理人于差额支付通知日向对应的原始权益人发出履行差额支付义务的通知。若某原始权益人无法按照约定在差额支付划款日进行补足,则计划管理人在担保通知日向担保人发出履行担保义务的通知,担保人根据《担保合同》履行担保责任。

7. 在分配指令发出日,计划管理人根据《计划说明书》及相关文件的约定,向托管人发出分配指令。托管人根据分配指令,在分配资金划拨日划出相应款项分别支付专项计划费用、当期受益凭证预期收益和本金。

(二)专项计划的交易结构

见图 4-20。

三、信用增级方式

(一)优先/次级安排

无论当期专项计划账户中资金总额为多少,均按照既定的顺序依次进行分配,即专项计划税负、专项计划期间费用、当期优先级受益凭证预期收益、当期优先级受益凭证本金的先后顺序,如有剩余,才分配给次级受益凭证持有人。

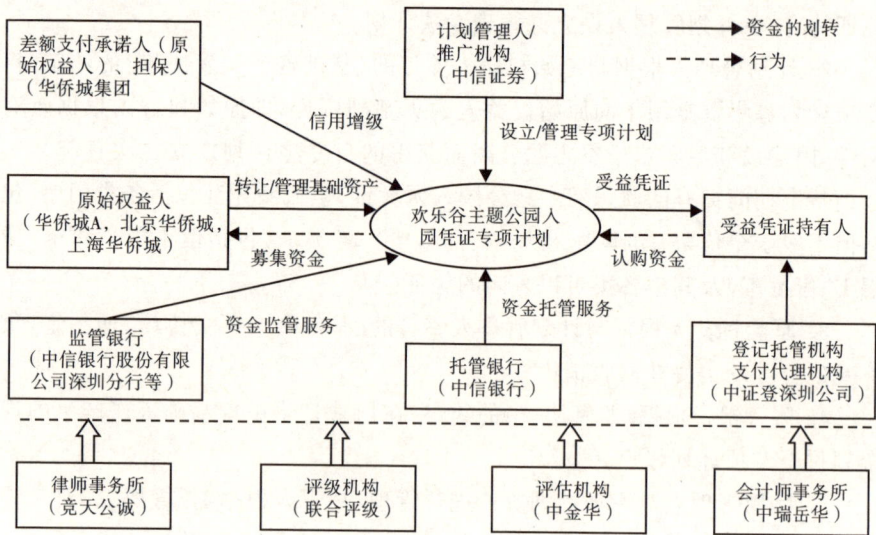

图 4-20

(二)原始权益人差额支付安排

原始权益人同意对基础资产的最低销售均价以及最低销售数量进行承诺:在任意一个初始核算日,若在前一个特定期间内,基础资产销售均价低于约定的最低销售均价和/或销售数量低于约定的最低销售数量,则原始权益人承诺分别进行补足,补足金额的确定具体如下:

(1)当实际销售数量低于最低销售数量,且实际销售均价低于最低销售均价时,补足金额＝最低销售数量×最低销售均价—实际销售均价×实际销售数量。

(2)当实际销售数量低于最低销售数量,但实际销售均价不低于最低销售均价时,补足金额＝(最低销售数量—实际销售数量)×最低销售均价。

(3)当实际销售均价低于最低销售均价,但实际销售数量不低于最低销售数量时,补足金额＝(最低销售均价—实际销售均价)×最低销售数量

(三)担保人担保安排

华侨城集团作为担保人为原始权益人的差额支付义务提供担保。华侨城集团根据《担保合同》所承担之保证责任为无条件的不可撤销的连带责任保证担保。《担保合同》项下的保证阶段分为××个阶段,即××年至××年每年

的××月××日至××月××日。每个保证阶段的保证期间为该阶段期满之日及之后两年。

四、产品特点

此单产品是审批制下,发行的第一单基于入园凭证现金流的资产证券化产品,也是第一单由央企牵头发行的项目。

第十一类　住房公积金贷款类基础资产(剖析一个产品)

案例:武汉住房公积金贷款1号①

一、基本情况

(一)参与方

1. 原始权益人:武汉公积金中心
2. 计划管理人:民生加银资管
3. 财务顾问和主承销商:东方花旗证券
4. 托管人/监管银行:民生银行

(二)基础资产

发行规模为××亿元,其中优先级证券为××亿元,次级证券为××亿元,优先级证券将在上交所挂牌交易。

二、增信安排

专项计划引入"优先/次级"、"超额抵押"等安排,从而突破了长久以来个人公积金贷款在证券化实务操作上的壁垒,优先级证券获得评级机构出具的AAA评级。

_____

① 参见《首个住房公积金贷款资产证券化产品"汇富武汉"发行》,新华网,2015年7月8日。

三、产品特点

2014年10月9日,住房和城乡建设部、财政部、人民银行发布《住房和城乡建设部、财政部、人民银行关于发展住房公积金个人住房贷款业务的通知》,提出在"有条件的城市,要积极探索发展住房公积金个人住房贷款资产证券化业务,缓解各地住房公积金中心的经营压力"。

该产品为国内首单以个人住房公积金贷款为基础资产的资产支持证券。此类产品,资产质量安全,证券评级高,可作为保险资金、社保基金等稳健型投资人参与投资证券化品种的可选配置之一。同时,可有效缓解公积金运行中存在的使用率偏高、短存长贷的流动性风险,有效拓宽住房公积金管理中心筹集渠道。

第十二类　股票质押融资债权类基础资产(剖析一个产品)

案例:中信华夏股票质押债权一期资产支持专项计划[①]

一、基本情况

(一)参与方

1. 原始权益人:中信证券
2. 专项计划管理人:华夏资管

(二)产品分级

该产品发行总规模××亿元,其中优先级资产支持证券分为优先01、优先02、优先03三档不同期限产品,发行规模分别为××亿元、××亿元和××亿元,预期收益率分别为××%、××%、××%,评级均为AAA级。次级资产支持证券规模为××亿元,占比××%,由中信证券全额认购。中信证券对优先级各档证券提供差额支付,并在交易结构中设计了半年度循环购买结

---

① 参见《国内首单股票质押债权交易所ABS产品成功发行》,《和讯债券》,2015年7月12日。

构,以实现资产端和证券端的期限匹配。

(三)基础资产

产品基础资产为中信证券开展股票质押业务而对融入方享有的债权及其附属担保权益。基础资产初始资产池涉及中信持有的××项股票质押债权资产,初始资产池总额为××亿元,加权平均回购利率××‰,质押人全部为机构,加权平均质押合同期限为××个月,加权平均质押剩余期限为××个月。

二、增信安排

中信证券对优先级各档证券提供差额支付,并在交易结构中设计了半年度的循环购买结构,以实现资产端和证券端的期限匹配。

三、交易结构

(一)交易结构概述

1. 认购人通过与计划管理人签订《认购协议》,将认购资金以专项资产管理方式委托计划管理人管理,计划管理人设立并管理专项计划,认购人取得资产支持证券,成为资产支持证券持有人。

2. 计划管理人根据与原始权益人签订的《资产买卖协议》的约定,以认购人交付的认购资金自专项计划设立日起,向原始权益人购买股票质押债权。

3. 资产服务机构根据《服务协议》的约定,负责基础资产对应的应收贷款的回收和催收,以及违约资产处置等基础资产管理工作。

4. 托管人依据《托管协议》的约定,管理专项计划账户,执行计划管理人的划款指令,负责办理专项计划名下的相关资金往来。

5. 计划管理人根据《计划说明书》及相关文件的约定,向托管人发出分配指令托管人根据分配指令,将相应资金划拨至登记托管机构的指定账户,用于支付资产支持证券本金和预期收益。

(二)专项计划的交易结构(图 4-21)

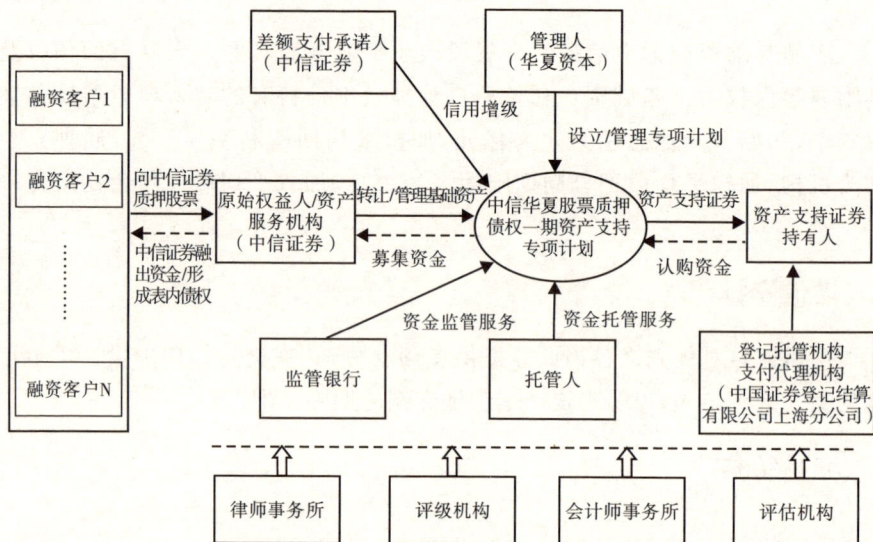

图 4-21

四、产品特点

(一)国内首单股票质押债权交易所 ABS 产品

自企业资产证券化业务实施备案制以来,市场进入快速发展的新阶段。中信证券此次发行的 ABS 是国内首单以股票质押债权作为标的资产的产品,标志着我国资产证券化基础资产范围进一步扩大。

(二)次级占比较低,极端行情下存在平仓风险

中信华夏 ABS 产品一期进行了优先次级结构化分层设计,其中优先级总额××亿,次级××亿,次级在产品总额中占比仅为××‰,与其他企业资产证券化和信贷资产证券化产品相比(次级占比最低的也基本在××‰以上)处于较低水平,在市场极端行情下存在平仓风险。

第十三类　券商两融债权类基础资产(剖析两个产品)

案例一:国君华泰融出资金债权资产证券化 1 号资产支持专项计划[①]

一、基本情况

(一)参与方

1. 原始权益人:国泰君安证券
2. 计划管理人/推广机构:华泰证券
3. 托管人/监管银行:中国邮储银行

(二)产品分级

资产支持证券的目标募集规模为人民币××亿元,其中,优先级资产支持证券规模为××亿元,评级为 AAA 级,将在上海证券交易所挂牌转让;次级资产支持证券规模××亿元,次级未评级,由原始权益人持有。

(三)基础资产

产品基础资产为证券公司两融融出资金债权,初始入池客户的维持担保比例须大于等于××%,且单个融资客户入池的基础资产金额不得超过专项计划总募集规模的××%,充分保证了入池资产的安全性和分散度。

二、增信安排

为了降低证券和融出资金债权的期限错配、保证资产池的收益率水平,国君资管作为管理人设计了自动化的资产筛选系统进行资产循环购买,并附加了原始权益人对不符合基础资产标准资产的回购承诺,以降低资产池的信用及期限风险,为专项计划的安全性提供了有效的保障。

[①]　张朝华:《两融资产证券化业务破冰　首例券商两融债权 ABS 今发行》,载《上海证券报》,2015 年 8 月 7 日。

三、产品特点

该产品为国内首单以"证券公司两融融出资金债权"为基础资产的资产证券化产品。管理人以风控措施完善的原始权益人两融业务作为基础资产,打包成为标准化、可实现场内交易的产品,不仅为投资者提供了可流通的优质投资标的选择,也为国内券商两融业务合理良性地发展提供了全新的业务支撑平台,实现了投资方与融资方的共赢。

案例二:华泰国君融出资金债权 1 号资产支持专项计划

参与方原始权益人为华泰证券;计划管理人、推广机构为国泰君安证券。其基础资产、产品分级、增信安排以及产品特点方面与"国君华泰融出资金债权资产证券化 1 号资产支持专项计划"类似。

第十四类　公募的房地产投资信托基金(鹏华前海万科 REITs)

案例:鹏华前海万科 REITs 封闭式混合型发起式证券投资基金[①]

一、参与方

(一)基金管理人:鹏华基金管理有限公司
(二)托管人:上海浦东发展银行股份有限公司
(三)目标公司:深圳市万科前海公馆建设管理有限公司

二、基金情况

(一)基金的类别

契约型、混合型证券投资基金投资基金

(二)基金的运作方式

封闭式:基金合同生效后××年内(含××年)为基金封闭运作期,本基金

---

① 信息来源:《鹏华前海万科 REITs 封闭式混合型发起式证券投资基金招募说明书》。

在此期间内封闭运作并在深交所上市交易。基金封闭运作期届满,本基金转为上市开放式基金(LOF)。

(三)基金的存续期间

不定期

(四)募集方式

场外和场内两种方式。场外将通过基金管理人的直销网点及其他基金销售机构的代销网点发售。场内将通过深圳证券交易所内具有相应业务资格的会员单位发售。

(五)募集期限

自基金份额发售之日起最长不得超过××个月

(六)上市交易所

深圳证券交易所

(七)募集目标

证监会准予本基金募集的基金份额总额为××亿份(不包括利息折算的基金份额)

(八)募集对象

本基金的募集对象包括符合法律法规规定的可投资于证券投资基金的个人投资者、机构投资者和合格境外机构投资者,以及法律法规或证监会允许购买证券投资基金的其他投资人。

三、投资范围

本基金封闭运作期内按照基金合同的约定投资于确定的、单一的目标公司股权。本基金的其他基金资产可以投资于固定收益类资产[具体包括国债、金融债、企业(公司)债、次级债、可转换债券(含分离交易可转债)、央行票据、短期融资券、超短期融资券、中期票据、资产支持证券、债券回购、银行存款等]、现金,以及法律法规或证监会允许基金投资的其他金融工具。本基金同时可参与股票、权证等权益类资产的投资。

基金的投资组合比例为:本基金投资于确定的、单一的目标公司股权的比例不超过基金资产的××%,投资于固定收益类资产、权益类资产等的比例不低于基金资产的××%。

四、产品结构

本基金将于募集成立××个月之内通过增资入股的方式获得目标公司××%的股权。本基金增资入股后将依据相关协议和目标公司章程的约定,通过持有目标公司股权、获得目标公司利润分配以及深圳万科或其指定的关联方回购目标公司股权方式,获取自××年××月××日起至××年××月××日期间目标公司就前海企业公馆项目实际或应当取得的除物业管理费收入之外的营业收入,营业收入将通过业绩补偿机制和激励机制进行收益调整。增资完成日后××个月内,基金管理人、目标公司、深圳万科和万科企业将积极促成目标公司改制为股份有限公司。

五、风控措施

(一)保证金账户设置

深圳万科将开立保证金账户,一次性存入不低于××万元的保证金并确保每年维持不低于××万元的保证金。若目标公司当期营业收入扣减物业管理费收入后的余额(以下简称"实际业绩收入")低于深圳万科提供并经基金管理人确认的目标公司当期业绩比较基准的,深圳万科应以保证金账户资金余额为限,按目标公司当期实际业绩收入低于业绩比较基准的差额向本基金进行支付。这将在一定程度上保障了目标公司的收益。

(二)租金现金流的监管与保障

目标公司将确定项目营业收入(不含物业管理费收入)的唯一收款账户并将该收入账户设置为监管账户,在开户银行预留基金管理人之印鉴,资金使用应受基金管理人监管,以保障基金持有人的权益。

六、产品特点

鹏华前海万科 REITs 封闭式混合型发起式证券投资基金经证监会 2015

年 6 月 5 日证监许可〔2015〕1166 号文注册募集。房企联合基金公司设立 REITs 在公开市场募集资金后用于商业地产的开发培育获取租金收益，再将租金收入以分红的形式分给投资者。REITs 作为一种融资渠道，优化了房企的资本结构，缓解了资金压力。

第六节　需掌握的监管法规

证券公司及基金子公司开展资产证券化业务，须依据以下文件：

1. 上交所：《资产证券化业务指南》(2016 年 2 月 1 日)

2. 深交所：《资产支持证券挂牌条件确认业务指引》(2015 年 12 月 30 日)

3. 上交所：《关于上海证券交易所债券项目申报系统接受资产支持证券挂牌转让申请材料有关事项的通知》(2015 年 7 月 7 日)

4. 中证协：《机构间私募产品报价与服务系统资产证券化业务指引(试行)》(2015 年 2 月 16 日)

5. 中基协：《资产支持专项计划备案管理办法》(2014 年 12 月 24 日)

6. 中基协：《资产证券化业务基础资产负面清单指引》(2014 年 12 月 24 日)

7. 中基协：《资产证券化业务风险控制指引》(2014 年 12 月 24 日)

8. 上交所：《上海证券交易所资产证券化业务指引》(2014 年 11 月 26 日)

9. 深交所：《深圳证券交易所资产证券化业务指引》(2014 年 11 月 25 日)

10. 证监会：《证券公司及基金管理公司子公司资产证券化业务管理规定》(2014 年 11 月 19 日)

11. 证监会：《证券公司及基金管理公司子公司资产证券化业务尽职调查工作指引》(2014 年 11 月 19 日)

12. 证监会：《证券公司及基金管理公司子公司资产证券化业务信息披露指》(2014 年 11 月 19 日)

13. 证监会：《私募投资基金监督管理暂行办法》(2014 年 8 月 21 日)

14. 深交所：《深圳证券交易所资产管理计划份额转让业务指引》(2014 年 8 月 11 日)

15. 上交所：《上海证券交易所资产管理计划份额转让业务指引》(2014 年 4 月 4 日)

16. 证监会:《证券公司客户资产管理业务管理办法》(2013 年 6 月 26 日)

17. 证监会:《关于加强证券公司资产管理业务监管的通知》(2013 年 3 月 14 日)

18. 证监会:《证券公司监督管理条例》(2012 年 4 月 10 日)

19. 证监会:《证券公司企业资产证券化业务试点指引(试行)》(2009 年 5 月 21 日)

20. 证监会:《关于证券公司开展资产证券化业务试点有关问题的通知》(2004 年 10 月 21 日)

第五章
信托公司作为受托机构的
信贷资产证券化业务

第一节　法定概念及发展概况

依据 2005 年 11 月银监会发布的《金融机构信贷资产证券化试点监督管理办法》,信贷资产支持证券是指由银行业金融机构作为发起机构,将信贷资产信托给受托机构,由受托机构发行的、以该财产所产生的现金支付其收益的受益证券。

我国信贷资产证券化业务,主要经历了以下几个发展阶段:

第一阶段:2005 年 3 月—2008 年。试点初期,起步阶段。2005 年 3 月 21 日,国务院发布《关于推进资本市场改革开放和稳定发展的若干意见》,批准启动信贷资产证券化试点工作,范围包括信贷资产证券化和住房抵押贷款证券化。国家开发银行和中国建设银行为首批试点单位,首批共发行三单产品,总规模为 130 亿元。2005 年 4 月 20 日,人民银行、银监会联合发布《信贷资产证券化试点管理办法》;同年 11 月,银监会发布《金融机构信贷资产证券化试点监督管理办法》。随后相关监管机构陆续发布了系列操作细则,包括财政部、国家税务总局制定的《信贷资产证券化试点会计处理规定》《关于信贷资产证券化有关税收政策问题的通知》等。

第二阶段:2008 年—2012 年 5 月。受全球金融危机影响,信贷资产证券化业务暂停。银监会办公厅 2008 年 2 月 4 日发布《关于进一步加强信贷资产证券化业务管理工作的通知》,规定"鉴于目前市场情况及投资者风险偏好和承受能力,应强调资产质量,证券化资产以好的和比较好的资产为主;如试点不良资产证券化,由于其风险特征完全不同,各行要切实做好违约风险和信用(经营)风险的分散和信息披露工作。"实际上允许试点不良资产证券化,可惜该政策生不逢时,2008 年美国次贷危机引发的全球金融危机,使得我国优质信贷资产的证券化进程暂停,不良信贷资产的证券化更是避之唯恐不及。

第三阶段:2012 年 5 月至今。2012 年 5 月 17 日,人民银行、银监会、财政部下发《关于进一步扩大信贷资产证券化试点有关事项的通知》,重新启动信贷资产证券化,首期额度为人民币 500 亿元,并增加了金融资产管理公司、企业集团财务公司、汽车金融公司可以作为发起机构开展信贷资产证券化。该通知同时要求,信贷资产证券化各发起机构应持有由其发起的每一单资产证券化中的最低档次资产支持证券的一定比例,该比例原则上不得低于每一单全部资产支持证券发行规模的 5%,持有期限不得低于最低档次证券的存续期限。2013 年 12 月 31 日,央行、银监会发布《关于进一步规范信贷资产证券化发起机构风险自留行为的公告》,只要求发起人持有由其发起资产证券化产品的一定比例,该比例不得低于该单证券化产品全部发行规模的 5%,若有结构化安排,则需同时逐层按比例自留 5%。

2014 年 11 月 20 日,银监会发布《关于信贷资产证券化备案登记工作流程的通知》,将信贷资产证券化业务将由审批制改为业务备案制,并规定"各银行业金融机构应选择符合国家相关政策的优质资产,采取简单透明的交易结构开展证券化业务,盘活信贷存量"。在利率下行和备案制等一系列利好政策的推动下,2014 年银行间资产证券化产品的发行量呈现爆发式增长,全年银行间共发行 65 单产品,发行金额 2770 亿元,且从发行量分布来看,可以更为清晰地看到走势向好。[1]

2015 年 3 月 26 日,人民银行发布《关于信贷资产支持证券发行管理有关事宜的公告》,规定在银行间市场发行信贷资产支持证券由核准制改为注册制。

2015 年 2 月 28 日,银监会备案制实行以来在银行间市场发行的第一单RMBS——招元 2015 年第一期个人住房抵押贷款证券化项目,在中国债券信息网发布发行公告,该产品于 2015 年 3 月 6 日在银行间市场招标发行。

---

[1] 周鹏峰、枫林:《信贷资产证券化今年将加速 城商行农商行或成主力》,载《上海证券报》2015 年 1 月 9 日。

第二节 参与主体及基础资产

一、发起机构

(一)发起机构概念

信贷资产证券化发起机构是指通过设立的特定目的信托转让信贷资产的金融机构。金融机构作为信贷资产证券化的发起机构应当经银监会批准。

(二)发起机构条件

银行业金融机构作为信贷资产证券化的发起机构,应当具备以下条件:

1. 具有良好的社会信誉和经营业绩,最近三年内没有重大违法、违规行为;

2. 具有良好的公司治理、风险管理体系和内部控制;

3. 对开办信贷资产证券化业务具有合理的目标定位和明确的战略规划,并且符合其总体经营目标和发展战略;

4. 具有适当的特定目的信托受托机构选任标准和程序;

5. 具有开办信贷资产证券化业务所需要的专业人员、业务处理系统、会计核算系统、管理信息系统以及风险管理和内部控制制度;

6. 最近三年内没有从事信贷资产证券化业务的不良记录;

7. 银监会规定的其他审慎性条件。

金融资产管理公司、企业集团财务公司、汽车金融公司的准入条件及审批程序参照银行业金融机构。

二、受托机构

(一)受托机构概念

特定目的信托受托机构是指在信贷资产证券化过程中,因承诺信托而负责管理特定目的信托财产并发行资产支持证券的机构。受托机构由依法设立的信托投资公司或者银监会批准的其他机构担任。

（二）受托机构条件

信托投资公司担任特定目的信托受托机构,应当具备以下条件:

1. 根据国家有关规定完成重新登记三年以上;

2. 注册资本不低于 5 亿元人民币,并且最近三年年末的净资产不低于 5 亿元人民币;

3. 自营业务资产状况和流动性良好,符合有关监管要求;

4. 原有存款性负债业务全部清理完毕,没有发生新的存款性负债或者以信托等业务名义办理的变相负债业务;

5. 具有良好的社会信誉和经营业绩,到期信托项目全部按合同约定顺利完成,没有挪用信托财产的不良记录,并且最近三年内没有重大违法、违规行为;

6. 具有良好的公司治理、信托业务操作流程、风险管理体系和内部控制;

7. 具有履行特定目的信托受托机构职责所需要的专业人员、业务处理系统、会计核算系统、管理信息系统以及风险管理和内部控制制度;

8. 已按照规定披露公司年度报告;

9. 银监会规定的其他审慎性条件。

（三）申请文件

信托投资公司申请特定目的信托受托机构资格,应当向银监会提出申请,并且报送下列文件和资料(一式三份):

1. 申请报告;

2. 公司营业执照、注册资本证明和重新登记完成三年以上的证明;

3. 管理特定目的信托财产的操作规程、会计核算制度、风险管理和内部控制制度;

4. 管理特定目的信托财产的业务主管人员和主要业务人员的名单和履历;

5. 公司最近三个会计年度经审计的财务报表;

6. 申请人自律承诺书;

7. 银监会要求提交的其他文件和资料。

三、信用增级机构

(一)信用增级概念

信用增级是指在信贷资产证券化交易结构中通过合同安排所提供的信用保护。信用增级机构根据在相关法律文件中所承诺的义务和责任,向信贷资产证券化交易的其他参与机构提供一定程度的信用保护,并为此承担信贷资产证券化业务活动中的相应风险。

(二)信用增级方式

信用增级可以采用内部信用增级和/或外部信用增级的方式提供。内部信用增级包括但不限于超额抵押、资产支持证券分层结构、现金抵押账户和利差账户等方式。外部信用增级包括但不限于备用信用证、担保和保险等方式。

(三)信用增级内容应当在相关文件中明确

金融机构提供信用增级,应当在信贷资产证券化的相关法律文件中明确规定信用增级的条件、保护程度和期限,并将因提供信用增级而承担的义务和责任与因担当其他角色而承担的义务和责任进行明确的区分。

四、贷款服务机构

(一)贷款服务机构概念

贷款服务机构是指在信贷资产证券化交易中,接受受托机构委托,负责管理贷款的机构。贷款服务机构应当由在中华人民共和国境内依法设立并具有经营贷款业务资格的金融机构担任。

(二)贷款服务机构主体范围

虽然《金融机构信贷资产证券化试点监督管理办法》没有规定贷款服务机构必须为信贷资产证券化的发起机构,但 2013 年 12 月 31 日央行、银监会发布的《关于进一步规范信贷资产证券化发起机构风险自留行为的公告》规定,信贷资产证券化的贷款服务机构原则上应由信贷资产证券化发起机构担任,并切实履行贷款服务合同的各项约定。

五、资金保管机构

(一)资金保管机构概念

资金保管机构是指在信贷资产证券化交易中,接受受托机构委托,负责保管信托财产账户资金的机构。信贷资产证券化发起机构和贷款服务机构不得担任同一交易的资金保管机构。

(二)资金保管机构条件

资金保管机构只能为符合下列条件的商业银行:

1. 有专门的业务部门负责履行信托资金保管职责;

2. 具有健全的资金保管制度和风险管理、内部控制制度;

3. 具备安全保管信托资金的条件和能力;

4. 具有足够的熟悉信托资金保管业务的专职人员;

5. 具有安全高效的清算、交割系统;

6. 具有符合要求的营业场所、安全防范设施和与保管信托资金有关的其他设施;

7. 最近三年内没有重大违法、违规行为。

六、信用评级机构

资产支持证券在全国银行间债券市场发行与交易初始评级应当聘请两家具有评级资质的资信评级机构进行持续信用评级,并按照有关政策规定在申请发行资产支持证券时向金融监管部门提交两家评级机构的评级报告。

七、承销机构

(一)承销方式

资产支持证券的承销可采用协议承销和招标承销等方式。

(二)承销机构条件

承销机构应为金融机构,并须具备下列条件:

1. 注册资本不低于 2 亿元人民币;

2. 具有较强的债券分销能力；

3. 具有合格的从事债券市场业务的专业人员和债券分销渠道；

4. 最近两年内没有重大违法、违规行为；

5. 人民银行要求的其他条件。

八、基础资产

(一)基础资产总体要求

信贷资产证券化发起机构拟证券化的信贷资产应当具有较高的同质性，能够产生可预测的现金流收入，且符合法律、行政法规以及银监会等监督管理机构的有关规定。2008 年 2 月 4 日银监会发布的《关于进一步加强信贷资产证券化业务管理工作的通知》指出：证券化资产以好的和比较好的资产为主；如试点不良资产证券化，由于其风险特征完全不同，发行人要切实做好违约风险和信用(经营)风险的分散和信息披露工作。

(二)基础资产具体要求

2012 年 5 月 17 日人民银行、银监会、财政部发布的《关于进一步扩大信贷资产证券化试点有关事项的通知》，对基础资产需具备的条件进一步作了规定：

1. 信贷资产证券化入池基础资产的选择要兼顾收益性和导向性，既要有稳定可预期的未来现金流，又要注重加强与国家产业政策的密切配合。

2. 鼓励金融机构选择符合条件的国家重大基础设施项目贷款、涉农贷款、中小企业贷款、经清理合规的地方政府融资平台公司贷款、节能减排贷款、战略性新兴产业贷款、文化创意产业贷款、保障性安居工程贷款、汽车贷款等多元化信贷资产作为基础资产开展信贷资产证券化，丰富信贷资产证券化基础资产种类。

3. 信贷资产证券化产品结构要简单明晰，扩大试点阶段禁止进行再证券化、合成证券化产品试点。

第三节　发行流程

一、产品备案

(一)总体要求

《关于信贷资产证券化备案登记工作流程的通知》规定,银行业金融机构发行证券化产品前只需向银监会进行备案登记,将银监会审核制变更为备案制。该通知规定,信贷资产证券化产品的备案申请由创新部统一受理、核实和登记,转送各机构监管部实施备案统计;备案后由创新部统一出口。在备案过程中,各机构监管部应对发起机构的合规性进行考察,不再打开产品"资产包"对基础资产等具体发行方案进行审查,会计师事务所、律师事务所、评级机构等应针对证券化产品发行方案出具专业意见,并向投资者充分披露;各银行业金融机构应选择符合国家相关政策的优质资产,采取简单透明的交易结构开展证券化业务,盘活信贷存量。

(二)备案材料

向银监会的备案申请由发起机构与受托机构联合提出,并按以下材料清单提供备案文件:

1. 信贷资产证券化项目备案登记表;
2. 由发起机构和受托机构联合签署的项目备案报告;
3. 信贷资产证券化项目计划书;
4. 信托合同、贷款服务合同、资金保管合同及其他相关法律文件草案;
5. 执业律师出具的法律意见书草案,注册会计师出具的会计意见书草案,资信评级机构出具的信用评级报告草案及有关持续跟踪评级安排的说明;
6. 受托机构在信托财产收益支付的间隔期内,对信托财产收益进行投资管理的原则及方式说明;
7. 发起机构信贷资产证券化业务资格的批复或相关证明文件;
8. 特定目的信托受托机构资格的批复;
9. 银监会要求的其他文件和材料。

(三)《计划书》主要内容

1. 发起机构、受托机构、贷款服务机构、资金保管机构及其他参与证券化交易的机构的名称、住所及其关联关系说明;

2. 发起机构、受托机构、贷款服务机构和资金保管机构在以往证券化交易中的经验及违约记录说明;

3. 设立特定目的信托的信贷资产选择标准、资产池情况说明及相关统计信息;

4. 资产池信贷资产的发放程序、审核标准、担保形式、管理方法、违约贷款处置程序及方法;

5. 交易结构及各参与方的主要权利与义务;

6. 信托财产现金流需要支付的税费清单,各种税费支付来源、支付环节和支付优先顺序;

7. 资产支持证券发行计划,包括资产支持证券的分档情况、各档次的本金数额、信用等级、票面利率、期限和本息偿付优先顺序;

8. 信贷资产证券化交易的内外部信用增级方式及相关合同草案;

9. 清仓回购条款等选择性或强制性的赎回或终止条款;

10. 该信贷资产证券化交易的风险分析及其控制措施;

11. 拟在发行说明书显著位置对投资机构进行风险提示的内容;

12. 银监会要求的其他内容。

(四)《信托合同》主要内容

发起机构应与受托机构签订信托合同,并载明下列事项:

1. 信托目的;

2. 发起机构、受托机构的名称、住所;

3. 受益人范围和确定办法;

4. 信托财产的范围、种类、标准和状况;

5. 赎回或置换条款;

6. 受益人取得信托利益的形式、方法;

7. 信托期限;

8. 信托财产的管理方法;

9. 发起机构、受托机构的权利与义务;

10. 接受受托机构委托代理信托事务的机构的职责；

11. 受托机构的报酬；

12. 资产支持证券持有人大会的组织形式与权力；

13. 新受托机构的选任方式；

14. 信托终止事由。

(五)《贷款服务合同》主要内容

受托机构应与贷款服务机构签订服务合同,并载明下列事项：

1. 受托机构、贷款服务机构的名称、住所；

2. 贷款服务机构职责；

3. 贷款管理方法与标准；

4. 受托机构、贷款服务机构的权利与义务；

5. 贷款服务机构的报酬；

6. 违约责任；

7. 其他事项。

(六)《资金保管合同》主要内容

受托机构应与资金保管机构签订资金保管合同,并载明下列事项：

1. 受托机构、资金保管机构的名称、住所；

2. 资金保管机构职责；

3. 资金管理方法与标准；

4. 受托机构、资金保管机构的权利与义务；

5. 资金保管机构的报酬；

6. 违约责任；

7. 其他事项。

二、发行注册

(一)总体要求

根据《信贷资产证券化试点管理办法》的规定,人民银行依法监督管理资产支持证券在全国银行间债券市场上的发行与交易活动。《关于信贷资产支持证券发行管理有关事宜的公告》宣布发行信贷资产支持证券实行注册制,而此前在银行间市场发行信贷资产支持证券需经央行核准。

根据该公告的规定,已经取得监管部门相关业务资格、发行过信贷资产支持证券且能够按规定披露信息的受托机构和发起机构可以向人民银行申请注册,并在注册有效期内自主分期发行信贷资产支持证券。申请注册发行的证券化信贷资产应具有较高的同质性。

(二)注册申请文件

受托机构和发起机构拟向央行申请注册的,应提交注册申请报告、与交易框架相关的标准化合同文本、评级安排等文件。其中,注册申请报告应包括以下内容:

1. 信贷资产支持证券名称;

2. 证券化的信贷资产类型;

3. 信贷资产支持证券注册额度和分期发行安排;

4. 证券化的信贷资产发放程序、审核标准、担保形式、管理方法、过往表现、违约贷款处置程序及方法;

5. 交易结构及各当事方的主要权利与义务;

6. 贷款服务机构管理证券化信贷资产的方法、标准;

7. 拟披露信息的主要内容、时间及取得方式;

8. 拟采用簿记建档发行信贷资产证券化产品的,应说明采用簿记建档发行的必要性,定价、配售的具体原则和方式,以及防范操作风险和不正当利益输送的措施。

(三)发行时间

央行接受注册后,在注册有效期内,受托机构和发起机构可自主选择信贷资产支持证券发行时机,在按有关规定进行产品发行信息披露前5个工作日,将最终的发行说明书、评级报告及所有最终的相关法律文件和信贷资产支持证券发行登记表送人民银行备案。

(四)交易场所

《关于信贷资产支持证券发行管理有关事宜的公告》规定,根据投资者适当性原则,可由市场和发行人双向选择信贷资产支持证券交易场所。这表明央行支持跨市场交易,为信贷资产支持证券在证券交易所交易提供了法律依据。

三、发起机构风险自留比例

依据《关于进一步规范信贷资产证券化发起机构风险自留行为的公告》，信贷资产证券化发起机构需保留一定比例的基础资产信用风险，该比例不得低于5％。发起机构通常需要在财务处理中合并特殊目的实体，因此极大地影响了银行发行信贷资产证券化的积极性。风险自留比例具体要求如下：

1. 持有由其发起资产证券化产品的一定比例，该比例不得低于该单证券化产品全部发行规模的5％。

2. 持有最低档次资产支持证券的比例不得低于该档次资产支持证券发行规模的5％。

3. 若持有除最低档次之外的资产支持证券，各档次证券均应持有，且应以占各档次证券发行规模的相同比例持有。

4. 持有期限不低于各档次资产支持证券存续期限。

5. 人民银行、银监会规定的其他要求。

四、信息披露

(一)发行前信息披露

根据2005年6月13日央行发布的《资产支持证券信息披露规则》的规定，受托机构应在资产支持证券发行前的第5个工作日，向投资者披露发行说明书、评级报告、募集办法和承销团成员名单，在每期资产支持证券发行结束的当日或次个工作日公布资产支持证券发行情况。

(二)存续期间信息披露

资产支持证券存续期内，受托机构应在每期资产支持证券本息兑付日的3个工作日前公布《受托机构报告》，反映当期资产支持证券对应的资产池状况和各档次资产支持证券对应的本息兑付信息；每年4月30日前公布经注册会计师审计的上年度受托机构报告；每年7月31日前向投资者披露上年度的跟踪评级报告。在发生可能对资产支持证券投资价值有实质性影响的临时性重大事件时，受托机构应在事发后的3个工作日内向同业中心和中央结算公司提交信息披露材料，并向人民银行报告。

(三)其他信息披露要求

为规范信贷资产支持证券信息披露行为,2015 年 5 月 15 日交易商协会发布《个人汽车贷款资产支持证券信息披露指引(试行)》与《个人住房抵押贷款资产支持证券信息披露指引(试行)》,进一步明确个人汽车贷款与个人住房抵押贷款资产支持证券的信息披露工作。

第四节　不良资产证券化

一、我国不良贷款的界定及证券化的必要性

(一)不良贷款的界定

2007 年 7 月 3 日,银监会印发的《贷款风险分类指引》规定:商业银行应按照该指引,至少将贷款划分为正常、关注、次级、可疑和损失五类,后三类合称为不良贷款。各类贷款界定如下:

1. 正常:借款人能够履行合同,没有足够理由怀疑贷款本息不能按时足额偿还。

2. 关注:尽管借款人目前有能力偿还贷款本息,但存在一些可能对偿还产生不利影响的因素。

3. 次级:借款人的还款能力出现明显问题,完全依靠其正常营业收入无法足额偿还贷款本息,即使执行担保,也可能会造成一定损失。

4. 可疑:借款人无法足额偿还贷款本息,即使执行担保,也肯定要造成较大损失。

5. 损失:在采取所有可能的措施或一切必要的法律程序之后,本息仍然无法收回,或只能收回极少部分。

其中,下列贷款应至少归为次级类:

1. 逾期(含展期后)超过一定期限、其应收利息不再计入当期损益。

2. 借款人利用合并、分立等形式恶意逃废银行债务,本金或者利息已经逾期。

3. 需要重组的贷款应至少归为次级类。重组贷款是指银行由于借款人财

务状况恶化,或无力还款而对借款合同还款条款做出调整的贷款。重组后的贷款如果仍然逾期,或者借款人仍然无力归还贷款,应至少归为可疑类。重组贷款的分类档次在至少 6 个月的观察期内不得调离,观察期结束后,应严格按照本指引规定进行分类。

(二)不良贷款较之正常贷款的区别

1.回收率的不确定性大

不良贷款用信贷管理手段已无法正常收本收息,虽然还有有效资产与之对应,但借款人的还款能力严重下降或完全丧失,即便执行担保措施也必然造成较大损失。所以,回收金额具有很大的不确定性。比如实践中有抵押的回收率为 50% 以下、无抵押的为 10% 以下,或次级的回收率为其贷款账面金额的 70%~80%、可疑的为 25%~50%、损失的为 0~25%,具有很大的不确定性。

2.回收时间的不确定性大

通过协商、重整、重组、诉讼等手段来回收贷款,回收时间周期很长,协商的进程、诉讼的进度通常会非常艰难、缓慢,且具有很大的不确定性。

3.回收成本大

鉴于不良贷款的特殊性,需要组建专门的清收机构,配备专业人员,清收人员的清收工作本身会产生很大的费用,而且为了提高回收率,通常会对清收人员进行较大幅度的业绩激励,甚至要外聘专业律师进行清收,而这无疑都成为回收成本。

综上,何时能回收到位、能回收多少,都不确定,而回收费用却是刚性的。

(三)我国不良贷款证券化的必要性和意义

1.不良贷款及关注类贷款快速增长并对银行经营造成巨大压力

近年来,受宏观经济进入下行周期的影响,银行业逾期和关注类贷款持续增多,大量的逾期和关注类贷款若持续恶化,将最终计入不良资产。截至2015 年二季度末,商业银行不良贷款余额为 1.09 万亿元,较 2014 年同期增加 3,975 亿元,增长率达 57.24%,不良贷款余额增速较快,不良贷款率为1.5%,日趋接近银行业风险 2% 警戒线;作为不良贷款"后备"的银行业关注类贷款基数也已持续走高,已经达到 2.65 万亿元,较 2014 年同期增加近 1 万亿元,增长率达 61%。[①] 中国经济如果持续不景气,关注类贷款将持续增长,既对商业银行存量不良贷款的化解形成压力,关注类贷款本身也很可能转化为增量不良贷款。

银行不良贷款的快速膨胀,大大降低了银行资产的流动性、占用了宝贵的信贷资源,而在利率市场化导致利差收窄的外部环境下,不良贷款核销更是直接冲抵银行利润、造成银行亏损,对银行经营形成巨大压力。

2.传统处置方式及其弊端

清收、转让、重组、核销是商业银行处置不良资产的常规手段,其中商业银行专人清收,存在操作周期较长、人力成本高的弊端;打包转让给金融资产管理公司,存在因交易对手少而导致的流标和成交价格偏低的风险;债务重组、展期,并没有真正将风险转移出去;而利用坏账准备核销不良贷款本息,更将直接影响利润。

3.不良贷款证券化对银行的意义[②]

相比于正常类信贷资产,银行等金融机构更有动力将不良信贷资产证券化,拓宽处理不良资产的手段与融资方式,以优化资本结构和提高资产流动性,分散银行业整体的金融风险:

(1)可以扩宽转让渠道、提高处置收益:在当前市场环境下,不良资产证券化可以为商业银行提供一个可以更市场化、批量化、透明化转让不良资产的渠道和手段。与直接打包转让给资产管理公司相比,由于扩大了市场的投资者群体,可以适度提升商业银行的处置收益。

(2)可以释放经营压力:与传统正常类贷款资产证券化相比,除释放贷款规模、派生中间业务收入外,不良资产证券化还有助于降低银行不良率、提升拨备率,可以为商业银行带来更为直观的"减负"效果。

(3)派生收益:作为资产提供方的商业银行,还可通过投资次级档证券、担任贷款服务商收取资产处置的基本服务费以及超额服务费等方式合理回流不良资产处置后产生的超额收益,即超出基础资产出让价值的派生收益,从而适度降低了不良资产被过低估值和处置的风险。

(4)促进转型:有助于加速商业银行甩掉庞大的资产包袱,向"轻资产"经

---

① 陈志龙:《银行问题资产在敲响警钟》,腾讯财经,2015 年 10 月 28 日。

② 部分内容源自浦发银行投资银行部宋瑞波的《商业银行不良资产证券化探索》。

营的转型发展,有利于提升银行主动管理和配置资产的能力。

二、我国关于银行不良资产证券化回顾

(一)银行不良资产转让的主要规定

1.2000 年 11 月 1 日,国务院颁布《金融资产管理公司条例》规定:"金融资产管理公司,是指经国务院决定设立的收购国有银行不良贷款,管理和处置因收购国有银行不良贷款形成的资产的国有独资非银行金融机构。金融资产管理公司的注册资本为人民币 100 亿元,由财政部核拨。金融资产管理公司由中国人民银行颁发《金融机构法人许可证》,并向工商行政管理部门依法办理登记。"

2.2001 年 7 月 30 日,人民银行发布的《关于商业银行借款合同项下债权转让有关问题的批复》规定:"根据《合同法》第七十九条关于合同债权转让的规定,商业银行贷款合同项下的债权及其他权利一般原则上是可以转让的,但由于金融业是一种特许行业,金融债权的转让在受让对象上存在一定的限制。按照我国现行法律法规的规定,放贷收息(含罚息)是经营贷款业务的金融机构的一项特许权利。因此,由贷款而形成的债权及其他权利只能在具有贷款业务资格的金融机构之间转让。未经许可,商业银行不得将其债权转让给非金融企业。"

该批复认为,商业银行放款收息具备特许性质,未经许可的企业不得从事该业务,非金融企业不可通过银行债权转让的形式,以此规避企业不得从事借贷的限定。

3.2008 年 7 月 9 日,财政部印发《金融资产管理公司资产处置管理办法(修订)》规定:"资产公司可通过追偿债务、租赁、转让、重组、资产置换、委托处置、债权转股权、资产证券化等多种方式处置资产。资产公司应在金融监管部门批准的业务许可范围内,探索处置方式,以实现处置收益最大化的目标。"但同时规定:"资产公司转让资产原则上应采取公开竞价方式,包括但不限于招投标、拍卖、要约邀请公开竞价、公开询价等方式。……资产公司未经公开竞价处置程序,不得采取协议转让方式向非国有受让人转让资产。"

4.2009 年 2 月 5 日,银监会发布《关于商业银行向社会投资者转让贷款债权法律效力有关问题的批复》规定,"转让具体的贷款债权,属于债权人将合同的权利转让给第三人,并非向社会不特定对象发放贷款的经营性活动,不涉

及从事贷款业务的资格问题,受让主体无须具备从事贷款业务的资格。"但同时也规定商业银行向社会投资者转让贷款债权,应当采取拍卖等公开形式,且应当向银监会或其派出机构报告。

5.2012 年 1 月 18 日,财政部、银监会印发的《金融企业不良资产批量转让管理办法》规定:

本办法所称资产管理公司,是指具有健全公司治理、内部管理控制机制,并有 5 年以上不良资产管理和处置经验,公司注册资本金 100 亿元(含)以上,取得银监会核发的金融许可证的公司,以及各省、自治区、直辖市人民政府依法设立或授权的资产管理或经营公司。

各省级人民政府原则上只可设立或授权一家资产管理或经营公司,核准设立或授权文件同时抄送财政部和银监会。上述资产管理或经营公司只能参与本省(区、市)范围内不良资产的批量转让工作,其购入的不良资产应采取债务重组的方式进行处置,不得对外转让。

批量转让是指金融企业对一定规模的不良资产(10 户/项以上)进行组包,定向转让给资产管理公司的行为。

(二)我国不良信贷资产证券化业务回顾

1.2003 年 1 月,信达资产管理公司与德意志银行签署了资产证券化和分包一揽子协议,以信达资产管理公司拥有的约 25 亿元不良资产为基础资产,向境外投资者发行资产支持证券。该笔交易是我国首宗不良资产境外证券化交易。

2.2003 年 6 月,华融资产管理公司通过中信信托设立财产权信托,委托中信信托设立三年期的财产权信托,基础资产为 132.5 亿元不良债权资产,并委托中信信托将优先级信托受益权转让给外部投资者,该产品期限 3 年。在华融的方案中,还设计了提前赎回和受益人大会机制,以保护受益权投资者的利益,被称为国内第一个准资产证券化方案。

3.2004 年 4 月,中国工商银行宁波分行聘请瑞士信贷第一波士顿作为财务顾问,将其不良贷款债权 33.09 亿元信托给中诚信托设立自益性财产权信托,并委托中信证券作为承销商将其 A、B 级(即优先级)信托受益权转让给外部投资者。此单产品为我国商业银行第一个不良信贷资产证券化项目。

4.2006 年 12 月,由中国信达资产管理公司作为发起机构,中诚信托作为受托机构及发行机构,发行的信元 2006－1 重整资产证券化信托优先级资产

支持证券,于 2006 年 12 月 18 日经承销团簿记,确定的最终发行利率为
3.80%,最终实际募集资金金额 30 亿元。本次资产证券化信托的"资产池"为
中国信达资产管理公司于 2004 年 6 月通过招投标方式从"中国银行"收购的
广东地区(除深圳外)的"可疑类贷款"(批发类)。截至"交易基准日"(2004 年
5 月 31 日),"资产池"的"未偿本金余额"为 210.37289482 亿元人民币,利息
余额为 103.90799469 亿元人民币,本息合计为 314.28088951 亿元人民币。

5. 2006 年 12 月,由中国东方资产管理公司作为发起人和委托人、中诚信
托作为受托人和发行人,中国银河证券有限责任公司主承销的东元 2006-1
优先级重整资产支持证券于 12 月 18 日在银行间债券市场公开发行,实际发
行募集资金总额为 7 亿元。本次证券化的资产为中国东方资产管理公司
2004 年 11 月从中国信达资产管理公司收购的原中国建设银行辽宁地区可疑
类贷款,不良资产本金总额为 60.20 亿元。

6. 2008 年 1 月,由中国建设银行作为发起人、中诚信托作为受托人和发
行人发行了"建元 2008-1 重整资产证券化",财务顾问及主承销商、簿记管理
人均为中国国际金融有限公司。该产品发行总规模为 27.65 亿元人民币,基
础资产池为中国建设银行拥有的本息合计约 113.5 亿元的公司类不良贷款。

7. 2008 年 12 月,中诚信托在银行间市场发行了"信元 2008-1 重整资产
证券化信托优先级资产支持证券",发起人为中国信达资产管理公司,主承销
商、簿记管理人为中国国际金融有限公司。本期发行规模为 20 亿元,基础资
产池为发起人从中国银行、交通银行、建设银行、国家开发银行购买的可疑类
资产,"截至交易基准日"(2007 年 12 月 31 日),基础资产池未偿本息合计为
人民币 273.715804 亿元。

三、不良资产证券化业务要点

如前所述,不良贷款较之正常贷款,区别甚多。所以,基于基础资产的不
同,较之一般贷款证券化业务,不良贷款证券化业务中,从尽职调查到设计产
品的整个流程,对基础资产、信用增级、服务机构,都有更高的或不同的要求,
应关注以下要点:

(一)关于基础资产的特殊关注要点

1. 入池资产整体上应当笔数多、金额大,行业、区域分散,以可疑类贷款为
主、适当搭配次级类贷款,以降低集中度,平滑现金流的波动,并通过规模效益

降低融资成本。

2.关于单笔资产,应关注:(1)其形成不良的内部、外部原因,目前的处置手段及所处阶段,当地的司法环境,抵质押物变现的难易程度等因素;(2)借款合同及担保合同是否有效,借款人及其股东的还款意愿和还款能力、保证人的履约意愿和担保能力,抵质押人提供的抵质押物是否有权属瑕疵等;(3)借款人、保证人的资产状况及破产风险。

(二)关于信用增级的特殊关注要点

资产支持证券信用评级是指具有资质的评级机构对该证券的违约风险的预先评估,即考察证券本金利息不能及时、足额向投资者支付的可能性。信用评级越高,违约风险越小,相应资产支持证券更容易成功销售。对于不良信贷资产证券化业务,评级机构通常会综合考量借款人经营及财务情况、抵押等担保品的类型、贷款回收方式等要素,运用模型对现金流入小于现金流出概率进行测算。

由于不良信贷资产现金回收率及回收时间具有较大不确定性,因而在交易结构设计时对信用增级措施有较高的要求:

1.结构化安排:优先与次级分层,由发起人或定向由特定机构持有次级份额,以防止发起人的道德风险并提高持有人的风险收益。

2.多重折扣,超额覆盖:资产池预期回收金额应小于入池资产未尝本金总额,证券发行总额应小于资产池预期回收金额。

3.流动性支持:为确保证券本息的按期偿付,发起人或特定第三方应提供流动性支持,但以不违背“不垫款原则”(须同时满足短期支持,且期满可以全额、带息回收)为前提。

4.现金储备:为确保资产池回收现金流的平稳,有必要从每期回收的现金流截留部分不予分配而是进行储备,滚动作为下一期现金流的组成部分,但是以不违背“不延误原则”(须同时满足金额有限,且不超过3个月)为前提。

提请注意的是:因不良贷款的特殊性,届时变更抵质押登记、通知债务人、保证人等权利完善机制,不大可能在不良贷款证券化业务中作为现金流管理措施。

(三)关于贷款服务机构的特殊关注要点

不良贷款的本息回收,严重依赖于贷款服务机构的回收处置能力。因此首先要求服务机构有专业的清收队伍、明确的管理制度、丰富的清收经验、良好的历史业绩。其次,为提高处置积极性和效率、效果,除了向服务机构支付基本的服务报酬外,还会对其进行有力度的业绩激励、支付超额业绩报酬。信元 2006 资产池回收的现金流在支付次级 ABS 本金后,向贷款服务机构支付超额业绩报酬。

四、我国不良信贷资产证券化可行路径探究

(一)鉴于我国信贷资产证券化业务开展初期,已在不良信贷资产领域有过成功的尝试和实践,如前文介绍的 2006—2008 年发行的四单不良信贷资产证券化产品。对于上述模式可进一步扩大规模,首先由四大资产管理公司合法批量从商业银行受让不良信贷资产所有权,然后由资产管理公司作为发起人开展不良信贷资产证券化。SPV 载体可选择信托公司的财产权信托计划,也可选择证券公司或基金子公司的资产支持专项计划等。若考虑进一步降低不良信贷资产证券化产品的风险,可由资产管理公司以部分正常资产与不良信贷资产结合共同组建基础资产。

(二)由商业银行直接作为发起机构开展不良信贷资产证券化业务,但基础资产由正常信贷资产与不良信贷资产共同组成。由信托机构设立财产权信托计划,发行优先级和次级混合资产支持证券,商业银行认购部分次级。

(三)由于不良信贷资产的转让受制于目前法规的严格限制,如省级资产管理公司虽然担负着服务地方金融机构、化解区域金融风险、改善中小企业融资链条、维护金融稳定的"稳定器"和"安全网"的作用,但其受让的不良信贷资产却不得再行对外转让。那么是否可以将不良信贷资产设立信托并转让信托受益权的方式来开展不良信贷资产证券化呢? 目前尚未有明确的法律规定。笔者认为可尝试由省级资产管理公司出让不良信贷资产的信托受益权的方式开展上述业务,以盘活地方资产管理公司持有的不良资产、提高资产处置的效率和效益、增强其持续服务地方金融机构的能力。

虽然目前我国的资产证券化业务(包括信贷资产证券化与企业资产证券化)均由审批制改为备案制/注册制,但目前不良信贷资产的对外流转受相关法律法规的限制较多,若拟在不良信贷资产这一特殊领域开展证券化业务,各商业银行、资产管理公司等金融机构尚需与相应主管部门进一步沟通确认。

第五节　典型案例剖析(参与各方、基础资产、交易结构、增信监管、创新或特色)

第一类　交易所交易的银行信贷资产证券化产品

以"平安银行 1 号小额消费贷款证券化信托[①]"为例

一、参与方

(一)发起机构/贷款服务机构:平安银行

(二)发行人/受托机构:华能贵诚信托

(三)主承销商:国泰君安证券

(四)资金保管机构:兴业银行

二、产品分级情况

表 5-1

品种	发行金额(元)	发行利率	法定到期日	评级(联合评级)
A 级 01 档资产支持证券	1210000000	固定利率	2019 年 6 月 26 日	AAA
A 级 02 档资产支持证券	1341000000	浮动利率	2019 年 6 月 26 日	AAA
B 级资产支持证券	79855239	无票面利率	2019 年 6 月 26 日	无评级
总计	2630855239	—	—	—

---

①　产品信息来源:《平安银行 1 号小额消费贷款证券化信托资产支持证券发行说明书》。

本期资产支持证券中,A 级资产支持证券(包括 A 级 01 档、A 级 02 档)、B 级资产支持证券均在交易所市场交易;受托机构将于信托设立日向发起机构支付 A 级资产支持证券及 B 级资产支持证券的募集资金。

三、基础资产

符合以下条件的信贷资产:

(一)关于借款人的标准

1. 借款人为中国公民,且在借款合同签订时至少为年满 18 周岁的具有完全民事行为能力的自然人;

2. 贷款发放时,借款人的年龄与该贷款的剩余期限之和小于 65 年;

3. 如果存在共同借款人的,则借款人和共同借款人中至少有一人应当符合上述标准。

(二)关于贷款的标准

1. 贷款全部为正常类贷款;

2. 贷款已经全部发放完毕,并由发起机构服务;

3. 贷款的所有应付数额均以人民币为单位;

4. 贷款合同合法有效,并构成相关借款人合法、有效和有约束力的义务,债权人有权根据贷款合同向借款人主张权利;

5. 在初始起算日,借款人迟延支付借款合同项下到期应付的金额未超过 3 天;

6. 贷款的到期日不晚于 2017 年 5 月 31 日;

7. 贷款的发放日不晚于 2014 年 4 月 30 日;

8. 在初始起算日,贷款的贷款余额不低于人民币 500 元,且不超过人民币 15 万元;

9. 贷款为有息贷款;

10. 贷款需每月还本付息;

11. 除贷款合同以外,发起机构和相关借款人之间关于该贷款不存在其他协议(关于该贷款的委托扣款协议除外);

12. 除非借款人全部提前偿还清所有的应付款项(包括现时的和将来的),任何借款人均无权选择解除或终止该贷款合同;

13. 贷款合同、担保合同（如有）中不存在对债权转让的限制性条款，发起机构将全部或部分贷款及其附属担保权益设立信托以及转让该等贷款及其附属担保权益的行为不会由于任何原因而被禁止或限制，且不需要获得借款人、担保人或任何其他主体的同意；

14. 发起机构未曾放弃其在贷款合同或抵押权项下的任何重要权利；

15. 发起机构已经履行并遵守了相关的贷款合同的条款（如有发起机构需承担的其他义务）；

16. 针对该贷款而言，发起机构和相关的借款人之间均无尚未解决的争议；贷款不涉及任何诉讼、仲裁、破产或执行程序；

17. 除法定抵销权外，借款人对贷款不享有任何主张扣减或减免应付款项的权利；

18. 每笔贷款的贷款合同文本在所有重要方面与《信托合同》附件 11 所列的贷款合同范本之一相同。

(三)关于贷款保险的标准

1. 每笔贷款均已由中国平安财产保险股份有限公司承保信用保证保险；

2. 保险合同合法有效，并构成保险人合法、有效和有约束力的义务，债权人有权根据保险合同向保险人主张权利；

3. 保险合同所载明的唯一被保险人为发起机构，且无任何其他方被指定为受益人或保险赔偿金领受人；

4. 投保人已支付完毕保险合同项下到期应付的全部保险费，且不存在曾经或正在进行的、拖欠保险费达 30 日的情况；

5. 保险合同项下保险责任已开始；

6. 在保险责任开始后，除非借款人全部提前偿还清所有的应付款项（包括现时的和将来的），任何投保人均无权选择解除或终止该保险合同；

7. 保险合同约定的保险金额不低于贷款合同项下全部贷款本金和利息；

8. 保险合同到期日或保险责任终止日不早于贷款合同到期日；

9. 保险合同中不存在对债权转让的限制性条款，发起机构将全部或部分贷款及其附属担保权益设立信托以及转让该等贷款及其附属担保权益的行为不会由于任何原因而被禁止或限制，不需要获得保险人的同意，且不会导致保险人有权解除保险合同；

10. 发起机构和相关的借款人/投保人、保险人之间均无尚未解决的争

议;保险合同不涉及任何诉讼、仲裁、破产或执行程序;

11. 每笔贷款的保险合同文本在所有重要方面与《信托合同》附件 11 所列的保险合同范本之一相同。

(四)关于发放贷款的标准

1. 该贷款为发起机构在其日常经营中根据其标准信贷程序及其他与消费贷款业务相关的政策、实践和程序所发放;

2. 贷款合同、保险合同(如有)均适用中国法律。

四、交易结构

(一)交易结构概述

1. 根据《信托合同》的规定,平安银行作为发起机构,以部分小额消费贷款资产作为信托财产委托给受托机构华能信托设立一个特定目的信托。

2. 受托机构作为发行人,发行资产支持证券,以信托财产所产生的现金流支付资产支持证券的本金和收益。发行人所发行的证券分为 A 级资产支持证券及 B 级资产支持证券,前述各自证券的支付顺序请参照本《发行说明书》第十二章的规定以及《信托合同》的详细条款。发起机构和发行人聘请国泰君安证券股份有限公司作为主承销商,协助本期资产支持证券资产筛选和结构设计,并负责路演推介、簿记建档等发行工作。

3. 信托有效期内,受托机构委托贷款服务机构对信托财产的日常回收进行管理和服务。

4. 对于信托财产所产生的现金流,受托机构委托资金保管机构提供资金保管服务。本期资产支持证券中,A 级资产支持证券(包括 A 级 01 档、A 级 02 档)以及 B 级资产支持证券可按相关规定在上海证券交易所交易转让。中央国债登记结算有限责任公司作为本期证券的证券登记托管机构,负责对资产支持证券进行登记托管,并向投资者转付到期应付的本金和收益。

(二)交易结构(图 5-1)

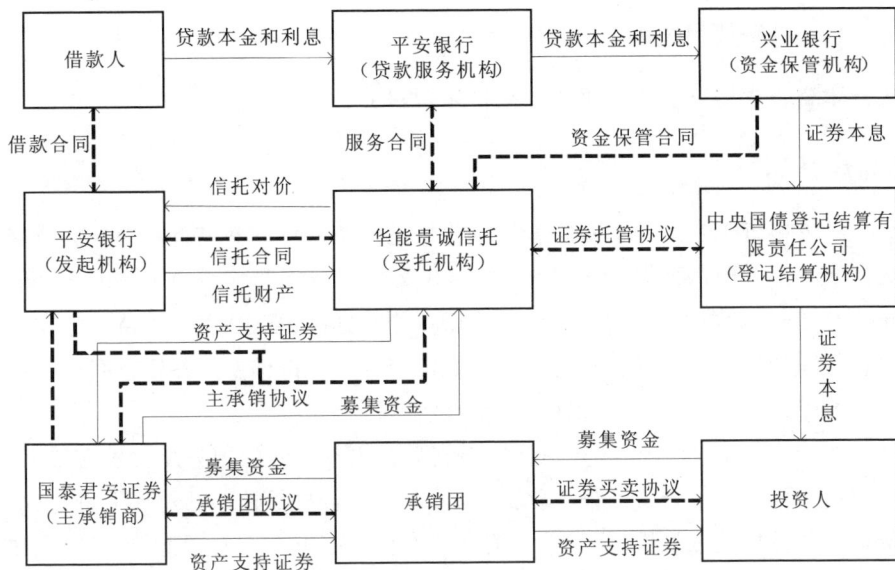

图 5-1

五、增信安排

(一)内部增信

1. 优先次级结构(A/B 级结构)

本期资产支持证券将采用优先/次级结构,B 级资产支持证券的偿付位列 A 级资产支持证券之后。A 级资产支持证券分为 A 级 01 档资产支持证券和 A 级 02 档资产支持证券。A 级资产支持证券代表资产支持证券中的 A 级受益权,其分配优先于 B 级受益权的权益;B 级资产支持证券代表资产支持证券项下次级受益权,其分配劣后于 A 级受益权的权益。A 级 01 档资产支持证券采用固定利率,A 级 02 档资产支持证券采用浮动利率,基准利率为人民银行规定的一年期定期存款利率;采用簿记建档方式发行,对利差进行询价。B 级资产支持证券不设发行利率,以定向方式发行。

2. 超额利差

本项目入池资产加权平均利率为 8.61%,高于优先 A 级资产支持证券发行利率和资产支持证券税费的和。本项目基础资产发生损失时,首先由超额利差部分进行吸收,超额利差为 A 级证券的还本付息提供了有力保障。

(二)外部信用增级

本资产支持证券没有采用外部信用增级方式。

六、产品特点

平安银行 1 号小额消费贷款证券化信托资产支持证券是首只在交易所交易的银行信贷资产证券化产品(证券的托管机构依然是中债登)。由于 2005 年 4 月 20 日发布的《信贷资产证券化试点管理办法》规定"资产支持证券在全国银行间债券市场上发行和交易",传统信贷资产支持证券只在银行间债券市场发行流通,因而当时该产品的发行一波三折。

2013 年 8 月 28 日,国务院总理李克强在主持召开的国务院常务会议上,决定进一步扩大信贷资产证券化试点,要求在实行总量控制的前提下,扩大信贷资产证券化试点规模,优质信贷资产证券化产品可在交易所上市交易,在加快银行资金周转的同时,为投资者提供更多选择。此次会议虽然明确信贷资产证券化产品可以在交易所流通,但当时并未有相关法规对此做出明确规定。直至 2015 年 3 月 26 日,人民银行发布《关于信贷资产支持证券发行管理有关事宜的公告》才明确规定:信贷资产支持证券根据投资者适当性原则,可由市场和发行人双向选择信贷资产支持证券交易场所。

第二类 动态资产池信贷资产证券化产品

以"永盈 2015 年第一期消费信贷资产支持证券[①]"为例

一、参与方

(一)发起机构/委托人/贷款服务机构:宁波银行

(二)发行人/受托机构:安微国元信托

(三)主承销商/财务顾问:东方花旗证券

(四)资金保管机构:兴业银行

---

① 产品信息来源:《永盈 2015 年第一期消费信贷资产支持证券发行说明书》。

二、产品分级情况

表 5-2

品种	发行金额（万元）	发行利率	法定到期日	评级（联合资信）	评级（中债资信）
优先 A 档资产支持证券	299600	浮动利率	2019 年 7 月 26 日	AAA	AAA
优先 B 档资产支持证券	44400	浮动利率	2019 年 7 月 26 日	A	A
次级档资产支持证券	25919	无票面利率	2019 年 7 月 26 日	无评级	无评级
总计	369919	—			

优先 A 档和优先 B 档资产支持证券，将向全国银行间债券市场以公开招标方式发行；次级档资产支持证券以招标形式发行。发起机构按照监管要求持有本期资产支持证券全部发行规模总额的 5%，且持有各档资产支持证券发行规模的比例均为 5%。

三、基础资产

1. 本次资产证券化的基础资产为宁波银行持有的符合合格标准及资产保证个人消费信用贷款债权。就任一笔宁波银行依据借款合同对借款人所形成的债权包括：自信托财产交付日（含该日）起或自标的资产交割日（含该日）起，存在于贷款项下的未偿本金余额、利息、罚息（如有）、复利（如有）、违约金（如有）以及其他贷款项下应由借款人向委托人偿还的款项。

2. 就每一笔贷款而言，需在信托财产交付日或标的资产交割日满足以下全部条件：

（1）该笔贷款应当属于宁波银行个人消费信用贷款；

（2）借款人为中国公民或永久居发，且在借款合同生效日为 25～50 周岁的自然人；

（3）借款人不是与宁波银行及其关联方签订劳动合同的雇员；

(4)该笔债权为宁波银行正常、关注、次级、可疑、损失 5 级分类体系中的正常类；

(5)各笔贷款全部为发起机构(作为贷款人)合法所有的信用贷款,不存在抵押、质押、保证等担保情形；

(6)各笔贷款对应的全部借款合同适用法律为中国法律,且在中国法律项下均合法有效,并构成借款人合法、有效和有约束力的义务,发起机构可根据其条款向借款人主张权利；

(7)该笔贷款未发生本金或利息应付未付或其他违约情形；

(8)单笔贷款按月付息；

(9)单个借款人的总体授信额度不低于 15 万元；

(10)单个借款人在宁波银行的贷款规模不超过 50 万元；

(11)单笔贷款规模不超过 50 万元；

(12)单个分行的贷款本金总额不得超过资产池规模的 60%；

(13)单笔贷款的贷款利率不低于贷款发放时人民银行公布的一年以内(含一年)贷款基准利率的 1.1 倍(含)；

(14)初始资产池的加权贷款利率不低于贷款购买时人民银行公布的一年以内(含一年)贷款基准利率的 1.4 倍(含)；

(15)信托运营期内,新购买贷款的加权平均贷款利率不低于贷款购买时人民银行公布的一年以内(含一年)贷款基准利率上浮 1.4 倍(含)；

(16)借款合同的到期日均不迟于最后一个计算日；

(17)各笔贷款均未涉及违约和未决的诉讼或仲裁；

(18)借款人未作为个人消费贷款业务项下其他未入池资产的借款人或其配偶,且该等资产亦未发生违约或已进入诉讼、仲裁程序；

(19)借款人未作为其他个人或公司贷款业务项下的借款人或借款人的法定代表人或担保人,且该等贷款亦未发生违约或已进入诉讼、仲裁程序；

(20)各笔贷款对应的全部借款合同中均没有关于债权转让的限制性规定,每笔贷款项下债权均可进行合法有效的转让；

(21)各笔贷款均不是涉及军工或其他国家机密的贷款；

(22)借款人在借款合同项下不享有任何主张扣减或减免应付款项的权利；

(23)贷款均为消费贷款,贷款用途不涉及购置房屋或投资。

四、交易结构

(一)交易结构概述

1. 宁波银行作为发起机构,将持有的个人消费信用贷款业务项下的信贷资产委托给作为受托机构的国元信托,由国元信托设立信贷资产支持证券信托。受托机构将发行以信托财产为支持的资产支持证券,并将扣除承销报酬和发行费用后的资产支持证券募集资金净额支付给发起机构。

2. 受托机构向投资者发行资产支持证券,并以信托财产所产生的现金为限支付相应税收、信用费用及本期资产支持证券的本金和收益。

3. 发行人与发起机构、主承销商签署《承销协议》,主承销商再与承销团成员签署《承销团协议》,组建承销团对优先 A 档资产支持证券和优先 B 档资产支持证券以公开招标方式发行,次级档资产支持证券以招标发行方式发行。

4. 宁波银行作为发起机构将保留不低于 5% 的基础资产信用风险,具体风险自留方式为持有本期资产支持证券全部发行规模的 5%。

5. 在信托运营期内资产产生回款后,贷款服务机构在回收款转付日将所得回收款转入信托账户。宁波银行有权决定是否向受托机构出让标的资产,若决定出让,宁波银行核心系统于信托运营期的每个工作日将备选资产包推送至资产证券化系统。受托机构有权自主决定是否向发起机构购买标的资产,受托机构决定购买标的资产且在资产证券化系统推送选定资产包后,将运用回收款向宁波银行购买相应的资产并指示资产保管机构运用信托账户的资金进行划付。宁波银行收到购买价款完成标的资产交割后,标的资产归入信托财产。

6. 受托机构与宁波银行签订《服务合同》,委托宁波银行作为贷款服务机构对信贷资产的日常回收进行管理和服务。

7. 受托机构委托中央结算公司对资产支持证券提供登记托管和代理兑付服务。

8. 受托机构拟安排优先 A 档资产支持证券和优先 B 档资产支持证券在全国银行间债券市场上市交易,次级档资产证券将按照人民银行规定的方式进行流通转让。

9. 受托机构聘请律师事务所、会计师事务所及评级机构等中介服务机构,对整个信贷资产证券化项目各项安排作出专业判断,提供服务。

(二)交易结构(图 5-2)

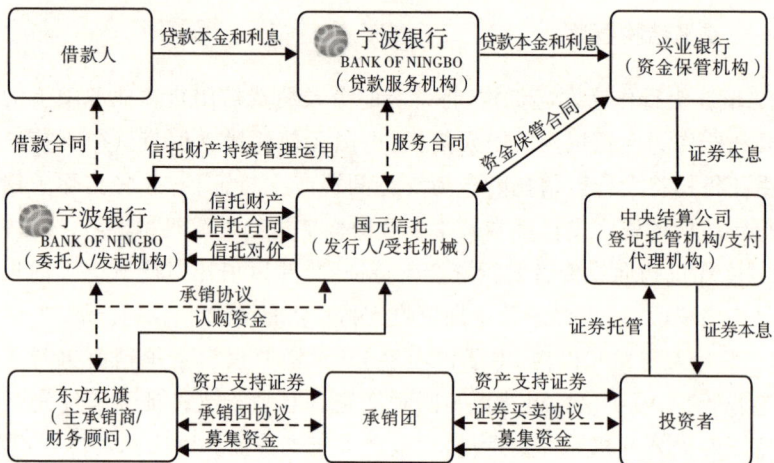

图 5-2

五、增信安排

(一)内部增信

1. 优先 B 档资产支持证券和次级档资产支持证券结构为优先 A 档资产支持证券提供了 19.01%以上的信用支持,次级档资产支持证券为优先 B 档资产支持证券提供了 7.01%以上的信用支持。

2. 本期证券的基础资产加权平均贷款年利率不低于贷款购买时人民银行公布的一年以内(含一年)贷款基准利率的 1.4 倍,该超额利差为优先档资产支持证券的正常偿付提供了一定程度上的支持。

3. 持续购买提前终止机制。

(1)发生加速清偿事件。包括但不限于某一时点的累计违约率等于或高于 3%但低于 5%;以及在信托运营期内,若留存在信托本金账下可用于持续购买的现金占资产支持证券未偿本金余额的比例达到 70%,且受托机构连续 5 个工作日未进行持续购买或发起机构连续 5 个工作日未向受托机构提供持续购买的标的资产,为触发加速清偿事件情形之一,构成《信托合同》约定的标的资产持续买卖的终止事由。

(2)发生违约事件。包括但不限于受托机构未能在支付日后 10 个工作日内(或在有控制权的资产支持证券持有人大会允许的宽限期内)对当时应偿付但尚未清偿的最优先档别的资产支持证券付息的。

(二)外部信用增级

本期资产支持证券暂不考虑外部信用增级措施。

六、产品特点

该单信贷资产支持证券系首单采用动态资产池的信贷资产证券化产品,同时也是自 2012 年重启证券化试点后,银行间市场发行的首单以个人消费贷款为基础资产的资产支持证券。

第三类　金融租赁公司的租赁资产证券化产品

以"工银海天 2015 年第一期租赁资产支持证券①"为例

一、参与方

(一)发起机构/委托人/资产服务机构:工银金融租赁有限公司

(二)发行人/受托机构:中信信托有限责任公司

(三)主承销商:中信证券股份有限公司

(四)资金保管机构:工商银行北京市分行

二、产品分级情况

该产品分为优先级资产支持证券和次级资产支持证券。

优先级:优先级资产支持证券包括优先 A 档资产支持证券和优先 B 档资产支持证券。其中,优先 A－1 档资产支持证券的总面值为人民币 420000000元;优先 A－2 档资产支持证券的总面值为人民币 315000000 元;优先 B 档资产支持证券的总面值为人民币 225000000 元。

次级:指代表劣后于优先级资产支持证券获得信托利益分配之权利的资

---

① 产品信息来源:《工银海天 2014 年第一期租赁资产支持证券发行说明书(更正20150112)》。

产支持证券,次级资产支持证券的总面值为人民币 72349751 元。

三、基础资产:符合以下条件的租赁债权

(一)用于设立信托的租赁债权

1. 资产清单中所列的截止基准日存在的全部融资租赁债权以及担保上述融资租赁债权的全部附属担保权益;

2. 自基准日起,资产中的融资租赁债权及其附属担保权益所产生的全部资金,包括本金回收款、收入回收款以及信托账户中的全部资金及其产生的收益;

3. 管理、经营、处置和处分资产中融资租赁债权及其附属担保权益、回收款所获得的其他财产(包括但不限于因不合格资产被赎回所取得相当于赎回价格的款项以及因资产被清仓回购所取得相当于清仓回购价格的款项)。

(二)每笔资产应符合的条件

就构成资产池的每一笔资产(即资产清单所列的在基准日存在的全部融资租赁债权及其附属担保权益)而言,发起机构在信托财产交付日将其在该笔资产项下的全部权利、权益、利益和收益信托给受托人。本次交易中的资产池将是一个静态池,即信托财产交付日后,受托人将不会购买其他资产进入本次交易资产池或以其他租赁资产替换已有资产(不合格资产赎回除外)。每笔资产应符合以下条件:

1. 承租人近三年未出现租金拖欠超过 7 天的情况;

2. 承租人系依据中国法律在中国境内设立且合法存续的企业法人,且均未发生对其财务状况、营运成果、持续经营或存续产生重大不利影响的事件或情况,包括但不限于如下情形:申请停业整顿、申请解散、申请破产、停产、歇业、注销登记、被吊销营业执照、涉及重大诉讼或仲裁、生产经营出现严重困难、财务状况恶化等;

3. 各笔资产均适用营业税(非增值税)缴纳方式;

4. 各笔资产对应的租赁合同适用法律为中国法律,且在中国法律下均合法有效;

5. 除以承租人的预付租金冲抵租赁合同项下到期应付的租金外,承租人在租赁合同项下不享有任何主张扣减或减免应付款项的权利;

6. 租赁合同项下的相关租赁物件均已起租；

7. 委托人合法拥有资产，且资产上未设定抵押权、质权、其他担保物权或其他权利限制；

8. 委托人是租赁物件的唯一合法所有权人，且租赁物件上未被设定抵押权、质权或其他担保物权；

9. 融资租赁债权对应的保证担保合法有效，且不包括最高额保证；

10. 资产或租赁物件不涉及诉讼、仲裁、执行或破产程序；

11. 资产可以进行合法有效的转让，且无需取得承租人或其他主体的同意；

12. 资产不涉及国防、军工或其他国家机密；

13. 资产为委托人正常、关注、次级、可疑、损失 5 级分类体系中的正常类；

14. 租赁合同的到期日不晚于法定到期日前两年；

15. 资产所对应的任一份租赁合同项下的到期租金均已按时（含 7 天宽限期）足额支付，无违约情况；

16. 融资租赁债权均由委托人单独出租租赁物件而形成，无联合出租情况；

17. 资产计量货币为人民币。

四、交易结构

（一）交易结构概述

1. 工银金融租赁有限公司（简称"工银租赁"）作为发起机构将相关租赁资产委托给作为受托人的中信信托，由中信信托设立工银海天 2015 年第一期租赁资产证券化信托。受托人将发行以信托财产为支持的资产支持证券所得认购金额扣除发行费用的净额支付给发起机构。

2. 受托人向投资者发行资产支持证券，并以信托财产产生的现金为限，支付相应的税收、信托费用及本期资产支持证券的本金和收益。本期资产支持证券分为优先级资产支持证券和次级资产支持证券，其中优先级资产支持证券包括优先 A-1 档资产支持证券、优先 A-2 档资产支持证券和优先 B 档资产支持证券。

3. 发行人与发起机构、主承销商签署《承销协议》，主承销商再与承销团成员签署《承销团协议》,组建承销团对资产支持证券进行销售。其中,优先级资产支持证券将采用公开招标方式发行,次级资产支持证券将采用招标方式发行。

4. 工银租赁作为发起机构,将严格按照《关于进一步扩大信贷资产证券化试点有关事项的通知》(银发〔2012〕127号)以及关于规范信贷资产证券化发起机构风险自留比例的文件(〔2013〕第21号公告)要求,持有不低于本期资产支持证券总规模5%的次级资产支持证券,持有期限不低于本期次级资产支持证券存续期限。

根据《服务合同》的约定,受托人委托工银租赁作为资产服务机构对租赁资产的日常回收进行管理和服务。

5. 根据《资金保管合同》的约定,受托人委托资金保管机构对信托财产产生的现金资产提供保管服务。

6. 根据《债券发行、登记及代理兑付服务协议》的约定,受托人委托中央国债登记公司对资产支持证券提供登记托管和代理兑付服务。

7. 受托人拟安排优先级资产支持证券在银行间债券市场或主管机关认可的证券交易所交易流通;次级资产支持证券可以人民银行规定的方式进行流通转让(发起机构自持的部分除外)。

(二)交易结构

见图5-3。

五、增信安排

(一)内部信用增级

1. 优先/次级安排

优先/次级安排是证券化项目中最常见的内部信用增级安排。根据项目安排的各档级证券本金/利息的受偿前后,劣后受偿档级的投资者为优先档级投资者提供信用增级。

本项目的资产支持证券分为:

(1)优先A-1档资产支持证券

(2)优先A-2档资产支持证券

(3)优先B档资产支持证券

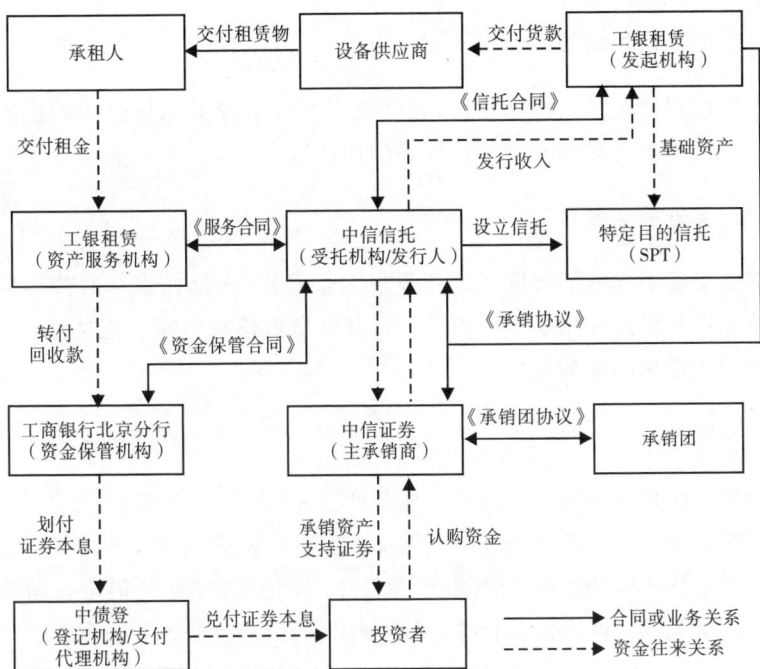

承租人　←交付租赁物—　设备供应商　←交付货款…　工银租赁（发起机构）

《信托合同》

发行收入　　　　基础资产

交付租金

工银租赁（资产服务机构）　—《服务合同》→　中信信托（受托机构/发行人）　—设立信托→　特定目的信托（SPT）

《承销协议》

转付回收款　　《资金保管合同》

工商银行北京分行（资金保管机构）　　中信证券（主承销商）　←《承销团协议》→　承销团

划付证券本息　　承销资产支持证券　认购资金

中债登（登记机构/支付代理机构）　—兑付证券本息→　投资者

—— 合同或业务关系
‥‥▶ 资金往来关系

图 5-3

（4）次级资产支持证券

从资产池回收的资金将按照事先约定的现金流支付顺序支付,排序在现金流支付顺序最后面的证券将承担最初的损失。所以在现金流支付顺序中,排名在后的证券就向高一级别的证券提供了信用增级。

2. 本期交易设置了两类信用触发机制:同参与机构履约能力相关的加速清偿事件,以及同资产支持证券兑付相关的违约事件。信用事件一旦触发,将引致基础资产现金流支付机制的重新安排。

如果加速清偿事件被触发,信托收入账户资金将不再用于次级资产支持证券的期间收益,而是将剩余资金全部转入本金账用于优先档证券本金的兑付;如果违约事件被触发,信托账项下资金不再区分收入回收款和本金回收款,而是将二者混同并在支付有关的税费、报酬以后用于顺序偿付优先档证券的利息和本金,以及支付次级资产支持证券的本金,其余额再分配给次级资产支持证券持有人。

（二）外部信用增级

外部信用增级是指由第三方，如其他银行或者债券担保公司提供的外部信用担保。本次交易中没有采用外部信用增级方式。

（三）部分租金预付

本期交易中部分基础资产具有预付租金安排，在信托设立时该等预付租金将转至信托账户并用于合格投资。在基础资产偿付出现违约时可以弥补基础资产违约带来的部分损失。

六、产品特点

此单产品是我国第一笔成功完成资产出表的租赁资产证券化业务。我国金融租赁公司资产证券化破冰一路艰辛，直至 2014 年 9 月，全国首单金融租赁资产证券化才成功发行。2014 年 3 月 13 日发布的《金融租赁公司管理办法》第 27 条规定："经银监会批准，经营状况良好、符合条件的金融租赁公司可以开办下列部分或全部本外币业务：……（三）资产证券化……。"第 47 条规定："金融租赁公司开办资产证券化业务，可以参照信贷资产证券化相关规定。"而此前，金融租赁公司开展资产证券化进行融资多走企业资产证券化的途径。

第四类　供应链金融（厂家担保回购）类信贷资产证券化产品

以"浦发 2015 年工程机械贷款资产证券化信托资产支持证券[①]"为例

一、参与方

（一）发起机构/委托人/贷款服务机构：浦发银行

（二）发行人/受托机构：昆仑信托

（三）牵头主承销商/联席主承销商：中信建投证券/东方花旗

（四）资金保管机构：中国银行上海市分行

[①]　产品信息来源：《浦发 2015 年工程机械贷款资产证券化信托资产支持证券发行说明书》。

二、产品分级情况

品　　　种	发行金额 （万元）	发行利率	法定到期日	评级 （联合资信）	评级 （中债资信）
优先 A 级资产 支持证券	1260000000	浮动利率	2021 年 4 月 22 日	AAA	AAA
优先 B 级资产 支持证券	107000000	浮动利率	2021 年 4 月 22 日	AA+	AA+
次级资产 支持证券	99127005	——	2021 年 4 月 22 日	无评级	无评级
总计	1466127005	——	——	——	——

本期资产支持证券由受托机构面向全国银行间债券市场机构招标发行。发起机构按照监管要求持有本期资产支持证券全部发行规模总额的 5%，且持有各档资产支持证券发行规模的比例均为 5%。

三、基础资产：符合以下条件的基础资产

（一）关于借款人的标准（就每一笔贷款而言）

1. 借款人为中国公民，且在工程机械贷款发放时至少为年满 20 周岁的自然人；

2. 截至初始起算日，借款人不存在违反其在《工程机械贷款合同》或其他相关文件下的偿付义务（以下关于工程机械贷款的标准的第 6 项规定的迟延支付除外）或其他主要义务的且尚未补救的行为；

3. 工程机械贷款发放时，借款人的年龄与该工程机械贷款的剩余期限之和小于 60；

4. 在初始起算日，借款人在浦发银行只有一笔工程机械贷款或所有工程机械贷款均入池。

（二）关于工程机械贷款的标准

1. 在初始起算日，工程机械贷款按照委托人的内部管理认定为正常类

贷款；

2. 工程机械贷款合同项下的贷款金额已经全部发放完毕；

3. 工程机械贷款的所有应付数额均以人民币为单位；

4. 工程机械贷款合同、抵押合同、保证合同（如有）、质押文件均合法有效，并构成相关借款人、抵押人、保证人（如有）、出质人合法、有效和有约束力的义务，浦发银行有权根据工程机械贷款合同向借款人、抵押人、保证人（如有）、出质人主张权利；

5. 就徐州工程机械集团有限公司和其经销商对应的每笔工程机械贷款而言，已经由徐州工程机械集团有限公司根据相关合作协议及其补充协议（包括补充协议的授权书）的约定，以其子公司的名义在浦发银行开立了保证金专户，且在初始起算日和信托财产交付日，该保证金专户中存入的保证金金额不低于徐州工程机械集团有限公司及其经销商对应的信贷资产初始起算日未偿本金余额的10%；就中联重科股份有限公司对应的每笔工程机械贷款而言，已经由中联重科股份有限公司根据相关合作协议及其补充协议的约定，以其自己的名义在浦发银行开立了保证金专户，且在初始起算日和信托财产交付日，该保证金专户中存入的保证金金额不低于中联重科股份有限公司对应的信贷资产初始起算日未偿本金余额的7%；

6. 借款人迟延支付工程机械贷款合同项下到期应付的金额未超过30天；

7. 工程机械贷款的发放日不晚于2014年3月31日；工程机械贷款的到期日不晚于2019年3月31日；

8. 在初始起算日，工程机械贷款的未偿本金余额不低于人民币1万元，且不超过人民币1000万元或资产池未偿本金余额的0.5%；

9. 工程机械贷款为有息贷款；

10. 借款人已经支付了其应付的与工程机械贷款相关的所有成本和费用，且浦发银行无需向借款人退还；

11. 除工程机械贷款合同以外，浦发银行和借款人之间关于该工程机械贷款不存在其他协议（关于该贷款的委托扣款协议除外）；

12. 除非借款人全部提前偿还清所有的应付款项（包括现时的和将来的），无论是因发生了工程机械贷款合同项下的违约还是其他原因，任何借款人均无权选择终止该工程机械贷款合同；

13. 工程机械贷款合同、担保合同、合作协议中均不存在对工程机械贷款或其附属权益转让的限制性条款,浦发银行将全部或部分工程机械贷款及其附属权益设立信托以及转让或出售该等工程机械贷款及其附属权益的行为不会由于任何原因而被禁止或限制,且不需要获得借款人、抵押人、保证人(如有)、出质人、回购义务人或任何其他主体的同意;

14. 针对每笔工程机械贷款而言,浦发银行和相关的借款人、抵押人、保证人、出质人、回购义务人之间均无尚未解决的争议;工程机械贷款及其附属权益均不涉及任何诉讼、仲裁、破产或执行程序;

15. 除法定抵销权外,借款人对工程机械贷款不享有任何主张扣减或减免应付款项的权利。

(三)关于工程机械车辆的标准

1. 浦发银行合法取得该工程机械车辆上设定的抵押权,且在工程机械贷款发放时,初始抵押率不超过80%,初始抵押率=工程机械贷款合同项下贷款金额/工程机械车辆价值(工程机械车辆买卖合同价格)×100%;

2. 中国法律和工程机械贷款合同或担保合同均禁止或限制相关借款人在未经浦发银行同意时转让其在该工程机械贷款合同中的义务或相关工程机械车辆;

3. 工程机械贷款合同均禁止或限制相关借款人或抵押人在工程机械车辆上为任何第三方(除浦发银行外)之利益设置抵押权或其他任何形式的权利负担,或借款人或抵押人已做出类似的陈述、保证或承诺;

4. 工程机械车辆依据浦发银行的标准评估程序和政策进行评价或估值;

5. 浦发银行与工程机械车辆的厂商或经销商已经签署了关于工程机械车辆的回购担保协议。

(四)关于发放和筛选工程机械贷款的标准

1. 工程机械贷款为浦发银行在其日常经营中根据其零售信贷程序及其他相关程序所发放;

2. 工程机械贷款合同、担保合同、合作协议适用中国法律;

3. 浦发银行和/或借款人为签署、交付或履行相关工程机械贷款合同所需的政府机构的重要同意、许可、批准、授权或登记,均已经依法办理并完成。

四、交易结构

(一)交易结构概述

1. 根据《信托合同》的规定,浦发银行作为发起机构,将相关信贷资产委托给作为受托机构的昆仑信托,由昆仑信托设立特定目的信托。

2. 受托机构向投资者发行本期资产支持证券,并以信托财产所产生的现金为限支付相应税收、信托费用及本期资产支持证券的本金和收益。本期资产支持证券分为优先A级资产支持证券、优先B级资产支持证券及次级资产支持证券。

3. 根据《承销协议》和《承销团协议》的约定,本期资产支持证券由受托机构委托联席主承销商组建承销团来完成承销工作。

4. 根据《服务合同》的约定,受托机构委托浦发银行作为贷款服务机构对资产池的日常回收进行管理和服务。

5. 根据《资金保管合同》的约定,受托机构委托中国银行上海市分行作为资金保管机构对信托账户内的现金资产提供保管服务。

6. 根据相关登记托管和代理兑付协议的约定,受托机构委托中央国债登记结算有限责任公司对资产支持证券提供登记托管和代理兑付服务。

7. 受托机构拟安排优先级资产支持证券在银行间债券市场上市流通交易;次级资产支持证券可以人民银行规定的方式进行转让交易。

8. 上海浦东发展银行作为发起机构,将严格按照《关于进一步扩大信贷资产证券化试点有关事项的通知》(银发〔2012〕127号)以及关于规范信贷资产证券化发起机构风险自留比例的文件(〔2013〕第21号公告)要求,持有发行规模5%的资产支持证券,初步计划持有比例为本期各档资产支持证券发行规模的5%,持有期限不低于各档资产支持证券存续期限。

(二)交易结构(图 5-4)

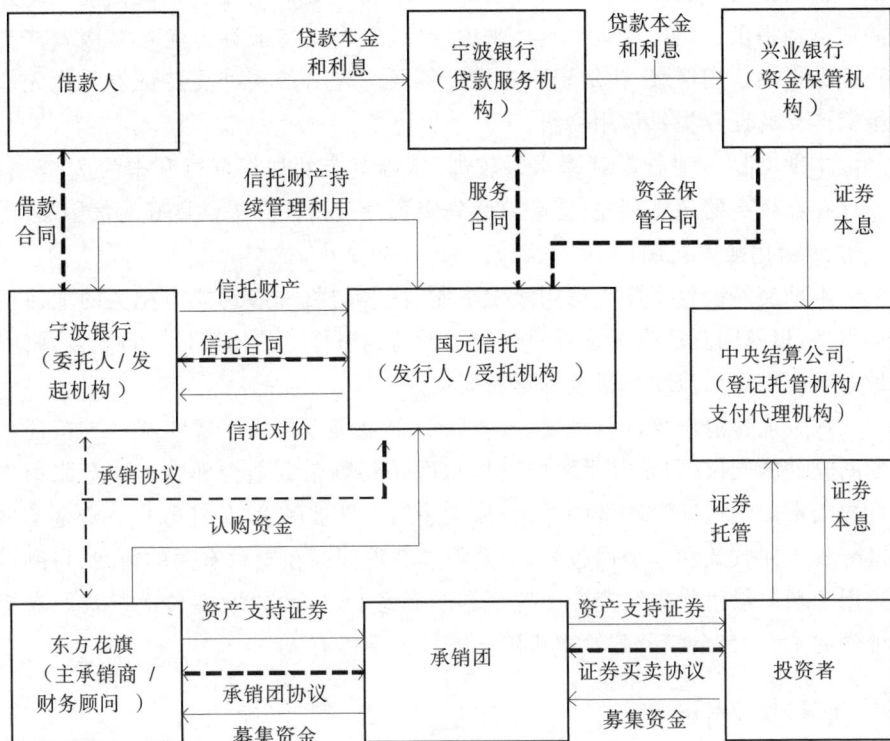

图 5-4

五、增信安排

(一)内部增信

1. 优先/次级结构

优先/次级安排是证券化项目中最常见的内部信用增级安排。根据项目安排的各档级证券本金/利息的受偿前后,劣后受偿档级的投资者为优先档级投资者提供信用增级。

本信托项下的资产支持证券分为:优先 A 级资产支持证券,优先 B 级资产支持证券,次级资产支持证券。

损失将会导致资产池资金回收的减少。从资产池回收的资金将会按照事先约定的现金流支付顺序支付,排序在现金流支付顺序最后面的证券档将承担最初的损失。所以在现金流支付顺序中,排名在后的证券档就向高一级别的证券档提供了信用增级。具体来说,次级资产支持证券为优先 B 级资产支持证券提供信用增级,次级资产支持证券及优先 B 级资产支持证券为优先 A 级资产支持证券提供信用增级。

本期交易入池贷款利率水平较高,基础资产的加权现行利率为 7.38%,预计存在较高的超额利差,能够对优先级资产支持证券提供良好的信用支持。

2. 信用触发机制

本期交易设置了两类信用触发机制:同参与机构履约能力相关的加速清偿事件,以及同资产支持证券对付相关的违约事件。信用事件一旦触发,将引致基础资产现金流支付机制的重新安排。

如果加速清偿事件被触发,收益账的资金将不再用于次级资产支持证券期间收益的支付(包括其后续的支付),而是将剩余资金全部转入本金账用于优先级资产支持证券本金的兑付;如果违约事件被触发,信托账户下资金不再区分收入回收款和本金回收款,而是将二者混同并在支付有关的税费、报酬以后用于顺序偿付优先级资产支持证券的利息和本金,以及支付次级资产支持证券的本金,其余额分配给次级资产支持证券持有人。

(二)外部信用增级

外部信用增级是指由第三方,如其他银行或者债券担保公司提供的外部信用担保。本次交易中采用设置保证金账户和厂商承诺回购担保的方式为资产提供信用增级。

1. 保证金账户设置

本期交易根据基础资产的相关协议,徐州工程机械集团有限公司及其经销商和中联重科股份有限公司为基础资产提供一定比例的保证金用于担保借款人履约,这将在很大程度上降低了基础资产违约后的损失率。

2. 承诺回购担保

入池贷款设置了以所购工程机械为抵押物的抵押担保,同时本期交易基础资产全部设有厂商回购担保,当贷款最终难以偿还时厂商将履行回购义务,回购厂商具有很高的信用水平,履约能力很强。这将有效保证优先级资产支持证券的偿付。

六、产品特点

此单产品的顺利发行,标志着国内首单以工程机械贷款为基础资产的信贷资产证券化项目取得成功,同时也标志着基于供应链金融的资产证券化项目的创新突破。此单产品设置了工程机械车辆出售厂商的回购担保,以提高产品评级,便利发行,不仅有助于工程机械车辆的购货方成功融资,也有助于出售方进一步提升产品销量,加速资金回笼。

第六节　需掌握的监管法规

信托公司开展信贷资产证券化业务,须依据以下文件:

1. 交易商协会:《个人消费贷款资产支持证券信息披露指引》(2015 年 9 月 30 日)

2. 交易商协会:《个人汽车贷款资产支持证券信息披露指引(试行)》《个人住房抵押贷款资产支持证券信息披露指引(试行)》(2015 年 5 月 15 日)

3. 央行:《关于信贷资产支持证券发行管理有关事宜的公告》(2015 年 3 月 26 日)

4. 银监会:《关于信贷资产证券化备案登记工作流程的通知》(2014 年 11 月 20 日)

5. 国务院:《国务院关于进一步促进资本市场健康发展的若干意见》(2014 年 5 月 8 日)

6. 央行、银监会:《关于进一步规范信贷资产证券化发起机构风险自留行为的公告》(2013 年 12 月 31 日)

7. 上交所:《关于国家开发银行金融债券发行交易试点的通知》(2013 年 12 月 24 日)

8. 上清所:《关于信贷资产支持证券登记托管、清算结算业务的公告》(2012 年 7 月 2 日)

9. 央行、银监会、财政部:《关于进一步扩大信贷资产证券化试点有关事项的通知》(2012 年 5 月 17 日)

10. 财政部、银监会:《金融企业不良资产批量转让管理办法》(2012 年 1 月 18 日)

11. 银监会:《关于规范信贷资产转让及信贷资产类理财业务有关事项的通知》(2009 年 12 月 23 日)

12. 财政部、国税总局:《关于信贷资产证券化有关税收政策问题的通知》(2009 年 5 月 18 日)

13. 银监会:《关于商业银行向社会投资者转让贷款债权法律效力有关问题的批复》(2009 年 2 月 5 日)

14. 财政部:《金融资产管理公司资产处置管理办法(修订)》(2008 年 7 月 9 日)

15. 银监会:《关于进一步加强信贷资产证券化业务管理工作的通知》(2008 年 2 月 4 日)

16. 央行:《信贷资产证券化基础资产池信息披露有关事项公告》(2007 年 8 月 21 日)

17. 银监会:《金融机构信贷资产证券化试点监督管理办法》(2005 年 11 月 7 日)

18. 央行:《资产支持证券信息披露规则》(2005 年 6 月 13 日)

19. 中债登:《国债跨市场转托管业务细则》(2005 年 5 月 24 日)

20. 央行、银监会:《信贷资产证券化试点管理办法》(2005 年 4 月 20 日)

21. 央行:《关于商业银行借款合同项下债权转让有关问题的批复》(2001 年 7 月 30 日)

22. 国务院:《金融资产管理公司条例》(2000 年 11 月 10 日)

23. 央行:《贷款通则》(1996 年 6 月 28 日)

第六章
保险资产管理公司作为
受托人的资产证券化业务

第一节　法定概念及发展概况

2012 年 10 月 12 日,保监会发布《关于保险资金投资有关金融产品的通知》,明确保险资金可以投资境内依法发行的商业银行理财产品、银行业金融机构信贷资产支持证券、信托公司集合资金信托计划、证券公司专项资产管理计划、保险资产管理公司基础设施投资计划、不动产投资计划和项目资产支持计划等金融产品。

2013 年 4 月,新华资产发起设立了业内第一单项目资产支持计划业务,该单计划的项目融资方为东方资产管理公司,资金方为新华人寿,其交易结构为:东方资产将持有的一系列不良债权资产打包组合,通过新华资产发起项目资产支持计划,并由新华人寿出资参与认购。同时,东方资产与新华资产签订了回购协议,保留了基础债权资产上的所有风险。

2014 年 7 月 28 日保监会保险资金运用监管部发布《项目资产支持计划试点业务监管口径》,明确了项目资产支持计划的概念是"保险资产管理公司等专业管理机构作为项目资产支持计划受托人,按照约定从原始权益人受让或者以其他方式获得基础资产,以基础资产产生的现金流为偿付支持,发行受益凭证的业务活动",明确了以《中华人民共和国信托法》为法律渊源,并详细规定了基础资产和资产支持计划交易结构的要求、基础资产的种类等核心问题。

2014 年 12 月 8 日,民生通惠资产管理有限公司和蚂蚁金融服务集团旗下蚂蚁微贷合作推出的"民生通惠—阿里金融 1 号支持计划",获得了保监会批复,募集总规模达 30 亿元。该单产品是继保监会下发《项目资产支持计划试点业务监管口径》之后,首批获准的项目资产支持计划。

2015 年 8 月 25 日,保监会发布的《资产支持计划业务管理暂行办法》规定:"资产支持计划(以下简称'支持计划')业务,是指保险资产管理公司等专业管理机构作为受托人设立支持计划,以基础资产产生的现金流为偿付支持,面向保险机构等合格投资者发行受益凭证的业务活动。"该暂行办法除了直接明确其法律渊源是《中华人民共和国信托法》,"根据《中华人民共和国保险法》、《中华人民共和国信托法》、《保险资金运用管理暂行办法》和其他相关法律法规,制定本办法",更是进一步描述、界定了特殊目的载体财产属于信托财产的这一法律属性,规定"支持计划作为特殊目的载体,其资产独立于基础资产原始权益人、受托人、托管人及其他为支持计划提供服务的机构的固有财产。原始权益人、受托人、托管人及其他服务机构因依法解散、被依法撤销或者被依法宣告破产等原因进行清算的,支持计划资产不纳入清算范围",明确了特殊目的载体的破产隔离功能及特殊目的财产的独立性,为保险资产管理公司的资产证券化业务提供了强大的法律层面的制度保护。

遗憾的是,证券公司、基金子公司通过资产支持专项计划这一 SPV 开展 ABS 业务运用的完全是《中华人民共和国信托法》的基本原理,然而鉴于分业经营、分业监管的现实,《证券公司资产证券化业务管理规定》却在回避"信托法""信托财产"等"信托"字眼(相关规章的征求意见稿本有"信托"字眼,生效版本却将其悉数删除,大约证监会不希望给银监会以"捞过界"之感,以免影响监管机构之间的微妙平衡、表面和谐),使得原本可以受到《信托法》强力保护的基础资产在法律上缺乏明确的身份。因此从法律渊源来看,保险资管公司开展的资产证券化业务无疑具有更为直接、更高层次的合法性依据。

由此可见,2015 年 8 月 25 日保监会发布的《资产支持计划业务管理暂行办法》作为保险资管机构开展资产证券化业务的核心文件,其基于立法上的后发优势,整个文件基本沿用、借鉴证监会及基金业协会的关于资产证券化业务的相关规定。保险资金原本就是巨额、长期、低成本的资本大鳄,直接以《信托法》作为上位法并积极借鉴、吸收其他监管部门关于资产证券化业务的操作经验,具有市场和法律层面的双重优势,必将在未来的资产证券化市场大放异彩,获得它该有的地位。

第二节　基础资产及参与主体

一、基础资产

保险资产管理公司等专业管理机构作为受托人开展资产支持计划业务，基础资产应当满足以下要求，且基础资产依据穿透原则确定：

1. 能够直接产生独立、可持续现金流。基础资产预期产生的现金流应当覆盖支持计划预期投资收益和投资本金，国家政策支持的基础设施项目、保障房和城镇化建设等领域的基础资产除外。且基础资产现金流不包括回购等增信方式产生的现金流。

2. 可特定化，权属清晰、明确。

3. 交易基础真实，交易对价公允，符合法律法规及国家政策规定。

4. 没有附带抵押、质押等担保责任或者其他权利限制，或者能够通过相关安排解除基础资产的相关担保责任和其他权利限制。

5. 保监会规定的其他条件。

二、受托人

(一)受托人条件

受托人开展开展资产支持计划业务应当为受益凭证持有人的利益，设立并管理支持计划。受托人应当符合下列能力标准：

1. 具有基础设施投资计划或者不动产投资计划运作管理经验；

2. 建立相关投资决策机制、风险控制机制、内部管理制度和业务操作流程；

3. 合理设置相关部门或者岗位，并配备专职人员；

4. 信用风险管理能力达到监管标准；

5. 最近一年未因重大违法违规行为受到行政处罚；

6. 保监会规定的其他条件。

受托人应当在首单支持计划设立时向保监会报告其能力建设情况。受托人能力下降，不再符合监管规定的，应当及时整改，并报告保监会。

(二)受托人应当履行下列职责

1. 设立、发行、管理支持计划;
2. 按照支持计划约定,向受益凭证持有人分配收益;
3. 协助受益凭证持有人办理受益凭证转让、协议回购等事宜;
4. 持续披露支持计划信息;
5. 法律法规、本办法规定及支持计划约定的其他职责。

三、原始权益人

(一)原始权益人条件

原始权益人依照约定将基础资产移交给支持计划。原始权益人应当符合下列条件:

1. 具备持续经营能力,无重大经营风险、财务风险和法律风险;
2. 生产经营符合法律法规和公司章程的规定,符合国家产业政策;
3. 最近三年未发生重大违约或者重大违法违规行为;
4. 法律法规和保监会规定的其他条件。

(二)原始权益人职责

1. 原始权益人应当积极配合受托人、托管人及其他服务机构履行职责,依照法律法规的规定和支持计划的约定移交基础资产,并确保基础资产真实、合法、有效,不存在虚假或欺诈性转移等任何影响支持计划的情形。

2. 支持计划存续期间,原始权益人应当维持正常的生产经营活动,保障基础资产现金流的持续、稳定,发生重大事项可能损害支持计划利益的,应当及时书面告知受托人并采取补救措施。

四、托管人

托管人为受益凭证持有人的利益,保管支持计划资产。托管人应当具有保险资金托管资格。托管人与受托人不得为同一人,且不得具有关联关系。托管人应当履行下列职责:

1. 安全保管支持计划资产;
2. 按照支持计划约定方式,向受益凭证持有人分配投资收益;

3. 监督受托人管理支持计划运作行为,发现受托人违规操作的,应当立即以书面形式通知受托人纠正,并及时报告保监会;

4. 出具托管报告;

5. 法律法规及支持计划约定的其他职责。

五、资产服务机构

受托人可以聘请资产服务机构在支持计划存续期间对基础资产进行管理。资产服务机构可以是支持计划的原始权益人。受托人聘请资产服务机构的,应当与资产服务机构签订服务合同,明确资产服务机构的职责、管理方法和标准、操作流程、风控措施等。

六、评级及其他中介机构

受托人应当聘请符合监管要求的信用评级机构对受益凭证进行初始评级和跟踪评级。支持计划存续期间,每年跟踪信用评级应当不少于一次。受托人应当聘请律师事务所对支持计划出具独立的法律意见书,并可根据需要聘请资产评估机构、会计师事务所等专业服务机构对支持计划出具专业意见。

第三节 发行、登记和转让

一、支持计划发行

(一)发行核准

受托人发起设立支持计划,实行初次申报核准,同类产品事后报告。保监会依规对初次申报的支持计划实施合规性、程序性审核。支持计划交易结构复杂的,保监会可以建立外部专家评估机制,向投资者提示投资风险。同类产品,是指支持计划的基础资产类别、交易结构等核心要素基本一致。

受益凭证发行可以采取一次足额发行,也可以在募集规模确定且交易结构一致的前提下,采用限额内分期发行的方式。分期发行的,末期发行距首期发行时间一般不超过 12 个月。

(二)发行所需文件

受托人发行受益凭证,应当向投资者提供认购风险申明书、募集说明书、受托合同等支持计划法律文件、信用评级报告及跟踪评级安排、法律意见书等书面文件,明示支持计划要素,充分披露相关信息,揭示并以醒目的方式提示各类风险和风险承担原则。

募集说明书应当充分披露基础资产的构成和运营、基础资产现金流预测分析、回款机制、分配方式的相关情况、受托人与原始权益人存在的关联关系、可能存在的风险以及防范措施等。

二、产品登记及转让

受益凭证可按规定在保险资产登记交易平台发行、登记和转让,实现受益凭证的登记存管和交易流通。保险资产登记交易平台对受益凭证发行、登记和转让及相关信息披露进行自律管理,并与保监会建立信息共享机制。

受益凭证限于向保险机构以及其他具有风险识别和承受能力的合格投资者发行,并在合格投资者范围内转让。保监会根据市场情况制定投资者适当性管理标准。

第四节 典型案例介绍

一、新华资产项目资产支持计划

2013 年 4 月,新华资产发起设立了业内第一单项目资产支持计划业务。该单计划的项目融资方为东方资产管理公司,资金方为新华人寿,其交易结构为:东方资产将持有的一系列不良债权资产打包组合,通过新华资产发起项目资产支持计划,并由新华人寿出资参与认购。同时,东方资产与新华资产签订了回购协议,保留了基础债权资产上的所有风险,形式与委托贷款业务类似,虽然称为项目资产支持计划,但本质上是一笔信用贷款。该单计划的协议收益率为××%,期限为××年,××亿元的资金来源于新华人寿近期售出的一款资产挂钩的万能险,认购资金则全部用以受让东方资产的不良资产包。

二、民生通惠—阿里巴巴 1 号、2 号项目资产支持计划

该单项目资产支持计划成立于 2013 年 6 月 18 日,投资规模为××亿元,投资期限为××个月。基础资产为重庆市阿里巴巴小额贷款,原始权益人与资产服务机构均为重庆市阿里巴巴小额贷款有限公司,计划管理人为民生通惠资产管理有限公司,托管银行为招商银行。产品优先份额由保险资金认购,阿里巴巴认购劣后份额。

2014 年 1 月 8 日,民生通惠资产管理有限公司又成立了民生通惠—阿里巴巴 2 号项目资产支持计划,投资规模为××亿元,产品分两期,投资期限为××个月,其他要素与民生通惠—阿里巴巴 1 号项目资产支持计划相同。

三、民生通惠—阿里金融 1 号支持计划

2014 年 12 月 8 日,民生通惠资产管理有限公司和蚂蚁金融服务集团旗下蚂蚁微贷合作推出的"民生通惠—阿里金融 1 号支持计划",获得了保监会批复,募集总规模达××亿元。该单产品是继保监会下发《项目资产支持计划试点业务监管口径》之后,首批获准的项目资产支持计划。产品募集资金用于购买蚂蚁金融服务集团旗下小额贷款公司的小额贷款资产,以该基础资产的回收款偿付投资收益,到期向投资者返还投资本息。和以往类似项目更多向机构投资者发售不同,此次民生通惠—阿里金融 1 号支持计划对发售形式进行了较大的创新。根据不同的风险、收益特征,民生通惠—阿里金融 1 号项目资产支持计划分为优先级和次级受益凭证。其中,民生保险万能险"金元宝"的产品将投资于本计划的优先级资产支持证券;蚂蚁金融旗下蚂蚁微贷持有全部次级份额。优先级收益凭证获得上海新世纪信评公司 AAA 的信用评级。

四、平安—江苏金融租赁项目资产支持计划

该单项目资产支持计划募集规模为××亿元,基础资产为原始权益人江苏金融租赁股份有限公司享有的教育、医疗类优质金融租赁资产收益权。江苏金融租赁股份有限公司成为全国首家引入保险资金的金融租赁公司。保险资金的成功引入,为金融租赁公司拓展了新的融资渠道,进一步补充了公司的中长期资金,优化了负债的来源结构和期限结构,使金融租赁公司负债稳定性进一步增强。

第五节　需掌握的监管法规

保险资产管理公司开展资产证券化业务,须依据以下文件:

1. 保监会:《资产支持计划业务管理暂行办法》(2015 年 8 月 25 日)

2. 保监会:《关于保险资产管理产品参与融资融券债权收益权业务有关问题的通知》(2015 年 7 月 9 日)

3. 保监会、银监会:《关于规范保险资产托管业务的通知》(2014 年 10 月 24 日)

4. 保监会:《项目资产支持计划试点业务监管口径》(2014 年 7 月 28 日)

5. 保监会:《保险资金运用管理暂行办法》(2014 年 4 月 4 日)

6. 保监会:《关于保险资产管理公司开展资产管理产品业务试点有关问题的通知》(2013 年 2 月 4 日)

7. 保监会:《关于保险资金投资有关金融产品的通知》(2012 年 10 月 12 日)

8. 中证登:《关于保险资产管理公司资产管理产品开户与结算有关问题的通知》(2012 年 8 月 31 日)

9. 保监会:《保险资金委托投资管理暂行办法》(2012 年 7 月 16 日)

10. 保监会:《保险资产管理公司管理暂行规定》(2011 年 4 月 7 日)

11. 保监会:《关于保险机构填报保险资产管理监管信息的通知》(2011 年 3 月 9 日)

12. 保监会:《保险资金间接投资基础设施项目试点管理办法》(2010 年 12 月 3 日)

13. 保监会:《保险资产管理重大突发事件应急管理指引》(2007 年 5 月 30 日)

14. 保监会:《保险资金运用风险控制指引(试行)》(2004 年 4 月 28 日)

第三编

非金融债券业务

第七章

我国非金融债券业务概述

　　本编所述非金融债券主要包括证监会监管的公司债、发改委监管的企业债以及央行监管的在交易商协会注册的非金融企业债务融资工具。此前非金融债券还包括在交易所备案的中小企业私募债，但自 2015 年 5 月 29 日起，中小企业私募债被非公开发行公司债取代。

　　关于公司债，较早的规定有《公司法》《证券法》等，自 2014 年以来证监会采取了一系列措施推进其发展，不仅取消了中小企业私募债，将其统一纳入到非公开发行公司债进行管理，而且还增加了发债主体范围，规定所有公司制法人在符合发行条件的前提下均可发行公司债券进行融资。相关部门新出台或修订的相关法规包括但不限于：《上海证券交易所债券市场投资者适当性管理办法》《深圳证券交易所债券市场投资者适当性管理办法》《上海证券交易所非公开发行公司债券业务管理暂行办法》《深圳证券交易所非公开发行公司债券业务管理暂行办法》《上海证券交易所公司债券上市规则（2015 年修订）》《深圳证券交易所公司债券上市规则（2015 年修订）》《上海证券交易所公司债券上市预审核工作流程》《深圳证券交易所公司债券上市预审核工作流程》《关于发布非公开发行公司债券备案管理自律规则的通知》《公开发行证券的公司信息披露内容与格式准则第 24 号——公开发行公司债券申请文件（2015 年修订）》《公开发行证券的公司信息披露内容与格式准则第 23 号——公开发行公司债券募集说明书（2015 年修订）》《公司债券发行与交易管理办法》等。

　　关于企业债，近年来发改委在适当放宽企业债券发行条件，推进企业债券品种创新的同时，还不断配合国务院为遏制地方政府融资乱象而出台了多项规定，规范政府投融资平台发行企业债进行融资的行为。相关部门新出台或修订的相关法规包括但不限于：《关于调整银行间债券市场债券交易流通有关管理政策的公告》《养老产业专项债券发行指引》《城市停车场建设专项债券发行指引》《地方政府专项债券发行管理暂行办法》《战略性新兴产业专项债券发行指引》《城市地下综合管廊建设专项债券发行指引》《地方政府一般债券发行管理暂行办法》《关于加强企业债券回购风险管理相关措施的通知》《地方政府存量债务纳入预算管理清理甄别办法》《关于加强地方政府性债务管理的意见》《关于创新企业债券融资方式扎实推进棚户区改造建设有关问题的通知》等。

关于非金融企业债务融资工具,银行间债券市场也不断加大创新力度,推陈出新,在2014年推出了"项目收益票据"等创新品种,进一步满足了企业多元化融资需求,降低了企业融资成本。相关部门新出台或修订的相关法规包括但不限于:《关于私募投资基金进入银行间债券市场有关事项的通知》《非金融企业债务融资工具承销业务规范》《关于非金融机构合格投资人进入银行间债券市场有关事项的通知》《银行间债券市场非金融企业项目收益票据业务指引》《银行间债券市场债券交易自律规则》等。

但是由于固定收益产品市场多头监管的弊病导致的监管套利、市场混乱等现象仍时有发生。在未来,笔者希望债券市场能形成统一、规范的行业管理,包括统一发行市场、投资者准入条件、资信评级要求、信息披露标准、登记托管及结算机构、投资者适当性制度和债权人保护制度等方面的统一。

第八章

公司债

第一节　法定概念及发展概况

　　根据《公司法》的规定,公司债券是指公司依照法定程序发行、约定在一定期限还本付息的有价证券。《证券法》在公司法的基础上对公司发行债券的主体条件进行了规定,但并未将发行主体限制在上市公司的范围内。

　　2007 年 8 月 14 日证监会发布的《公司债券发行试点办法》《关于实施〈公司债券发行试点办法〉有关事项的通知》,2011 年 10 月 20 日发布的《关于创业板上市公司非公开发行债券有关事项的公告》,2004 年 10 月 18 日发布的《证券公司债券管理暂行办法》对公司债的发行主体、条件、程序等问题进行了细化和限制,使发行主体限于境内证券交易所上市公司以及发行境外上市外资股的境内股份有限公司、证券公司,极大地限制了公司通过发行公司债券进行融资的渠道。

　　为深入贯彻落实国务院《关于进一步促进资本市场健康发展的若干意见》(国发〔2014〕17 号,简称"新国九条")的战略要求,2014 年下半年,证监会在广泛征求各方意见的基础上,着手推进债券市场改革与发展,并于 2015 年 1 月 16 日发布了《公司债券发行与交易管理办法》(本章简称《管理办法》)。《管理办法》与上述《公司债券发行试点办法》《关于实施〈公司债券发行试点办法〉有关事项的通知》《关于创业板上市公司非公开发行债券有关事项的公告》《证券公司债券管理暂行办法》等原有规定相比,有多方面的重大突破:

　　一是扩大发行主体范围。新规将发行范围由原来限于境内证券交易所上市公司以及发行境外上市外资股的境内股份有限公司、证券公司扩大至所有注册于中国的公司制法人,甚至拓展至有限责任公司,充分利用了《公司法》已经赋予的发债空间。

二是充分利用多层次资本市场和简政放权的政策红利,丰富债券发行方式。在总结中小企业私募债试点经验的基础上,对非公开发行以专门章节作出规定,全面建立非公开发行制度。

三是增加债券交易场所。新规将公开发行公司债券的交易场所由上海、深圳证券交易所拓展至股转系统;非公开发行公司债券的交易场所由上海、深圳证券交易所拓展至全股转系统、报价系统和证券公司柜台。

四是简化发行审核流程。新规取消公司债券公开发行的保荐制和发审委制度,以简化审核流程。

五是实施分类管理。新规将公司债券公开发行区分为面向公众投资者的公开发行和面向合格投资者的公开发行两类(俗称"大公募""小公募"),并完善相关投资者适当性管理安排。

六是加强债券市场监管。新规强化了信息披露、承销、评级、募集资金使用等重点环节监管要求,并对私募债的行政监管做出安排。

七是强化持有人权益保护。新规完善了债券受托管理人和债券持有人会议制度,并对契约条款、增信措施做出引导性规定。

根据《管理办法》的规定,公开发行公司债需通过证监会核准后才能发行,而非公开发行公司债券,只需向证券业协会备案。

另,鉴于银行间市场已经出现实质上的永续债——可续期企业债(含可续期中票),从拓展融资渠道、消除监管套利的趋势看,相信不久的未来,一定也会出现交易所市场的永续公司债(可续期公司债)。

第二节　关于公司债的监管要点

一、发行主体条件

根据现行有效的监管法规,符合以下条件的公司,才能发行公司债券:

(一)公开发行

1. 公开发行公司债券,应当符合《证券法》《公司法》的相关规定。根据

《证券法》的规定,公开发行公司债券,应当符合下列条件:

(1)股份有限公司的净资产不低于人民币 3000 万元,有限责任公司的净资产不低于人民币 6000 万元;

(2)累计债券余额不超过公司净资产的 40%;

(3)最近三年平均可分配利润足以支付公司债券一年的利息;

(4)筹集的资金投向符合国家产业政策;

(5)债券的利率不超过国务院限定的利率水平;

(6)国务院规定的其他条件。

提请注意:

(1)公开发行公司债券筹集的资金,必须用于核准的用途,不得用于弥补亏损和非生产性支出。

(2)监管法规并未规定达到一定信用等级的公司才可以作为发行主体,但是实际操作中承销商出于商业风险的考量,通常只承销达到特定主体信用等级的公司的公司债,主体信用等级 AA－为分水岭:主体信用等级低于 AA－的,承销商不会考虑其发债;主体信用等级为 AA－的,需要内外部增信,以确保债项评级为 AA 级或更高;发债主体的民营或国有性质也是承销商的重要考量因素,除非公司极其有成长性或行业优势,多数承销商会认为 AA 等级的民营公司的信用等级低于 AA－的国有公司,这实际上隐含了股东对公司信用的无形提升。

2. 存在下列情形之一的,不得公开发行公司债券:

(1)最近三年内公司财务会计文件存在虚假记载,或公司存在其他重大违法行为;

(2)本次发行申请文件存在虚假记载、误导性陈述或者重大遗漏;

(3)对已发行的公司债券或者其他债务有违约或者迟延支付本息的事实,仍处于继续状态;

(4)严重损害投资者合法权益和社会公共利益的其他情形。

3. 资信状况符合以下标准的公司债券可以向公众投资者公开发行,也可以自主选择仅面向合格投资者公开发行。仅面向合格投资者公开发行的,证监会简化核准程序:

(1)发行人最近三年无债务违约或者迟延支付本息的事实;

(2)发行人最近三个会计年度实现的年均可分配利润不少于债券一年利息的 1.5 倍;

（3）债券信用评级达到 AAA 级；

（4）证监会根据投资者保护的需要规定的其他条件。

（二）非公开发行

《管理办法》未对非公开发行债券的主体条件作出规定,但规定非公开发行的公司债券应当向合格投资者发行,不得采用广告、公开劝诱和变相公开的方式,每次发行对象不得超过 200 人,发行人的董事、监事、高级管理人员及持股比例超过 5% 的股东,可以参与本公司非公开发行公司债券的认购与转让,不受关于合格投资者资质条件的限制。为做好非公开发行公司债券的承销业务风险控制管理工作,证券业协会制定了《非公开发行公司债券项目承接负面清单指引》,对非公开发行公司债券项目承接实行负面清单管理,规定承销机构项目承接不得涉及负面清单限制的范围,负面清单主要内容详见本章第四节。

（三）特殊主体排除

提请注意:2014 年 10 月国务院下发的《国务院关于加强地方政府性债务管理的意见》(简称"43 号文")明确规定,地方融资平台需剥离政府信用,不得增加地方政府债务。为了不违背 43 号文的监管理念,《管理办法》规定地方政府融资平台公司(简称"融资平台")目前不能发行公司债。此前银监会、审计署、央行关于"融资平台"的认定均出台过相应的名单,因此有观点认为只要不在名单中的公司都不属于"融资平台",因而均可发行公司债。但实践中存在着大量"类融资平台公司",即虽不在各部门的融资平台名单内,但实际上承担了地方政府融资功能、主要收入来源于政府补助或政府划拨土地之出让金收入的公司。

通过检索目前生效的法律法规,关于融资平台认定的主要规定有:《国务院关于加强地方政府融资平台公司管理有关问题的通知》(国发〔2010〕19 号)规定,地方融资平台公司"指由地方政府及其部门和机构等通过财政拨款或注入土地、股权等资产设立,承担政府投资项目融资功能,并拥有独立法人资格的经济实体"。证券业协会颁布的《非公开发行公司债券项目承接负面清单》中列举:"7. 地方融资平台公司。本条所指的地方融资平台公司是指根据国务院相关文件规定,由地方政府及其部门和机构等通过财政拨款或注入土地、股权等资产设立,承担政府投资项目融资功能,并拥有独立法人资格的经济实体。"证券业协会颁布的《公司债券承销业务尽职调查指引》规定:"承销机构应当通过对照相关主管部门关于地方政府融资平台的界定标准,结合股东资质、收入来源、承担项目类型、融资用途等因素综合分析,核查发行人是否为地方政府融资平台。"

综上而言,作者理解,对于发行人是否为融资平台,需要中介机构从多方面综合分析予以认定,最终由相关审核机构具体审核和把握。据作者了解,目前上交所关于平台公司的判断要点主要有以下几点:(1)发行人和子公司是否为地方融资平台,子公司为融资平台的,需承诺发行债券所获资金不流向该融资平台。(2)发行人是否具有市场化运作的经营性业务,其来源于地方政府的现金流入和营业收入占发行人相应比例:交易所目前操作中认定标准是现金流入占比、营业收入占比不能都超过 50%,但是一个指标超过是可以的。因 PPP 项目、省级保障房项目导致两个指标均超过 50% 的除外。(3)发行人地方政府债务清理甄别情况,发行人发行债券,不能新增地方政府债务,募集资金不能用于偿还地方政府债务,或者投向公益性项目。

作者认为,由于《管理办法》规定融资平台不得发行公司债主要是受 43 号文的影响,目的是防止变相增加地方政府债务,而对地方政府债务甄别的主体为财政部,因而财政部对融资平台的认定应更具指导性,因此,希望财政部尽快出台融资平台公司名单,为公司债的发行业务提供明确的指导依据。

(四)境外公司境内发行公司债券

《管理办法》规定:"……境外注册公司在中国证监会监管的债券交易场所的债券发行、交易或转让,参照适用本办法。"《上海证券交易所公司债券上市规则》1.2 规定:"企业债券、国务院授权部门核准的其他债券及境外注册公司发行的债券的上市交易,参照本规则执行。"《上海证券交易所非公开发行公司债券业务管理暂行办法》1.2 规定:"境外注册公司发行的债券的挂牌转让,参照本办法执行。"《深圳证券交易所公司债券上市规则(2015 年修订)》1.2 规定:"企业债券、境外注册公司发行的债券以及国务院授权部门核准、批准的其他债券的上市交易,参照本规则执行。"《深圳证券交易所非公开发行公司债券业务管理暂行办法》第二条规定:"境外注册公司发行的债券在本所转让的,参照本办法执行。"

因此,境外公司在中国境内交易所发行、转让、交易公司债券不存在法律和政策障碍,而且据笔者了解,目前交易所已在开展此项业务。

二、发行程序

根据《管理办法》的相关规定,公司债券发行程序如下:

(一)公司内部决策

发行公司债券,发行人应当依照《公司法》或者公司章程相关规定对以下事项作出决议:(1)发行债券的数量;(2)发行方式;(3)债券期限;(4)募集资金的用途;(5)决议的有效期;(6)其他按照法律法规及公司章程规定需要明确的事项。发行公司债券,如果对增信机制、偿债保障措施做出安排的,也应当在决议事项中载明。

(二)评级要求

公开发行公司债券,应当委托具有从事证券服务业务资格的资信评级机构进行信用评级。非公开发行公司债券是否进行信用评级由发行人确定,并在债券募集说明书中披露。

(三)审核或备案

公开发行公司债券,发行人应当按照证监会的信息披露内容与格式的有关规定编制和报送申请文件。证监会受理申请文件后,依法审核申请,自受理发行申请文件之日起三个月内,做出是否核准的决定,并出具相关文件。

非公开发行公司债券,承销机构或自行销售的发行人应当在每次发行完成后五个工作日内向证券业协会备案。取得证券承销业务资格的证券公司、中国证券金融股份有限公司及证监会认可的其他机构非公开发行公司债券可以自行销售。

(四)发行

公开发行公司债券,可以申请一次核准,分期发行。自证监会核准发行之日起,发行人应当在十二个月内完成首期发行,剩余数量应当在二十四个月内发行完毕。公开发行公司债券的募集说明书自最后签署之日起六个月内有效。采用分期发行方式的,发行人应当在后续发行中及时披露更新后的债券募集说明书,并在每期发行完成后五个工作日内报证监会备案。

三、合格投资者

(一)合格投资者标准

《管理办法》将公司债券发行分为公开发行和非公开发行。其中,公开发行又区分为面向公众投资者的公开发行和面向合格投资者的公开发行两类;非公开发行的公司债券只能向合格投资者发行,且每次发行对象不得超过200人。《管理办法》规定的合格投资者标准如下:

(1)经有关金融监管部门批准设立的金融机构,包括证券公司、基金管理公司及其子公司、期货公司、商业银行、保险公司和信托公司等,以及经基金业协会登记的私募基金管理人;

(2)上述金融机构面向投资者发行的理财产品,包括但不限于证券公司资产管理产品、基金及基金子公司产品、期货公司资产管理产品、银行理财产品、保险产品、信托产品以及经基金业协会备案的私募基金;

(3)净资产不低于人民币1000万元的企事业单位法人、合伙企业;

(4)合格境外机构投资者(QFII)、人民币合格境外机构投资者(RQFII);

(5)社会保障基金、企业年金等养老基金和慈善基金等社会公益基金;

(6)名下金融资产不低于人民币300万元的个人投资者;

(7)经证监会认可的其他合格投资者。

上述金融资产包括银行存款、股票、债券、基金份额、资产管理计划、银行理财产品、信托计划、保险产品、期货权益等;理财产品、合伙企业拟将主要资产投向单一债券,需要穿透核查最终投资者是否为合格投资者并合并计算投资者人数,具体标准由基金业协会规定。

同时,《管理办法》还规定证券自律组织可以在该办法规定的基础上,设定更为严格的合格投资者资质条件。

提请注意:根据2015年5月29日上交所出台的《上海证券交易所债券市场投资者适当性管理办法》、深交所出台的《深圳证券交易所非公开发行公司债券业务管理暂行办法》,以及2015年8月7日中证报价公司发布的《报价系统非公开发行公司债券业务指引》的规定,非公开发行公司债券在交易所挂牌转让、在报价系统发行转让的,其合格投资者不包括上述合格投资者标准中的个人投资者。但《上海证券交易所债券市场投资者适当性管理办法》规定,承销机构可参与其承销的非公开发行公司债券的认购及交易。

(二)合格投资者确认

根据沪、深交易所关于投资者适当性管理的相关规定,申请人向证券经营机构或会员单位申请合格投资者资格确认,符合合格投资者条件的,证券经营机构或会员单位与之签署《风险揭示书》,并制作合格投资者名单报送交易所。交易所制定的风险揭示书必备条款如下:

1. 上交所:债券市场合格投资者风险揭示书必备条款

(1)总则

债券投资具有信用风险、市场风险、流动性风险、放大交易风险、标准券欠库风险、政策风险及其他各类风险。

(2)投资者适当性

投资者应当根据自身的财务状况、实际需求、风险承受能力,以及内部制度(若为机构),审慎决定参与债券交易。

(3)信用风险

债券发行人无法按期还本付息的风险。如果投资者购买或持有资信评级较低的信用债,将面临显著的信用风险。

(4)市场风险

由于市场环境或供求关系等因素导致的债券价格波动的风险。

(5)流动性风险

投资者在短期内无法以合理价格买入或卖出债券,从而遭受损失的风险。

(6)放大交易风险

投资人利用现券和回购两个品种进行债券投资的放大操作,从而放大投资损失的风险。

(7)标准券欠库风险

投资者在回购期间需要保证回购标准券足额。如果回购期间债券价格下跌,标准券折算率相应下调,融资方面临标准券欠库风险。融资方需要及时补充质押券避免标准券不足。

(8)政策风险

由于国家法律、法规、政策、交易所规则的变化、修改等原因,可能会对投资者的交易产生不利影响,甚至造成经济损失。

风险揭示书应以醒目的文字载明:

本风险揭示书的揭示事项仅为列举性质,未能详尽列明债券交易的所有风险。投资者在参与债券交易前,应认真阅读债券上市说明书以及交易所相关业务规则,并做好风险评估与财务安排,确定自身有足够的风险承受能力,避免因参与债券交易而遭受难以承受的损失。

注:除以上列举的各项风险外,证券经营机构还可以根据具体情况在本公司制订的风险揭示书中对债券交易存在的风险做进一步列举。

2. 深交所:仅限合格投资者参与认购及交易的公开发行公司债券风险揭示书必备条款

(1)合格投资者可以参与深圳证券交易所全部公开发行公司债券的认购及交易,合格投资者买入信用评级较低、发行人资质较差的债券,可能面临较大的风险。

(2)公众投资者可以参与认购及交易的债券出现《深圳证券交易所公司债券上市规则(2015 年修订)》第 2.3 条所列以下情形之一的,公众投资者将不能继续买入该类债券,合格投资者继续参与该类债券认购及交易的风险相对较大:

①债券信用评级下调,低于 AAA 级;

②发行人发生债务违约,延迟支付本息,或者其他可能对债券还本付息产生重大影响的事件;

③中国证监会及本所根据投资者保护的需要规定的其他情形。

(3)仅限合格投资者买入的债券可能存在较大的信用风险、流动性风险、市场风险等各类风险。客户在参与认购及交易前,应当充分了解该类债券的相关风险以及债券发行人的相关情况,根据自身财务状况、实际需求及风险承受能力,审慎考虑是否买入。

(4)仅限合格投资者参与认购及交易的债券存在信用评级下调,发行人盈利能力恶化以及生产经营发生重大变化的可能性,该类债券存在无法按照募集说明书的约定按时足额还本付息的风险,可能给客户造成损失。

(5)客户应当特别关注债券发行人发布的债券投资者适当性安排调整公告,及时从指定信息披露媒体、上市公司网站以及证券公司网站等渠道获取相关信息,审慎做出投资决策。

除上述必备条款外,各会员还可以根据具体情形在《风险揭示书》中对合格投资者参与债券认购及交易存在的风险作进一步列举。

《风险揭示书》应当以醒目的文字载明:本《风险揭示书》的提示事项仅为列举性质,未能详细列明债券认购及交易的所有风险。

会员应当与客户以书面或者电子方式签署《风险揭示书》,客户应当确认已知晓并理解《风险揭示书》的全部内容,承诺其具备合格投资者资格,愿意承担投资仅限合格投资者参与认购及交易债券的风险和损失。

四、交易场所

《管理办法》规定,公开发行的公司债券应当在依法设立的证券交易所上市交易,或在股转系统或者国务院批准的其他证券交易场所转让。

非公开发行公司债券可以申请在证券交易所、股转系统、报价系统、证券公司柜台转让。非公开发行的公司债券仅限于合格投资者范围内转让。转让后,持有同次发行债券的合格投资者合计不得超过 200 人。

五、增信措施

《管理办法》规定,发行人可采取内外部增信机制、偿债保障措施,提高偿债能力,控制公司债券风险。内外部增信机制、偿债保障措施包括但不限于下列方式:

1. 第三方担保;
2. 商业保险;
3. 资产抵押、质押担保;
4. 限制发行人债务及对外担保规模;
5. 限制发行人对外投资规模;
6. 限制发行人向第三方出售或抵押主要资产;
7. 设置债券回售条款。

六、尽职调查及债券承销

《管理办法》规定,证券自律组织可依照相关规定对公司债券的上市交易或转让、非公开发行及转让、承销、尽职调查、信用评级、受托管理及增信等进行自律管理。2015 年 10 月 16 日证券业协会发布《公司债券承销业务尽职调查指引》《公司债券承销业务规范》,对公司债券的尽职调查及承销工作进行指导和规范。

(一)尽职调查

1. 调查内容

承销机构应当对发行人进行尽职调查的内容包括但不限于：

(1)发行人基本情况；

(2)财务会计信息；

(3)发行人及本期债券的资信状况；

(4)募集资金运用；

(5)增信机制、偿债计划及其他保障措施；

(6)利害关系；

(7)发行人履行规定的内部决策程序情况；

(8)募集文件中与发行条件相关的内容；

(9)发行人存在的主要风险；

(10)在承销业务中涉及的、可能影响发行人偿债能力的其他重大事项。

2. 调查方法

承销机构开展尽职调查，可以采用查阅、访谈、列席会议、实地调查、信息分析、印证和讨论等方法。

(二)债券承销

发行公司债券应当由具有证券承销业务资格的证券公司承销。取得证券承销业务资格的证券公司及证监会认可的其他机构非公开发行公司债券可以自行销售。

七、债券持有人利益保护机制

关于债券持有人利益保护机制方面的安排，《管理办法》规定如下：

(一)债券受托管理人

1. 受托管人范围

债券受托管理人由本次发行的承销机构或其他经证监会认可的机构担任。债券受托管理人应当为证券业协会会员。为本次发行提供担保的机构不得担任本次债券发行的受托管理人。

2. 受托管人职责

公开发行公司债券的受托管理人应当履行下列职责：

（1）持续关注发行人和保证人的资信状况、担保物状况、增信措施及偿债保障措施的实施情况，出现可能影响债券持有人重大权益的事项时，召集债券持有人会议；

（2）在债券存续期内监督发行人募集资金的使用情况；

（3）对发行人的偿债能力和增信措施的有效性进行全面调查和持续关注，并至少每年向市场公告一次受托管理事务报告；

（4）在债券存续期内持续督导发行人履行信息披露义务；

（5）预计发行人不能偿还债务时，要求发行人追加担保，并可以依法申请法定机关采取财产保全措施；

（6）在债券存续期内勤勉处理债券持有人与发行人之间的谈判或者诉讼事务；

（7）发行人为债券设定担保的，债券受托管理协议可以约定担保财产为信托财产，债券受托管理人应在债券发行前或债券募集说明书约定的时间内取得担保的权利证明或其他有关文件，并在担保期间妥善保管；

（8）发行人不能偿还债务时，可以接受全部或部分债券持有人的委托，以自己名义代表债券持有人提起民事诉讼、参与重组或者破产的法律程序。

（二）债券持有会议

发行公司债券，应当在债券募集说明书中约定债券持有人会议规则。债券持有人会议规则应当公平、合理。存在下列情形的，债券受托管理人应当召集债券持有人会议：

1. 拟变更债券募集说明书的约定；

2. 拟修改债券持有人会议规则；

3. 拟变更债券受托管理人或受托管理协议的主要内容；

4. 发行人不能按期支付本息；

5. 发行人减资、合并、分立、解散或者申请破产；

6. 保证人、担保物或者其他偿债保障措施发生重大变化；

7. 发行人、单独或合计持有本期债券总额 10% 以上的债券持有人书面提议召开；

8. 发行人管理层不能正常履行职责，导致发行人债务清偿能力面临严重不确定性，需要依法采取行动的；

9. 发行人提出债务重组方案的;

10. 发生其他对债券持有人权益有重大影响的事项。

在债券受托管理人应当召集而未召集债券持有人会议时,单独或合计持有本期债券总额 10％以上的债券持有人有权自行召集债券持有人会议。

第三节 公开发行公司债券

一、证监会审核

根据 2015 年 3 月 2 日证监会发布的《公开发行证券的公司信息披露内容与格式准则第 24 号——公开发行公司债券申请文件(2015 年修订)》的规定,申请公开发行公司债券的,应按该准则的规定制作申请文件。该准则规定的申请文件目录是对发行申请文件的最低要求,证监会根据审核需要,可以要求发行人和中介机构补充材料。如果某些材料对发行人不适用,可不必提供,但应向证监会做出书面说明。

(一)申请文件

公开发行公司债券申请文件目录内容如下:

第一章 本次公司债券发行的募集文件

1—1 募集说明书(申报稿)

1—2 募集说明书摘要

第二章 发行人关于本次公司债券发行的申请与授权文件

2—1 发行人关于本次公司债券发行的申请报告

2—2 发行人董事会决议、股东会或股东大会决议(或者法律法规以及公司章程规定的有权机构决议)

第三章 中介机构关于本次公司债券发行的文件

3—1 主承销商核查意见,主要内容应当包括:

(1)发行人基本情况;

(2)公司债券主要发行条款;

(3)发行人是否履行了规定的内部决策程序;

(4)对募集文件真实性、准确性和完整性的核查意见,包括募集文件中与发行条件相关的内容是否符合相关法律法规及部门规章规定的意见；

（5）发行人存在的主要风险；

（6）主承销商已按照有关规定进行尽职调查和审慎核查的承诺；

（7）主承销商是否履行了内核程序，以及内核关注的主要问题、解决情况以及内核意见；

（8）关于发行人是否是地方政府融资平台公司的核查意见（适用于地方政府及其部门或机构直接或间接控股的发行人）；

（9）证监会要求的其他内容。

核查意见应当由主承销商法定代表人、债券承销业务负责人、内核负责人、项目负责人及其他成员签字，加盖主承销商公章并注明签署日期。

3-2 发行人律师出具的法律意见书

第四章　其他文件

4-1 发行人最近三年的财务报告、审计报告以及最近一期的财务报告或会计报表（截至此次申请时，最近三年内发生重大资产重组的发行人，同时应当提供重组前一年的备考财务报告以及审计或审阅报告和重组进入公司的资产的财务报告、资产评估报告和/或审计报告）

4-2 发行人董事会（或者法律法规及公司章程规定的有权机构）、会计师事务所及注册会计师关于非标准无保留意见审计报告的补充意见（如有）

4-3 本次公司债券发行募集资金使用的有关文件

4-4 债券受托管理协议

4-5 债券持有人会议规则

4-6 资信评级机构为本次发行公司债券出具的资信评级报告

4-7 本次发行公司债券的担保合同、担保函、担保人就提供担保获得的授权文件（如有）；担保财产的资产评估文件（如为抵押或质押担保）

4-8 担保人最近一年的财务报告（并注明是否经审计）及最近一期的财务报告或会计报表

4-9 特定行业主管部门出具的监管意见书

4-10 发行人全体董事、监事和高管对发行申请文件真实性、准确性和完整性的承诺书

（二）募集说明书的要求及主要内容

1. 总体要求

根据 2015 年 3 月 2 日证监会公布的《公开发行证券的公司信息披露内容与格式准则第 23 号——公开发行公司债券募集说明书（2015 年修订）》的规定，申请公开发行公司债券的公司，应按该准则的要求编制公司债券募集说明书及其摘要，作为向证监会申请发行公司债券的必备文件，并按规定披露。同时，该准则的规定是对募集说明书信息披露的最低要求，且不论该准则是否有明确规定，凡对投资者做出投资决策有重大影响的信息，均应披露。

2. 募集说明书的封面、书脊、扉页、目录、释义

（1）募集说明书文本封面及书脊应标有"×××公司公开发行公司债券募集说明书（面向公众投资者/面向合格投资者）"字样，封面还应载明发行人及主承销商的名称和住所、募集说明书的签署日期。

（2）募集说明书文本扉页应当刊载如下声明：

"凡欲认购本期债券的投资者，请认真阅读本募集说明书及有关的信息披露文件，进行独立投资判断并自行承担相关风险。证券监督管理机构及其他政府部门对本次发行所作的任何决定，均不表明其对发行人的经营风险、偿债风险、诉讼风险以及公司债券的投资风险或收益等作出判断或者保证。任何与之相反的声明均属虚假不实陈述。"

"投资者认购或持有本期公司债券视作同意债券受托管理协议、债券持有人会议规则及债券募集说明书中其他有关发行人、债券持有人、债券受托管理人等主体权利义务的相关约定。"

对投资者有重大影响的事项，发行人应在募集说明书文本扉页中作"重大事项提示"，提醒投资者关注。

（3）募集说明书目录应标明各章、节的标题及其对应的页码。发行人应对可能对投资者理解有障碍及有特定含义的术语做出释义。释义应在目录次页排印。

3. 募集说明书的主要内容

（1）发行概况

发行人应披露发行的基本情况及发行条款，包括但不限于：

①发行的核准文件、核准规模和本期债券的名称和发行总额。如发行人分期发行的，披露本期发行安排；

②票面金额、债券期限、还本付息的方式,本期债券的起息日、利息登记日、付息日期、本金支付日、支付方式、支付金额及其他具体安排;

③债券利率/发行价格或其确定方式、定价流程;

④赎回条款、回售条款、可交换为股票条款、减记条款等(如有);

⑤担保情况及其他增信措施(如有);

⑥募集资金专项账户;

⑦信用级别及资信评级机构;

⑧债券受托管理人;

⑨发行方式、发行对象与配售规则;

⑩承销方式;

⑪公司债券上市或转让安排。

此外,发行人应披露下列机构的名称、法定代表人、住所、联系电话、传真,同时应披露有关经办人员的姓名:

①主承销商及其他承销机构;

②律师事务所;

③会计师事务所;

④担保人及其他第三方增信机构(如有);

⑤资信评级机构;

⑥债券受托管理人;

⑦募集资金专项账户开户银行;

⑧公司债券申请上市或转让的证券交易场所;

⑨公司债券登记机构;

⑩资产评估机构(如有);

⑪其他与发行相关的机构。

(2)风险因素

发行人应披露的风险因素包括但不限于下列内容:

①本期债券的投资风险:利率风险,市场利率变化对本期债券收益的影响;流动性风险,本期债券因市场交易不活跃而可能受到的不利影响;偿付风险,本期债券本息可能不能足额偿付的风险;本期债券安排所特有的风险,本期债券有关约定潜在的风险,如专项偿债账户及其他偿债保障措施可能存在的风险、提前偿付安排可能对投资人利益的影响等;担保(如有)或评级的风险,担保人(如有)资信或担保物(如有)的现状及可能发生的重大变化对本期

债券本息偿还的影响,信用评级级别变化可能对投资人利益的影响等。

②发行人的相关风险:财务风险,发行人因资产结构、负债结构和其他财务结构不合理而形成的财务风险,对外担保等导致发行人整体变现能力差等风险;经营风险,发行人的产品或服务的市场前景、行业经营环境的变化、商业周期或产品生命周期的影响、市场饱和或市场分割、过度依赖单一市场、市场占有率下降等风险;管理风险,发行人组织模式和管理制度不完善,与控股股东及其他重要关联方存在同业竞争及重大关联交易,在债券存续期内可能进行重大资产重组或重要股东可能变更导致公司管理层、管理制度、管理政策不稳定等风险;政策风险,因国家法律、法规、政策的可能变化对发行人产生的具体政策性风险,如因财政、金融、土地使用、产业政策、行业管理、环境保护、税收制度、财务管理制度、经营许可制度、外汇制度、收费标准等发生变化而对发行人的影响。

(3)发行人及本期债券的资信状况

发行人应披露信用评级报告的主要事项,包括但不限于下列情况:

①信用评级结论及标识所代表的含义;

②提供担保的,应对比说明有无担保的情况下评级结论的差异;

③评级报告揭示的主要风险;

④跟踪评级的有关安排;

⑤其他重要事项。

发行人还应披露下列公司资信情况:

①公司获得主要贷款银行的授信情况、使用情况;

②近三年与主要客户发生业务往来时,是否有严重违约现象;

③近三年发行的债券、其他债务融资工具以及偿还情况;

④如曾对已发行的公司债券或其他债务有违约或延迟支付本息的事实,应披露相关事项的处理情况和对发行人的影响;

⑤本次发行后的累计公司债券余额及其占发行人最近一期净资产的比例;

⑥近三年的流动比率、速动比率、资产负债率、利息倍数〔(利润总额+利息费用)/利息费用〕、贷款偿还率(实际贷款偿还额/应偿还贷款额)、利息偿付率(实际支付利息/应付利息)等财务指标。

(4)增信机制、偿债计划及其他保障措施

法人或其他组织提供保证担保的,应披露包括但不限于下列事项:

①基本情况简介,包括保证人名称、法定代表人、设立日期、注册资本、所从事的主要业务等;

②最近一年的净资产额、资产负债率、净资产收益率、流动比率、速动比率等主要财务指标(并注明相关财务报告是否经审计);

③资信状况;

④累计对外担保的余额;

⑤累计担保余额占其净资产额的比例;

⑥偿债能力分析。

自然人提供保证担保的,应披露:保证人与发行人的关系,保证人的资信状况、代偿能力、资产受限情况、对外担保情况以及可能影响保证权利实现的其他信息;保证人为发行人控股股东或实际控制人的,还应披露保证人所拥有的除发行人股权外的其他主要资产,以及该部分资产的权利限制及是否存在后续权利限制安排。

同时,准则根据不同的担保方式,如保证、抵押、质押以及其他增信措施等规定了不同的披露要求。

(5)发行人基本情况

①发行人应简要披露下列情况:公司名称、法定代表人、设立日期、注册资本、实缴资本、住所、邮编、信息披露事务负责人及其联系方式、所属行业、经营范围、组织机构代码等。

②发行人应简要披露公司设立及最近三年内实际控制人变化情况、重大资产重组情况及报告期末的前十大股东情况,相关重大资产重组涉及资产评估事项的,还应简要披露资产评估情况。

③发行人应披露对其他企业的重要权益投资情况,包括主要子公司以及其他有重要影响的参股公司、合营企业和联营企业等,以及上述企业的基本情况、主营业务、近一年的主要财务数据(包括资产、负债、所有者权益、收入、净利润等)及其重大增减变动的情况及原因。

④发行人应披露控股股东和实际控制人的基本情况。实际控制人应披露到最终的国有控股主体或自然人为止。

⑤发行人应列表披露现任董事、监事、高级管理人员的基本情况,至少包括姓名、现任职务及任期、从业简历、兼职情况、持有发行人股份/权和债券的情况。

⑥发行人应披露其所从事的主要业务、主要产品(或服务)的用途、所在行

业状况及发行人面临的主要竞争状况、经营方针及战略。

⑦发行人应披露与业务相关的情况,包括但不限于:报告期业务收入的主要构成及各期主要产品或服务的规模、营业收入;报告期内主要产品或服务上下游产业链情况,如原材料、能源及供应情况,产品或服务的主要客户情况等。发行人所从事的业务需要取得许可资格或资质的,应当披露当前许可资格或资质的情况。

⑧发行人应披露其法人治理结构及相关机构最近三年内的运行情况。

⑨发行人应披露最近三年内是否存在违法、违规及受处罚的情况,说明董事、监事、高级管理人员的任职是否符合《公司法》及《公司章程》的规定。

⑩发行人应披露与控股股东、实际控制人在业务、资产、人员、财务、机构等方面的分开情况。

⑪发行人应根据《公司法》和《企业会计准则》的相关规定披露关联方、关联关系、关联交易,并说明关联交易的决策权限、决策程序、定价机制。

⑫发行人应披露最近三年内是否存在资金被控股股东、实际控制人及其关联方违规占用,或者为控股股东、实际控制人及其关联方提供担保的情形。

⑬发行人应披露其会计核算、财务管理、风险控制、重大事项决策等内部管理制度的建立及运行情况。

⑭发行人应披露信息披露事务及投资者关系管理的相关制度安排。

此外,发行人应简要披露财务会计信息;披露募集资金的用途、使用计划、专项账户管理安排等;披露债券持有人行使有关权利的情形;披露所聘任的债券受托管理人及其联系人和所订立的债券受托管理协议的情况等。

二、上市规则

2015 年 5 月 29 日,上交所、深交所分别发布《上海证券交易所公司债券上市规则(2015 年修订)》《深圳证券交易所公司债券上市规则(2015 年修订)》,对公开发行的公司债券在交易所上市交易,进行规范。现以《上海证券交易所公司债券上市规则(2015 年修订)》(本节简称为《上市规则》)为例对相关内容进行介绍。

(一)上市条件

1. 发行人申请债券上市,应当符合下列条件:
(1)符合《证券法》规定的上市条件;

（2）经有权部门核准并依法完成发行；

（3）申请债券上市时仍符合法定的债券发行条件；

（4）债券持有人符合上交所投资者适当性管理规定；

（5）上交所规定的其他条件。

交易所可以根据市场情况，调整债券上市条件。

2. 债券符合下列条件的，公众投资者与合格投资者均可以参与交易：

（1）发行人最近三年无债务违约或者延迟支付本息的事实；

（2）发行人最近三个会计年度实现的年均可分配利润不少于债券一年利息的 1.5 倍；

（3）债券信用评级达到 AAA 级；

（4）证监会及上交所根据投资者保护的需要规定的其他条件。

债券不符合前款规定的条件，或者符合前款规定的条件但发行人自主选择仅面向合格投资者公开发行的，仅限合格投资者参与交易。

3. 债券上市期间发生下列情形之一的，仅限合格投资者参与交易：

（1）债券信用评级下调至低于 AAA 级；

（2）发行人发生债务违约、延迟支付本息，或者其他可能对债券还本付息产生重大影响的事件；

（3）上交所认定的其他情形。

债券发生上述情形需调整投资者范围的，交易所及时向市场披露。已经持有该债券的公众投资者，可以选择卖出或者继续持有。

(二)申请文件

申请债券上市，应向交易所提交下列文件：

1. 债券上市申请书；

2. 有权部门核准债券发行的文件；

3. 发行人出具的申请债券上市的决议；

4. 承销机构出具的关于本次债券符合上市条件的意见书；

5. 公司章程；

6. 公司营业执照复印件；

7. 债券募集说明书、财务报告和审计报告、评级报告、法律意见书、债券持有人会议规则、受托管理协议、担保文件（如有）、发行结果公告等债券发行文件；

9.债券实际募集数额的证明文件;

10.上交所要求的其他文件。

发行人为上市公司的,可免于提交上述第5、第6项文件。

(三)交易所预审核

《上市规则》规定,债券仅面向合格投资者公开发行并申请上市的,发行人应当在发行前向交易所提交上市预审核申请及相关文件。交易所对债券是否符合上市条件进行预审核,并出具预审核意见。申请上市时相关材料无变化的,可以不再提交。

2015年5月20日,上交所、深交所分别发布《上海证券交易所公司债券上市预审核工作流程》《深圳证券交易所公司债券上市预审核工作流程》,现以上交所的规定为例,对相关内容进行介绍。《上海证券交易所公司债券上市预审核工作流程》规定,面向合格投资者公开发行并拟在上交所上市的公司债券,发行人应当在发行前委托承销机构向上交所申请预审核。

1.申请文件

发行人、承销机构应当通过上交所电子申报系统向上交所提交以下上市预审核申请文件:

(1)发行人关于本次公司债券上市的申请;

(2)《公开发行证券的公司信息披露内容与格式准则第24号——公开发行公司债券申请文件》规定的申请文件;

(3)上交所要求的其他文件。

2.审核程序

(1)受理

上交所接收申请文件后,在2个工作日内对申请文件是否齐全和符合形式要求进行核对。要件齐备的,予以受理;要件不齐备的,一次性告知补正事项。

(2)反馈会讨论

受理申请文件后,根据回避制度要求确定两名审核人员进行审核。审核人员对申请文件进行审核并查阅证监会和上交所的相关诚信档案,提出审核意见提交反馈会集体讨论。

反馈会主要讨论审核中关注的主要问题,确定需要发行人补充披露、解释说明和中介机构进一步核查落实的问题及其他需讨论的事项,并通过集体决策方式确定书面反馈意见。

(3)专家会议审核

经反馈会确定对发行人申请材料无反馈意见,或者发行人和承销机构提交的回复意见及经修改的申请文件符合要求的,审核人员应当于 5 个工作日内提请召开审核专家会议,并提交相关申请文件和审核意见。

审核专家会议意见分为"通过"、"有条件通过"和"不通过"三种。

①审核意见为"通过"的,发行人应在 3 个工作日内向上交所报送申请文件原件,以及发行人和承销机构关于报送的申请文件原件与电子文档一致的承诺函。上交所收到上述文件后予以封卷,并向发行人出具同意上市的预审核意见,同时报送证监会。

②审核意见为"有条件通过"的,审核人员将会议意见书面反馈给发行人和承销机构。发行人和承销机构应于 5 个工作日内提交书面回复文件并修改相关申请文件,经上交所确认后履行前款封卷、发文程序。发行人和承销机构未能及时回复的,应在到期日前提交延期回复申请,说明理由和具体回复时间。回复延期时间最长不超过 10 个工作日。

③审核意见为"不通过"的,上交所向发行人出具不同意上市的审核文件并说明理由。

(四)上市审核

除仅面向合格投资者公开发行的债券外的其他债券的上市申请,由交易所收到上市申请后进行审核,并在 5 个交易日内做出同意上市或者不予上市的决定。交易所审核同意的,发行人应当在上市前与交易所签订上市协议,明确双方的权利义务和有关事项。债券发行人在提出上市申请至其债券上市交易期间,发生重大事项的,应当及时报告交易所。发行人对交易所做出的不予上市决定不服的,可以按照交易所相关规定申请复核。

三、经典案例剖析

2015 年 5 月 14 日,证监会出具《关于核准舟山港集团有限公司向合格投资者公开发行公司债券的批复》,核准舟山港集团有限公司向合格投资者公开发行面值总额不超过 7 亿元的公司债券。5 月 22 日,舟山港集团有限公司 2015 年公司债券在上交所正式发行。这是公司债新规发布后首单上市的公

募公司债券,也是首家上市的非上市公司公募公司债券,其产品要素①如下:

表 8-1

发行人	舟山港集团有限公司
批准机关及文号	已经证监会证监许可〔2015〕898 号文核准发行
募集资金规模	不超过 7 亿元人民币
债券期限	5 年
发行方式	采取网下面向合格投资者申购和配售的方式
承销商	主承销商:浙商证券;分销商:申万宏源证券
承销方式	余额包销
票面利率	4.48%,采用单利按年计息,不计复利。
信用评级	经新世纪评级综合评定,本次公司债券信用等级为 AA+,发行人主体信用等级为 AA+
流通方式	在上交所挂牌交易
担保情况	本次债券为无担保债券
资金用途	公司拟将本次债券募集资金扣除发行费用后的 36396.00 万元用于偿还银行借款,剩余资金用于补充公司营运资金

　　在保障措施方面,虽然此次债券为无担保债券,但发行人仍做出了一些偿债保障措施安排,即(1)设立募集资金专户和专项偿债账户;(2)制定债券持有人会议规则;(3)设立专门的偿付工作小组;(4)引入债券受托管理人制度;(5)严格履行信息披露义务;(6)发行人承诺(①不向股东分配利润;②暂缓重大对外投资、收购兼并等资本性支出项目的实施;③调减或停发董事和高级管理人员的工资和资金;④主要责任人不得调离)。

　　由于发行人主体信用评级等因素的限制,此次债券仅面向合格投资者公开发行,俗称"小公募公司债"。根据相关规定,仅面向合格投资者公开发行的债券应预先由交易所审核,交易所预审通过后再由证监会审批。此次债券发行中,发行人在 2015 年 4 月上旬提交了上市预审核申请材料,上交所完成了

---

　　① 资料来源:《舟山港集团有限公司 2015 年公司债券发行公告》,证券时报网,2015年 5 月 20 日。

受理、反馈、出具预审核意见等预审核工作后,在 4 月 27 日出具了预审核意见。证监会随后根据预审意见出具核准文件,全流程在 1 个月左右,审批效率大大提升。

第四节　非公开发行公司债券

一、证券业协会备案管理

2015 年 4 月 23 日,证券业协会发布《非公开发行公司债券备案管理办法》和《非公开发行公司债券项目承接负面清单指引》,以指导非公开发行公司债券的备案管理工作和承销业务风险控制管理工作。

(一)备案文件

《非公开发行公司债券备案管理办法》规定,非公开发行公司债券的备案工作由中证报价公司具体承办,同时根据债券拟交易场所的不同对备案材料分别做出了规定:

1. 拟在证券交易场所挂牌、转让的非公开发行公司债券,承销机构或自行销售的发行人应当在每次发行完成后 5 个工作日内向协会报送备案登记表。

备案登记表应当包括但不限于如下内容:

(1)发行人相关信息;

(2)债券发行相关信息;

(3)中介机构相关信息;

(4)债券持有人保护相关安排信息;

(5)承销机构或自行销售的发行人关于报备信息内容真实、准确、完整的承诺;承销机构或自行销售的发行人关于非公开发行公司债券的销售符合适当性要求的承诺;承销机构对项目承接符合负面清单规定的承诺。

2. 拟在证券公司柜台转让或持有到期不转让的非公开发行公司债券,承销机构或自行销售的发行人应当在每次发行完成后 5 个工作日内向协会报送备案登记表,同时报送以下材料:

(1)发行人内设有权机构关于本期非公开发行公司债券发行事项的决议;

(2)公司债券募集说明书;

(3)担保合同、担保函等增信措施证明文件(如有);

(4)受托管理协议;

(5)发行人经具有从事证券服务业务资格的会计师事务所审计的最近两个会计年度(未满两年的自成立之日起)的财务报告;

(6)律师事务所出具的关于本期债券发行的法律意见书;

(7)信用评级报告(如有);

(8)债券持有人名册;

(9)协会要求报备的其他材料。

(二)负面清单

非公开发行公司债券项目承接实行负面清单管理,承销机构项目承接不得涉及负面清单限制的范围。

1. 负面清单内容

(1)最近 12 个月内公司财务会计文件存在虚假记载,或公司存在其他重大违法行为的发行人。

(2)对已发行的公司债券或者其他债务有违约或迟延支付本息的事实,仍处于继续状态的发行人。

(3)最近 12 个月内因违反《公司债券发行与交易管理办法》被证监会采取监管措施的发行人。

(4)最近两年内财务报表曾被注册会计师出具否定意见或者无法表示意见审计报告的发行人。

(5)擅自改变前次发行债券募集资金的用途而未作纠正,或本次发行募集资金用途违反相关法律法规的发行人。

(6)存在严重损害投资者合法权益和社会公共利益情形的发行人。

(7)地方融资平台公司。本条所指的地方融资平台公司是指根据国务院相关文件规定,由地方政府及其部门和机构等通过财政拨款或注入土地、股权等资产设立,承担政府投资项目融资功能,并拥有独立法人资格的经济实体。

(8)国土资源部等部门认定的存在"闲置土地"、"炒地"、"捂盘惜售"、"哄抬房价"等违法违规行为的房地产公司。

(9)典当行。

(10)非证券业协会会员的担保公司。

（11）未能满足以下条件的小贷公司：

①经省级主管机关批准设立或备案，且成立时间满2年；

②省级监管评级或考核评级连续两年达到最高等级；

③主体信用评级达到AA－或以上。

2. 负面清单管理

证券业协会可以邀请相关主管部门、证券交易场所、证券公司及其他行业专家成立负面清单评估专家小组，至少每半年对负面清单进行一次评估，可以根据业务发展与监管需要不定期进行评估。

二、交易所挂牌管理

2015年5月29日，上交所、深交所分别发布《上海证券交易所非公开发行公司债券业务管理暂行办法》《深圳证券交易所非公开发行公司债券业务管理暂行办法》，对非公开发行的公司债券在交易所挂牌转让行为进行规范。随后2015年12月3日、2015年12月30日上交所、深交所又分别进一步发布了《上海证券交易所非公开发行公司债券挂牌条件确认业务指引》《深圳证券交易所非公开发行公司债券转让条件确认业务指引》。本节以上交所的相关规定为例对非公开发行公司债券在交易所挂牌转让相关内容进行介绍。

（一）挂牌条件

发行人申请债券挂牌转让，应符合下列条件：

1. 符合《公司债券发行与交易管理办法》等法律法规的相关规定；

2. 依法完成发行；

3. 申请债券转让时仍符合债券发行条件；

4. 债券持有人符合上交所投资者适当性管理规定，且持有人合计不得超过200人；

5. 交易所可以根据市场情况，调整债券挂牌转让条件。

（二）发行前申请文件

非公开发行前，债券拟在交易所转让的，发行人应当在发行前按照相关规定向交易所提交相关申请文件，由交易所确认是否符合挂牌条件。拟在上交所挂牌转让的，发行人、承销机构应当通过上交所电子申报系统提交以下非公开发行公司债券挂牌转让申请文件：

1.非公开发行公司债券挂牌转让申请书；

2.公司债券募集说明书；

3.发行人有权机构关于本次非公开发行公司债券相关事项的决议并附公司章程及营业执照副本；

4.承销机构核查意见；

5.发行人律师出具的法律意见书；

6.发行人最近 2 年的财务报告和审计报告及最近 1 期的财务报告或会计报表(并注明是否经审计)；

7.债券受托管理协议和债券持有人会议规则；

8.信用评级报告(如有)；

9.担保合同、担保函、担保人最近 1 年的财务报告(并注明是否经审计)、最近 1 期的财务报告或会计报表,以及其他增信措施有关文件(如有)；

10.涉及重大资产抵押、质押的,还需出具抵押、质押确认函、资产评估报告等(如有)；

11.上交所要求的其他文件。

(三)交易所审核

上交所接收发行人、承销机构提交的挂牌转让申请文件后,在 2 个工作日内对申请文件是否齐全和符合形式要求进行核对。文件齐备的,予以受理;文件不齐备的,一次性告知补正;明显不符合上交所挂牌条件的,不予受理。

上交所首次书面反馈意见在受理之日起 10 个工作日内,通过电子申报系统,送达发行人、承销机构,特殊情况除外。自受理之日起至首次书面反馈意见发出期间,相关工作人员不接受发行人及相关中介机构就本次非公开发行公司债券申请挂牌转让事宜的来访或其他形式的沟通。2015 年 12 月 10 日,上交所进一步发布《上海证券交易所公司债券审核人员行为准则(试行)的通知》对参与上交所公司债券、资产支持证券等业务的申请接收、受理、审核、审议、讨论、决定等相关工作的人员基本要求、回避要求、询问、沟通、接待要求、文档管理要求等进行规定;细化并重点强调了审核工作纪律,特别是廉政和保密纪律。

发行人、承销机构应当于收到上交所书面反馈意见之日起 15 个工作日内,通过电子申报系统,提交书面回复文件,对反馈意见进行逐项回复,并由发行人、承销机构等加盖公章;回复意见涉及申请文件修改的,应当同时提交修改后的申请文件及修改说明。上交所出具书面补充反馈意见最多不超过两次。

(四)挂牌前提交文件

发行人申请债券在交易所挂牌转让,应当向交易所提交下列文件,并在挂牌转让前与交易所签订转让服务协议:

1. 债券挂牌转让申请书;

2. 债券募集说明书、财务报告和审计报告、法律意见书、债券持有人会议规则、受托管理协议、担保文件(如有)、评级报告(如有)、发行结果公告等发行文件;

3. 债券实际募集数额的证明文件;

4. 承销机构(如有)出具的关于本次债券符合挂牌转让条件的意见书;

5. 登记结算机构的登记证明文件;

6. 交易所要求的其他文件。

债券募集说明书及其他发行文件应当符合交易所的有关规定。非公开发行前发行人已向交易所提交且无变化的材料,申请挂牌转让时可以不再提交。

(五)债券停牌与复牌

交易所可以根据相关规定、发行人的申请或实际情况,决定债券停牌与复牌事项。发生下列情形之一的,发行人应当向上交所申请对其债券进行停牌:

1. 发生可能影响发行人偿债能力或者对债券投资价格产生实质性影响的重大事项;

2. 发行人无法按时履行信息披露义务或认为有合理理由需要停牌的;

3. 上交所相关业务规则规定或上交所认定的需要停牌的其他情形。

上述情形消除或发行人披露相关信息的,发行人应当申请债券复牌。债券停牌或者复牌的,应当及时向市场披露。

(六)终止债券转让服务

债券发生下列情形之一的,交易所终止提供债券转让服务:

1. 发行人发生解散、责令关闭、被宣告破产等情形;

2. 债券持有人会议同意终止该债券在上交所转让,且向上交所提出申请,并经上交所认可;

3. 债券到期前 2 个交易日或者依照约定终止;

4. 法律、行政法规、规章规定或上交所认为应当终止提供债券转让服务的其他情形。

三、报价系统发行、转让

(一)发行方式及发行对象

债券申请在报价系统发行、转让的,不得采用广告、公开劝诱和变相公开方式。参与债券认购和转让的投资者应当为合格投资者。发行、转让后持有同次发行债券的合格投资者合计不得超过 200 人。

合格投资者,应当符合以下资质条件:

1. 经有关金融监管部门批准设立的金融机构,包括证券公司、基金管理公司及其子公司、期货公司、商业银行、保险公司和信托公司等,以及经基金业协会登记的私募基金管理人;

2. 上述金融机构面向投资者发行的理财产品,包括但不限于:证券公司资产管理产品、基金及基金子公司产品、期货公司资产管理产品、银行理财产品、保险产品、信托产品以及经基金业协会备案的私募基金;

3. 净资产不低于 1000 万元的企事业单位法人、合伙企业;

4. 合格境外机构投资者(QFII)、人民币合格境外机构投资者(RQFII);

5. 社会保障基金、企业年金等养老基金和慈善基金等社会公益基金;

6. 经证监会认可的其他合格投资者;

7. 发行人的董事、监事、高级管理人员及持股比例超过 5% 的股东,可以参与认购与转让该发行人发行的债券,不受前款关于合格投资者资质条件的限制。

(二)提交材料

1. 债券申请在报价系统线上发行的

债券申请在报价系统线上发行的,发行人或承销机构应当在报价系统填写发行注册表并提交以下材料:

①募集说明书;

②发行人申请债券发行、转让的有权决策部门(董事会、股东会或股东大会)决议、公司章程、营业执照(副本)复印件;

③承销机构(如有)出具的推荐意见；

④律师事务所出具的关于债券发行和转让的法律意见书；

⑤财务报告和审计报告；

⑥受托管理协议；

⑦持有人会议规则；

⑧信用评级报告(如有)；

⑨担保合同、担保函、担保人最近一年的财务报告(并注明是否经审计)及最近一期的财务报告或会计报表，以及增信措施有关文件(如有)；

⑩涉及资产抵押、质押的，还需出具抵押、质押确认函、资产评估报告等(如有)；

⑪中证报价公司要求的其他文件。

2. 债券申请在报价系统转让的

债券申请在报价系统转让的，发行人或承销机构应当在报价系统填写转让注册表及提交以下材料：

①发行人申请债券发行和转让的有权决策部门(董事会、股东会或股东大会)决议；

②募集说明书、财务报告和审计报告、法律意见书、受托管理协议、债券持有人会议规则、担保文件(如有)、评级报告(如有)等发行文件；

③债券实际募集数额的证明文件；

④承销机构(如有)出具的推荐意见；

⑤登记结算机构的登记证明文件；

⑥中证报价公司要求的其他文件。

⑦债券发行时已经向报价系统提交的材料在有效期内无重大变化的，可以豁免提交。

(三)募集说明书主要内容

债券募集说明书应当包含以下内容：

1. 发行人基本情况及财务状况；

2. 债券发行情况及产品设计条款；

3. 承销机构及承销安排(如有)；

4. 募集资金用途、债券存续期间披露募集资金使用情况的安排、变更资金用途的程序及发行人违约使用募集资金时的责任条款；

5. 债券转让范围及约束条件;

6. 信息披露的具体内容和方式;

7. 债券持有人权益保护机制;

8. 投资者适当性管理制度;

9. 债券增信措施(如有);

10. 债券信用评级和跟踪评级的具体安排(如有);

11. 发行人风险及债券风险提示;

12. 受托管理人及受托管理人职责;

13. 诉讼、仲裁或者其他争议解决机制;

14. 发行人对本次债券募集资金用途和发行程序合法合规的声明;

15. 发行人及实际控制人的资信情况;

16. 募集失败的情形及处理机制安排;

17. 发行人全体董事、监事和高级管理人员对发行文件真实性、准确性和完整性的承诺;

18. 其他重要事项,包括发行人资产受限、对外担保及未决诉讼或者仲裁情况等;

19. 中证报价公司规定的其他事项。

四、取消中小企业、并购重组私募债

根据《上海证券交易所非公开发行公司债券业务管理暂行办法》《深圳证券交易所非公开发行公司债券业务管理暂行办法》的规定,自2015年5月29日起,两交易所不再对中小企业私募债券、中小企业可交换私募债券、并购重组私募债券进行发行前备案,相关法规同时废止。

此前,在沪深证券交易所备案发行的债券包括中小企业私募债、中小企业可交换私募债券、并购重组私募债。2012年5月,中小企业私募债开始试点发行。同年6月8日,由东吴证券承销的首笔中小企业私募债苏州华东镀膜玻璃有限公司中小企业私募债发行完毕。数据显示,截至2014年7月底,试点地域范围已经覆盖全国29个省(自治区、直辖市),上海、深圳证券交易所共接受 683 家企业备案申请,拟发行金额 1251 亿元,实际发行金额 680 亿元。[①]

而并购债则是于 2014 年 11 月 5 日才开始启动试点发行的新品种,其主要目的是为贯彻落实《国务院关于进一步优化企业兼并重组市场环境的意见》及相关文件精神,发挥资本市场对推动企业兼并重组的积极作用。此前,并购重组私募债券的推出是解决并购重组资金来源问题一种有效尝试,丰富企业的并购融资手段。

但在《公司债券发行与交易管理办法》发布后,非公开发行的公司债只需向证券业协会备案,拟在交易所挂牌转让的发行前向交易所提交申请即可,且对发行主体已不再局限于上市公司,因此已没有必要再专门另设中小企业私募债、并购重组私募债。对规模较小、资信状况较低的企业非公开发行公司债,证券业协会可通过负面清单、进一步制定细则等方式加强风险管理。

第五节　可转换公司债券

一、概念及概况

根据 2006 年 5 月 8 日起施行的《上市公司证券发行管理办法》,可转换公司债券是指发行公司依法发行,持有人在一定期间内依据约定的条件可以将债券转换成股份的公司债券。《公司债券发行与交易管理办法》规定,上市公司、股票公开转让的非上市公众公司发行的公司债券,可以附认股权、可转换成相关股票等条款。上市公司发行附认股权、可转换成股票条款的公司债券,应当符合《上市公司证券发行管理办法》《创业板上市公司证券发行管理暂行办法》的相关规定。股票公开转让的非上市公众公司发行附认股权、可转换成股票条款的公司债券,由证监会另行规定。

可转换公司债从本质上来说是一种将期权和债券结合在一起的金融创新品种,其基础产品还是债券,认股权证(作用等同于"购入看涨期权")的主要目的是为了吸引投资者和降低债券筹资利率。

---

① 左永刚:《新三板将出台中小企业私募债备案细则》,载《证券日报》2014 年 8 月 27 日。

主板、中小板上市公司也可以公开发行认股权和债券分离交易的可转换公司债券(以下简称"分离交易的可转换公司债券")。分离交易指认股权权证与公司债券可以分开,单独在流通市场上自由买卖。

可转换债券筹资具有以下优点:一是与普通债券相比,可转换债券使得公司能够以较低的利率取得资金,降低了公司前期有筹资成本,而债权人之所以同意接受较低利率的原因是有机会分享公司未来发展带来的收益;二是与普通股相比,可转换债券使得公司取得了以高于当前股价出售普通股的可能性,以发行新股时机不理想时(如当时市场股价较低),可以先发行可转换债券,然后通过转换实现较高价格的股权筹资。

二、主板、中小板上市公司发行可转换公司债券应具备的条件

根据《上市公司证券发行管理办法》的规定,上市公司发行可转换公司债券,应当符合下列基本条件:

(一)关于组织机构及运行,应符合下列规定

1. 公司章程合法有效,股东大会、董事会、监事会和独立董事制度健全,能够依法有效履行职责;

2. 公司内部控制制度健全,能够有效保证公司运行的效率、合法合规性和财务报告的可靠性;内部控制制度的完整性、合理性、有效性不存在重大缺陷;

3. 现任董事、监事和高级管理人员具备任职资格,能够忠实和勤勉地履行职务,不存在违反《公司法》规定的禁止性行为,且最近三十六个月内未受到过证监会的行政处罚、最近十二个月内未受到过证券交易所的公开谴责;

4. 上市公司与控股股东或实际控制人的人员、资产、财务分开,机构、业务独立,能够自主经营管理;

5. 最近十二个月内不存在违规对外提供担保的行为。

(二)关于盈利能力,应符合下列规定

1. 最近三个会计年度连续盈利,扣除非经常性损益后的净利润与扣除前的净利润相比,以低者作为计算依据;

2. 业务和盈利来源相对稳定,不存在严重依赖于控股股东、实际控制人的情形;

3. 现有主营业务或投资方向能够可持续发展,经营模式和投资计划稳健,主要产品或服务的市场前景良好,行业经营环境和市场需求不存在现实或可预见的重大不利变化;

4. 高级管理人员和核心技术人员稳定,最近十二个月内未发生重大不利变化;

5. 公司重要资产、核心技术或其他重大权益的取得合法,能够持续使用,不存在现实或可预见的重大不利变化;

6. 不存在可能严重影响公司持续经营的担保、诉讼、仲裁或其他重大事项;

7. 最近二十四个月内曾公开发行证券的,不存在发行当年营业利润比上年下降50%以上的情形;

8. 最近三个会计年度加权平均净资产收益率平均不低于6%。扣除非经常性损益后的净利润与扣除前的净利润相比,以低者作为加权平均净资产收益率的计算依据;

9. 最近三个会计年度实现的年均可分配利润不少于公司债券一年的利息。

(三)关于财务状况,应符合下列规定

1. 会计基础工作规范,严格遵循国家统一会计制度的规定;

2. 最近三年及一期财务报表未被注册会计师出具保留意见、否定意见或无法表示意见的审计报告;被注册会计师出具带强调事项段的无保留意见审计报告的,所涉及的事项对发行人无重大不利影响或者在发行前重大不利影响已经消除;

3. 资产质量良好,不良资产不足以对公司财务状况造成重大不利影响;

4. 经营成果真实,现金流量正常,营业收入和成本费用的确认严格遵循国家有关企业会计准则的规定,最近三年资产减值准备计提充分合理,不存在操纵经营业绩的情形;

5. 最近三年以现金方式累计分配的利润不少于最近三年实现的年均可分配利润的30%;

6. 本次发行后累计公司债券余额不超过最近一期末净资产额的40%。

(四)关于财务会计文件管理,应当符合下列规定

应满足最近三十六个月内无虚假记载且不存在下列重大违法行为:

1. 违反证券法律、行政法规或规章,受到证监会的行政处罚,或者受到刑事处罚;

2. 违反工商、税收、土地、环保、海关法律、行政法规或规章,受到行政处罚且情节严重,或者受到刑事处罚;

3. 违反国家其他法律、行政法规且情节严重的行为。

(五)关于募集资金的数额和使用,应符合下列规定

1. 募集资金数额不超过项目需要量;

2. 募集资金用途符合国家产业政策和有关环境保护、土地管理等法律和行政法规的规定;

3. 除金融类企业外,本次募集资金使用项目不得为持有交易性金融资产和可供出售的金融资产、借予他人、委托理财等财务性投资,不得直接或间接投资于以买卖有价证券为主要业务的公司;

4. 投资项目实施后,不会与控股股东或实际控制人产生同业竞争或影响公司生产经营的独立性;

5. 建立募集资金专项存储制度,募集资金必须存放于公司董事会决定的专项账户。

(六)上市公司存在下列情形之一的,不得公开发行证券

1. 本次发行申请文件有虚假记载、误导性陈述或重大遗漏;

2. 擅自改变前次公开发行证券募集资金的用途而未作纠正;

3. 上市公司最近十二个月内受到过证券交易所的公开谴责;

4. 上市公司及其控股股东或实际控制人最近十二个月内存在未履行向投资者做出的公开承诺的行为;

5. 上市公司或其现任董事、高级管理人员因涉嫌犯罪被司法机关立案侦查或涉嫌违法违规被证监会立案调查;

6. 严重损害投资者的合法权益和社会公共利益的其他情形。

(七)公开发行可转换公司债券的公司,还应符合下列规定

1. 最近三个会计年度加权平均净资产收益率平均不低于 6%,扣除非经常性损益后的净利润与扣除前的净利润相比,以低者作为加权平均净资产收益率的计算依据;

2. 本次发行后累计公司债券余额不超过最近一期末净资产额的 40%;

3. 最近三个会计年度实现的年均可分配利润不少于公司债券一年的利息。

三、创业板上市公司发行可转换公司债券应具备的条件

(一)基本条件

根据《创业板上市公司证券发行管理暂行办法》的规定,上市公司发行可转换公司债券,应当符合下列基本条件:

1. 最近两年盈利,净利润以扣除非经常性损益前后孰低者为计算依据;

2. 会计基础工作规范,经营成果真实,内部控制制度健全且被有效执行,能够合理保证公司财务报告的可靠性、生产经营的合法性,以及营运的效率与效果;

3. 最近两年按照上市公司章程的规定实施现金分红;

4. 最近三年及一期财务报表未被注册会计师出具否定意见或者无法表示意见的审计报告;被注册会计师出具保留意见或者带强调事项段的无保留意见审计报告的,所涉及的事项对上市公司无重大不利影响或者在发行前重大不利影响已经消除;

5. 最近一期末资产负债率高于 45%,但上市公司非公开发行股票的除外;

6. 上市公司与控股股东或者实际控制人的人员、资产、财务分开,机构、业务独立,能够自主经营管理。上市公司最近十二个月内不存在违规对外提供担保或者资金被上市公司控股股东、实际控制人及其控制的其他企业以借款、代偿债务、代垫款项或者其他方式占用的情形。

(二)上市公司存在下列情形之一的,不得发行证券

1. 本次发行申请文件有虚假记载、误导性陈述或者重大遗漏;

2. 最近十二个月内未履行向投资者做出的公开承诺;

3. 最近三十六个月内因违反法律、行政法规、规章受到行政处罚且情节严重,或者受到刑事处罚,或者因违反证券法律、行政法规、规章受到证监会的行政处罚;最近十二个月内受到证券交易所的公开谴责;因涉嫌犯罪被司法机关立案侦查或者涉嫌违法违规被证监会立案调查;

4. 上市公司控股股东或者实际控制人最近十二个月内因违反证券法律、行政法规、规章,受到证监会的行政处罚,或者受到刑事处罚;

5. 现任董事、监事和高级管理人员存在违反《公司法》第 147 条、第 148 条规定的行为,或者最近三十六个月内受到证监会的行政处罚,最近十二个月内受到证券交易所的公开谴责;因涉嫌犯罪被司法机关立案侦查或者涉嫌违法违规被证监会立案调查;

6. 严重损害投资者的合法权益和社会公共利益的其他情形。

(三)上市公司募集资金使用应当符合下列规定

1. 前次募集资金基本使用完毕,且使用进度和效果与披露情况基本一致;

2. 本次募集资金用途符合国家产业政策和法律、行政法规的规定;

3. 除金融类企业外,本次募集资金使用不得为持有交易性金融资产和可供出售的金融资产、借予他人、委托理财等财务性投资,不得直接或者间接投资于以买卖有价证券为主要业务的公司;

4. 本次募集资金投资实施后,不会与控股股东、实际控制人产生同业竞争或者影响公司生产经营的独立性。

(四)还应当符合《证券法》规定的下列条件

1. 股份有限公司的净资产不低于人民币 3000 万元,有限责任公司的净资产不低于人民币 6000 万元;

2. 累计债券余额不超过公司净资产的 40%;

3. 最近三年平均可分配利润足以支付公司债券一年的利息;

4. 筹集的资金投向符合国家产业政策;

5. 债券的利率不超过国务院限定的利率水平;

6. 国务院规定的其他条件。

四、可转换公司债券的主要特征

(一)期限及定价

可转换公司债券的期限最短为一年,最长为六年(创业板上市公司发行可转换公司债券无最长期限规定),可转换公司债券每张面值一百元。可转换公司债券的利率由发行公司与主承销商协商确定,但必须符合国家的有关规定。

(二)担保

主板、中小板上市公司发行可转换公司债券,应当提供担保,但最近一期末经审计的净资产不低于人民币 15 亿元的公司除外;提供担保的,应当为全额担保,担保范围包括债券的本金及利息、违约金、损害赔偿金和实现债权的费用;以保证方式提供担保的,应当为连带责任担保,且保证人最近一期经审计的净资产额应不低于其累计对外担保的金额。证券公司或上市公司不得作为发行可转债的担保人,但上市商业银行除外;设定抵押或质押的,抵押或质押财产的估值应不低于担保金额,估值应经有资格的资产评估机构评估。

(三)转股期及转股价

转股期是指可转换债券转换为股份的起始日至结束日的期间,该期限可与债券期限相同,也可以短于债券的期限。转股期限由发行人根据可转换债券的存续期限及其财务状况决定,但自发行结束之日起六个月方可转换。转股价格应不低于募集说明书公告日前二十个交易日该公司股票交易均价和前一交易日的均价。

(四)赎回条款

赎回条款是可转换债券的发行企业可以在债券到期日之前提前赎回债券的规定,其包括下列内容:

1. 赎回期。发行人可在募集说明书中约定赎回期。设置赎回期的主要目的在于保护发行人在股价上涨后,股价过分高于转股价的前提下,由发行人以约定的赎回价款赎回可转换债权的权利。

2. 赎回价格。赎回价格是事前规定的发行公司债券的价格,赎回价格一般高于可转换债券的面值,两者之间的差额称为赎回溢价,赎回溢价随债券到期日的临近而减少。

3.赎回条件。赎回条件是对可转换债券发行公司赎回债券的情况要求，只有在满足了这些条件后才能由发行公司赎回。

(五)回售条款

回售条款是在可转换债券发行公司的股票价格达到某种过分低价时，债券持有人有权按照约定的价格将可转换债券卖给发行公司的有关规定。回售条款的设置主要有利于保护债券投资人的利益。同样，回售条款也包括回售时间、回售价格等要素。

五、可转换公司债的发行程序

(一)内部决策

上市公司申请发行证券，董事会依法对发行方案、募集资金的可行性报告、前次募集资金使用的报告以及其他必须明确的事项作出决议后，提请股东大会批准。股东大会就发行可转换公司债券的至少下列事项做出决定：(1)本次发行证券的种类和数量，发行方式、发行对象及向原股东配售的安排，定价方式或价格区间，募集资金用途，决议的有效期，对董事会办理本次发行具体事宜的授权，其他必须明确的事项；(2)债券利率；(3)债券期限；(4)担保事项；(5)回售条款；(6)还本付息的期限和方式；(7)转股期；(8)转股价格的确定和修正。

(二)申报

上市公司申请公开发行证券或者非公开发行新股，应当由保荐人保荐，并向证监会申报。保荐人应当按照证监会的有关规定编制和报送发行申请文件。

(三)审核

证监会审核发行证券申请程序如图8-1。

(四)发行

证券发行申请未获核准的上市公司，自证监会做出不予核准的决定之日

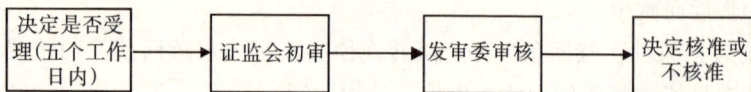

```
┌──────────┐     ┌──────────┐     ┌──────────┐     ┌──────────┐
│决定是否受  │     │          │     │          │     │决定核准或  │
│理(五个工作 │ ──> │证监会初审 │ ──> │发审委审核 │ ──> │不核准     │
│日内)      │     │          │     │          │     │          │
└──────────┘     └──────────┘     └──────────┘     └──────────┘
```

图 8-1

起六个月后,可再次提出证券发行申请。证监会核准发行的上市公司应在六个月内发行证券,且应当由证券公司承销;超过六个月未发行的,核准文件失效,须重新经证监会核准后方可发行。上市公司发行证券前发生重大事项的,应暂缓发行,并及时报告证监会。该事项对本次发行条件构成重大影响的,发行证券的申请应重新经过证监会核准。

六、关于分离交易的可转换公司债券的特殊规定

主板、中小板上市公司可发行分离交易的可转换公司债券。发行分离交易的可转换公司债券,除符合上市公司公开发行证券的一般条件为外,还应当符合下列规定:

1. 公司最近一期末经审计的净资产不低于人民币 15 亿元;

2. 最近三个会计年度实现的年均可分配利润不少于公司债券一年的利息;

3. 最近三个会计年度经营活动产生的现金流量净额平均不少于公司债券一年的利息,符合《上市公司证券发行管理办法》第 14 条第 1 项规定的公司除外;

4. 本次发行后累计公司债券余额不超过最近一期末净资产额的 40%,预计所附认股权全部行权后募集的资金总量不超过拟发行公司债券金额。

分离交易的可转换公司债券应当申请在上市公司股票上市的证券交易所上市交易。分离交易的可转换公司债券中的公司债券和认股权分别符合证券交易所上市条件的,应当分别上市交易。分离交易的可转换公司债券的期限最短为一年,且募集说明书应当约定,上市公司改变公告的募集资金用途的,赋予债券持有人一次回售的权利。

第六节 可交换公司债券

一、概念及概况

依据证监会 2008 年 10 月 17 日颁布实施的《上市公司股东发行可交换公司债券试行规定》,可交换公司债券是指上市公司的股东依法发行、在一定期限内依据约定的条件可以交换成该股东所持有的上市公司股份的公司债券。《公司债券发行与交易管理办法》规定,上市公司、股票公开转让的非上市公众公司股东可以发行附可交换成上市公司或非上市公众公司股票条款的公司债券,股票公开转让的非上市公众公司发行附认股权、可转换成股票条款的公司债券,由证监会另行规定。

可交换债券与可转换债券关于存续期限、面值及转股价格的规定相同,持券人都具有转股的选择权,都可以在募集说明书中约定回售与赎回条款。两者虽然只有一字之差,但具有以下不同之处:一是发行主体不同。前者是上市公司的股东;后者是上市公司本身,且对发行人的财务指标、内部管理等要求不同。二是投资者将来所换股份的来源不同。前者是发行人持有的上市公司的股份;后者由于发行人为上市公司本身,一般情况下,公司不持有自身的股份,因而投资者行使转换权时,上市公司需发行新股。三是对标的公司总股本影响不同。此点为第二点的必然结果。四是转换期规定不同。前者自发行结束之日起十二个月后方可交换为预备交换的股票,而后者为六个月。

可交换债券的出现对解决历史上我国的国有股减持问题有着现实的意义。当时在推进国有企业股权改革的同时,国有股非流通性的缺点也日益显露。采取由国有控股母公司发行可交换债券的办法,债券到期时可以转换成其上市子公司的国有股,在不增加上市公司总股本的情况下,能逐渐降低母公司对子公司的持股比例。①

在境外,可交换债是公司债券的一个品种,发展已较为成熟。发行可交换

---

① 孙庆瑞:《证券公司固定收益产品创新研究》,载《证券市场导报》2005 年 11 月 3 日。

债有利于发行人利用创新性工具拓宽融资渠道,盘活资金存量,降低融资成本。

二、发行人条件

申请发行可交换公司债券的主体,应当符合下列规定:

1. 符合《公司法》《证券法》规定的有限责任公司或者股份有限公司;

2. 公司组织机构健全,运行良好,内部控制制度不存在重大缺陷;

3. 公司最近一期末的净资产额不少于人民币3亿元;

4. 公司最近三个会计年度实现的年均可分配利润不少于公司债券一年的利息;

5. 本次发行后累计公司债券余额不超过最近一期末净资产额的40%;

6. 本次发行债券的金额不超过预备用于交换的股票按募集说明书公告日前二十个交易日均价计算的市值的70%,且应当将预备用于交换的股票设定为本次发行的公司债券的担保物;

7. 经资信评级机构评级,债券信用级别良好;

8. 不存在《公司债券发行与交易管理办法》第17条规定的不得公开发行公司债券的情形。

三、发行所需提交文件

申请发行可交换公司债券,应当提交以下申请文件:

1. 相关责任人签署的募集说明书;

2. 保荐人出具的发行保荐书;

3. 发行人关于就预备用于交换的股票在证券登记结算机构设定担保并办理相关登记手续的承诺;

4. 评级机构出具的债券资信评级报告;

5. 公司债券受托管理协议和公司债券持有人会议规则;

6. 本期债券担保合同(如有)、抵押财产的资产评估文件(如有);

7. 其他重要文件。

其中,募集说明书的编制除应参照《公开发行证券的公司信息披露内容与格式准则第23号——公开发行公司债券募集说明书》(证监发行字〔2007〕224号)外,还应参照上市公司发行可转换公司债券募集说明书摘要的有关要求披露上市公司的重要信息。

四、拟用于交换的上市公司股票要求

上市公司母公司发行可交换债券时,预备用于交换的上市公司股票及该上市公司自身应当满足下列条件:

1. 该上市公司最近一期末的净资产不低于人民币 15 亿元,或者最近三个会计年度加权平均净资产收益率平均不低于 6％。扣除非经常性损益后的净利润与扣除前的净利润相比,以低者作为加权平均净资产收益率的计算依据;

2. 用于交换的股票在提出发行申请时应当为无限售条件股份,且股东在约定的换股期间转让该部分股票不违反其对上市公司或者其他股东的承诺;

3. 用于交换的股票在本次可交换公司债券发行前,不存在被查封、扣押、冻结等财产权利被限制的情形,也不存在权属争议或者依法不得转让或设定担保的其他情形。

五、换股程序

可交换公司债券持有人申请换股的,应当通过其托管证券公司向证券交易所发出换股指令,指令视同为债券受托管理人与发行人认可的解除担保指令。

六、控股股东发行可交换债券的特殊规定

拥有上市公司控制权的股东发行可交换公司债券的,应当合理确定发行方案,不得通过本次发行直接将控制权转让给他人。持有可交换公司债券的投资者因行使换股权利增持上市公司股份的,或者因持有可交换公司债券的投资者行使换股权利导致拥有上市公司控制权的股东发生变化的,相关当事人应当履行《上市公司收购管理办法》规定的义务。

七、经典案例剖析

2014 年 4 月 3 日,上海宝山钢铁集团股份有限公司(以下简称"宝钢集团")董事会决定,将使用所持有的新华保险部分 A 股股票作为标的股票发行可交换公司债券。同日,新华保险亦公告称,公司已收到股东宝钢集团书面通

知。宝钢集团发行的可交换债券要素①如下：

表 8-1

发行人	宝钢集团
募集资金规模	不超过 40 亿元人民币
发行期限	不超过三年
拟交换股票	宝钢集团持有的新华保险不超过 2.36 亿股的 A 股股票,均为非限售流通股
转股期	本次可交换债券发行十二个月以后
发行方式	公开发行
审批情况	2014 年 4 月 24 日及 9 月 23 日分别获得国务院国资委批复同意及证监会发审委审核通过
宝钢集团对新华保险的持股情况	宝钢集团目前持有新华保险 4.71 亿股,占新华保险 A 股股本的 15.11%,均为流通股,市值约 95.09 亿元
流通方式	在上交所上市交易

　　自 2008 年《上市公司股东发行可交换公司债券试行规定》出台后,市场上反映较为冷淡。2009 年 7 月,健康元药业集团曾公告称,该公司拟发行以丽珠集团 A 股股票为担保和交换标的的可交换公司债券,但最终流产。五年时间过去后直到 2013 年 10 月,福星晓程三股东发行了 3 亿元中小企业可交换私募债,才开创了我国首单可交换公司债券。

　　宝钢集团此番试水可交换债券为继福星晓程三股东首单之后的第二次尝试,而且为公开发行并拟上市流通,示范效应更大;同时,证监会新闻发言人明确表示公募基金可以投资上述公开发行并上市的可交换公司债券。在国家关于"用好增量、盘活存量"的政策背景下,可交换债作为一种重要的创新工具,有助于持有大量股权资产的企业集团盘活存量,特别是拓展了上市公司股东

---

　　① 资料来源:《宝钢集团有限公司 2014 年可交换公司债券发行公告》,中国证券网,2014 年 12 月 8 日。

融资渠道,以便其进行流动性管理。

第七节　需掌握的监管法规

公司发行公司债券,须依据以下文件:

1. 上交所:《关于加强公司债券及资产证券化业务风险控制的函》(2016年1月29日)

2. 深交所:《非公开发行公司债券转让条件确认业务指引》(2015年12月30日)

3. 上交所:《公司债券审核人员行为准则(试行)的通知》(2015年12月10日)

4. 上交所:《非公开发行公司债券挂牌条件确认业务指引》(2015年12月3日)

5. 证券业协会:《公司债券承销业务规范》(2015年10月16日)

6. 证券业协会:《公司债券承销业务尽职调查指引》(2015年10月16日)

7. 中证报价公司:《机构间私募产品报价与服务系统非公开发行公司债券募集说明书编制指引(试行)》(2015年8月20日)

8. 中证报价公司:《机构间私募产品报价与服务系统债券推荐意见书范本(试行)》(2015年8月20日)

9. 中证报价公司:《机构间私募产品报价与服务系统非公开发行公司债券挂牌申请材料报送须知(试行)》(2015年8月20日)

10. 中证报价公司:《报价系统非公开发行公司债券业务指引》(2015年8月7日)

11. 中证报价公司:《非公开发行公司债券备案须知(试行)》(2015年6月19日)

12. 上交所:《上海证券交易所债券市场投资者适当性管理办法》(2015年5月29日)

13. 深交所:《深圳证券交易所债券市场投资者适当性管理办法》(2015年5月29日)

14. 上交所:《上海证券交易所非公开发行公司债券业务管理暂行办法》(2015年5月29日)

15. 深交所:《深圳证券交易所非公开发行公司债券业务管理暂行办法》(2015 年 5 月 29 日)

16. 上交所:《上海证券交易所公司债券上市规则(2015 年修订)》(2015 年 5 月 29 日)

17. 深交所:《深圳证券交易所公司债券上市规则(2015 年修订)》(2015 年 5 月 29 日)

18. 上交所:《上海证券交易所公司债券上市预审核工作流程》(2015 年 5 月 20 日)

19. 深交所:《深圳证券交易所公司债券上市预审核工作流程》(2015 年 5 月 20 日)

20. 证券业协会:《关于发布非公开发行公司债券备案管理自律规则的通知》(2015 年 4 月 23 日)

21. 证监会:《公开发行证券的公司信息披露内容与格式准则第 24 号——公开发行公司债券申请文件(2015 年修订)》(2015 年 3 月 2 日)

22. 证监会:《公开发行证券的公司信息披露内容与格式准则第 23 号——公开发行公司债券募集说明书(2015 年修订)》(2015 年 3 月 2 日)

23. 证监会:《公司债券发行与交易管理办法》(2015 年 1 月 15 日)

24. 证监会:《创业板上市公司证券发行管理暂行办法》(2014 年 5 月 14 日)

25. 国务院:《关于进一步促进资本市场健康发展的若干意见》(2014 年 5 月 8 日)

26. 证监会:上市公司股东发行可交换公司债券试行规定(2008 年 10 月 17 日)

27. 证监会:《上市公司证券发行管理办法》(2006 年 5 月 8 日)

28. 全国人大常委会:《中华人民共和国证券法(2014 年修正)》(2006 年 1 月 1 日)

第九章

企业债

第一节　法定概念及发展概况

　　2008 年 1 月 2 日,国家发改委发布实施的《关于推进企业债券市场发展、简化发行核准程序有关事项的通知》规定:企业债券是指企业依照法定程序公开发行并约定在一定期限内还本付息的有价证券,包括依照公司法设立的公司发行的公司债券和其他企业发行的企业债券。中华人民共和国境内注册登记的具有法人资格的企业申请发行企业债券,应按照《证券法》《公司法》《企业债券管理条例》等法律法规及有关文件规定的条件和程序,编制公开发行企业(公司)债券申请材料,报发改委核准。该通知同时对企业债券发行核准程序进行改革,将先核定规模、后核准发行两个环节,简化为直接核准发行一个环节。

　　我国企业债的发展历史较长,自 1987 年国务院发布《企业债券管理暂行条例》以来,企业债的审批工作一直由发改委承担。发改委也一直在探索完善企业债的发行审核工作,创新融资工具,拓宽企业的融资渠道。

　　2008 年 12 月 8 日,国务院办公厅发布《关于当前金融促进经济发展的若干意见》提出:"稳步发展中小企业集合债券,开展中小企业短期融资券试点。"2009 年 9 月 19 日,国务院发布《关于进一步促进中小企业发展的若干意见》进一步提出:"稳步扩大中小企业集合债券和短期融资券的发行规模,积极培育和规范发展产权交易市场,为中小企业产权和股权交易提供服务。"

　　2013 年 7 月 23 日,国家发改委发布《关于加强小微企业融资服务支持小微企业发展的指导意见》,规定扩大小微企业增信集合债券试点规模。在完善风险防范机制的基础上,继续支持符合条件的国有企业和地方政府投融资平台试点发行"小微企业增信集合债券",募集资金在有效监管下,通过商业银行转贷管理,扩大支持小微企业的覆盖面。鼓励地方政府出台财政配套措施,采取政府风险缓释基金、债券贴息等方式支持"小微企业增信集合债券",稳步扩大试点规模。

2013年8月2日,国家发改委发布《关于进一步改进企业债券发行工作的通知》,决定将由国家发改委进行的地方企业申请发行企业债券预审工作,委托省级发改部门负责。对于该类企业债发行工作,国家发改委今后将做好政策指导、业务培训和资格管理工作。

2014年5月13日,国家发改委发布《关于创新企业债券融资方式扎实推进棚户区改造建设有关问题的通知》,在适当放宽企业债券发行条件,支持国有大中型企业发债用于棚户区改造的同时,提出推进企业债券品种创新,研究推出棚户区改造项目收益债券。对于具有稳定偿债资金来源的棚户区改造项目,将按照"融资—投资建设—回收资金"这种封闭运行的模式,开展棚户区改造项目收益债券试点。同时明确规定,项目收益债券不占用地方政府所属投融资平台公司年度的发债指标。

2015年10月,国家发改委发布《关于简化企业债券审报程序、加强风险防范和改革监管方式的意见》,放松了企业债发行要求,进一步简化了审报程序,以深化企业债券审批制度改革,推进企业债券发行管理由核准制向注册制过渡,进一步发挥企业债券在促投资、稳增长中的积极作用,特别是支持重点领域、重点项目融资和服务实体经济发展。

据中国债券信息网的统计显示,截至2015年9月末,企业债券托管量为30819.65亿元人民币,其中中央企业债券为5811.30亿元人民币、地方企业债券为24915.75亿元人民币、集合企业债券为92.61亿元人民币,相比去年全年上涨4.9%。

第二节　关于企业债的监管要点

一、发行人条件

(一)一般规定

根据《关于推进企业债券市场发展、简化发行核准程序有关事项的通知》的规定,企业公开发行企业债券应符合下列条件:

1. 股份有限公司的净资产不低于人民币 3000 万元,有限责任公司和其他类型企业的净资产不低于人民币 6000 万元。

2. 累计债券余额不超过企业净资产(不包括少数股东权益)的 40%。

3. 最近三年可分配利润(净利润)足以支付企业债券一年的利息。

4. 筹集资金的投向符合国家产业政策和行业发展方向,所需相关手续齐全。用于固定资产投资项目的,应符合固定资产投资项目资本金制度的要求,原则上累计发行额不得超过该项目总投资的 60%。用于收购产权(股权)的,比照该比例执行。用于调整债务结构的,不受该比例限制,但企业应提供银行同意以债还贷的证明;用于补充营运资金的,不超过发债总额的 20%(但《关于简化企业债券审报程序、加强风险防范和改革监管方式的意见》规定,支持企业利用不超过发债规模 40%的债券资金补充营运资金)。

5. 债券的利率由企业根据市场情况确定,但不得超过国务院限定的利率水平。

6. 已发行的企业债券或者其他债务未处于违约或者延迟支付本息的状态。

7. 最近三年没有重大违法违规行为。

与《中华人民共和国证券法》对公开发行公司债的规定相比,上述规定中除对筹集资金的用途有较为严格的要求外,其他指标基本与公开发行公司债券的要求相同。

(二)小微企业增信集合债券的特别规定

小微企业增信集合债券,主要是指由国有企业或城投公司发行的债券,其募集资金通过商业银行转贷管理,向小微企业提供委托贷款。

1. 对委贷银行的要求

小微债募集资金委贷银行应同时满足以下条件:

(1)为信贷经验丰富、风险防控措施有效的上市银行;

(2)建立小微债委贷资金及银行自营贷款资金间"防火墙",确保实现资金和业务"双隔离";

(3)按自营信贷业务标准,审慎提出委贷对象名单建议;

(4)现阶段小微债对委贷银行提出的其他窗口指导要求。

2. 对小微债募集资金委贷对象的要求

小微债募集资金委贷对象应同时满足以下条件:

(1)符合《关于印发中小企业划型标准规定的通知》(工信部联企业〔2011〕300号)中的中型、小型、微型企业划型标准规定;

(2)所在行业符合国家产业政策;

(3)与小微债发行人无隶属、代管或股权关系;

(4)在小微债募集资金委贷银行中无不良信用记录;

(5)现阶段商业银行对信用贷款对象提出的其他条件。

3. 对小微债募集资金委托贷款集中度的要求

对单个委贷对象发放的委贷资金累计余额不得超过 1000 万元且不得超过小微债募集资金规模的 3%。同一控制人下的企业,合计获得委贷资金不得超过上述规定数额和比例。

二、业务流程

(一)地方企业及集合企业债券

1. 省级发改委预审并转投国家发改委

依据《关于省级发展改革部门开展企业债券预审工作有关问题的意见》,地方发债企业按程序将发债申请材料报送省级发展改革部门,省级发展改革部门应于 15 个工作日内完成预审工作。

关于省级发展改革部门的预审工作,发改委 2013 年 11 月 28 日下发《关于开展企业债券预审工作的通知》,并形成了规范开展企业债券预审和申报工作的系列配套文件,随后又下发了《企业债券审核工作手册》,主要包括:《企业债券审核工作要求》《企业债券审核对照表》《企业债券审核指标》《企业债券发债申请概要情况单和企业债券发债申请联系人表模板》《企业债券募集说明书格式与内容指引》《公开发行企业债券的法律意见书编报规则》《省级发展改革部门转报文件模板》,以及有关部门和机构开展企业债券工作信用承诺书模板等,以指导各地做好预审工作。但是依据《关于简化企业债券审报程序,加强风险防范和改革监管方式的意见》,地方企业直接向省级发展改革部门提交企业债券申报材料,抄送地市级、县级发展改革部门;省级发展改革部门应于5个工作日内向国家发改委转报。

2. 第三方专业机构技术评估

依据《关于简化企业债券审报程序,加强风险防范和改革监管方式的意见》,国家发改委将委托第三方专业机构就债券申报材料的完备性、合规性开展技术评估,第三方技术评估不超过 15 个工作日。

3. 发改委复审

《关于简化企业债券审报程序,加强风险防范和改革监管方式的意见》规定:债券从省级发展改革部门转报直至国家发改委核准时间,不超过 30 个工作日(情况复杂的不超过 60 个工作日)。

3. 发改委复审

但是,信用优良企业发债可豁免发改委委内复审环节:符合以下条件之一,并仅在机构投资者范围内发行和交易的债券,可豁免委内复审环节,在第三方技术评估机构主要对信息披露的完整性、充分性、一致性和可理解性进行技术评估后由国家发改委直接核准:

(1)主体或债券信用等级为 AAA 级的债券。

(2)由资信状况良好的担保公司(指担保公司主体评级在 AA+及以上)提供无条件不可撤销保证担保的债券。

(3)使用有效资产进行抵、质押担保,且债项级别在 AA+及以上的债券。

4. 分类管理的优惠政策

(1)信用示范城市所属企业及创新品种债券直接向国家发改委申报

《关于简化企业债券审报程序,加强风险防范和改革监管方式的意见》规定:符合以下条件之一的,企业可直接向国家发改委申报发行债券(须同时抄送省级发展改革部门,由省级发展改革部门并行出具转报文件),第三方技术评估时间进一步缩减至 10 个工作日。

A. 创建社会信用体系建设示范城市所属企业发行的债券;

B. 创新品种债券,包括"债贷组合",城市停车场建设、城市地下综合管廊建设、养老产业、战略性新兴产业等专项债券,项目收益债券,可续期债券等。

(2)放宽信用优良企业发债指标限制

实操中,发改委的窗口指导意见是企业债发行主体数量指标受"2111"规则限制,即允许省级城市有 2 家城投公司发行企业债,副省级城市 1 家,地级市 1 家,全国百强县 1 家。但是《关于简化企业债券审报程序,加强风险防范和改革监管方式的意见》规定:债项级别为 AA 及以上的发债主体(含县域企业),不受发债企业数量指标的限制。

(二)中央企业债券

1. 关于申报主体

根据《关于推进企业债券市场发展、简化发行核准程序有关事项的通知》的规定,由中央直接管理的企业其申请材料直接向国家发改委申报;国务院行业管理部门所属企业的申请材料由行业管理部门转报。

2. 关于审核程序、文件、期限

国家发改委 2015 年 11 月 30 日发布《关于简化企业债券审报程序,加强风险防范和改革监管方式的意见》,对企业债的申报程序、核准期限、申报材料、信用优良企业的分类管理措施等事项均进行了大幅调整,该文虽然并未明确规定是否适用于中央企业债,但是经咨询相关央企证券公司,并结合政策意图及立法逻辑,笔者认为该等规定同样适用于央企发债。详见上述"(一)地方企业债及集合企业债"的业务流程。

三、申报材料

(一)申请材料目录及要求

根据《关于推进企业债券市场发展、简化发行核准程序有关事项的通知》的规定:

1. 公开发行企业(公司)债券须提交以下材料:

(1)国务院行业管理部门或省级发展改革部门转报发行企业债券申请材料的文件;

(2)发行人关于本次债券发行的申请报告;

(3)主承销商对发行本次债券的推荐意见(包括内审表);

(4)发行企业债券可行性研究报告,包括债券资金用途、发行风险说明、偿债能力分析等；

（5）发债资金投向的有关原始合法文件；

（6）发行人最近三年的财务报告和审计报告（连审）及最近一期的财务报告；

（7）担保人最近一年财务报告和审计报告及最近一期的财务报告（如有）；

（8）企业（公司）债券募集说明书；

（9）企业（公司）债券募集说明书摘要；

（10）承销协议；

（11）承销团协议；

（12）第三方担保函（如有）；

（13）资产抵押有关文件（如有）；

（14）信用评级报告；

（15）法律意见书；

（16）发行人《企业法人营业执照》（副本）复印件；

（17）中介机构从业资格证书复印件；

（18）本次债券发行有关机构联系方式；

（19）其他文件。

2. 上述申请材料需遵循以下要求：

（1）纸张：应采用幅面为 210 毫米×297 毫米规格的纸张（A4 纸张规格）。

（2）封面：①标有"××××公开发行企业（公司）债券申请材料"字样。按照《公司法》设立的公司制企业发行企业债券可称为公司债券。②申请企业名称、住所、联系电话、联系人、邮政编码。③主承销商名称、住所、联系电话、联系人、邮政编码。④申报时间。

（3）份数：申请材料为一份原件及电子文档。

3. 提请注意：根据《关于开展企业债券预审工作的通知》的规定：（1）关于需省级发展改革部门预审的地方企业债，上述文件将做出如下调整：除中小企业集合债以外，其他发债申请均应提供自查报告，省级发展改革部门对于各类债券均不再单独出具专项核查报告，但需在转报文中出具核查意见。（2）预审下放后调整和新增上报文件包括：按照《省级发展改革部门企业债券转报文件模版》起草上报发债申请转报文（附电子版光盘），填报《企业债券审核对照表》，填报《企业债券审核指标》，按照《企业债券募集说明书格式与内容指引》规范编写发债募集说明书，按照《企业债券法律意见书编报规则》规范编写法律意见书,省级发展改革部门首次上报预审后发债申请时需提供信用承诺书,债券发行人、主承销商、会计师事务所、律师事务所、评级机构等出具开展企业债券工作信用承诺书。但是根据《关于简化企业债券审报程序,加强风险防范和改革监管方式的意见》,国家发改委不再要求提供省级发展改革部门预审意见(包括土地勘察报告,当地已发行企业债、中期票据占 GDP 比例的报告等)、募集说明书摘要、地方政府关于同意企业发债文件、主承销商自查报告、承销团协议、定价报告等材料,改为要求发行人对土地使用权、采矿权、收费权等与债券偿债直接有关的证明材料进行公示,纳入信用记录事项,并由征信机构出具信用报告。

(二)募集说明书主要内容

根据《企业债券发行信息披露指引》,发行人在制作募集说明书时,应对下列相关事项及信息进行重点披露。

1.债券发行依据:本期发行核准文件文号。

2.本次债券发行的有关机构。主要包括:本次债券发行涉及的机构名称、法人代表、经办人员、办公地址、联系电话、传真、邮政编码等。

3.发行概要。主要包括:债券名称、发行总额、期限、利率、还本付息、发行价格、发行方式、发行对象、发行期、认购托管、承销方式、信用级别、信用安排、重要提示等。债券简称应遵照交易场所规定。含权债券严格按照统一模板表述。发行方式、发行对象和认购托管按照模版分类统一表述。

4.认购与托管。

5.债券发行网点。

6.认购人承诺。

7.债券本息兑付办法。

8.发行人基本情况。主要包括:发行人概况、历史沿革、股东情况、公司治理和组织结构、发行人与母子公司等投资关系、主要控股子公司情况、发行人领导成员或董事、监事及高级管理人员情况等。

(1)发行人概况:公司名称、成立日期、注册资本、法定代表人、企业类型、住所、发行人从事的主要业务。

(2)历史沿革:发行人的设立情况、设立以来历次股本的变化和验资情况以及重大资产重组情况。

(3)股东情况:披露股东持股比例及实际控制人,实际控制人应披露到最终的国有控股主体或自然人为止。

（4）控股股东及实际控制人为自然人的，应披露其姓名、简要背景及所持有的发行人股份，同时披露该自然人对其他企业的主要投资情况、与其他主要股东的关系。

（5）控股股东及实际控制人为法人的，应披露该法人的名称、成立日期、注册资本、主要业务、资产规模及所持有的发行人股份被质押的情况。

（6）公司治理和组织结构：公司章程或规范公司行为的有关文件的核心内容。公司治理应明确表述公司的管理机制和决策程序。如有必要，增加关于公司独立性方面的披露及内控制度的披露。

（7）发行人控股和参股子公司情况：发行人应以图表方式披露其组织结构和对其他企业的重要权益投资情况；发行人应披露纳入合并报表的主要子公司简况，包括但不限于公司名称、成立时间、经营范围、股东情况、历史沿革、业务概况、财务概况。

（8）发行人董事、监事和高级管理人员：人员简历统一包括姓名、性别、最高学历、目前在发行人任职、曾任职等几部分。

9. 发行人业务情况

（1）发行人主营业务情况：列表分析近三年主营业务收入占比达到10％以上的全部业务板块运营情况，包括营业收入、营业成本、毛利润及毛利率。对于有关指标发生大幅波动的，请逐一解释变动原因并分析其影响。

（2）发行人主营业务经营模式：对于发行人列示的主营业务板块，应参照下文不同业务类型进行充分信息披露。

A. 市政基础设施建设和土地开发整理等业务

请详细描述发行人主营业务板块的盈利模式，包括但不限于：业务合法合规性依据、政府授权或委托文件（如有）、运营主体，盈利计算方式等。

示例：经×××部门《××××》文件授权，发行人经营×××业务。依据与×××部门签订的《××××》协议，发行人收取该项收入。发行人该业务由×××公司负责实施。详细披露主营业务收入定价方式及收回期限，包括但不限于：收入基数确认原则，利润率，支付期限及过往支付进度；土地整理业务请披露收入返还模式或固定收益率，过往支付进度等。

B. 公用事业类业务

公用事业类业务指发行人主要经营资产属于城市公用基础设施，或者主要用于向城市居民提供公共服务，并且以市场化运营的情况，包括但不限于供水、供气、道路管养等业务,应参照以下要求进行披露。

运营模式:包括经营合法合规性依据、相关部门授权、运营年限、收费定价依据、收费标准、主要经营资产情况、该资产产权模式(自有、租赁、委托运营,租赁需披露租赁费用情况,委托运营需披露期限和委托模式)、政府补贴情况(补贴金额、相关文件支持、补贴标准)。

运营情况:包括主要运营指标(行业可比指标)、成本构成及支出情况、结算方式(是否需要相关政府部门代为收取后支付)、结算周期(多长时间回款一次)。

C. 保障性住房类业务

公用事业类业务包括但不限于保障性住房、棚户区改造、限价商品房、公租房、廉租房等业务,应参照以下要求进行披露。

运营模式:包括相关部门授权、是否列入政府保障性住房或棚户区改造计划、盈利模式、回款模式、政府支持情况等。

运营情况:包括在售项目情况、在建项目情况、拆迁安置情况等。

D. 交通运输类业务

交通运输类业务应参照以下要求进行披露。

运营模式:包括经营合法合规性依据、相关部门授权、运营年限、政府支持情况、收费定价依据、收费标准等。

运营情况:请披露主要运营指标(行业可比指标)、近三年流量情况(客运量、车流量、港口吞吐量等)、成本构成及支出情况、在建工程、拟建工程、替代性竞争力分析(例如是否属于当地最主要的路网或机场、替代性道路或机场分析)。

E. 产业类业务

产业类业务应披露以下内容:关键技术工艺、盈利模式、上下游产业链情况、销售情况、主要客户涉及行业、主要产品、产销区域、运输条件和能力、行业地位、关联交易占比情况等。

如发行人上述经营情况中,近三年存在不利变化的情况,请详细描述原因及对盈利能力和现金流的影响。

发行人所在行业情况:应披露所在行业现状和前景、发行人在行业中的地位和竞争优势、所在行业关键指标数据、发行人在行业或地区的地位和竞争优势和劣势。发行人所在行业如面临整体不景气的状况,也应详细披露并分析对自身偿债的不利影响。

发行人地域经济情况:地方城投类企业应披露近三年地区经济发展总体情况、公共财政预算收支、政府性基金收支等情况。如有不利变化趋势,也应详细披露并分析对自身偿债的不利影响。

10.发行人财务情况

发行人财务总体情况,主要包括:发行人最近三年经审计的主要财务数据及资产负债表、利润及利润分配表、现金流量表;发行人财务分析(包括偿债能力分析、营运能力分析、盈利能力分析和现金流量分析等);资产负债结构分析(包括占比最高的5项资产、占比最高的3项负债以及变化幅度在30%以上的会计科目,分析变动情况及变动原因);资产科目大幅变动的原因。

(1)资产情况分析:对于涉及几类资产的,应参考(包括但不限于)以下披露要求进行列示。

A.全部土地使用权相关信息的披露;

B.全部投资性房地产相关信息的披露;

C.最大5项在建工程的信息披露;

D.应收款项应详细披露应收账款、其他应收款、长期应收款中前五大及占净资产比例超过10%的款项明细;

E.资产分析其他要求。对于已经注入发行人的政府机关、公园、学校等公益性资产及储备土地使用权,需要进行剔除。发行人报告期内以评估价值入账的资产,需披露资产评估值的变化情况,对利润的影响,增减变化幅度较大的,需说明原因,并明确账务处理是否符合《企业会计准则》或国家相关会计制度的规定。

(2)负债情况分析:

A.有息负债明细。对于发行人最大10项有息负债进行披露。

B.债务偿还压力测算。

(3)详细披露发行人对外担保情况。

(4)详细披露发行人最近一个会计年度期末的受限资产情况,具体包括但不限于资产名称、账面价值、期限等。

(5)详细披露发行人最近一个会计年度关联交易情况,包括关联方、产生原因、关联资金占用情况等。对于关联方往来款占比较高的非政府性企业,需披露非经营性往来占款或资金拆借情况,并对其合规性发表明确意见。

11.已发行尚未兑付的债券

主要包括:已发行尚未兑付的债券等融资情况统计,已发行未兑付企业债券募集资金使用情况。

完整披露发行人已发行未兑付的债券、中票、短融、资产证券化产品、信托计划、保险债权计划、理财产品及其他各类私募债权品种情况,代建回购、融资租赁、售后回租等方式融资情况。

12. 筹集资金用途

(1)发行债券时募集资金投资项目已全部或部分明确的,应披露以下内容:

A. 列表说明募集资金用途的基本情况,含名称、股权投资额、拟使用债券资金、资金使用比例等。

B. 本次发债募集资金投资项目投资管理、土地、环评、规划等相关文件的名称、文号、发文机关、印发时间和主要内容(保障房项目应披露住建部门有关文件的标题、文号和主要内容,披露项目是否纳入省级保障房计划,披露是否存在强拆、强建等情况)。

C. 项目建设内容、项目实施主体及其与发行人的关系,以及募投项目建设的必要性、经济效益和社会效益。披露项目开工时间及建设期限。

D. 募投项目的盈利性分析,说明项目可研报告中的投资回收期和内部收益率。(如在债券存续期内项目收入无法覆盖总投资,原则上发行人应为债券到期偿付提供的增信措施)

E. 发债募集资金使用计划及管理制度。

(2)发行债券时尚未明确具体募投项目的,应披露以下内容:

A. 募集资金拟使用方向和计划,包括但不限于:拟投资项目类型,拟使用项目资金,预计建设期限,主要建设内容,项目建设的必要性。

B. 拟投资项目预计在债券存续期内项目收入可覆盖总投资的,应提供初步项目收益测算分析,如不能覆盖原则上发行人应为本期债券提供相应增信措施。

C. 发行人相关承诺,包括但不限于:承诺项目收入优先用于偿还本期债券;承诺按相关要求披露债券资金使用情况、下一步资金使用计划、募集资金投资项目进展情况(包括项目前期工作和施工进展情况)等;承诺如变更募集资金用途,将按照相关规定履行变更手续。

13. 偿债保证措施

(1)自身偿付能力。主要包括发行人财务指标分析等内容。

(2)项目收益测算。发行人需根据募投项目可行性研究报告等文件编制项目收益测算报告,明确债券存续期和项目运营期的收入和净收益。收入种类较多的应采用列表形式披露收入总额、收入来源结构、运营成本及费用、税金等情况。发行人募投项目收入需提供合理的测算依据,包括但不限于相关政府部门出具的指导定价文件、同类可比价格等。

(3)增信措施(如有)。包括但不限于第三方担保、抵质押担保等。

A.第三方担保:需披露担保人基本情况、财务情况(主要财务数据及财务报表)、资信情况、担保函主要内容。包括但不限于以下内容:①担保人概况:基本情况、经营情况、行业地位、竞争优势等;②担保人资信状况;③累计担保余额;④担保人财务数据;⑤担保人发行债券情况;⑥担保函主要内容:金额、担保方式、担保期限、担保范围;⑦担保人与发行人、债券受托管理人(债权代理人)、债券持有人之间的权利义务关系;⑧担保协议及程序的合法合规性。

B.资产抵质押担保:需披露抵质押资产的名称、金额(账面价值或评估值)、抵质押资产金额与所发行债券本息总额之间的比例,并说明抵质押资产发生重大变化时的解决方案及持续披露安排;应提供抵质押资产的评估、登记、保管和相关法律手续、保障投资者履行权利的有关制度安排等情况。

(4)其他偿债保障措施。偿债计划、人员制度安排、偿债专户/基金设置、偿债资金来源、可变现资产(土地、股权、上市公司股票等)、政府回购安排、政府支持政策(资产、资金、特许经营权等)、募投项目经济效益和现金流预期等。

14.风险揭示

相关风险揭示及应对措施和安排具体可参照下文列示:

(1)与本期债券相关的风险

主要是利率风险、流动性风险、偿付风险、募投项目投资风险、违规使用债券资金的相关风险、抵质押资产或第三方担保相关风险、偿债保障措施相关风险等。

(2)与发行人相关的风险

主要是因发行人经营情况变化、管理能力下降及财务状况恶化引起的风险,如盈利能力下降风险、经营模式不可持续风险、行业经营环境变化风险、子公司管理风险、跨行业经营风险、应收账款回收风险、其他应收款回收风险、期间费用增长风险、未来资本支出规模较大风险、对外担保占比较大风险、关联交易占比较大风险等。

(3)政策风险

主要是因法律法规、宏观政策等发生变化对企业产生的具体政策性风险,如财政金融、税收、土地、产业、环保、经营许可、外汇、价格等政策发生变化对企业产生的影响。

15.信用评级

(1)信用评级报告的内容概要以及跟踪评级安排等。发行人应披露所聘请的评级机构及其对本期债券的信用评级情况,信用评级的主要情况应至少包含以下内容:①评级结论及标志所代表的含义;②评级报告中关于发行人及本期债券的主要风险概要;③跟踪评级安排。

(2)发行人信用评级情况。包括:近三年历史主体评级情况、评级机构、主体评级调整的情况及原因。发行人债项评级高于主体评级的,披露具体原因。发行人最近三年在境内发行其他债券、债券融资工具委托进行资信评级且主体评级结果与本次评级结果有差异的,应在募集说明书中充分披露原因。

(3)发行人银行授信情况,包括近一期主要贷款银行授信额度、已使用额度及未使用额度。

(4)发行人信用记录,包括近三年是否存在违约的情况,以及债务违约的金额、时间、原因及处置进度。

16.法律意见

主要包括法律事务所对本期债券的合法合规性及信息披露文件的真实性、完整性等出具的法律意见的概要。

律师应对监管协议、持有人会议规则等所有的法律文件发表意见。

17.其他应说明的事项

18.备查文件。主要包括备查文件清单、查阅地点、方式、联系人等。

(三)法律意见书内容及要求

关于法律意见书的内容及要求,《企业债券审核工作手册》中的《公开发行企业债券的法律意见书编报规则》做出了明确规定。要求律师应在进行充分核查验证的基础上,对发行人的下列(包括但不限于)事项明确发表结论性意见,所发表的结论性意见应包括是否合法合规、是否真实有效、是否存在纠纷或潜在风险:

1.本次发行的批准和授权;

2.发行人本次发行的主体资格;

3.本次发行的实质条件;

4. 发行人的设立、股东(实际控制人);

5. 发行人的独立性;

6. 发行人的业务及资信状况;

7. 关联交易及同业竞争;

8. 发行人的主要财产;

9. 发行人的重大债权债务;

10. 发行人的重大资产变化;

11. 发行人的税务;

12. 发行人的环境保护;

13. 发行人募集资金的运用;

14. 诉讼、仲裁或行政处罚;

15. 发行人募集说明书法律风险的评价;

16. 律师认为需要说明的其他问题。

四、资金募集及投向

根据《关于推进企业债券市场发展、简化发行核准程序有关事项的通知》,发行企业债券累计债券余额不超过企业净资产(不包括少数股东权益)的40%。依据《企业债券管理条例》,债券筹集资金必须按照核准的用途用于本企业的生产经营,不得擅自挪作他用,不得用于弥补亏损和非生产性支出,也不得用于房地产买卖、股票买卖以及期货等高风险投资。

依据《关于推进企业债券市场发展、简化发行核准程序有关事项的通知》,企业债券募集的资金可以用于固定资产投资项目、收购产权(股权)、调整债务结构和补充营运资金。

此外,《证券法》规定,公开发行公司债券募集的资金,必须用于核准的用途,不得用于弥补亏损和非生产性支出。

五、对中介机构的要求

依据《国家发展改革委关于下达 2007 年第一批企业债券发行规模及发行核准有关问题的通知》,债券的发行应由具备从事企业债券承销业务资格的金融机构代理发行;由具有证券业务从业资格的会计师事务所对发行人最近三年的财务状况进行审计;由具有从业资格的律师事务所对发行人发行企业债券的合法合规性、募集说明书及其摘要的真实完整性出具法律意见书;由具有企业债券评级从业资格的信用评级机构出具信用评级报告,评级机构应在报告中同时公示债券信用等级和发行人长期主体信用等级。

六、发改委分类审核及其要求

依据《国家发展改革委办公厅关于进一步改进企业债券发行审核工作的通知》,发改委对企业债券发行申请,按照"加快和简化审核类"、"从严审核类"以及"适当控制规模和节奏类"三种情况进行分类管理,具体分类如下:

(一)加快和简化审核类

对于以下两类发债申请,加快审核,并适当简化审核程序。

1. 项目属于当前国家重点支持范围的发债申请

(1)国家重大在建、续建项目。重点支持企业发债用于国家审批或核准的国家重大铁路、交通、通讯、能源、原材料、水利项目建设。支持电网改造、洁净煤发电、发展智能电网,加强能源通道建设,促进北煤南运、西煤东运、西气东输、油气骨干管网工程、液化天然气储存接收设施和西电东送。加快推进国家快速铁路网、城际铁路网建设,国家级高速公路剩余路段、瓶颈路段和内河水运建设项目。

(2)关系全局的重点结构调整或促进区域协调发展的项目。支持国家重大技术装备自主化项目。支持国家大飞机项目和重点航空航天工程;支持飞机租赁业通过试点发行项目收益债券,购汇买飞机并将租赁收入封闭还债。支持国家重大自主创新和结构调整项目,推动战略性新兴产业健康发展。支持国家钢铁产业结构调整试点。发展新一代信息技术,加强网络基础设施建设,大力发展高端装备制造、节能环保、生物、新能源汽车、新材料、新能源、海水综合利用、现代物流等产业。重点支持太阳能光伏和风电应用。支持列入《战略性新兴产业重点产品和服务指导目录》《重点产业布局和调整中长期发展规划》等专项规划或国家区域规划涉及的项目通过债券方式融资。

(3)节能减排和环境综合整治、生态保护项目。支持城镇污水垃圾处理设施建设,历史遗留重金属污染和无主尾矿库隐患综合治理,荒漠化、石漠化、水土流失治理、草原生态保护建设、京津风沙源区、石漠化地区等重点区域综合治理。支持太湖、三峡库区、丹江口库区等重点流(海)域水污染防治和环境保护治理。支持京津冀、长三角、珠三角等重点区域以及直辖市和省会城市开展微细颗粒物(PM2.5)等项目监测及相应的大气污染防治、燃煤城市清洁能源改造等。鼓励节能、节水、节地、节材和资源综合利用,大力发展循环经济。

(4)公共租赁住房、廉租房、棚户区改造、经济适用房和限价商品房等保障性安居工程项目,重点支持纳入目标任务的保障性住房建设项目。城镇基础设施建设项目。大宗农产品及鲜活农产品的储藏、运输及交易等流通项目。

(5)小微企业增信集合债券和中小企业集合债券。

2. 信用等级较高,偿债措施较为完善及列入信用建设试点的发债申请

(1)主体或债券信用等级为AAA级的债券。

(2)由资信状况良好的担保公司(指担保公司主体评级在AA+及以上)提供无条件不可撤销保证担保的债券。

(3)使用有效资产进行抵质押担保,且债项级别在AA+及以上的债券。

(4)资产负债率低于30%,信用安排较为完善且主体信用级别在AA+及以上的无担保债券。

(5)由重点推荐的证券公司、评级公司等中介机构提供发行服务,且主体信用级别在AA及以上的债券(中介机构重点推荐办法另行制定)。

(6)全信用记录债券,即发行人法人代表、相关管理人员等同意披露个人信用记录且签署信用承诺书的债券。

(7)同意列入地方政府负债总规模监测的信用建设试点城市平台公司发行的债券。信用建设试点城市指向省级信用体系建设领导小组申请试点获批复,并向发改委进行备案的城市。

(8)地方政府所属区域城投公司申请发行的首只企业债券,且发行人资产负债率低于50%的债券。

(二)从严审核类

对于以下两类发债申请,要从严审核,有效防范市场风险。

1. 募集资金用于产能过剩、高污染、高耗能等国家产业政策限制领域的发债申请。

2. 企业信用等级较低,负债率高,债券余额较大或运作不规范、资产不实、偿债措施较弱的发债申请。

(1)资产负债率较高(城投类企业65%以上,一般生产经营性企业75%以上)且债项级别在AA+以下的债券。

(2)企业及所在地方政府或为其提供承销服务的券商有不尽职或不诚信记录。

（3）连续发债两次以上且资产负债率高于65％的城投类企业。

（4）企业资产不实、运营不规范、偿债保障措施较弱的发债申请。

（三）适当控制规模和节奏类

除符合"加快和简化审核类""从严审核类"两类条件的债券外，其他均为"适当控制规模和节奏类"，要根据国家宏观调控政策和债券市场发展情况，合理控制总体发行规模，适当把握审核和发行节奏。

发改委将根据国家产业政策和发行审核工作实际，不定期对上述分类范围进行更新调整，并及时通知各地发展改革部门。

七、企业债券发行

目前，发改委审核通过的企业债既可以选择在银行间债券市场发行，也可以在沪深交易所上市流通。

（一）银行间债券市场发行

根据人民银行2015年5月9日发布的《关于调整银行间债券市场债券交易流通有关管理政策的公告》，依法发行的各类债券，完成债权债务关系确立并登记完毕后，即可在银行间债券市场交易流通，各类债券包括但不限于政府债券、中央银行债券、金融债券、企业债券、公司债券、非金融企业债务融资工具等公司信用类债券、资产支持证券等，人民银行取消银行间债券市场债券交易流通审批。

同业拆借中心以及人民银行同意的其他交易场所为债券交易流通提供服务。同时，同业拆借中心承担交易数据库职责，负责集中保存交易数据电子记录。中债登和上清所应在债券登记当日以电子化方式向同业拆借中心传输债券交易流通要素信息。

与原《公司债券进入银行间债券市场交易流通有关事项公告》（中国人民银行公告〔2005〕第30号）相比，新公告取消了实际发行额不少于人民币5亿元、发行人具有较完善的治理结构和机制近两年没有违法和重大违规行为、单个投资人持有量不超过该期公司债券发行量的30％、依法公开发行等条件要求。

(二)交易所发行

企业债若拟在交易所上市交易的需经交易所审核同意。根据 2015 年《上海证券交易所公司债券上市规则》及《深圳证券交易所公司债券上市规则》的规定,企业债券、境外注册公司发行的债券以及国务院授权部门核准、批准的其他债券的上市交易,参照该规则执行,与第八章所述公司债券的公开发行适用的主要法规相同,此不赘述。

第三节　项目收益债

一、项目收益债概述

2008 年 12 月 8 日国务院办公厅下发《关于当前金融促进经济发展的若干意见》,首次提出开展项目收益债券试点。

2013 年 4 月 19 日,发改委下发《关于进一步改进企业债券发行审核工作的通知》,提出"支持国家大飞机项目和重点航空航天工程;支持飞机租赁业通过试点发行项目收益债券,购汇买飞机并将租赁收入封闭还债"。

2014 年 5 月 13 日,发改委下发《关于创新企业债券融资方式扎实推进棚户区改造建设有关问题的通知》,提出"推进企业债券品种创新,研究推出棚户区改造项目收益债券。对于具有稳定偿债资金来源的棚户区改造项目,将按照融资—投资建设—回收资金封闭运行的模式,开展棚户区改造项目收益债券试点"。该通知明确,以支持棚户区改造为目的的项目收益债券不占用地方政府所属投融资平台公司的年度发债指标。

2015 年 4 月 9 日,发改委连发四个专项债券发行指引,分别为《养老产业专项债券发行指引》《战略性新兴产业专项债券发行指引》《城市停车场建设专项债券发行指引》《城市地下综合管廊建设专项债券发行指引》。文件指出上述专项债券的发行审核均比照"加快和简化审核类"债券审核程序,以提高审核效率。除《战略性新兴产业专项债券发行指引》外,其他三个专项债券文件均提出了以下优惠措施:

(1)发行专项债券的城投类企业不受发债指标限制。

(2)债券募集资金可用于房地产开发、城市基础设施建设项目中配套建设的相应专项设施(除《城市地下综合管廊建设专项债券发行指引》外)。

(3)募集资金占项目总投资比例由不超过 60％放宽至不超过 70％。

(4)将城投类企业和一般生产经营性企业需提供担保措施的资产负债率要求分别放宽至 70％和 75％;主体评级 AAA 的,资产负债率要求进一步放宽至 75％和 80％。

(5)不受"地方政府所属城投企业已发行未偿付的企业债券、中期票据余额与地方政府当年 GDP 的比值超过 8％的,其所属城投企业发债应严格控制"的限制。

(6)城投类企业不受"单次发债规模,原则上不超过所属地方政府上年本级公共财政预算收入"的限制。

四个专项债券指引均鼓励对于具有稳定偿债资金来源的建设项目,可按照"融资—投资建设—回收资金"的封闭运行模式,开展项目收益债券试点。四个专项债券指引的发布旨在进一步扩大基础设施投资,同时引导和鼓励社会投入,发挥稳增长的积极作用。

2015 年 5 月 15 日,发改委向各地方发展改革委印发了《项目收益债券试点管理办法(试行)》(本节简称《试点办法》),《试点办法》规定:项目收益债券是与特定项目相联系的,债券募集资金用于特定项目的投资与建设,债券的本息偿还资金完全或基本来源于项目建成后运营收益的债券。

二、《试点办法》主要内容

(一)发行方式

项目收益债可在银行间市场公开或非公开定向发行,公开发行的项目收益债必须符合《公司法》《证券法》《企业债券管理条例》的要求,需要具备发行主体和债项的双评级。非公开发行项目收益债,在试点期间,项目收益债券的债项评级应达到 AA 及以上,无强制要求主体评级,非公开发行的,每次发行时合格投资者不超过 200 人,单笔认购不少于 100 万元人民币,合格投资者是指在银行间债券市场开立债券交易账户的机构投资者。

公开发行的项目收益债券,须经发改委核准后方可发行。非公开发行的项目收益债券,在发改委备案后即可发行。

(二)发行主体

项目实施主体应该是中国境内注册的具有法人资格的企业或仅承担发债项目投资、建设、运营的特殊目的载体。与以往规定相比,《试点办法》对非公开发行项目收益债,扩大了项目实施主体范围,实施主体可以是境内注册的具有法人资格的企业或仅承担发债项目投资、建设、运营的特殊目的载体,取消一般企业债对成立年限、三年平均利润足够支付一年利息、债券余额不超过净资产40%等要求,使新建项目公司或 SPV 发债成为可能。

(三)增信要求

《试点办法》要求项目收益债应设置差额补偿机制,差额补偿人负责补足偿债资金专户余额与应付本期债券本息的差额部分。在此基础上,项目收益债券也可以同时增加外部担保,对项目收益债券还本付息提供无条件不可撤销连带责任保证担保;加速到期条款使得出现启动加速到期条款的情形时,可提前清偿部分或全部债券本金。这些增信措施和条款能减低债券的投资风险。

项目收益债还需要设置严格的账户管理机制,进行分账管理。项目实施主体在银行设置债券募集资金专户、项目收入归集专户、偿债基金专户,分别存放项目收益债券的募集资金、项目收入资金和项目收益债券还本付息资金。资金的分账管理有利于避免将项目现金流入与项目实施人的其他收入支出混同,确保项目运营收入不被挪作他用。

(四)项目资本金比例

《试行办法》要求除债券资金之外,项目建设资金来源应全部落实。其中投资项目资本金比例需符合国务院关于项目资本金比例的有关要求并全部到位,贷款银行应出具贷款意向函,其他资金来源应提供相关依据。

根据《国务院关于调整固定资产投资项目资本金比例的通知(国发〔2009〕27号)》,机场、港口、沿海及内河航运项目,最低资本金比例为30%;铁路、公路、城市轨道交通、化肥(钾肥除外)项目,最低资本金比例为25%;保障性住房和普通商品住房项目的最低资本金比例为20%,其他房地产开发项目的最低资本金比例为30%。

(五)资金用途

《试行办法》规定债券募集资金专款专用,只能用于募投项目建设、运营和设备购置,不得置换项目资本金或偿还与项目有关的其他债务,但偿还已使用的超过项目融资安排约定规模的银行贷款除外。

相比项目收益票据的企业发行项目收益票据所募集的资金应专项用于约定项目,且应符合法律法规和国家政策要求,约束更加细化。

(六)偿债资金来源

债券的本息偿还资金完全或基本来源于项目建成后的运营收益,明确项目收益债券是以项目的现金流为支持,项目公司起到 SPV 的作用,这和传统的企业债以企业整体现金流作为偿债来源有所区别。

项目收入可以包含财政补贴,但要求财政补贴应逐年列入政府财政预算并经人大批准,未来还需纳入政府的中期财政规划,且财政补贴占项目收入的比例不得超过 50%。

三、申报材料

(一)申报请示文件

1. 省级发展改革部门转报项目收益债券发行申请材料的文件(地方企业及其控股的项目实施主体,如有);

2. 项目实施主体关于本次债券发行的申请报告;

3. 项目实施主体关于本次债券发行的内部决议;

4. 项目实施主体、差额补偿人、担保人(如有)的《企业法人营业执照》(副本)复印件;

5. 中介机构从业资格证书复印件;

6. 项目实施主体、差额补偿人、担保人(如有),中介机构及相关人员的诚信自律承诺;

7. 主承销商关于财务顾问费用协议支出的说明;

8. 本次债券发行有关机构联系方式。

（二）募投项目相关文件

1. 募投项目的有关原始合法文件；

2. 住建部关于保障性住房项目的说明文件及目标责任状等支持性文件（如有）；

3. 募投项目可行性研究报告；

4. 募投项目可行性研究报告摘要；

5. 项目收益及现金流评估专项意见；

6. 项目实施主体关于募投项目资金来源落实情况的说明；

7. 募投项目运营收益的支持性文件。

（三）本期债券相关文件

1. 本期债券募集说明书；

2. 本期债券募集说明书摘要；

3. 项目实施主体、差额补偿人、担保人（如有）的财务报告和审计报告（公开发行的，需提供项目实施主体三年连审的财务报告；非公开发行的，需提供项目实施主体最近一个会计年度经审计的财务报告）；

4. 本期债券信用评级报告和差额补偿人、担保人（如有）的信用评级报告；

5. 本期债券法律意见书；

6. 项目实施主体、差额补偿人、担保人（如有）基本信用信息报告及相关事项说明；

7. 项目实施主体，差额补偿人的征信报告；

8. 项目实施主体、差额补偿人和监管银行签订的差额补偿协议；

9. 项目实施主体与监管银行签订的账户监管协议；

10. 第三方担保函及担保方股东会或出资人决议（如有）；

11. 承销协议；

12. 承销团协议；

13. 债券代理协议及债券持有人会议规则；

14. 其他文件。

四、产品举例

2014 年 11 月 17 日,广州市第四资源热力电厂垃圾焚烧发电项目收益债券发行,为发改委审批的首单项目收益债券,其基本要素①如下:

表 9-1

发行人	广州环投南沙环保能源有限公司
发行总额	人民币捌亿元(RMB 800000000.00 元)
债券期限	本期债券为十年期固定利率债券,附本金提前偿还条款,从第 3 个计息年度开始偿还本金,第 3、4、5、6、7、8、9、10 个计息年度末分别按本期债券发行总额的 7.5%、10%、10%、12.5%、15%、15%、15%、15%的比例偿还本金。
债券利率	本期债券以每 3 个计息年度为 1 个重定价周期。在每个重定价周期末,发行人有权选择将本期债券期限延长 1 个重定价周期(即延续 3 年),或全额兑付本期债券。
发行人续期选择权	在本期债券每个重定价周期末,发行人有权选择将本期债券期限延长 1 个重定价周期,或全额兑付本期债券。发行人应至少于续期选择权行权年度付息日前 30 个工作日,在相关媒体上刊登续期选择权行使公告。
债券利率	本期债券为固定利率债券,票面年利率初步确定为不超过基准利率加上 2.50%的基本利差。
还本付息方式	本期债券每年付息一次,分次还本。本期债券从第 3 个计息年度开始偿还本金,第 3、4、5、6、7、8、9、10 个计息年度末分别按本期债券发行总额的 7.5%、10%、10%、12.5%、15%、15%、15%、15%的比例偿还本金。本期债券存续期后八年利息随本金一起支付。

---

① 资料来源:《2014 年广州市第四资源热力电厂垃圾焚烧发电项目收益债券募集说明书摘要》,《中国证券报》,2014 年 11 月 6 日。

续表

发行人	广州环投南沙环保能源有限公司
发行方式	本期债券采用簿记建档、集中配售的方式,通过承销团成员设置的发行网点向机构投资者(国家法律、法规另有规定的除外)公开发行和通过上海证券交易所发行相结合的方式发行。
发行范围及对象	通过承销团成员设置的发行网点公开发行的债券:在中央国债登记公司开户的机构投资者(国家法律、法规另有规定除外)。 通过上海证券交易所发行的债券:持有中国证券登记公司上海分公司基金证券账户或A股证券账户的机构投资者(国家法律、法规禁止购买者除外)。
信用级别	经联合资信评估有限公司综合评定,本期债券信用级别为AA级。
增信安排	广州环保投资集团有限公司作为本期债券的第一差额补偿人,当本期债券募投项目收入无法覆盖债券本息时,将由其承担差额补足义务。 广州广日集团有限公司作为本期债券的第二差额补偿人,在本期债券募投项目收入无法覆盖债券本息,同时第一差额补偿人又不能及时足额补足应付本息的情况下,将由其承担差额补足的义务。

第四节 城投类企业债

按发行主体对企业债进行划分,城投类企业债是指地方投融资平台作为发行主体而公开发行的企业债,其发行人主业多为地方基础设施建设或公益性项目。由于城投类企业债背后通常隐含着政府信用,在风险判断上投资者倾向于将其视为低风险的地方政府债券。自2013年4月19日发改委下发《关于进一步改进企业债券发行审核工作的通知》,要求对企业债券的发行按照"加快和简化审核类"、"从严审核类"及"适当控制规模和节奏类"三种情况进行分类管理,客观上使得企业债更多地转向为城投类。从目前企业债债券市场中各类主体的发行体量来看,企业债基本上都是城投类。

一、国务院及发改委对地方投融资平台的规范

近年来,为遏制地方政府融资乱象,国务院先后出台了多项法规规范政府投融资平台的融资行为,作为其重要融资方式之一的企业债,发改委亦多次发文规范:

2010 年 6 月 10 日,国务院发布《关于加强地方政府融资平台公司管理有关问题的通知》,要求融资平台公司融资和担保要严格执行相关规定,地方政府在出资范围内对融资平台公司承担有限责任,实现融资平台公司债务风险内部化。要严格执行《中华人民共和国担保法》等有关法律法规的规定,除法律和国务院另有规定外,地方各级政府及其所属部门、机构和主要依靠财政拨款的经费补助事业单位,均不得以财政性收入、行政事业等单位的国有资产,或其他任何直接、间接的形式为融资平台公司融资行为提供担保。

为贯彻上述国务院通知,2010 年 11 月 20 日,发改委发布《关于进一步规范地方政府投融资平台公司发行债券行为有关问题的通知》,对地方政府投融资平台公司发行债券提出了更为严格的要求,主要内容如下:

其一,凡是申请发行企业债券的投融资平台公司,其偿债资金来源 70% 以上(含)必须来自公司自身收益,且公司资产构成等必须符合国发〔2010〕19 号文件的要求。

其二,经营收入主要来自承担政府公益性或准公益性项目建设,且占企业收入比重超过 30% 的投融资平台公司发行企业债券,除满足现行法律法规规定的企业债券发行条件外,还必须向债券发行核准机构提供本级政府债务余额和综合财力的完整信息,作为核准投融资平台公司发行企业债券的参考。如果该类投融资平台公司所在地政府负债水平超过 100%,其发行企业债券的申请将不予受理。

其三,以资产抵(质)押方式为投融资平台公司发债提供增信的,其抵(质)押资产必须是可依法合规变现的非公益性有效资产。

其四,加强发债企业信息披露,在债券存续期间,发行人除应按照交易场所的规定,及时披露财务报告和企业的重大事项外,还应按时披露偿债资金专户的资金筹集情况。

2012 年 12 月 11 日,发改委出台《关于进一步强化企业债券风险防范管理

有关问题的通知》,要求政府投融资平台公司为其他企业发行债券提供担保的,按担保额的 1/3 计入该平台公司已发债余额;城投类企业主体评级在 AA－及以下的,应采取签订政府(或高信用企业)回购协议等保障措施或提供担保。

2014 年 10 月 2 日,国务院出台《关于加强地方政府性债务管理的意见》(简称"43 号文"),全面明确了建立"借、用、还"相统一的地方政府性债务管理机制,明确政府债务的融资主体仅为政府及其部门,不得通过企事业单位等举措,剥离融资平台政府融资职能,切实做到谁借谁还。

2014 年 10 月 28 日,财政部印发《地方政府存量债务纳入预算管理清理甄别办法》,作为国务院 43 号文的最新配套文件,甄别办法明确了省级财政部门锁定地方债务的截止日期为明年 1 月 5 日。存量债务将按 2013 年审计署债务审计口径进行分类,以 2013 年全国政府性债务数据为基础。

2014 年 12 月 8 日,中证登发布《关于加强企业债券回购风险管理相关措施的通知》,称自该通知发布之日起,暂时不受理新增企业债券回购资格申请,已取得回购资格的企业债券暂不得新增入库。按主体评级"孰低原则"认定的债项评级为 AAA 级、主体评级为 AA 级(含)以上(主体评级为 AA 级的,其评级展望应当为正面或稳定)的企业债券除外。地方政府性债务甄别清理完成后,对于纳入地方政府一般债务与专项债务预算范围的企业债券,继续维持现行回购准入标准;对于未纳入地方政府一般债务与专项债务预算范围的企业债券,本公司仅接纳债项评级为 AAA 级、主体评级为 AA 级(含)以上(主体评级为 AA 级的,其评级展望应当为正面或稳定)的企业债券进入回购质押库。

2015 年 3 月 1 日,据路透中文社报道,发改委近期下发《关于进一步改进和规范企业债券发行工作的几点意见》,主要内容为:企业发行企业债券,应实现企业信用和政府性债务、政府信用的隔离,不能新增政府债务,企业应该主要依托自身信用,完善偿债保障措施;明确企业与政府签订的建设—移交(BT)协议收入以及政府指定红线图内土地的未来出让收入返还,按照 43 号文文件精神,暂不能作为发债偿债保障措施;鼓励企业通过以自身拥有的土地抵押和第三方担保抵押等多种形式作为增信措施,同时鼓励各地结合 PPP(公私合作)和创新预算内投资方式,积极研究扩大项目收益债、可续期债券等创新品种规模。

二、城投类企业债近期动态

43 号文出台前,城投类企业债都存在政府直接、间接的形式提供的担保,该担保主要有如下几种形式:为融资平台公司融资行为出具担保函;承诺在融资平台公司偿债出现困难时,给予流动性支持,提供临时性偿债资金;承诺当融资平台公司不能偿付债务时,承担部分偿债责任;承诺将融资平台公司的偿债资金安排纳入政府预算等。虽然上述担保在现行法律框架下存在违法嫌疑,但监管机构对此一直采取默许的态度。

43号文以及2015年1月1日实施的《中华人民共和国预算法》均强调,"除法律另有规定外,地方政府及其所属部门不得为任何单位和个人的债务以任何方式提供担保","各级政府、各部门、各单位违反本法规定举借债务或者为他人债务提供担保,或者挪用重点支出资金,或者在预算之外及超预算标准建设楼堂馆所的,责令改正,对负有直接责任的主管人员和其他直接责任人员给予撤职、开除的处分"。

在上述法规出台后,关于城投类企业债,市场上出现了部分地方政府撤销自身出具的将融资平台公司的偿债资金安排纳入政府预算的承诺的情形:

2014年12月11日,常州市天宁区财政局突然发布关于《关于将2014年常州天宁建设发展有限公司公司债券纳入政府债务的说明》的更正函,宣布该局本月10日出具的《关于将2014年常州天宁建设发展有限公司公司债券纳入政府债务的说明》声明作废,按国务院43号文规定,该项债券不属于政府性债务,政府不承担偿还责任,应由常州天宁建设发展有限公司(天宁建设)自行承担债务管理和偿还责任。

2014年12月15日,乌鲁木齐财政局亦发布公告称,根据43号文精神,该局决定撤销10日印发的《关于将2014年乌鲁木齐国有资产投资有限公司公司债券纳入政府专项债务有关事项的通知》,公告的落款日期是11日,但此仅前一天乌鲁木齐财政局刚决定将乌鲁木齐国有资产投资有限公司10亿规模的公司债券纳入政府债务系统。①

上述政府财政部门随意改变自身做出的决定的行为,不但会造成市场对地方政府公信力的质疑,而且还可能导致形成"破窗效应",造成其他地方政府仿效。

---

① 孙璐璐:《"14乌国投债"上演变脸戏码地方政府公信力遭疑》,载《证券时报》2014年12月16日。

三、城投类企业债的未来

随着未来国家对地方政府举债融资机制的规范化,城投类企业债将逐步退出历史舞台。归纳并对比目前我国已有的债务融资工具以及近期市场相关创新产品,未来可能代替城投类企业债融资职能的固定收益融资品种有:永续债、地方政府债、项目收益债、资产证券化产品、一般公司债等,其中项目收益债、资产证券化与一般公司债的相关介绍分别详见本书本章第三节、第二编第四章与第三编第八章。

(一)永续债

1. 概述

永续债,也叫无期债券,目前我国尚无相关法律法规对这一产品进行认定。一般来说,永续债券有以下几个特征:一是没有明确的到期时间或者期限非常长;二是利息水平较高或可调整、可浮动;三是无担保;四是清偿顺序靠后,低于一般债券,仅优先于普通股与优先股。由于其在会计上的特殊计量属性,永续债券被视为“债券中的股票”。

目前,永续债在我国仍属于创新产品,在我国境内已发行的被认为具有“永续债”特点的债券品种有两种,一为发改委审批的“可续期债券”;二为在银行间市场交易商协会注册的“长期限含权中期票据”。

“可续期债券”是指具有一定的债券期限,但附有“发行人续期选择权”条款的企业债券。“发行人续期选择权”条款通常表述为“在本期债券每 N 个计息年度末,发行人有权选择将本期债券期限延续 N 年,或选择在该计息年度末到期全额兑付本期债券。”从而发行人可在债券期限到期后自主选择债券延期来实现债券的“永远存续”。

“长期限含权中期票据”是指票据期限为“长期存续”的中期票据,其“长期存续”条款内容通常表述为“于发行人依照发行条款的约定赎回之前长期存续,并在发行人依据发行条款的约定赎回时到期”。因此,发行人可通过不行使“赎回权”的方式,使得该中期票据能够长期限存续。

2.可续期债券的相关规定及案例

(1)相关规定

根据笔者进行的法规检索,目前尚未发现发改委就“可续期债券”的发行条件制订专章或单独的规定,关于“可续期债券”的内容散见于发改委出台的

多份文件中,具体内容如下:

A.《国家发展改革委办公厅关于〈印发城市地下综合管廊建设专项债券发行指引〉的通知》(发改办财金[2015]755号)规定:

一、鼓励各类企业发行企业债券、项目收益债券、可续期债券等专项债券,募集资金用于城市地下综合管廊建设,在相关手续齐备、偿债措施完善的基础上,比照我委"加快和简化审核类"债券审核程序,提高审核效率。……

六、积极开展债券品种创新。鼓励地下综合管廊项目发行可续期债券,根据与使用单位签订合同和付款安排特点设置续期和利息偿付安排。

B.《国家发展改革委办公厅关于印发〈养老产业专项债券发行指引〉的通知》(发改办财金[2015]817号)规定:

"四、优化养老产业专项债券品种方案设计。一是根据养老产业投资回收期较长的特点,支持发债企业发行10年期及以上的长期限企业债券或可续期债券。二是……"

C.《国家发展改革委办公厅关于充分发挥企业债券融资功能支持重点项目建设促进经济平稳较快发展的通知》(发改办财金[2015]1327号)规定:

"(十)鼓励一般生产经营类企业和实体化运营的城投企业通过发行一般企业债券、项目收益债券、可续期债券等,用于经有关部门批准的基础设施和公共设施特许经营等PPP项目建设。"

D.《国家发展改革委、财政部、国土资源部、银监会、国家铁路局关于进一步鼓励和扩大社会资本投资建设铁路的实施意见》(发改基础[2015]1610号)规定:

(二十二)促进债权和股权融资。支持符合条件的企业通过发行企业债券、公司债券和债务融资工具等方式筹措铁路建设资金。允许符合条件的、以新建项目设立的企业为主体发行项目收益债,支持重大项目发行可续期债券。

E.《国家发展改革委办公厅关于简化企业债券审报程序加强风险防范和改革监管方式的意见》(发改办财金[2015]3127号)规定:

(六)创建社会信用体系建设示范城市所属企业发债及创新品种债券可直接向我委申报。符合以下条件之一的,企业可直接向我委申报发行债券(须同时抄送省级发展改革部门,由省级发展改革部门并行出具转报文件),第三方技术评估时间进一步缩减至10个工作日。

1.创建社会信用体系建设示范城市所属企业发行的债券。

2.创新品种债券,包括"债贷组合,城市停车场建设、城市地下综合管廊建设、养老产业、战略性新兴产业等专项债券,项目收益债券,可续期债券等。

(2)相关案例

笔者通过公开网络检索归纳近年来发行的可续期债券产品的相关信息如下:

债券名称	发行人	发行时间	规模	募集资金用途
2013 年武汉地铁集团有限公司可续期公司债券	武汉地铁集团有限公司	2013 年 10 月	不超过 23 亿元	本期债券募集资金用于武汉市轨道交通 6 号线一期工程项目。
2014 年第一期北京首都创业集团有限公司可续期公司债券	北京首都创业集团有限公司	2014 年 10 月	20 亿元整	本期债券募集资金全部用于北京地铁 14 号线工程 B 部分的投资建设。
2015 年中国电力投资集团公司可续期企业债券	中国电力投资集团公司	2015 年 5 月	30 亿元	本期债券募集资金用于楚雄州南华县打挂山风电场项目、楚雄州禄丰县大荒山风电风水互补示范项目、兴安县石板岭风电场工程项目、包头市达茂旗百万千瓦级风电基地巴音 7 号风电项目和中电投盐城滨海振东风电场二期项目。
2014 年第二期北京市基础设施投资有限公司可续期公司债券	北京市基础设施投资有限公司	2015 年 6 月	10 亿元整	本期债券募集资金全部用于北京地铁 14 号线工程 B 部分的投资建设。
2015 年第一期南昌轨道交通集团有限公司可续期公司债券	南昌轨道交通集团有限公司	2015 年 7 月	不超过 36 亿元	本期债券募集资金全部用于南昌市轨道交通 2 号线一期工程项目。
2015 年广州地铁集团有限公司可续期债券	广州地铁集团有限公司	2015 年	70 亿元	本期债券募集资金全部用于九号线一期(飞鹅岭—高增段)、十三号线首期(鱼珠—象颈岭)和二十一号线(员村—增城广场)等三条线路的建设。
2015 年贵阳市城市轨道交通有限公司可续期公司债券	贵阳市城市轨道交通有限公司	2015 年 11 月	不超过 20 亿元	本期债券筹资金可用于补充项目资本金,并全部用于贵阳市轨道交通 1 号线工程的投资建设

(3)综上所述,对于"可续期债券",目前发改委并没有明确地制定其有别于一般企业债券的"特殊发行条件";结合相关规定和案例情况,笔者认为,发

改委在企业债券审核过程中有选择性地允许在某些领域的项目发行"可续期债券",相关项目类型主要为:(1)城市地下综合管廊建设项目;(2)养老产业项目;(3)经有关部门批准的基础设施和公共设施特许经营等 PPP 项目;(4)铁路建设项目。可续期债券作为创新品种债券,在审核上,可以由企业直接向国家发改委申报(须同时抄送省级发展改革部门,由省级发展改革部门并行出具转报文件),审批流程和时间上有所简化和缩短。

3. 长期限含权中期票据的相关规定及案例

(1)相关规定

我国目前对中期票据发行进行规范的相关法规包括但不限于《银行间债券市场非金融企业债务融资工具管理办法》《银行间债券市场非金融企业债务融资工具信息披露规则》《银行间债券市场非金融企业中期票据业务指引》《银行间债券市场非金融企业债务融资工具发行注册规则》《银行间债券市场非金融企业债务融资工具中介服务规则》《银行间债券市场非金融企业债务融资工具募集说明书指引》《非金融企业债务融资工具注册文件表格体系》等,但未发现有法规对长期限含权中期票据进行特别规定。

(2)相关案例

笔者通过公开网络检索归纳近年来发行的长期限含权中期票据产品的相关信息如下:

票据名称	发行人	发行时间	规模	募集资金用途
国电电力发展股份有限公司 2013 年度第一期中期票据①	国电电力发展股份有限公司	2013 年 12 月	本期发行 10 亿元(总额度:27 亿)	本期中期票据募集资金用于补充公司本部营运资金。(对存量资金形成占用压力的有:(1)公司新发电机组不断投产控股装机容量不断上升,业务规模不断扩大;(2)母公司用于支付与经营活动有关的现金快速增长;(3)燃料采购环节资金支出日益增大;(4)大量在建项目,如大渡河流域水电项目等)

---

① 信息来源:厦门信达股份有限公司披露的长期限含权中期票据注册申请获准公告。

续表

票据名称	发行人	发行时间	规模	募集资金用途
云南能源投资集团有限公司2014年度第二期中期票据	云南能源投资集团有限公司	2014年5月	9亿元	本期中期票据募集资金的55.56%(即5亿元)用于偿还银行贷款,44.44%(即4亿元)用于补充营运资金。
厦门信达股份有限公司2015年度第二期中期票据	厦门信达股份有限公司	2015年8月	不超过8亿元人(可分期发行)	本期中期票据募集资金用于发展公司光电和物联产业及补充公司运营中需要长期沉淀的营运资金。
宁波开发投资集团有限公司2015年度第二期中期票据	宁波开发投资集团有限公司	2015年11月	10亿元	本期中期票据募集资金用于优化融资结构,降低企业的加权平均融资成本,具体用途是置换公司本部银行贷款,以降低公司间接融资比例。

（3）综上所述,目前笔者尚未发现"长期限含权中期票据"有别于一般中期票据的特别发行条件的相关规定。参考上述相关案例,笔者认为长期限含权中期票据可能主要适用于电力、能源、交通运输、市政建设等重点投资行业中近几年资本支出较大、负债率较高、整体资质良好、有降负债率需求的央企及地方国有龙头企业。

4.永续债的相关会计规定

为规范永续债核心问题之一的会计处理问题,即永续债在会计上究竟是作为权益还是负债计入发行人的会计报表,2014年3月7日,财政部印发《金融负债与权益工具的区分及相关会计处理规定》,要求企业应当按照金融工具准则的规定,根据所发行金融工具的合同条款及其所反映的经济实质而非仅以法律形式,结合金融资产、金融负债和权益工具的定义,在初始确认时将该金融工具或其组成部分分类为金融资产、金融负债或权益工具,并明确了各项划分标准。其中,分类为权益工具的需同时满足下列两项条件:

第一,该金融工具不包括交付现金或其他金融资产给其他方,或在潜在不利条件下与其他方交换金融资产或金融负债的合同义务;

第二,将来须用或可用企业自身权益工具结算该金融工具的,如该金融工具为非衍生工具,不包括交付可变数量的自身权益工具进行结算的合同义务;如为衍生工具,企业只能通过以固定数量的自身权益工具交换固定金额的现金或其他金融资产结算该金融工具。

结合上述规定,今后发行的永续债,其具体安排只有在同时满足上述两项条件的前提下,才可将该永续债计入发行人所有者权益非而负债,才可满足企业补充项目资本金、突破相关发债空间的限制。从拓展融资渠道、消除监管套利的趋势看,相信不久的未来,一定也会出现交易所市场的永续公司债。

(二)地方政府债

新预算法规定,经国务院批准的省、自治区、直辖市的预算中必需的建设投资的部分资金,可以在国务院确定的限额内,通过发行地方政府债券举借债务的方式筹措。举借债务的规模,由国务院报全国人民代表大会或者全国人民代表大会常务委员会批准。省、自治区、直辖市依照国务院下达的限额举借的债务,列入本级预算调整方案,报本级人民代表大会常务委员会批准。举借的债务应当有偿还计划和稳定的偿还资金来源,只能用于公益性资本支出,不得用于经常性支出。除此以外,地方政府及其所属部门不得以任何方式举借债务。

2015 年 3 月 12 日,财政部发布《地方政府一般债券发行管理暂行办法》,对发行主体、发行期限、发行方式、信用评级和投资者等方面做出要求。该《办法》的亮点有:(1)与《新预算法》相比,发债主体扩展至含经省级政府自办债券发行的计划单列市,债券资金收支列入一般公共预算管理;(2)与 2014 年试点的地方政府债期限在 5、7、10 年相比,债券期限增加了 1 年和 3 年期,均以自发自还的形式发行;(3)规定单一期限债券的发行规模不得超过一般债券当年发行规模的 30%。

2015 年 4 月 7 日,财政部发布《地方政府专项债券发行管理暂行办法》。至此,地方政府的一般债券和专项债券的发行管理文件均已出台,相比于一般债券,专项债券增加了 2 年期,选择灵活度更高。

第五节 需掌握的监管法规

企业发行企业债,须依据以下文件:

1. 发改委:《关于简化企业债券审报程序、加强风险防范和改革监管方式的意见》(2015 年 11 月 30 日)

2. 人民银行:《关于调整银行间债券市场债券交易流通有关管理政策的

公告》(2015 年 5 月 9 日)

　　3. 发改委办公厅:《养老产业专项债券发行指引》(2015 年 4 月 7 日)

　　4. 发改委办公厅:《城市停车场建设专项债券发行指引》(2015 年 4 月 7 日)

　　5. 财政部:《地方政府专项债券发行管理暂行办法》(2015 年 4 月 2 日)

　　6. 发改委办公厅:《战略性新兴产业专项债券发行指引》(2015 年 3 月 31 日)

　　7. 发改委办公厅:《城市地下综合管廊建设专项债券发行指引》(2015 年 3 月 31 日)

　　8. 财政部:《地方政府一般债券发行管理暂行办法》(2015 年 3 月 12 日)

　　9. 全国人大常委会:《中华人民共和国预算法》(2015 年 1 月 1 日)

　　10. 中证登:《关于加强企业债券回购风险管理相关措施的通知》(2014 年 12 月 8 日)

　　11. 财政部:《地方政府存量债务纳入预算管理清理甄别办法》(2014 年 10 月 23 日)

　　12. 国务院:《关于加强地方政府性债务管理的意见》(2014 年 9 月 21 日)

　　13. 发改委办公厅:《关于创新企业债券融资方式扎实推进棚户区改造建设有关问题的通知》(2014 年 5 月 13 日)

　　14. 财政部:《金融负债与权益工具的区分及相关会计处理规定》(2014 年 3 月 17 日)

　　15. 发改委财政金融司:《关于开展企业债券预审工作的通知》(2013 年 11 月 27 日)

　　16. 发改委办公厅:《关于企业债券融资支持棚户区改造有关问题的通知》(2013 年 8 月 22 日)

　　17. 发改委办公厅:《关于进一步改进企业债券发行工作的通知》(2013 年 8 月 2 日)

　　18. 发改委:《关于加强小微企业融资服务支持小微企业发展的指导意见》(2013 年 7 月 23 日)

　　19. 发改委办公厅:《关于进一步改进企业债券发行审核工作的通知》(2013 年 4 月 19 日)

　　20. 发改委办公厅:《关于进一步强化企业债券风险防范管理有关问题的通知》(2012 年 12 月 11 日)

21. 发改委办公厅:《关于进一步加强企业债券存续期监管工作有关问题的通知》(2011年7月21日)

22. 发改委办公厅:《关于进一步规范地方政府投融资平台公司发行债券行为有关问题的通知》(2010年11月20日)

23. 国务院:《关于加强地方政府融资平台公司管理有关问题的通知》(2010年6月10日)

24. 国务院:《关于进一步促进中小企业发展的若干意见》(2009年9月19日)

25. 国务院办公厅:《关于当前金融促进经济发展的若干意见》(2008年12月8日)

26. 发改委:《关于推进企业债券市场发展、简化发行核准程序有关事项的通知》(2008年1月2日)

27. 发改委:《关于下达2007年第一批企业债券发行规模及发行核准有关问题的通知》(2007年3月19日)

28. 国务院:《企业债券管理条例》(1993年8月2日)

第十章
非金融企业债务融资工具

第一节　法定概念及发展概况

2008 年 4 月 9 日,作为当年的 1 号文件,人民银行正式颁布《银行间债券市场非金融企业债务融资工具管理办法》(本章简称《管理办法》),非金融企业债务融资工具(简称"债务融资工具")是指具有法人资格的非金融企业在银行间债券市场发行的,约定在一定期限内还本付息的有价证券。单从概念上看,债务融资工具并没有规定产品期限或发行方式,这意味着从超短期到中长期、从公开到定向发行,都具备可能性,因此《管理办法》为后来的产品创新打下了基础。

同年 4 月 15 日,作为《管理办法》的配套细则,交易商协会同时下发了债务融资工具注册规则、短期融资券业务指引、中期票据业务指引,以及相应的信息披露规则、中介服务规则、募集说明书指引、尽职调查指引等 7 个文件,足见对发展非金融企业债务融资工具的重视。相比较公开发公司债券需证监会审批、企业债需发改委审批,债务融资工具的发行并不需要审批,而是实行注册制,并实施交易商协会的自律性管理,极大地提高了债券融资工具的发行效率。

交易商协会是由市场参与者自愿组成的,包括银行间债券市场、同业拆借市场、外汇市场、票据市场和黄金市场在内的银行间市场的自律组织,会址设在北京,协会缩写为 NAFMII。交易商协会经国务院同意、民政部批准于2007 年 9 月 3 日成立,为全国性的非营利性社会团体法人,其业务主管部门为人民银行。协会会员包括单位会员和个人会员,协会单位会员涵盖政策性银行、商业银行、信用社、保险公司、证券公司、信托公司、投资基金、财务公司、信用评级公司、大中型工商企业等各类金融机构和非金融机构。

自成立以来的 7 年时间里,交易商协会后来居上,将银行间债券市场打造为中国债券市场的主板,其所主管的债务融资工具成为中国信用债市场的主力。截至 2013 年 5 月 28 日,银行间债券市场债务融资工具存量规模已经突破 5 万亿元,并连续五年每年新增余额过万亿。①

根据交易商协会官方网站 DCM 注册发行专栏显示,目前在交易商协会注册发行的债务融资工具包括:超短期融资券(SCP)、中小企业集合票据(SMECN)、短期融资券(CP)、中期票据(MIN)、定向工具(PPN)、资产支持票据(ABN)、项目收益票据等。

在投资者准入方面,2014 年 10 月 17 日,人民银行金融市场司发布《关于非金融机构合格投资人进入银行间债券市场有关事项的通知》,规定在原有的商业银行等金融机构的基础上增加非金融机构合格投资人进入银行间债券市场,同时明确了非金融机构合格投资人的标准:"1. 依法成立的法人机构或合伙企业等组织,业务经营合法合规,持续经营不少于一年;2. 净资产不低于3000 万元;3. 具备相应的债券投资业务制度及岗位,所配备人员应参加交易商协会及银行间市场中介机构组织的相关培训并获得相应的资格证书;4. 最近一年未发生违法和重大违规行为;5. 人民银行要求的其他条件。"非金融机构合格投资人的加入,既提高了银行间债券市场的活跃度,也为普通投资者开辟了通往债券市场投资的通道,以充分参与和分享银行间债券市场的交易和收益。2015 年 6 月 15 日,央行发布的《关于私募投资基金进入银行间债券市场有关事项的通知》规定,允许净资产不低于 1000 万元的基金管理人管理的私募投资基金在满足央行规定的规范运作等系列条件的前提下,进入银行间债券市场。

在产品种类方面,银行间债券市场还不断加大创新力度,推陈出新,其中项目收益票据、并购票据、碳收益票据等的闪亮登场,成为银行间债券市场2014 年以来创新的"三大惊喜"。这三大创新产品分别对接市政项目、企业并购重组以及可再生能源领域的融资需求,进一步满足了企业多元化融资需求,

---

① 王冠:《交易商协会首次回应债市监管风波 银行间发债破 5 万亿》,载《21 世纪经济报道》2013 年 6 月 14 日。

降低了企业融资成本。

在注册流程方面,交易商协会不断简化程序。交易商协会 2015 年召集部分会员机构,讨论债务融资工具发行便利化的相关举措。此批便利化举措具体包括[①]:

1. 取消超短期融资券 AA 评级、三年累计发行次数及金额等条件的门槛设置,强调发行人自身的资金管理能力和主承销商流动性管理能力,全面放开后预计大批有流动资金需求的企业将注册 SCP,未来有可能进一步替代 CP 产品。

2. 按照"主体分层"的理念推出债务融资工具自动储架发行,即参考行业、发债次数、规模、资产、收入、负债率、总资产报酬率等指标,把企业分为一类和二类企业,满足一类标准的大约 100 家企业可以注册债务融资工具发行资质,其特点如下:(1)打包注册。注册一个债务融资工具资质等于注册了短券、超短、中票、永续中票、并购中票 5 个产品。(2)使用灵活。注册时无需明确额度,在发行时选择具体券种、期限和额度(发行额度由主承销商和企业把控,各品种存续额度仍需符合原要求)。(3)自主发行。企业在注册有效期两年内随时自主选择发行,除永续和并购票据需要备案以外,其他产品发行前不需向交易商协会备案。(4)主承销团机制。企业可以一次将所有合作银行吸纳进团,后续在发行具体品种时选择 1～2 家作为主承销商,利用企业平衡并减少重复工作。

3. 注册备案流程再次加快。协会将原有大一统的反馈时间 20 个工作日,按不同品种压缩到 5～10 个工作日不等,备案反馈也加快到 2 个工作日;同时发行披露挂网时间也缩短为首次公开 3 个工作日,非首次 2 个工作日。注册文件也相应简化,预计协会注册发行效率又将大幅提升,银行间债券市场竞争力将进一步加强。

第二节　关于债务融资工具的监管要点

央行《管理办法》对非金融企业债务融资工具的发行管理做出了一般性规

---

① 中国债市:《传交易商协会再次大举创新》,2015 年 10 月 30 日。

定,在此基础上,交易商协会又陆续出台了注册工作规程、信息披露规则、中介服务规则、募集说明书指引、尽职调查指引、持有人会议规则、信用评级业务自律指引以及自律处分规则等细则,以进一步指导非金融企业债务融资工具的发行工作。

一、《管理办法》主要内容

(一)债务融资工具法定要素

《管理办法》规定,债务融资工具的基本要素包括发行利率、发行价格和所涉费率等,且各要素均应以市场化方式确定,任何商业机构不得以欺诈、操纵市场等行为获取不正当利益。债务融资工具投资者应自行判断和承担投资风险。

(二)相关机构及分工

《管理办法》规定,同业拆借中心负责债务融资工具交易的日常监测,每月汇总债务融资工具交易情况向交易商协会报送。

中债登负责债务融资工具登记、托管、结算的日常监测,每月汇总债务融资工具发行、登记、托管、结算、兑付等情况向交易商协会报送。但自 2010 年起,债务融资工具的登记、托管、结算已陆续转移至上清所。

交易商协会负责债务融资工具的发行注册,应每月向人民银行报告债务融资工具注册汇总情况、自律管理工作情况、市场运行情况及自律管理规则执行情况。交易商协会对违反自律管理规则的机构和人员,可采取警告、诫勉谈话、公开谴责等措施进行处理。

人民银行依法对交易商协会、同业拆借中心和中债登(上海清算所)进行监督管理。交易商协会、同业拆借中心和中债登(上海清算所)应按照人民银行的要求,及时向人民银行报送与债务融资工具发行和交易等有关的信息。

二、注册工作规则

交易商协会 2008 年 4 月 15 日发布的《银行间债券市场非金融企业债务融资工具注册规则》以及 2013 年 8 月 22 日发布的《银行间债券市场非金融企业债务融资工具注册工作规程》,对债务融资工具的发行注册工作进行了规范。根据规定,交易商协会负责受理企业债务融资工具的发行注册,交易商协会设注册委员会通过注册会议行使职责,注册委员会下设办公室,负责接收、初审注册文件和安排注册会议。注册工作流程及过程中的注册文件通过非金融企业债务融资工具注册信息系统(简称"孔雀开屏系统")对外披露,接受社会监督。

非金融企业债务融资工具的发行由以往的人民银行备案制改为交易商协会注册制,极大地提高了非金融企业融资的效率,具有法人资格的非金融企业,只要能够充分披露信息,满足市场投资者进行投资的判断和定价需求,主承销商愿意承销,在协会注册后均可发行。

(一)提交文件

企业发行债务融资工具,应当通过主承销商向办公室送达下列注册申请文件:

1. 债务融资工具注册报告(附企业《公司章程》规定的有权机构决议),企业应在注册报告中声明自愿接受交易商协会的自律管理;

2. 主承销商推荐函及相关中介机构承诺书;

3. 企业发行债务融资工具拟披露文件;

4. 证明企业及相关中介机构真实、准确、完整、及时披露信息的其他文件。

(二)初评

注册文件初评工作实行初评人和复核人双人负责制,注册办公室在初评工作中可建议企业或中介机构补充、修改注册文件;可调阅中介机构的尽职调查报告或其他有关资料;可要求因未能尽职而导致注册文件拟披露信息不完备的中介机构重新开展工作。初评主要流程包括:

1. 初评人根据相关自律规则指引对注册文件拟披露信息情况进行初评。如有必要,初评人于 20 个工作日内向企业及中介机构出具关于建议××企业补充信息的函(简称"建议函")。初评人认为拟披露文件符合相关规则和指引的,向注册办公室提交工作报告。

2. 复核人对初评人工作进行复核,复核人可根据需要向企业及中介机构出具建议函。

3. 初评人、复核人均认为拟披露文件符合相关规则、指引的,撰写初评报告,并将注册文件和初评报告提交注册会议。

企业或相关中介机构在收到建议函 10 个工作日内,未向注册办公室提交补充材料的,应出具书面说明材料,否则注册办公室停止受理并退回注册文件。

(三)注册会议审核

注册会议原则上每周召开一次,由注册办公室从注册专家名单中随机抽取 5 名注册专家参加,并设 1 名召集人主持会议。注册办公室应至少提前 2 个工作日,将经过初评的拟披露注册文件送达参加注册会议的注册专家。

注册专家意见分为"接受注册""有条件接受注册""推迟接受注册"三种:

1. 认为拟披露文件符合相关自律规则和指引要求的,发表"接受注册"意见;

2. 认为拟披露文件通过补充具体材料可以达到相关自律规则和指引要求的,发表"有条件接受注册"意见,并书面说明需要补充的具体材料内容;

3. 认为拟披露文件无法通过补充具体材料达到相关自律规则和指引要求的,发表"推迟接受注册"意见,并书面说明理由。

(四)审核结果反馈

注册办公室负责汇总注册专家意见,撰写会议纪要,并办理注册会议下列后续反馈工作:

1. 5 名注册专家均发表"接受注册"意见的,协会接受发行注册,向企业发送《接受注册通知书》。

2. 2 名(含)以上注册专家发表"推迟接受注册"意见的,协会推迟接受发行注册,注册办公室 3 个工作日内将注册专家意见汇总后反馈给企业,退回注册文件;但不得透露任一参会注册专家的任何个人意见。

3. 不属于以上两种情况的,协会有条件接受发行注册,注册办公室 3 个工作日内将注册专家意见汇总后反馈给企业。企业或相关中介机构 10 个工作日内提交补充材料,经提出意见的注册专家书面同意的,向企业发送《接受注册通知书》;10 个工作日内未提交补充材料的,除非有书面说明材料,否则停止受理并退回注册文件。

(五)发行期限

关于发行期限,企业应在注册后 2 个月内完成首期发行。企业如分期发行,后续发行应提前 2 个工作日向交易商协会备案。企业在注册有效期内需更换主承销商或变更注册金额的,应重新注册。

三、发行规范指引

交易商协会 2011 年 5 月 30 日颁布的《银行间市场非金融企业债务融资工具发行规范指引》,对债务融资工具的发行活动进行了规范。根据规定,非金融企业债务融资工具的发行方式包括招标方式、簿记建档方式及非公开定向方式。在发行活动中,各方应遵循公平、公正、公开原则,同时遵守市场主管部门相关规定、本指引及交易商协会相关规则,发行过程中不得有违反公平竞争、进行不正当利益输送、破坏市场秩序等行为。发行人、承销商等相关当事人应明确专门的机构和人员负责发行工作,并制定相应的内部管理制度和发行操作规程。

(一)招标发行

1. 招标发行的含义

招标发行,是指发行人使用人民银行发行系统在银行间债券市场招标发行债务融资工具的行为。招标发行的相关当事人包括发行人、投标参与人、提供发行服务的中介机构及其他相关人员。发行人应与投标参与人签订书面协议,明确双方权利与义务。

2. 招标发行的程序及要求

招标发行前,发行人应至少提前 1 个工作日通过交易商协会认可的网站公开披露以下信息:(1)本期债务融资工具发行办法和招标书;(2)投标参与人名单。

只有发行人的工作人员、观察员及提供发行服务的中介机构的系统操作人员可以进入招标现场。招标现场的任何人员不得将通信工具带入招标现场。招标时间内,招标现场的任何人员均不得擅自出入,不得对外泄露投标信息。

(二)簿记建档发行

1. 簿记建档发行的含义

簿记建档发行,是指发行人和主承销商共同确定利率区间后,投资人根据对利率的判断确定在不同利率档次下的申购单,再由簿记建档管理人(以下简称簿记管理人)记录投资人认购债务融资工具利率(价格)及数量意愿,并进行配售的行为。相关当事人包括发行人、主承销商、簿记管理人、提供发行服务的中介机构(若有)、公证员(若有)及其他相关人员。

2. 簿记建档发行的要求

簿记建档应有专门的符合安全保密要求的簿记场所,并与其他区域保持隔离,同时具备完善可靠的通信系统和记录系统。簿记场所由簿记管理人选定后应事前征求发行人意见。

(1)发行人义务

簿记建档发行前,发行人应履行下列义务:①按照相关规定、募集说明书或合同约定向投资人披露簿记建档规则,明确价格确定原则、簿记流程和配售基本原则;②在簿记管理人或承销商向投资人询价后,由发行人与主承销商协商确定利率(价格)区间;③发行过程中,发行人不得干扰投资人申购及簿记管理人配售,相关当事人及其工作人员不得有实施或配合实施不正当利益输送行为。

(2)簿记管理人职责

簿记管理人是受发行人委托,负责簿记建档具体运作的专业机构。簿记管理人的职责包括但不限于:①选定簿记场所;②维护发行现场秩序,并采取必要的措施,保证簿记建档发行工作的顺利实施;③记录投资人认购债务融资工具的利率(价格)及数量意愿;④按照约定的配售基本原则进行发行额度配售。

(三)非公开定向发行

1. 非公开定向发行的含义

所谓非公开定向发行(以下简称"定向发行"),是指具有法人资格的非金融企业向银行间市场特定机构投资人(以下简称"定向投资人")发行债务融资工具,并在定向投资人范围内流通转让的行为。以此种方式发行的债务融资工具称为非公开定向债务融资工具(本书简称"定向工具")。相关当事人包括发行人、主承销商、簿记管理人(若有)、定向投资人代表(若有)、提供发行服务的中介机构及其他相关人员。

2. 发行要求

定向发行不得采用公开劝诱和变相公开方式。定向发行相关当事人及其工作人员在定向发行工作中不得有实施或配合实施不正当利益输送行为。

定向发行也可采用招标发行与簿记建档发行方式,并遵守上述招标发行与簿记建档发行的相关规定。

定向发行的发行人可根据需要,设立定向投资人代表参与定向发行工作,定向投资人代表由定向投资人共同推选。但主承销商和簿记管理人不得兼任定向投资人代表。定向投资人代表只能监督定向发行的过程,不得干扰招投标、申购及配售。

四、尽职调查指引

尽职调查工作对主承销商来说十分重要,是其决定是否承接债务融资工具发行业务的关键,也是交易商协会决定是否接受企业发行注册的重要判断依据。交易商协会 2008 年 4 月 15 日制定了《银行间债券市场非金融企业债务融资工具尽职调查指引》,以规范主承销商及其工作人员的尽职调查工作。

(一)尽职调查概述

指引规定尽职调查,是指主承销商及其工作人员遵循勤勉尽责、诚实信用原则,通过各种有效方法和步骤对企业进行充分调查,掌握企业的发行资格、资产权属、债权债务等重大事项的法律状态和企业的业务、管理及财务状况等,对企业的还款意愿和还款能力作出判断,以合理确信企业注册文件真实性、准确性和完整性的行为。尽职调查工作完成后,应当撰写企业债务融资工具尽职调查报告并上报交易商协会备查。

主承销商开展尽职调查应制定详细的工作计划。工作计划主要包括工作目标、工作范围、工作方式、工作时间、工作流程、参与人员等。主承销商开展尽职调查,其调查团队应主要由主承销商总部人员构成,分支机构人员可参与协助。

(二)尽职调查的内容

主承销商及其工作人员开展尽职调查的内容包括但不限于下列内容:(1)发行资格;(2)历史沿革;(3)股权结构、控股股东和实际控制人情况;(4)公司治理结构;(5)信息披露能力;(6)经营范围和主营业务情况;(7)财务状况;(8)信用记录调查;(9)或有事项及其他重大事项情况。

(三)尽职调查的方式

主承销商应保持职业的怀疑态度,根据企业及其所在行业的特点,对影响企业财务状况和偿债能力的重要事项展开调查。主承销商开展尽职调查可采用查阅、访谈、列席会议、实地调查、信息分析、印证和讨论等方法。

1. 查阅

主承销商进行查阅的主要渠道包括:(1)由企业提供相关资料;(2)通过银行信贷登记咨询系统获得相关资料;(3)通过工商税务查询系统获得相关资料;(4)通过公开信息披露媒体、互联网及其他可靠渠道搜集相关资料。

2. 访谈

访谈是指通过与企业的高级管理人员,以及财务、销售、内部控制等部门的负责人员进行对话和访谈,从而掌握企业的最新情况,并核实已有的资料。

3. 列席会议

列席会议是指列席企业有关债务融资工具事宜的会议,如股东会、董事会、高级管理层办公会和部门协调会,以及其他涉及债务融资工具发行目的、用途、资金安排等事宜的会议。

4. 实地调查

实地调查是指到企业的主要生产场地或建设工地等业务基地进行实地调查。实地调查可包括生产状况、设备运行情况、库存情况、生产管理水平、项目进展情况和现场人员工作情况等内容。

5. 信息分析

信息分析是指通过各种方法对采集的信息、资料进行分析,从而得出结论性意见。印证主要是指通过与有关机构进行沟通和验证,从而确认查阅和实地调查结论的真实性。讨论主要是指讨论尽职调查中涉及的问题和分歧,从而使主承销商与企业的意见达成一致。

(四)尽职调查报告

主承销商撰写的尽职调查报告应层次分明、条理清晰、具体明确,突出体现尽职调查的重点及结论,充分反映尽职调查的过程和结果,包括尽职调查的计划、步骤、时间、内容及结论性意见。尽职调查报告应由调查人、审核人和审定人签字。

主承销商应指派专人对已经注册的企业的情况进行跟踪,关注企业经营和财务状况的重大变化,并进行定期和不定期的调查。主承销商应于每期债务融资工具发行前撰写补充尽职调查报告,反映企业注册生效以来发生的重大变化的尽职调查情况。

五、募集说明书指引

交易商协会 2008 年 4 月 15 日制定了《非金融企业债务融资工具募集说明书指引》,以规范企业申请发行债务融资工具时募集说明书的编制工作。

(一)总体要求

募集说明书编制应满足下列一般要求:(1)引用的信息应有明确的时间概念和资料来源,应有充分、客观、公正的依据;(2)引用的数字应采用阿拉伯数字,货币金额除特别说明外,应指人民币金额,并注明金额单位;(3)文字清晰准确,表述规范,不得出现矛盾歧义,不得刊载任何祝贺性、广告性和恭维性词句;(4)全文文本应采用便于保存的 A4 纸张印刷。

企业报送注册文件后,在募集说明书披露前发生与注册时报备的文件内容不一致或对投资债务融资工具有重大影响的事项,应向交易商协会做出书面说明,经确认后相应修改募集说明书。

(二)封面、扉页、目录、释义

募集说明书封面应标有"×××企业×××(债务融资工具名称)募集说明书"字样,并应载明本期发行金额、债务融资工具担保情况、企业及主承销商的名称、信用评级机构名称及信用评级结果、募集说明书签署日期。

募集说明书扉页应刊登企业董事会的下列声明:"本企业发行本期×××(债务融资工具名称)已在中国银行间市场交易商协会注册,注册不代表交易商协会对本期×××(债务融资工具名称)的投资价值做出任何评价,也不代表对本期×××(债务融资工具名称)的投资风险做出任何判断。投资者购买本企业本期×××(债务融资工具名称),应当认真阅读本募集说明书及有关的信息披露文件,对信息披露的真实性、准确性和完整性进行独立分析,并据以独立判断投资价值,自行承担与其有关的任何投资风险。""本企业董事会(或具有同等职责的部门)已批准本募集说明书,全体董事(或具有同等职责的人员)承诺其中不存在虚假记载、误导性陈述或重大遗漏,并对其真实性、准确性、完整性承担个别和连带法律责任。""本企业负责人和主管会计工作的负责人、会计机构负责人保证本募集说明书所述财务信息真实、准确、完整。""凡通过认购、受让等合法手段取得并持有本企业发行的×××(债务融资工具名称),均视同自愿接受本募集说明书对各项权利义务的约定。""本企业承诺根据法律法规的规定和本募集说明书的约定履行义务,接受投资者监督。"

会计师事务所对企业近三年的财务报告出具了非标准无保留意见审计报告的,企业还应在扉页中提示:"×××会计师事务所对本企业××××年财务报告出具了××××(审计报告类型)的审计报告,请投资者注意阅读该审计报告全文及相关财务报表附注。本企业对相关事项已作详细说明,请投资者注意阅读。"

募集说明书的目录应标明各章、节的标题及相应的页码,内容编排应逻辑清晰。企业应对可能引起投资者理解障碍及有特定含义的术语做出释义。

募集说明书的释义应在目录次页排印。

(三)风险提示及说明

企业应在募集说明书中对下列风险进行提示:

1. 债务融资工具的投资风险。包括:(1)利率风险。市场利率变化对债务融资工具收益的影响。(2)流动性风险。债务融资工具因市场交易不活跃而可能受到的不利影响。(3)偿付风险。债务融资工具本息可能不能足额偿付的风险。

2. 企业的相关风险。包括:(1)财务风险。主要是指企业资产负债结构和其他财务结构不合理、资产流动性较差以及或有负债过高等因素影响企业整体变现能力的风险。(2)经营风险。主要是指企业的产品或服务的市场前景、行业经营环境的变化、商业周期或产品生命周期的影响、市场饱和或市场分割、过度依赖单一市场、市场占有率下降等风险。(3)管理风险。主要是指组织模式和管理制度不完善,与控股股东及其他重要关联方存在同业竞争及重大关联交易,发行后重要股东可能变更或资产重组导致企业管理层、管理制度、管理政策不稳定等风险。(4)政策风险。主要是指因国家法律、法规、政策的可能变化对企业产生的具体政策性风险,如因财政、金融、土地使用、产业政策、行业管理、环境保护、税收制度、财务管理制度、经营许可制度、外汇制度、收费标准等发生变化而对企业的影响。

3. 本债务融资工具所特有的风险,债务融资工具因含特殊条款而存在的潜在风险。如设置担保的,需说明担保人资信或担保物的现状及可能发生的重大变化对债务融资工具本息偿还的影响。

对于上述风险,企业应主动披露,并尽可能地对这些风险因素做出定量分析,只有无法做出定量分析时,才可进行客观的定性描述。企业在描述各项风险时应用粗体明确提示风险具体内容和可能产生的后果。

(四)主要条款

1. 发行条款

募集说明书应详细披露并载明债务融资工具的全部发行条款,包括但不限于:(1)债务融资工具名称;(2)企业全称;(3)企业待偿还债务融资工具余额;(4)本期发行金额;(5)债务融资工具期限;(6)债务融资工具面值;(7)发行价格或利率确定方式;(8)发行对象;(9)承销方式;(10)发行方式;(11)发行日期;(12)起息日期;(13)兑付价格;(14)兑付方式;(15)兑付日期;(16)信用评级机构及信用评级结果;(17)赎回条款或回售条款(如有);(18)担保情况。

2. 发行安排条款

发行安排条款包括但不限于:(1)簿记建档安排;(2)分销安排;(3)缴款和结算安排;(4)登记托管安排;(5)上市流通安排。

3. 企业基本信息条款

企业应简要披露其基本情况,包括但不限于:(1)注册名称;(2)法定代表人;(3)注册资本;(4)设立(工商注册)日期;(5)工商登记号;(6)住所及其邮政编码;(7)电话、传真号码。

除此以外,企业还应披露历史沿革情况,内部组织机构设置及运行情况,董事和监事及高级管理人员情况,控股股东和实际控制人情况、与控股股东之间在资产、人员、机构、财务、业务经营等方面的相互独立情况,对其他企业的重要权益投资情况以及企业业务范围,主营业务情况,业务发展目标,行业状况,行业地位及面临的主要竞争状况。

4. 企业财务信息条款

企业应披露最近三年及一期财务会计信息及主要财务指标。财务会计信息包括但不限于资产负债表、利润表及现金流量表。企业编制合并财务报表的,应同时披露合并财务报表和母公司财务报表。企业最近三年及一期合并财务报表范围发生重大变化的,还应披露合并财务报表范围的具体变化情况、变化原因及其影响。

财务指标包括但不限于偿债能力指标、盈利能力指标、运营效率指标,也应说明最近一个会计年度期末有息债务的总余额、债务期限结构、信用融资与担保融资的结构等情况及主要债务起息日、到期日及融资利率情况。

5. 评级信息条款

企业应披露所聘请的信用评级机构对企业的信用评级情况,包括但不限于:(1)信用评级结论及标识所代表的含义;(2)评级报告揭示的主要风险;(3)跟踪评级的有关安排;(4)其他重要事项(包括企业应披露下列与企业及其子公司有关的资信情况:①获得主要贷款银行的授信情况;②近三年是否有债务违约记录;③近三年债务融资工具偿还情况;④其他与企业有关的资信情况)。

6. 担保信息条款

企业应披露债务融资工具的担保情况,提供保证担保的,企业应披露保证人的基本情况,包括但不限于:(1)基本情况简介;(2)最近一年的净资产、资产负债率、净资产收益率、流动比率、速动比率等主要财务指标,并注明是否经审计;(3)资信状况;(4)累计对外担保的金额;(5)累计担保余额占其净资产额的比例;(6)同时披露担保金额、担保期限、担保方式、担保范围、企业与担保人及债务融资工具持有人之间的权利义务关系;(7)提供抵押或质押担保的,企业应披露担保物的名称、金额(账面值和评估值)、担保物金额与所发行债务融资工具面值总额和本息总额之间的比例,以及担保物的评估、登记、保管和相关法律手续的办理情况。

六、中介服务规则

《管理办法》明确企业发行债务融资工具应由金融机构承销,但对于主承销商的确定企业可自主选择,其中需要组织承销团的,应由主承销商组织承销团。同时还规定为债务融资工具提供服务的承销机构、信用评级机构、注册会计师、律师等专业机构和人员应勤勉尽责,严格遵守执业规范和职业道德,按规定和约定履行义务。上述专业机构和人员所出具的文件含有虚假记载、误导性陈述和重大遗漏的,应当就其负有责任的部分承担相应的法律责任。

交易商协会 2012 年 10 月 15 日发布的《银行间债券市场非金融企业债务融资工具中介服务规则》对债务融资工具的发行过程中的中介机构职责进行了进一步的规范。根据规定,非金融企业债务融资工具的中介服务机构包括承销机构、信用评级机构、会计师事务所、律师事务所、信用增进机构等。除上述中介机构以外的为债务融资工具提供登记、托管、交易、清算、结算服务的机构,应按照人民银行有关规定开展相关业务,并定期向交易商协会报送债务融资工具有关发行、登记、托管、交易、清算、结算、兑付等情况。

(一)中介机构登记

交易商协会债务融资工具中介服务资格实行会员制或注册制,即在中华人民共和国境内依法设立的具有相关执业资格的交易商协会会员机构或声明遵守自律规则、并在交易商协会登记的非会员机构均可提供债务融资工具中介服务。截至 2015 年 6 月,交易商协会会员中承销机构有 83 家,律师事务所有 375 家,会计师事务所有 310 家,评级机构有 6 家。

非会员机构在交易商协会登记由秘书处负责接收材料,中介机构需提供的登记文件包括:(1)登记报告;(2)执业资格证明文件复印件;(3)营业执照(副本)复印件;(4)内控制度;(5)专业部门及专业人员情况说明;(6)最近一年经审计的会计报表;(7)登记所需其他文件。

(二)承销机构

1. 承销机构分工

债务融资工具发行需要组成承销团的,由主承销商组织承销团,组成承销团的机构应当签订承销团协议。承销团有三家或三家以上承销商的,可设一家联席主承销商或副主承销商,共同组织承销活动;承销团中除主承销商、联席主承销商、副主承销商以外的承销机构为分销商。

2. 主承销商的内控管理

主承销商应建立和健全相关内控制度,包括营销管理制度、尽职调查制度、发行管理制度、后续服务管理制度、突发事件应对制度、追偿制度及培训制度。主承销商应建立企业质量评价和遴选体系,明确推荐标准,确保企业充分了解相关法律、法规、自律规范性文件及其所应承担的风险和责任,为企业提供切实可行的专业意见及良好的顾问服务。

3. 主承销商的义务

主承销商应协助企业披露发行文件,为投资者提供有关信息查询服务,严格按照相关协议组织债务融资工具的承销和发行。自债务融资工具发行之日起,主承销商应负责跟踪企业的业务经营和财务状况,并督促企业进行持续信息披露。

承销商应督促企业按时兑付债务融资工具本息,或履行约定的支付义务。企业不履行债务时,除非投资者自行追偿或委托他人进行追偿,主承销商应履行代理追偿职责。主承销商应按照有关规定开展后续管理工作,积极应对管理突发事件,其他相关中介机构应给予配合,并根据需要在其职责范围内发表专业意见。承销团成员应严格按照承销团协议的约定开展承销活动。

4. 在交易商协会注册的承销商信息

据交易商协会官网显示,截至 2015 年 4 月,交易商协会共有非金融企业债务融资工具主承销商会员 36 家,承销商会员 38 家。具体名单如下:

表 10-1

主承销商(43 家)	承销商(31 家)
A 类主承销商(34 家)	中国邮政储蓄银行股份有限公司
中国工商银行股份有限公司	汇丰银行(中国)有限公司
中国农业银行股份有限公司	盛京银行股份有限公司
中国银行股份有限公司	广州农村商业银行股份有限公司
中国建设银行股份有限公司	哈尔滨银行股份有限公司
交通银行股份有限公司	成都银行股份有限公司
国家开发银行股份有限公司	中国农业发展银行
中国进出口银行	汉口银行股份有限公司
招商银行股份有限公司	广州银行股份有限公司
中信银行股份有限公司	重庆农村商业银行股份有限公司
兴业银行股份有限公司	长沙银行股份有限公司
光大银行股份有限公司	厦门银行股份有限公司
中国民生银行股份有限公司	河北银行股份有限公司
华夏银行股份有限公司	郑州银行股份有限公司
上海浦东发展银行股份有限公司	青岛银行股份有限公司
广发银行股份有限公司	富滇银行股份有限公司

续表

主承销商（43 家）	承销商（31 家）
平安银行股份有限公司	龙江银行股份有限公司
恒丰银行股份有限公司	昆仑银行股份有限公司
渤海银行股份有限公司	中银国际证券有限责任公司
北京银行股份有限公司	申银万国证券股份有限公司
上海银行股份有限公司	长江证券股份有限公司
南京银行股份有限公司	东海证券股份有限公司
浙商银行股份有限公司	宏源证券股份有限公司
中信证券股份有限公司	平安证券有限责任公司
中国国际金融有限公司	南京证券有限责任公司
国泰君安证券股份有限公司	国元证券股份有限公司
招商证券股份有限公司	国都证券有限责任公司
光大证券股份有限公司	中国中投证券有限责任公司
中信建投证券股份有限公司	第一创业证券股份有限公司
广发证券股份有限公司	中国人保资产管理股份有限公司
华泰证券股份有限公司	中国人寿资产管理有限公司
银河证券股份有限公司	
国信证券股份有限公司	
东方证券股份有限公司	
海通证券股份有限公司	
B 类主承销商（9 家）	
江苏银行股份有限公司	上海农村商业银行股份有限公司

续表

主承销商(43 家)	承销商(31 家)
天津银行股份有限公司	杭州银行股份有限公司
徽商银行股份有限公司	宁波银行股份有限公司
北京农村商业银行股份有限公司	大连银行股份有限公司
	广东顺德农村商业银行股份有限公司

注:A 类主承销商在全国范围内开展非金融企业债务融资工具主承销业务;B 类主承销商在注册地所在的省、自治区、直辖市范围内开展非金融企业债务融资工具主承销业务。

(三)信用评级机构

中介服务规则规定,信用评级机构应在充分尽职调查的基础上,独立确定企业和债务融资工具的信用级别,出具评级报告,并对其进行跟踪评级。信用评级机构应接受投资者关于信用评级的质询。交易商协会 2013 年 1 月 8 日制定了《非金融企业债务融资工具信用评级业务自律指引》,以专门规范债务融资工具信用评级业务。

据交易商协会官网显示,截至 2015 年 6 月,交易商协会共有评级机构会员 6 家,具体信息如下:

表 10-2

序号	中介机构名称
1	中诚信国际信用评级有限责任公司
2	大公国际资信评估有限公司
3	上海新世纪资信评估投资服务有限公司
4	联合资信评估有限公司
5	中债资信评估有限责任公司
6	东方金诚国际信用评估有限公司

(四)会计师事务所

会计师事务所应依据相关规定对企业进行审计,并出具审计报告。会计师事务所应对出具的非标准无保留意见进行说明。

(五)律师事务所

律师事务所应在充分尽职调查的基础上,出具法律意见书和律师工作报告。法律意见书应至少包括对发行主体、发行程序、发行文件的合法性以及重大法律事项和潜在法律风险的意见。

(六)信用增进机构

信用增进机构应在充分尽职调查的基础上,出具信用增进有效文件,并按照有关规定披露相关信息。

(七)中介机构的行为规范

1. 行为及内控要求

总体来说,中介机构在银行间债券市场提供债务融资工具中介服务,应当遵守以下原则:(1)遵循诚实、守信、独立、勤勉、尽责的原则;(2)遵守法律、法规、行政规章及行业自律组织的执业规范;(3)保证其所出具的文件真实、准确、完整。

在工作开展前,中介机构应保证建立债务融资工具中介服务相关的内部控制和风险管理制度,健全内部机构设置,并配备具有相关业务资格的从业人员。

在提供服务的过程中,中介机构应安排足够的时间,执行必要的工作程序,确保全面、深入地开展尽职调查。中介机构应当对所依据的文件资料内容的真实性、准确性、完整性进行必要的核查和验证。在尽职调查过程中,如发现企业存有重大违法违规行为,或者发现企业提供的材料有虚假记载、误导性陈述、重大遗漏的,应当督促企业纠正、补充;企业拒不纠正、补充的,中介机构应拒绝继续接受委托,并及时向交易商协会报告。中介机构及其从业人员对其在执业过程中获知的内幕信息应予以保密,不得利用内幕信息获取不正当利益。

中介机构出具的专业报告应表述清晰准确,结论性意见应有明确依据。报告应充分揭示风险,除非企业已经采取了具体措施,不得对尚未采取的措施进行任何描述。专业报告应由两名以上经办人员签字,加盖中介机构公章,且不得有不合理的用途限制。中介机构应当归类整理尽职调查过程中形成的工作记录和获取的基础资料,形成记录清晰的工作底稿。工作底稿的保存期限应当不早于至债务融资工具到期后 5 年。

2. 利益冲突安排

中介机构提供中介服务,应与企业在业务协议中明确约定各自的权利和义务。中介机构相关从业人员担任企业及其关联方董事、监事、高级管理人员,或者存在其他情形足以影响其独立性的,该从业人员应回避。

3. 禁止性行为

中介机构在提供服务的过程中不应有以下行为:(1)超出自身能力或采取不正当手段承揽业务;(2)与企业或其他相关机构、人员之间有不当利益约定;(3)以不正当方式提供中介服务;(4)对不确定事项做出承诺;(5)其他不正当行为。

七、信息披露规则

交易商协会 2012 年 5 月 14 日发布的《银行间债券市场非金融企业债务融资工具信息披露规则》,对债务融资工具的发行过程中的信息披露工作进行了规范。

(一)信息披露的总体要求

企业发行债务融资工具应在银行间债券市场披露信息。信息披露应遵循诚实信用原则,不得有虚假记载、误导性陈述或重大遗漏。企业及其全体董事或具有同等职责的人员,应当保证所披露的信息真实、准确、完整、及时,承诺其中不存在虚假记载、误导性陈述或重大遗漏,并承担个别和连带法律责任。个别董事或具有同等职责的人员无法保证所披露的信息真实、准确、完整、及时或对此存在异议的,应当单独发表意见并陈述理由。为债务融资工具的发行、交易提供中介服务的承销机构、信用评级机构、会计师事务所、律师事务所等中介机构及其指派的经办人员,应对所出具的专业报告和专业意见负责。

(二)发行过程中的信息披露

企业应通过交易商协会认可的网站公布当期发行文件。首期发行债务融资工具的,应至少于发行日前五个工作日公布发行文件;后续发行的,应至少于发行日前三个工作日公布发行文件。发行文件至少应包括以下内容:(1)发行公告;(2)募集说明书;(3)信用评级报告和跟踪评级安排;(4)法律意见书;(5)企业最近三年经审计的财务报告和最近一期会计报表。

其中,企业应在募集说明书显著位置作如下提示:"本企业发行本期×××(债务融资工具名称)已在中国银行间市场交易商协会注册,注册不代表交易商协会对本期×××(债务融资工具名称)的投资价值做出任何评价,也不代表对本期×××(债务融资工具名称)的投资风险做出任何判断。投资者购买本企业本期×××(债务融资工具名称),应当认真阅读本募集说明书及有关的信息披露文件,对信息披露的真实性、准确性和完整性进行独立分析,并据以独立判断投资价值,自行承担与其有关的投资风险。"

当期债务发行完毕的,企业最迟应在债权债务登记日的次一工作日,通过交易商协会认可的网站公告当期债务融资工具的实际发行规模、价格、期限等信息。

(三)存续期间的信息披露

债券融资工具存续期间的信息披露,包括定期信息披露与临时信息披露。

1. 关于定期信息披露。企业应按以下要求持续披露信息:(1)每年4月30日以前,披露上一年度的年度报告和审计报告;(2)每年8月31日以前,披露本年度上半年的资产负债表、利润表和现金流量表;(3)每年4月30日和10月31日以前,披露本年度第一季度和第三季度的资产负债表、利润表和现金流量表。第一季度信息披露时间不得早于上一年度信息披露时间,上述信息的披露时间应不晚于企业在证券交易所、指定媒体或其他场合公开披露的时间。

2. 关于临时信息披露。企业发生可能影响其偿债能力的重大事项时,应及时向市场披露。重大事项包括但不限于:(1)企业名称、经营方针和经营范围发生重大变化;(2)企业生产经营的外部条件发生重大变化;(3)企业涉及可能对其资产、负债、权益和经营成果产生重要影响的重大合同;(4)企业发生可能影响其偿债能力的资产抵押、质押、出售、转让、划转或报废;(5)企业发生未能清偿到期重大债务的违约情况;(6)企业发生大额赔偿责任或因赔偿责任影响正常生产经营且难以消除的;(7)企业发生超过净资产10%以上的重大亏损或重大损失;(8)企业一次免除他人债务超过一定金额,可能影响其偿债能力的;(9)企业三分之一以上董事、三分之二以上监事、董事长或者总经理发生变动;董事长或者总经理无法履行职责;(10)企业做出减资、合并、分立、解散及申请破产的决定,或者依法进入破产程序、被责令关闭;(11)企业涉及需要说明的市场传闻;(12)企业涉及重大诉讼、仲裁事项;(13)企业涉嫌违法违规被有权机关调查,或者受到刑事处罚、重大行政处罚;企业董事、监事、高级管理人员涉嫌违法违纪被有权机关调查或者采取强制措施;(14)企业发生可能影响其偿债能力的资产被查封、扣押或冻结的情况;企业主要或者全部业务陷入停顿,可能影响其偿债能力的;(15)企业对外提供重大担保。上述重大事项是企业重大事项信息披露的最低要求,可能影响企业偿债能力的其他重大事项,企业及相关当事人均应依据本规则通过交易商协会认可的网站及时披露。

(四)信息披露更正

企业披露信息后,因更正已披露信息差错及变更会计政策和会计估计、募集资金用途或中期票据发行计划的,应及时披露相关变更公告,公告应至少包括以下内容:(1)变更原因、变更前后相关信息及其变化;(2)变更事项符合国家法律法规和政策规定并经企业有权决策机构同意的说明;(3)变更事项对企业偿债能力和偿付安排的影响;(4)相关中介机构对变更事项出具的专业意见;(5)与变更事项有关且对投资者判断债务融资工具投资价值和投资风险有重要影响的其他信息。

企业更正已披露财务信息差错,除披露变更公告外,还应符合以下要求:(1)更正未经审计财务信息的,应同时披露变更后的财务信息;(2)更正经审计财务报告的,应同时披露原审计责任主体就更正事项出具的相关说明及更正后的财务报告,并应聘请会计师事务所对更正后的财务报告进行审计,且于公告发布之日起三十个工作日内披露相关审计报告;(3)变更前期财务信息对后续期间财务信息造成影响的,应至少披露受影响的最近一年变更后的年度财务报告(若有)和最近一期变更后的季度会计报表(若有)。

(五)信息披露事务管理制度

企业应当制定信息披露事务管理制度,其内容包括但不限于:(1)明确企业应遵守的信息披露标准;(2)未公开信息的传递、审核、披露流程;(3)信息披露事务管理部门及其负责人在信息披露中的职责;(4)董事和董事会、监事和监事会、高级管理人员等的报告、审议和披露的职责;(5)董事、监事、高级管理人员履行职责的记录和保管制度;(6)未公开信息的保密措施,内幕信息知情人的范围和保密责任;(7)财务管理和会计核算的内部控制及监督机制;(8)对外发布信息的申请、审核、发布流程;与投资者、中介服务机构、媒体等的信息沟通与制度;(9)信息披露相关文件、资料的档案管理;(10)涉及子公司的信息披露事务管理和报告制度;(11)未按规定披露信息的责任追究机制,对违反规定人员的处理措施。

(六)信息披露流程

企业信息披露事务管理制度应当经企业董事会或其他有权决策机构审议通过,并向市场公开披露其主要内容。企业应当制定重大事项的报告、传递、审核、披露程序。董事、监事、高级管理人员知悉重大事项发生时,应当按照企业规定立即履行报告义务;董事长或企业主要负责人在接到报告后,应当立即向董事会或其他有权决策机构报告,并敦促负责信息披露事务的主要责任人组织重大事项的披露工作。

高级管理人员应当及时向董事会或其他有权决策机构报告有关企业经营或者财务方面出现的重大事项、已披露的事件的进展或者变化情况及其他相关信息。

(七)其他相关机构的信息披露义务

为债务融资工具提供登记托管和代理兑付的机构(以下简称登记托管机构)在债务融资工具本、息兑付日 12 时未足额收到兑付资金的,应及时以书面形式向交易商协会报告。

登记托管机构在债务融资工具本、息兑付日营业终了仍未足额收到兑付资金的,应向投资者公告企业未足额划付资金的事实。

登记托管机构应于每个交易日通过交易商协会认可的网站披露上一交易日日终,单一投资者持有债务融资工具的数量超过该支债务融资工具未偿付存量 30%的投资者名单和持有比例。

八、持有人会议规则

交易商协会 2013 年 8 月 6 日发布《银行间债券市场非金融企业债务融资工具持有人会议规程》，以保护债务融资工具投资人的合法权益，规范债务融资工具持有人会议，明确相关各方的权利义务。根据规定，持有人会议由同期债务融资工具持有人参加，依据规定的程序召集和召开，对权限范围内的重大事项依法进行审议和表决。持有人会议应维护债务融资工具持有人的共同利益，并以表达债务融资工具持有人的集体意志为目的。

(一)必须召开持有人会议的情形

在债务融资工具存续期间，出现以下情形之一的，召集人应当召开持有人会议：

1. 债务融资工具本金或利息未能按照约定足额兑付；
2. 发行人转移债务融资工具全部或部分清偿义务；
3. 发行人变更信用增进安排或信用增进机构，对债务融资工具持有人权益产生重大不利影响；
4. 发行人或者信用增进机构减资、合并、分立、解散、申请破产、被接管、被责令停产停业、被暂扣或者吊销许可证、暂扣或者吊销执照；
5. 发行人或者信用增进机构因资产无偿划转、资产转让、债务减免、股权交易、股权托管等原因导致发行人或者信用增进机构净资产减少单次超过最近经审计净资产的 10%或者两年内累计超过净资产(以首次减资行为发生时对应的最近经审计净资产为准)的 10%，或者虽未达到上述指标，但对发行人或者信用增进机构的生产、经营影响重大；
6. 单独或合计持有 30%以上同期债务融资工具余额的持有人提议召开；
7. 募集说明书中约定的其他应当召开持有人会议的情形；
8. 法律法规规定的其他应由持有人会议作出决议的情形。

(二)持有人会议召集程序

1. 召集主体

持有人会议由募集说明书中约定的召集人负责组织召开，召集人不能履行或者不履行召集职责的，单独或合计持有 30%以上同期债务融资工具余额的持有人、发行人、主承销商或信用增进机构均可以自行召集持有人会议，履行召集人的职责。

2. 参与主体

在债权登记日确认债权的债务融资工具持有人有权出席持有人会议。发行人、债务融资工具清偿义务承继方、信用增进机构等重要关联方应当按照召集人的要求列席持有人会议。交易商协会可以派员列席持有人会议。

3. 发布议案

召集人应当至少于持有人会议召开日前十个工作日在交易商协会认可的网站发布召开持有人会议的公告。公告内容包括但不限于下列事项:(1)债务融资工具发行情况、持有人会议召开背景;(2)会议召集人、会务负责人姓名及联系方式;(3)会议时间和地点;(4)会议召开形式:持有人会议可以采用现场、非现场或两者相结合的形式;(5)会议拟审议议题:议题属于持有人会议权限范围、有明确的决议事项,并且符合法律、法规和本规程的相关规定;(6)会议议事程序,包括持有人会议的召集方式、表决方式、表决时间和其他相关事宜;(7)债权登记日,应为持有人会议召开日前一工作日;(8)提交债券账务资料以确认参会资格的截止时点,债务融资工具持有人在持有人会议召开前未向召集人证明其参会资格的,不得参加持有人会议和享有表决权;(9)委托事项,参会人员应出具授权委托书和身份证明,在授权范围内参加持有人会议并履行受托义务。

召集人应当至少于持有人会议召开日前七个工作日将议案发送至持有人,并将议案提交至持有人会议审议。

4. 律师见证

持有人会议应当有律师见证。见证律师原则上由为债务融资工具发行出具法律意见的律师担任。非协会会员单位的律师事务所的律师见证持有人会议并出具法律意见的,该律师事务所应当向交易商协会书面声明自愿接受交易商协会自律管理,遵守交易商协会的相关自律规定。

见证律师对会议的召集、召开、表决程序、出席会议人员资格和有效表决权等事项出具法律意见书。法律意见书应当与持有人会议决议一同披露。

信用评级机构可应召集人邀请列席会议,持续跟踪持有人会议动向,并及时发表公开评级意见。

(三)持有人会议的表决和决议

债务融资工具持有人及其代理人行使表决权,所持每一债务融资工具最低面额为一表决权。发行人、发行人母公司、发行人下属子公司、债务融资工具清偿义务承继方等重要关联方没有表决权。

对列入议程的各项议案应由持有人分别审议,逐项表决,并且不得对公告通知中未列明的事项进行决议。除募集说明书另有约定外,出席持有人会议的债务融资工具持有人所持有的表决权数额应达到本期债务融资工具总表决权的三分之二以上,会议方可生效。会议形成的决议,需由出席会议的本期债务融资工具持有人所持表决权的四分之三以上通过方可生效。

(四)会议决议公告

召集人应当在持有人会议表决截止日次一工作日将会议决议公告在交易商协会认可的网站披露。会议决议公告包括但不限于以下内容:(1)出席会议的本期债务融资工具持有人所持表决权情况;(2)会议有效性;(3)各项议案的议题和表决结果。

九、自律处分规则

交易商协会 2013 年 8 月 1 日发布《非金融企业债务融资工具市场自律处分规则》,对债务融资工具市场的违规情况实施自律处分管理。根据该规则,"自律处分"是指交易商协会对其协会会员、自愿接受协会自律管理的机构及上述会员或机构的相关人员涉嫌违反相关自律规定的情况进行调查核实,并据实采取相应自律处分措施的行为。

(一)自律处分措施

交易商协会的自律处分措施包括:诫勉谈话、通报批评、警告、严重警告或公开谴责的自律处分,并可以据情并处责令改正、责令致歉、暂停相关业务、暂停会员权利、认定不适当人选或取消会员资格。涉嫌违反法律法规的,交易商协会可移交有关部门进一步处理。

诫勉谈话是指以训诫性谈话的形式对处分对象进行劝导、告诫的自律处分措施。通报批评是指在相关范围内以业务通报的形式对处分对象进行批评的自律处分措施。警告是指以书面形式申明处分对象的违规行为,并对其进行声誉上谴责和警示,以告诫其不再违规的自律处分措施。违规情节严重的,可采取严重警告。公开谴责是指向市场公布违规事实,并对处分对象进行严正谴责的自律处分措施。

责令改正是指责令处分对象立即停止和纠正不合规行为,并要求在规定期限内提交整改报告的自律处分措施。责令致歉是指要求处分对象向市场或投资者就其违规行为表示歉疚,并请求市场或投资者谅解的自律处分措施。

暂停相关业务是指在一定期限内停止处分对象在协会办理相关业务的自律处分措施。本措施与警告并处的,暂停期限为一个月以上六个月(含)以下;与严重警告并处的,暂停期限为六个月以上一年(含)以下。暂停会员权利是指在一定期限内限制处分对象行使会员权利的自律处分措施。本措施与警告并处的,期限为一个月以上六个月(含)以下;与严重警告并处的,暂停期限为六个月以上一年(含)以下。

认定不适当人选是指处分对象为个人时,认定其暂时或永久不适宜从事非金融企业债务融资工具市场相关业务。在此期间,处分对象除不适宜继续在原机构从事该市场相关业务外,也不适宜在其他任何机构从事该市场相关业务。本措施与严重警告并处的,期限为一年以上三年(含)以下;与公开谴责并处的,期限为三年以上或永久。取消会员资格是指取消处分对象会员资格且三年内不受理其入会申请的自律处分措施。

(二)调查措施

交易商协会秘书处设自律处分会议办公室(简称"办公室")。办公室是自律处分会议的常设机构,负责组织开展调查、安排召开自律处分会议、受理复审申请等工作。办公室组织成立调查小组,调查小组可以采取约见谈话、书面调查和现场调查等调查方式,并根据工作需要征求政府部门、行业自律组织和其他第三方机构的意见。调查小组在调查结束后形成调查报告,提交办公室。

(三)处理

办公室根据调查小组的调查报告,发现调查对象没有违反自律规定的,不给予自律处分,并告知调查对象;确有违反相关自律规定且情节较轻的,交易商协会秘书处专题办公会可做出诫勉谈话、通报批评或责令改正的处分决定,情节严重的,提交自律处分会议议定。

交易商协会秘书处专题办公会或自律处分会议做出的处分决定或意见,办公室应自该决定或意见做出之日起三个工作日内向处分对象发送《自律处分决定书》或《自律处分意见书》。处分对象对处分意见有异议的,可在收到《自律处分意见书》五个工作日内向办公室书面提出复审申请。办公室根据处分对象申请复审的情况,决定复审或下达《自律处分决定书》,但取消会员资格的处分需提交常务理事会审议批准。

十、登记托管和清算结算

上清所 2014 年 9 月 1 日发布《银行间市场清算所股份有限公司债券登记托管、清算结算业务规则》,规定上海清算所是人民银行指定的登记托管、清算结算机构,承担非金融企业债务融资工具及人民银行指定的其他债券品种的登记托管职能,为各类债券发行人提供登记、信息披露、代理付息兑付等服务,为债券持有人提供托管、交易结算、债券估值服务,为清算会员提供净额清算及风险管理服务,为市场参与机构提供抵押品管理及其他相关服务。

上清所 2014 年 12 月 5 日发布《债券发行登记业务操作指南》《债券交易结算业务操作指南》《账户业务操作须知》等细则,进一步指导规范上清所托管债券的登记、结算业务。

(一)登记

根据《债券发行登记业务操作指南》,债券登记是指上海清算所以簿记方式依法确认、记载持有人持有债券事实的行为。债券登记包括初始登记、变更登记和注销登记。其中初始登记程序如下:

1. 开立发行人账户

债券发行人首次在上海清算所办理债券发行登记手续的,应向上海清算所申请开立发行人账户。开立发行人账户应提交以下加盖发行人公章的书面文件:

(1)发行人账户开立申请表;

(2)发行人服务协议(一式两份);

(3)企业法人营业执照副本复印件;

(4)组织机构代码证副本复印件;

(5)法人代表授权书。

上海清算所收到完整开户资料并审核无误后,为发行人开立发行人账户,出具开户通知书。发行人在开立发行人账户后,可选择簿记建档方式或系统招标方式发行。

2. 簿记建档方式发行

采取簿记建档方式发行的,发行人应不晚于缴款日 12:00 前(安排分销的,应于发行办法中规定的分销开始时间前)向上海清算所提交如下发行登记材料:

(1)债券发行登记申请书

定向发行的债券,在提交《债券发行登记申请书》时需详细填写所有参团投资人所需添加的持有人账户全称及账号。

(2)固定收益产品注册要素表

产品代码、产品简称由上海清算所提供,相关要素与发行披露材料/发行协议等文件提及要素保持一致,并按照实际簿记建档结果填写。

(3)固定收益产品承销/认购额度表

相关要素与发行披露材料/发行协议等文件提及要素保持一致,并按照实际簿记建档结果填写。

以上第 1 项材料须加盖发行人公章及法人签章,其他两项材料须加盖公章,所有材料须提供盖章版 PDF 材料。上海清算所对上述材料进行形式审核无误后,完成债券注册及承销额度登记。

(4)发行人应于缴款日 17:00 前向上海清算所提交《发行款到账确认书》,确认发行资金到账情况。上海清算所根据承分销结果及《发行款到账确认书》办理债券的初始登记,于当日日终确认债权债务关系,并向发行人出具《固定收益产品初始登记证明书》。

3. 系统招标方式发行

采用系统招标方式发行的,发行人应在每期债券发行开始前,向上海清算所申请办理登记业务,并向上海清算所提交以下材料:

(1)招标发行登记申请书;

(2)招标发行安排申请书;

(3)承销商名单;

(4)招标发行承诺函;

(5)招标发行工作人员名单;

(6)发行批文;

(7)应披露的债券发行文件。

以上材料须加盖发行人公章,提供盖章版 PDF 材料。上海清算所对上述材料进行形式审核无误后,配发债券代码和简称,并通过上海清算所网站公布债券发行披露文件。

通过由上海清算所提供技术支持的人民银行债券发行系统进行招标发行的发行人，须在招标完成后向上海清算所提交加盖发行人公章的《固定收益产品注册要素表》，并于缴款日 17:00 前向上海清算所提交《发行款到账确认书》。若非通过上海清算所招标发行的发行人，上海清算所根据发行人或其授权机构发送的确权结果办理债券的初始登记。上海清算所在完成登记后向发行人出具《固定收益产品初始登记证明书》。

(二)结算

根据《债券交易结算业务操作指南》，债券交易的结算包括债券结算和资金结算。其中，债券结算是指上海清算所根据有效的结算指令进行的债券过户，资金结算可委托上海清算所代为完成。债券交易的结算，既可以根据逐笔全额清算的结果进行，也可以根据净额清算的结果进行。但该指南仅适用于逐笔全额模式下的结算业务。

第三节　短期融资券

一、概念及概况

交易商协会 2009 年 11 月 3 日发布实施的《银行间债券市场非金融企业短期融资券业务指引》（以下简称《短期融资券指引》）规定，短期融资券（Short-Term Commercial Paper,CP）是指具有法人资格的非金融企业在银行间债券市场发行的，约定在一年内还本付息的债务融资工具。

早在 1987 年以前，我国部分地区就已开展了短期融资券的发行试点工作，1987 年 2 月 17 日，央行发布《关于发行企业短期融资券有关问题的通知》，明确各地可以采取发行企业短期融资券的办法以缓解企业流动资金短缺的问题，但同时规定企业发行短期融资券必须经人民银行审批，未经人民银行批准，不得发行。

　　2005 年 5 月 23 日，央行发布《短期融资券管理办法》[①]，允许符合条件的企业在银行间债券市场发行短期融资券，并将央行审批制改为央行备案制。2008 年 4 月 9 日，央行发布《银行间债券市场非金融企业债务融资工具管理办法》，将央行备案制改为交易商协会注册制，进一步提高了发行效率。

　　目前，短期融资券已成为我国大型和优质企业融通短期资金的重要手段之一，为企业扩宽了直接融资渠道。截至 2015 年 6 月，在交易商协会注册的短期融资券已达 2327 期。短期融资券之所以受到广泛青睐，是由于其具备以下优点：一是发行效率高，短期融资券的发行无需审批，在交易商协会注册即可；二是成本较低，由于利率市场化定价，短期融资券的利率一般低于银行同期贷款利率，且发行期内不受银行利率浮动的影响；三是不强制要求提供担保，发行企业可视自身的实际情况决定是否需要担保。

　　从发行规模来看，近年来短期融资券的发行规模主要集中在 1 亿～20 亿元区间内，其中发行额为 5 亿～10 亿元区间的短期融资券发行期数最多，其次为 10 亿～20 亿元区间。

表 10-3　2014 年全年、2015 年上半年短期融资券发行规模情况[②]

发行规模（亿元）	发行期数	
	2014 年全年	2015 年上半年
1～5（含）	108	42
5～10（含 10）	149	49
10～20（含 20）	134	46
20～30（含 30）	38	15
30～50（含 50）	26	9
50 以上	18	7

二、发行要求

关于发行规模限制,《短期融资券指引》明确,企业发行短期融资券应遵守国家相关法律法规,短期融资券待偿还余额不得超过企业净资产的 40%。

1. 关于募集资金投向

《短期融资券指引》要求,企业发行短期融资券募集的资金应用于符合国家相关法律法规及政策要求的企业生产经营活动,并在发行文件中明确披露具体资金用途。企业在短期融资券存续期内变更募集资金用途应提前披露。

2. 关于评级

《短期融资券指引》要求,企业发行短期融资券应披露企业主体信用评级和当期融资券的债项评级。企业的主体信用级别低于发行注册时信用级别的,短期融资券发行注册自动失效,交易商协会将有关情况进行公告。评级机构应为在中国境内注册且具备债券评级资质的。

3. 关于承销

《短期融资券指引》规定,企业发行短期融资券应由已在人民银行备案的金融机构承销。

三、登记托管

上清所 2011 年 8 月 22 日发布的《银行间市场清算所股份有限公司关于短期融资券登记托管结算业务的公告》规定,经人民银行批准,自 2011 年 9 月 1 日起,由上清所开办短期融资券的登记托管结算业务。至此,短期融资券的登记托管结算业务由中债登转至上清所。

第四节　超短期融资券

一、概念及概况

2010 年 12 月 21 日,交易商协会发布的《银行间债券市场非金融企业超短期融资券业务规程(试行)》规定,超短期融资券(Super & Short-Term Commercial Paper,SCP)是指具有法人资格、信用评级较高的非金融企业在银行间债券市场发行的期限在 270 天以内的短期融资券。截至 2015 年 6 月,在交易商协会注册的超短期融资券已达 367 期。

与其他债务融资工具相比,SCP 具备以下特点及优势:第一,信息披露简洁。超短期融资券发行企业信用资质较高,在公开市场有持续债务融资行为,信息披露充分,投资者认可度高。第二,注册效率高。超短期融资券采取一次注册分期发行的方式,且后续发行不需要提前备案,进一步缩短了注册备案时间。第三,发行方式高效。发行公告时间由原来的 5 天或 3 天缩短为 1 天,缩短了公告时间,使发行人可根据市场情况和资金使用需求,灵活安排资金到账时间。第四,资金使用灵活。超短期融资券募集资金可用于各种企业流动性资金需求。

相比于短期融资券,SCP 也更具灵活性,其期限最短为 7 天,也可以此类推为 14 天、21 天,最长期限不超过九个月,且发行规模不受净资产 40％的红线约束,在利率上也比银行流动性贷款更具市场化的竞争优势,可以解决企业短期流动资金不足的瓶颈,有助于提高企业流动性管理水平。但由于其对发行主体的信用评级要求较高,一般为中央 AAA 级企业,因此,具备发行条件的企业范围并不广泛。

二、注册所需文件

企业注册超短期融资券,应提交以下注册文件:(1)债务融资工具注册报告(附企业《公司章程》及符合章程规定的有权机构决议);(2)主承销商推荐函;(3)企业发行超短期融资券拟披露文件;(4)注册发行所需的其他文件。

三、信息披露

(一)信息披露时点

企业发行超短期融资券,应至少于发行日前一个工作日公布发行文件。企业发行超短期融资券期限在一个月以内的可在公告发行文件的同时公布本息兑付事项。

(二)信息披露内容

企业应通过中国货币网和上海清算所网站披露当期超短期融资券发行文件,发行文件包括但不限于以下内容:(1)发行公告;(2)募集说明书(包括但不限于风险提示及说明、发行条款、募集资金运用、企业基本情况、税项、发行的有关机构、信息披露安排等章节）；（3）法律意见书；（4）企业主体评级报告；（5）企业最近三年经审计的财务报告和最近一期会计报表。企业如已在银行间债券市场披露上述（4）、（5）款要求的有效文件，则在当期发行时可不重复披露。

（三）信息披露形式

企业超短期融资券发行文件及重大事项信息披露文件应以不可修改的电子版形式送达同业拆借中心，同业拆借中心依据本规程及相关自律规则完成信息披露文件的格式审核后，对符合规定格式的信息披露文件予以公布，并及时发送上海清算所，由上海清算所在其网站公布。

四、登记结算

上清所 2010 年 12 月 21 日发布的《银行间市场清算所股份有限公司关于超短期融资券登记结算业务规则的公告》规定，上海清算所是人民银行指定的超短期融资券登记结算机构。登记是指上海清算所以簿记方式，依法确认持有人持有超短期融资券事实的行为。

第五节 中期票据

一、概念及概况

交易商协会 2009 年 11 月修订后的《银行间债券市场非金融企业中期票据业务指引》（以下简称《中期票据指引》）规定，中期票据（Medium-term Notes，MIN）是指具有法人资格的非金融企业在银行间债券市场按照计划分期发行的，约定在一定期限还本付息的债务融资工具。截至 2015 年 6 月，在交易商协会注册的中期票据已达 2090 期。

在 2008 年的央行年度工作会议上，央行提出要创新直接融资产品，研究开发能够实现企业直接融资的中期票据。2008 年 4 月 15 日，交易商协会发布了《银行间债券市场中期票据业务指引》①，中期票据正式启动，为企业低成本融资创造了新的机遇。

中期票据具备以下特点及功能：(1)用途广，可用于中长期流动资金、置换银行借款、项目建设等；(2)期限较长，发行期限一般在一年以上；(3)中期票据主要是信用发行，接受担保增信；(4)发行审核方式为注册制，一次注册通过，在两年内可分次发行；(5)发行定价、发行利率市场化，固定利率及浮动利率均可；(6)同短期融资券，中期票据受净资产限制，最大注册额度为企业净资产40%。

二、中期票据发行规范

关于募资限额及用途，《中期票据指引》规定，中期票据待偿还余额不得超过企业净资产的40%。企业发行中期票据募集的资金应用于企业生产经营活动，并在发行文件中明确披露具体的资金用途。企业在中期票据存续期内变更募集资金用途应提前披露。

关于信用评级，企业发行中期票据应披露企业主体信用评级，评级由在中国境内注册且具备债券评级资质的评级机构进行。中期票据若含可能影响评级结果的特殊条款，企业还应披露中期票据的债项评级。在注册有效期内，企业主体信用级别低于发行注册时信用级别的，中期票据发行注册自动失效，交易商协会将有关情况进行公告。

三、登记托管

2013年6月16日，上清所发布的《银行间市场清算所股份有限公司关于中期票据登记托管结算业务的公告》规定，经人民银行批准，自2013年6月17日起，由上海清算所开办中期票据的登记托管结算业务。

四、经典案例剖析

2014年11月26日，中国工商银行独家担任主承销商的"招商局集团2014年度第二期中期票据"在银行间债券市场成功发行，为全国首单以公募

---

① 该法规已被《银行间债券市场非金融企业中期票据业务指引》(2009年11月3日)修订。

方式发行的并购债,且融资规模超过了中国银行间债券市场并购债问世以来的新高。其要素①如下:

表 10-4

名　　称	招商局集团有限公司 2014 年度第二期中期票据
发行人	中国工商银行股份有限公司
发行规模	39.6 亿元,注册总金额 39.6 亿元
资金用途	置换并购贷款(发行人承诺"并购债募集资金投入金额原则上不超过项目总金额的 60%")
主承销商/簿记管理人	中国工商银行股份有限公司
承销方式	余额包销
发行人待偿还债务融资工具余额	人民币 356.44 亿元
中期票据期限	5 年
中期票据面值	100 元
票面利率	票面利率 4.60%
发行方式	公募
中期票据担保	本期中期票据无担保
信用评级机构	中诚信国际信用评级有限责任公司
信用评级结果	主体信用级别为 AAA

中期票据并购债的优势在于:一是募集便利,募集资金最高可占并购项目总金额的 60%,另外 40% 的资金通过自有资金,或用理财资金对接即可;二是

① 资料来源:《招商局集团有限公司 2014 年度第二期中期票据发行公告》,载广发银行网站:http://www.cgbchina.com.cn/bondscontent.gsp?bondNewId=1525210&kind=bond%21getBondBulletinDetail.action?bulletin_id%3D,访问日期:2015 年 10 月 16 日。

成本较低,目前并购贷款的年利率为贷款基准利率上浮 40%左右,也就是 6%
~8.4%之间。

完全意义上的并购债,应当直接用于支付并购价款,目前此种融资模式正
处于由交易商协会研究拟推出中。案例中,中期票据的募集资金全部用于归
还招商局集团有限公司此前向工行借入的 39.6 亿元并购贷款;从资金用途
上,募集资金并未直接支付并购价款,和交易商协会此前推出的几单私募并购
债一样,距离完全意义上的并购债仍有差距。

第六节　非公开定向发行债券

一、概念及特点

2011 年 4 月 29 日,交易商协会颁布实施的《银行间债券市场非金融企业
债务融资工具非公开定向发行规则》规定,非公开定向发行是指具有法人资格
的非金融企业向银行间市场特定机构投资人发行债务融资工具,并在特定机
构投资人范围内流通转让的行为,即通常所说的私募发行。此种以非公开定
向发行方式发行的债务融资工具称为非公开定向债务融资工具(Private
Placement Note,PPN)(以下简称"定向工具")。截至 2015 年 6 月,在交易商
协会注册的定向工具已达 1514 期。

定向工具与其他公开发行工具相比,存在以下特点:(1)发行对象特定,在
向交易商协会注册之前,发行人已完成与投资人之间的协商;(2)灵活性高,协
议中的利率、期限、再融资、信息披露方式等条款设计更具个性化,以满足投资
人的需求;(3)约束少,发行定向工具不强制要求进行信用评级,规模上也不受
不超过净资产的 40%限制;(4)自主性更高,定向工具不对产品结构作过细的
规定,鼓励市场主体自主创新,采取引导的方式,形成可持续的市场创新动力。

二、定向工具发行程序

(一)确定发行对象

定向工具投资人由发行人和主承销商在定向工具发行前遴选确定。定向
投资人应为具有投资定向工具的实力和意愿、了解该定向工具投资风险、具备

该定向工具风险承担能力并自愿接受交易商协会自律管理的机构投资人。

(二)达成《定向发行协议》

企业向定向投资人发行定向工具前,应与拟投资该期定向工具的定向投资人达成《定向发行协议》。《定向发行协议》的内容包括但不限于:

1. 发行人的基本情况;

2. 发行人对定向工具的募集资金用途合法合规、发行程序合规性的声明;

3. 拟投资定向工具的机构投资人名单及基本情况;

4. 发行人与拟投资定向工具的机构投资人的权利和义务;

5. 定向工具名称、发行金额、期限、发行价格或利率确定方式;

6. 募集资金用途及定向工具存续期间变更资金用途时的告知方式和时限;

7. 信息披露的具体标准和信息披露方式;

8. 定向工具的流通转让范围及约束条件;

9. 投资风险提示;

10. 法律适用及争议解决机制;

11. 保密条款;

12. 协议生效的约定。

(三)选择承销商

企业发行定向工具应由符合条件的承销机构承销。需要组织承销团的,由主承销商组织承销团。承销机构承销定向工具应遵守相关规定和规则,勤勉尽责,诚实守信。

(四)注册

企业发行定向工具应在交易商协会注册。交易商协会只对非公开定向发行注册材料进行形式完备性核对。接受发行注册不代表交易商协会对债务融资工具的投资价值及投资风险进行实质性判断。

非公开定向发行需向交易商协会提交下列注册材料:

表 10-5

序号	责任人	文件名
1	主承销商	非公开定向发行注册信息表
2	发行人	非公开定向发行注册材料报送函
3	发行人	内部有权机构决议
4	发行人	企业法人营业执照(副本)复印件或同等效力文件
5	主承销商	非公开定向发行注册推荐函
6	发行人	最近一年经审计的财务报表
7	发行人和投资人及其他相关方	定向发行协议
8	律师事务所	非公开定向发行法律意见书
9	投资人	定向工具投资人确认函
10	会计师事务所、律师事务所及其他中介机构	相关机构及从业人员资质证明

此外,定向投资人投资定向工具应向交易商协会出具书面确认函,内容与格式如下:

定向工具投资人确认函

(示范样本)

中国银行间市场交易商协会:

我机构确认如下事项:

一、我机构自愿投资(发行人名称)拟发行的×(本期定向工具全称)。

二、我机构了解该期定向工具的投资风险,有能力并愿意承担该期非公开定向工具的投资风险。

三、我机构自愿接受中国银行间市场交易商协会自律管理,履行会员义务。

特此函告。

(投资人机构名称)

签章:

年　　月　　日

（五）完备性审核

交易商协会对所接收非公开定向发行注册材料实行式完备性核对,形式完备即可办理注册手续。非公开定向发行注册材料形式完备性核对实行核对人和复核人双人负责制,主要流程如下:

1. 企业或相关中介机构应提交非公开定向发行注册材料正式件一份。

2. 核对人根据相关自律规则指引对非公开定向发行注册材料进行核对。若核对人认为非公开定向发行注册材料形式完备,则直接交由复核人进行复核;若核对人认为非公开定向发行注册材料形式不完备,经复核人复核后,核对人可通过主承销商向企业出具补充信息的建议函。

3. 复核人对核对人工作进行复核,复核人可根据需要通过主承销商向企业出具补充信息的建议函。复核人认定非公开定向发行注册材料形式完备,则按照规定程序办理相关后续工作。

（六）登记托管

2011 年 4 月 29 日,上清所发布的《关于非公开定向债务融资工具登记结算业务的公告》规定,上海清算所被央行指定为非公开定向债务融资工具的登记托管结算机构。

（七）信息披露

企业向定向投资人发行定向工具,应在《定向发行协议》中明确约定信息披露的具体标准和信息披露方式。企业应在定向工具完成债权债务登记的次一工作日,以合理方式告知定向投资人当期定向工具实际发行规模、期限、利率等情况。企业应在定向工具本息兑付日前五个工作日,以合理方式告知定向投资人本金兑付及付息事项。

第七节　中小非金融企业集合票据

一、概念及概况

2009 年 11 月 9 日,交易商协会发布实施的《银行间债券市场中小非金融企业集合票据业务指引》规定,中小企业集合票据(SMECN)是指 2 个(含)以上、10 个(含)以下具有法人资格的企业,在银行间债券市场以统一产品设计、统一券种冠名、统一信用增进、统一发行注册方式共同发行的,约定在一定期限还本付息的债务融资工具。其中,中小非金融企业是指国家相关法律法规及政策界定为中小企业的非金融企业。

由于短期融资券及中期票据等发行工具对发行企业要求严格、市场门槛较高,发行主体以大型企业为主,中小企业难以进入该市场融资。自 2009 年《银行间债券市场中小非金融企业集合票据业务指引》正式发布,我国中小企业集合票据创新工作正式进入实质性操作阶段,拓宽了企业的融资渠道,降低了企业的融资成本,有效缓解了中小企业的融资难题。截至 2015 年 6 月,在交易商协会注册的中小企业集合票据共 125 期。

二、发行规范

(一)发行人

根据目前实践情况,中小非金融企业集合票据发行人,须具备以下条件:(1)符合中小企业认定标准;(2)企业的偿还风险在可控范围内,能充分保证债券的本息偿付;(3)企业的主体信用评级在 BBB 以上,且符合国家当前产业政策导向。

其中,根据 2011 年 6 月 18 日工信部、发改委、国家统计局、财政部联合颁布的《中小企业划型标准规定》,中小企业划分为中型、小型、微型三种类型,具体标准根据企业从业人员、营业收入、资产总额等指标,结合行业特点制定。该规定同时对工业、建筑业、批发业、零售业等十五个行业及其他未列明行业给出了量化判断标准。截至 2014 年 11 月 28 日,交易商协会共有中小企业类会员 689 家。

(二)发行规模

企业发行集合票据应遵守国家相关法律法规,任一企业集合票据待偿还余额不得超过该企业净资产的 40%。任一企业集合票据募集资金额不超过 2 亿元人民币,单支集合票据注册金额不超过 10 亿元人民币。

(三)发行期限

中小企业自身特点决定了发行期限不能过长,否则发行成本可能过高,一般发行期限为1~3年,具体发行期限由发行人根据自身需要和发行时的市场状况与承销商协商确定。

(四)发行流程①

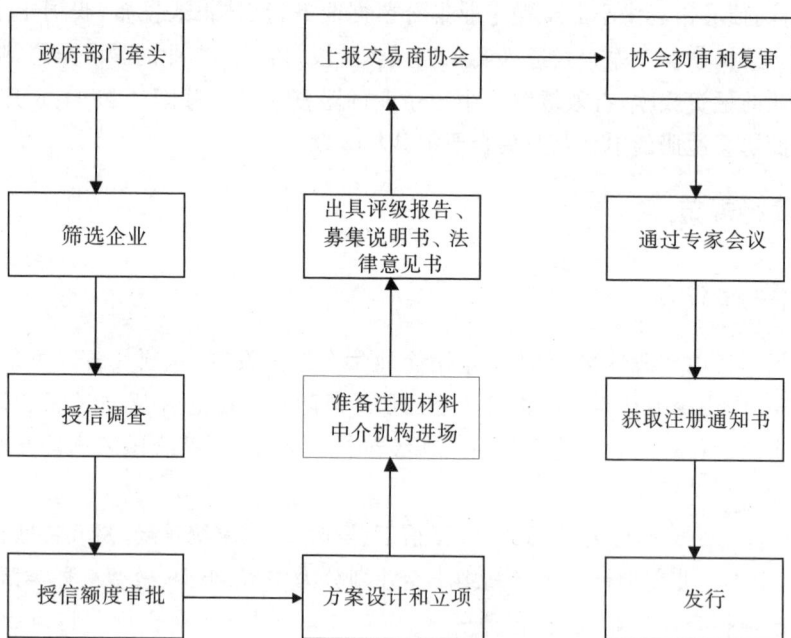

图 10-1

---

① 浙商银行总行投资银行总部:《中小企业集合票据交流材料》,载百度文库,2011年10月。

第八节　项目收益票据

一、概念及概况

　　为贯彻落实十八届三中全会关于建立透明规范的城市建设投融资体制、改善和优化融资结构的要求,防范和化解地方政府性债务风险,2014年7月11日,交易商协会颁布了《银行间债券市场非金融企业项目收益票据业务指引》(以下简称《项目收益票据指引》),正式推出项目收益票据(以下简称PRN)。

　　根据该指引规定,PRN是指非金融企业(以下简称"企业")在银行间债券市场发行的,募集资金用于项目建设且以项目产生的经营性现金流为主要偿债来源的债务融资工具。项目包括但不限于市政、交通、公用事业、教育、医疗等与城镇化建设相关的、能产生持续稳定经营性现金流的项目。

　　PRN作为银行间债券市场的创新品种,具备以下特点:一是以项目建设主体(一般会成立专门项目公司)作为发行人,而非成熟的经营企业,即无存续三年以上及盈利要求,以保证风险不会传递至城建类母公司或地方政府;二是以项目现金流为特定还款来源,而非企业自由现金流,且地方政府不直接承担债务责任,亦不为票据承担隐形担保;三是期限长,由于此类项目一般前期建设周期较长,项目后期才会产生稳定的现金流收益,因而融资期限应可覆盖整个项目投资周期,包括项目建设、运营与收益阶段。

　　截至2015年9月,在交易商协会注册的项目收益票据共4期,具体情况如下:

表 10-6

序号	发行人	注册金额	资金用途	注册日期
1	郑州交投地坤实业有限公司	12亿元	郑州综合交通枢纽地下交通工程	2014年7月11日
2	泰州中国医药城资产管理有限公司	10亿元	中国医药城能源类项目建设	2014年12月19日

续表

序号	发行人	注册金额	资金用途	注册日期
3	南京地铁集团有限公司	20 亿元	南京地铁轨道交通建设	2015 年 5 月 11 日
4	南京新城科技园建设发展有限责任公司	13 亿元	暂无相关公开信息	2015 年 6 月 8 日
5	湖南长沙会展中心投资有限责任公司	20 亿元	暂无相关公开信息	2015 年 8 月 19 日

二、《项目收益票据指引》对 PRN 的规制

(一)产品设计

企业发行项目收益票据获取财政补贴等行为必须依法、合规,不应存在任何直接、间接形式的地方政府担保。企业发行项目收益票据应设立募集资金监管账户,由资金监管机构负责监督募集资金投向。同时制定切实可行的现金流归集和管理措施,通过有效控制项目产生的现金流,对项目收益票据的还本付息提供有效支持。

企业可通过成立项目公司等方式注册发行项目收益票据。发行方式由发行主体自主选择,可为公开发行或非公开定向发行。企业发行项目收益票据应设置合理的交易结构,不得损害股东、债权人利益。

(二)募集资金投向

企业发行项目收益票据的募集资金应专项用于约定项目,且应符合法律法规和国家政策要求。企业在项目收益票据存续期内变更募集资金用途应提前披露,且变更后的用途应满足上述要求。

(三)信息披露

企业选择公开发行方式发行项目收益票据,应通过交易商协会认可的网站披露以下信息及第五段中的投资者保护信息。企业选择非公开定向发行方式发行项目收益票据,应在《定向发行协议》中明确约定上述信息的披露方式。

1. 项目收益票据交易结构和项目具体情况；

2. 由第三方专业机构出具的项目收益预测情况；

3. 在存续期内,定期披露项目运营情况；

4. 由资金监管行出具的存续期内现金流归集和管理情况；

5. 其他影响投资决策的重要信息。

(四)投资者保护条款

企业应在项目收益票据发行文件中约定投资者保护机制,包括但不限于:

1. 债项评级下降的应对措施；

2. 项目现金流恶化或其他可能影响投资者利益等情况的应对措施；

3. 项目收益票据发生违约后的债权保障及清偿安排；

4. 发生项目资产权属争议时的解决机制。

三、经典案例剖析

《项目收益票据指引》公布当日,交易商协会即发出接受注册通知书(中市协注〔2014〕PRN1 号),决定接受郑州交投地坤实业有限公司项目收益票据注册。同时,通知书明确了该单 PRN 的注册额度及有效期、首期发行期限、不得存在地方政府直接或间接担保情形以及发行人应履行的其他义务。首单PRN 要素如下:

表 10-7

发行人	郑州交投地坤实业有限公司,其母公司为郑州市交通建设投资有限公司(属城投类融资企业)
资金额度及用途	注册金额为人民币 12 亿元,其中 10 亿元用于项目建设,2 亿元用于补充营运资金。首期募集 5 亿元,由项目公司(发行人)封闭运作管理,全部用于郑州综合交通枢纽地下交通工程
发行方式	非公开发行
主承销商	国家开发银行股份有限公司、中信银行股份有限公司
票面利率	首期募集分 A(5+5+5 年)、B(10+5 年)两类,并根据回售期限不同,利率分别设定为 7.5% 和 8.2%

续表

还款来源	主要依赖于郑州综合交通枢纽地下交通人防工程项目的经营性收入,由两部分构成,一部分为地下一层商业开发租金收入,另一部分为地下二层、三层车位出租收入
增信方式	中债信用增进投资股份有限公司为此项票据进行担保,就发行人应偿还的不超过人民币 5 亿元本金、相应票面利息、违约金、损害赔偿金和实现债权的费用提供不可撤销的连带责任保证;此单 PRN 还将建立项目偿债基金,基金来源包括项目每年偿还本息后的剩余收益、股东提供一定比例的资金以及政府贴息支持等
项目亮点	在引入社会资本筹措资金的同时实现了特定项目与地方政府或城建类企业的风险隔离,有利于化解此前政府大量隐性担保累积的地方政府债务风险,为未来具有一定收益的准公益性市政建设项目成立项目公司进行独立的运营提供参考样本

由于 PRN 兼具"城镇化建设相关项目"与"能产生稳定经营现金流"两个基本特点,未来除了支持市政项目的规范化融资外,还可以为解决教育、医疗等行业的融资问题提供参考。在我国现有法律框架下,作为事业单位的中国公立大学尚无法进行债券融资,但如果其成立项目公司,未来就可以发行项目融资票据。"事实上,国外已有高校通过发债融资来提高师资水平,2013 年 10 月 10 日,具有 800 年办学历史的英国剑桥大学,发行了 3.5 亿英镑(合35.4亿元人民币)的 40 年期的长期债券,当时超额认购逾 40 倍。此外,美国耶鲁大学、麻省理工学院、乔治城大学等,以及其他美国大学,今年都有发行以美元为单位的债券。"①

---

① 李光磊:《债市创新持续加快满足多元化融资需求》,载《金融时报》2014 年 8 月 14 日。

第九节 资产支持票据

一、概念及概况

依据中国银行间市场交易商协会 2012 年 8 月 3 日颁布实施的《银行间债券市场非金融企业资产支持票据指引》,资产支持票据(Asset-Backed Medium-term Notes,ABN)是指非金融企业在银行间债券市场发行的,由基础资产所产生的现金流作为还款支持的,约定在一定期限内还本付息的债务融资工具。

2012 年 8 月 6 日,首批三支资产支持票据同日发行,发行人分别为宁波城建投资控股有限公司、南京公用控股(集团)有限公司、上海浦东路桥建设股份有限公司,基础资产分别为天然气收费收益权、自来水销售收入、高速公路建设应收款等领域的现金流,发行方式均为非公开定向发行。与严格意义上的资产证券化产品相比,其不具备风险隔离的特征,即规定了投资人对发行人享有追索权,但也因此使得发行人获得了较高的信用评级获和更低的融资成本。截至 2015 年 6 月,交易商协会注册的资产支持票据共 23 支,其主要信息如下:

表 10-8

序号	发行人	注册金额	承销商	发行方式	注册时间
1	宁波城建投资控股有限公司	10 亿元	中信证券和中信银行联席主承销	非公开定向发行	2012 年 8 月 6 日
2	南京公用控股(集团)有限公司	10 亿元	中信证券和工商银行联席主承销	非公开定向发行	2012 年 8 月 6 日
3	上海浦东路桥建设股份有限公司	5 亿元	浦发银行主承销	非公开定向发行	2012 年 8 月 6 日
4	南京市城市建设投资控股(集团)有限责任公司	10 亿元	国开行主承销	非公开定向发行	2012 年 8 月 17 日

续表

序号	发行人	注册金额	承销商	发行方式	注册时间
5	天津市房地产信托集团有限公司	20亿元	中信证券司和中信银行联席主承销	非公开定向发行	2012年8月17日
6	广西新发展交通集团有限公司	2亿元	光大银行主承销	非公开定向发行	2012年10月26日
7	扬州市城建国有资产控股(集团)有限责任公司	15亿元	交通银行主承销	非公开定向发行	2012年11月19日
8	太原市龙城发展投资有限公司	5亿元	兴业银行主承销	非公开定向发行	2012年12月28日
9	南京市江宁区自来水总公司	10亿元	华夏银行主承销	非公开定向发行	2013年4月11日
10	江苏宁宿徐高速公路有限公司	11亿元	建设银行主承销	非公开定向发行	2013年5月19日
11	成都市公共交通集团公司	8亿元	中国银行主承销	非公开定向发行	2013年7月2日
12	郑州市污水净化有限公司	6亿元	广发银行主承销	非公开定向发行	2013年12月10日
13	四川能投发展股份有限公司	10亿元	上海银行主承销	非公开定向发行	2013年12月12日
14	南通国有资产投资控股有限公司	20亿元	浦发银行主承销	非公开定向发行	2013年12月25日
15	呼和浩特市城发供热有限责任公司	8亿元	光大银行主承销	非公开定向发行	2014年1月2日
16	太原煤炭气化(集团)有限责任公司	15亿元	浦发银行主承销	非公开定向发行	2014年3月1日

续表

序号	发行人	注册金额	承销商	发行方式	注册时间
17	马鞍山市城市发展投资集团有限责任公司	6 亿元	光大银行主承销	非公开定向发行	2014 年 3 月 24 日
18	常州市交通产业集团有限公司	5 亿元	浦发银行主承销	非公开定向发行	2014 年 6 月 25 日
19	渭南市城市建设投资开发有限责任公司	3 亿元	浦发银行主承销	非公开定向发行	2014 年 9 月 24 日
20	苏州城市建设投资发展有限责任公司	20 亿元	浦发银行主承销	非公开定向发行	2014 年 10 月 29 日
21	云南祥鹏航空有限责任公司	20 亿元	浦发银行和银河证券联席主承销	非公开定向发行	2014 年 12 月 3 日
22	温州机场集团有限公司	3 亿元	中信银行主承销	非公开定向发行	2015 年 5 月 6 日
23	上海城建(集团)公司	3 亿元	工商银行主承销	非公开定向发行	2015 年 5 月 14 日

　　从以上表格信息可以看出,相比交易商协会注册的其他债券品种,如短期融资券、中期票据等,资产支持票据发行数量并不算多;注册金额多集中在 10 亿元左右,最高尚未超过 20 亿元;虽然法规规定资产支持票据可选择公开发行或非公开定向发行,但上述产品均为非公开定向发行。

二、基础资产应具备的条件

　　基础资产是指符合法律法规规定,权属明确,能够产生可预测现金流的财产、财产权利或财产和财产权利的组合。基础资产不得附带抵押、质押等担保负担或其他权利限制。

三、发行方式及募集资金投向

企业可选择公开发行或非公开定向发行方式在银行间市场发行资产支持票据。企业发行资产支持票据所募集资金的用途应符合法律法规和国家政策要求。企业在资产支持票据存续期内变更募集资金用途应提前披露。

四、投资者保护机制

(一)投资者保护机制内容

企业应在资产支持票据发行文件中约定投资者保护机制,包括但不限于:

1. 债项评级下降的应对措施;
2. 基础资产现金流恶化或其他可能影响投资者利益等情况的应对措施;
3. 资产支持票据发生违约后的债权保障及清偿安排;
4. 发生基础资产权属争议时的解决机制。

(二)召开持有人会议的情形

召集人应当在资产支持票据出现以下情形之一时,召开持有人会议:

1. 基础资产权属发生变化;
2. 基础资产现金流恶化导致不足以支付资产支持票据本金或利息;
3. 基础资产被查封、扣押或者冻结;
4. 基础资产发生对债务融资工具持有人权益有重大不利影响的其他事项。

五、信息披露

企业发行资产支持票据应披露以下信息:(1)资产支持票据的交易结构和基础资产情况;(2)相关机构出具的现金流评估预测报告;(3)现金流评估预测偏差可能导致的投资风险;(4)在资产支持票据存续期内,定期披露基础资产的运营报告。企业选择公开发行方式发行资产支持票据,应通过交易商协会认可的网站披露上述信息。企业选择非公开定向发行方式发行资产支持票据,应在《定向发行协议》中明确约定上述信息的披露方式。

六、评级要求

企业选择公开发行方式发行资产支持票据,应当聘请两家具有评级资质的资信评级机构进行信用评级。鼓励对资产支持票据采用投资者付费模式等多元化信用评级方式进行信用评级。

七、注册流程[①]

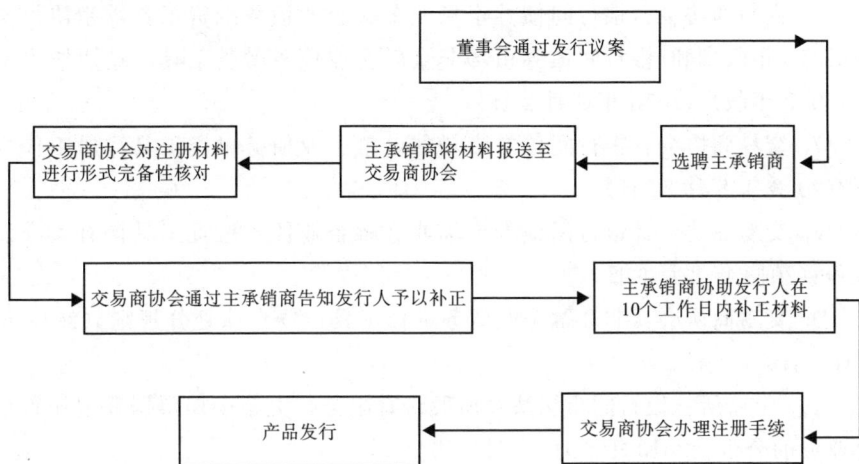

图 10-2

第十节 需掌握的监管法规

企业发行非金融企业债务融资工具,须依据以下文件:

1. 央行:《关于私募投资基金进入银行间债券市场有关事项的通知》(2015 年 6 月 15 日)

---

① 百度文库:《资产支持票据(ABN)介绍及要点分析》,http://wenku.baidu.com/link? url = hz6vSo2MVA × 9NLB4LjSq＿ajQg － EVQMsbOpVid － ut3aS × n0＿3Vj＿yjoUtV8RgkCg2vNl5Uo18－VBpwrCCp0fhENKVMTS×－Ic6×l2vKCs1t2K。

2. 央行:《非金融企业债务融资工具承销业务规范》(2014年11月24日)

3. 央行金融市场司:《关于非金融机构合格投资人进入银行间债券市场有关事项的通知》(2014年10月17日)

4. 交易商协会:《银行间债券市场非金融企业项目收益票据业务指引》(2014年7月11日)

5. 交易商协会:《银行间债券市场债券交易自律规则》(2014年4月28日)

6. 交易商协会:《银行间债券市场非金融企业债务融资工具承销协议文本(2013年版)》和《银行间债券市场非金融企业债务融资工具承销团协议文本(2013年版)》(2013年9月2日)

7. 交易商协会:《银行间债券市场非金融企业债务融资工具注册工作规程》(2013年8月22日)

8. 交易商协会:《银行间债券市场非金融企业债务融资工具持有人会议规程》(2013年8月6日)

9. 交易商协会:《非金融企业债务融资工具市场自律处分规则》(2013年8月1日)

10. 上清所:《银行间市场清算所股份有限公司关于中期票据登记托管结算业务的公告》(2013年6月16日)

11. 交易商协会:《银行间债券市场非金融企业债务融资工具中介服务规则》(2012年10月5日)

12. 交易商协会:《银行间债券市场非金融企业资产支持票据指引》(2012年8月3日)

13. 交易商协会:《银行间债券市场非金融企业债务融资工具信息披露规则》(2012年5月14)

14. 上清所:《银行间市场清算所股份有限公司关于短期融资券登记托管结算业务的公告》(2011年8月22日)

15. 工信部、发改委、统计局、财政部:《中小企业划型标准规定》(2011年6月18)

16. 交易商协会:《银行间市场非金融企业债务融资工具发行规范指引》(2011年5月30日)

17. 交易商协会:《银行间债券市场非金融企业债务融资工具非公开定向发行规则》(2011年4月29日)

18. 交易商协会:《银行间债券市场非金融企业债务融资工具现场调查工作规程》(2011 年 4 月 28 日)

19. 交易商协会:《银行间债券市场非金融企业超短期融资券业务规程(试行)》(2010 年 12 月 21 日)

20. 上清所:《银行间市场清算所股份有限公司关于超短期融资券登记结算业务规则的公告》(2010 年 12 月 21 日)

21. 交易商协会:《银行间债券市场非金融企业债务融资工具承销协议文本(2010 版)》(2010 年 4 月 22 日)

22. 交易商协会:《银行间债券市场非金融企业债务融资工具突发事件应急管理工作指引》(2010 年 4 月 6 日)

23.《银行间债券市场非金融企业债务融资工具主承销商后续管理工作指引》(2010 年 4 月 6 日)

24. 交易商协会:《银行间债券市场非金融企业债务融资工具注册专家管理办法》(2010 年 4 月 6 日)

25. 交易商协会:《银行间债券市场非金融企业债务融资工具注册专家名单》(2010 年 4 月 6 日)

26. 交易商协会:《银行间债券市场中小非金融企业集合票据业务指引》(2009 年 11 月 9 日)

27. 交易商协会:《银行间债券市场非金融企业短期融资券业务指引》(2009 年 11 月 3 日)

28. 交易商协会:《银行间债券市场非金融企业中期票据业务指引》(2009 年 11 月 3 日)

29. 交易商协会:《银行间债券市场非金融企业债务融资工具承销人员行为守则》(2009 年 10 月 28 日)

30. 交易商协会《银行间债券市场非金融企业债务融资工具发行注册规则(2009 修订)》(2009 年 3 月 9 日)

31. 交易商协会:《银行间债券市场非金融企业债务融资工具注册规则》(2008 年 4 月 15 日)

32. 交易商协会:《银行间债券市场非金融企业债务融资工具尽职调查指引》(2008 年 4 月 15 日)

33. 交易商协会:《非金融企业债务融资工具募集说明书指引》(2008 年 4 月 15 日)

34. 央行:《银行间债券市场非金融企业债务融资工具管理办法》(2008年4月9日)

35. 央行:《关于发行企业短期融资券有关问题的通知》(1987年2月17日)

第四编

金融债券业务

第十一章

我国金融债券业务概述

　　我国发行金融债券始于上世纪 80 年代,1985 年 7 月 22 日中国工商银行、中国农业银行、人民银行下发关于《一九八五年发行金融债券、开办特种贷款办法》的联合通知,决定由中国工商银行、中国农业银行发行金融债券、开办特种贷款。1994 年,人民银行、国家计划委员会、国家开发银行联合发布《一九九四年国家开发银行金融债券发行办法》,规定由国家开发银行发行金融债券,从此拉开了政策性金融债券的发行序幕。此后,央行陆续批准部分商业银行、证券公司、信托公司、租赁公司、财务公司等金融机构发行金融债券。

　　金融机构发行金融债券能够较有效地解决其资金来源不足和期限不匹配的矛盾。银行等金融机构的资金一般有三个,即吸收存款、同业拆借和发行债券。存款资金的特点之一,是在经济动荡时期,易发生储户挤兑风险。同业拆借资金一般来说期限较短,不能满足金融机构的长期资金需求;而发行金融债券,由于债券在到期之前一般不能提前兑付,只能转让,从而有利于金融机构合理安排运用资金。

　　2005 年 4 月 27 日,央行发布的《全国银行间债券市场金融债券发行管理办法》规定,金融债券是指依法在中华人民共和国境内设立的金融机构法人在全国银行间债券市场发行的、按约定还本付息的有价证券,属于银行等金融机构的主动负债。金融机构法人包括政策性银行、商业银行、证券公司、保险公司、企业集团财务公司及其他金融机构。2009 年 5 月 15 日,央行颁布实施的《全国银行间债券市场金融债券发行管理操作规程》,进一步规范全国银行间债券市场金融债券发行行为。2015 年 12 月 15 日,央行发布《银行间债券市场发行绿色金融债券有关事宜公告》,鼓励金融机构在银行间债券市场发行绿色金融债券。

第十二章

关于金融债券的监管要点

第一节　发行金融债券的主要规定

根据《全国银行间债券市场金融债券发行管理办法》《全国银行间债券市场金融债券发行管理操作规程》，本节对发行金融债券的主要规定进行介绍。

一、申请核准与发行方式

金融债券的发行由人民银行依法监督管理，未经人民银行核准，任何金融机构不得擅自发行金融债券。根据《全国银行间债券市场金融债券发行管理操作规程》，金融机构申请在全国银行间债券市场发行金融债券，除按《全国银行间债券市场金融债券发行管理办法》要求向人民银行提交申请材料外，还应提交"金融债券发行登记表"。

金融债券可在全国银行间债券市场公开发行或定向发行，可以采取一次足额发行或限额内分期发行的方式。发行人分期发行金融债券的，应在募集说明书中说明每期发行安排。以定向形式发行金融债券的，应优先选择协议承销方式；定向发行对象不超过两家，可不聘请主承销商，由发行人与认购机构签订协议安排发行。

二、发行前备案

发行人（不包括政策性银行）应在每期金融债券发行前五个工作日将募集说明书、发行公告或发行章程、发行人关于本期债券偿债计划及保障措施的专项报告、信用评级机构出具的金融债券信用评级报告及有关持续跟踪评级安排的说明等文件报人民银行备案。同时提交《全国银行间债券市场金融债券发行管理操作规程》规定的《金融债券备案登记表》。

政策性银行应在每期金融债券发行前五个工作日将发行人近三年经审计的财务报告及审计报告、金融债券发行办法、承销协议等文件报人民银行备案,并按人民银行的要求披露有关信息。

发行前如果发生下列情况之一,应在向人民银行报送备案文件时进行书面报告并说明原因:

1. 发行人业务、财务等经营状况发生重大变化;

2. 高级管理人员变更;

3. 控制人变更;

4. 发行人作出新的债券融资决定;

5. 发行人变更承销商、会计师事务所、律师事务所或信用评级机构等专业机构;

6. 是否分期发行、每期发行安排等金融债券发行方案变更;

7. 其他可能影响投资人作出正确判断的重大变化。

金融机构申请发行前备案时向人民银行报送的各项书面材料,应同时提交 PDF 格式电子版文件光盘,其中主要财务数据、监管指标等还应提交 EXCEL 格式电子版文件。

三、信用评级

金融债券的发行应由具有债券评级能力的信用评级机构进行信用评级。金融债券发行后,信用评级机构应每年对该金融债券进行跟踪信用评级。如发生影响该金融债券信用评级的重大事项,信用评级机构应及时调整该金融债券的信用评级,并向投资者公布。

四、承销

发行金融债券时,发行人应组建承销团,承销人可在发行期内向其他投资者分销其所承销的金融债券。发行人和承销人应在承销协议中明确双方的权利与义务并加以披露。

发行金融债券的承销可采用协议承销、招标承销等方式。承销人应为金融机构,并须具备下列条件:

1. 注册资本不低于 2 亿元人民币;

2. 具有较强的债券分销能力；

3. 具有合格的从事债券市场业务的专业人员和债券分销渠道；

4. 最近两年内没有重大违法、违规行为；

5. 人民银行要求的其他条件。

以招标承销方式发行金融债券，发行人应向承销人发布下列信息：

1. 招标前，至少提前 3 个工作日向承销人公布招标具体时间、招标方式、招标标的、中标确定方式和应急招投标方案等内容；

2. 招标开始时，向承销人发出招标书；

3. 招标结束后，发行人应立即向承销人公布中标结果，并不迟于次一工作日发布金融债券招标结果公告。承销人中标后应履行相应的认购义务。

金融债券的招投标发行通过人民银行债券发行系统进行。在招标过程中，发行人及相关各方不得透露投标情况，不得干预投标过程。人民银行对招标过程进行现场监督。

五、发行

发行人不得认购或变相认购自己发行的金融债券。发行人应在人民银行核准金融债券发行之日起 60 个工作日内开始发行金融债券，并在规定期限内完成发行。发行人未能在规定期限内完成发行的，原金融债券发行核准文件自动失效，发行人不得继续发行本期金融债券。发行人仍需发行金融债券的，应另行申请。

金融债券发行结束后 10 个工作日内，发行人应向人民银行书面报告金融债券发行情况。金融债券定向发行的，经认购人同意，可免于信用评级。定向发行的金融债券只能在认购人之间进行转让。

金融债券的交易按照全国银行间债券市场债券交易的有关规定执行。

六、登记、托管与兑付

中债登为金融债券的登记、托管机构。金融债券发行结束后，发行人应及时向中央结算公司确认债权债务关系，由中央结算公司及时办理债券登记工作。金融债券付息或兑付日前（含），发行人应将相应资金划入债券持有人指定资金账户。

七、信息披露

发行人应在金融债券发行前和存续期间履行信息披露义务。信息披露应通过中国货币网、中国债券信息网进行。发行人应保证信息披露真实、准确、完整、及时,不得有虚假记载、误导性陈述和重大遗漏。

金融债券存续期间,发行人应于每年 4 月 30 日前向投资者披露年度报告,年度报告应包括发行人上一年度的经营情况说明、经注册会计师审计的财务报告以及涉及的重大诉讼事项等内容。采用担保方式发行金融债券的,发行人还应在其年度报告中披露担保人上一年度的经营情况说明、经审计的财务报告以及涉及的重大诉讼事项等内容。发行人应于每年 7 月 31 日前披露债券跟踪信用评级报告。发行人应于金融债券每次付息日前 2 个工作日公布付息公告,最后一次付息暨兑付日前 5 个工作日公布兑付公告。

信息披露涉及的财务报告,应经注册会计师审计,并出具审计报告;信息披露涉及的法律意见书和信用评级报告,应分别由执业律师和具有债券评级能力的信用评级机构出具。上述注册会计师、律师和信用评级机构所出具的有关报告文件不得含有虚假记载、误导性陈述或重大遗漏。发行人应将相关信息披露文件分别报送同业拆借中心和中央结算公司,由同业拆借中心和中央结算公司分别通过中国货币网和中国债券信息网披露。

同业拆借中心和中央结算公司应为金融债券信息披露提供服务,将违反信息披露规定的行为及时向人民银行报告并公告。金融债券定向发行的,其信息披露的内容与形式应在发行章程与募集说明书中约定;信息披露的对象限于其认购人。

第二节　发行绿色金融债券的特殊规定

《银行间债券市场发行绿色金融债券有关事宜公告》规定:绿色金融债券是指金融机构法人依法发行的、募集资金用于支持绿色产业并按约定还本付息的有价证券。同时,央行鼓励政府相关部门和地方政府出台优惠政策措施支持绿色金融债券发展。

一、发行人范围及条件

根据上述公告,可发行绿色金融债券的金融机构法人包括:开发性银行、政策性银行、商业银行、企业集团财务公司及其他依法设立的金融机构。且应当同时具备以下条件:

1.具有良好的公司治理机制;

2.最近一年盈利(开发性银行、政策性银行除外),最近三年没有重大违法违规行为;

3.符合宏观审慎管理要求,金融风险监管指标符合金融监管机构相关规定;

4.具有完善的绿色产业项目贷款授信、风控、营销等制度规定和成熟的业务团队。

二、申请材料

金融机构法人申请发行绿色金融债券,应当向人民银行报送下列材料:

1.发行绿色金融债券申请报告;

2.绿色金融债券募集说明书,其中应当包括募集资金拟投资的绿色产业项目类别、项目筛选标准、项目决策程序和环境效益目标以及绿色金融债券募集资金使用计划和管理制度等;

3.公司章程或章程性文件规定的权力机构的书面同意文件;

4.近三年经审计的财务报告和审计报告,以及最近一期财务报告;

5.募集资金投向绿色产业项目的承诺函;

6.人民银行要求的其他文件。

同时,除上述申请材料外,鼓励申请发行绿色金融债券的金融机构法人提交独立的专业评估或认证机构出具的评估或认证意见。

三、备案材料

获准发行绿色金融债券的发行人应当在每期绿色金融债券发行前5个工作日,向人民银行提交下列备案材料:

1.当期发行绿色金融债券的募集说明书;

2.人民银行准予发行绿色金融债券行政许可决定书(复印件);

3.已签署的承销协议、承销团协议;

4.信用评级机构出具的金融债券信用评级报告及有关持续跟踪评级安排的说明；

5.发行人律师出具的法律意见书；

6.人民银行要求的其他文件。

四、绿色债券支持项目目录

《银行间债券市场发行绿色金融债券有关事宜公告》以附件形式列举了绿色金融债券支持项目的具体内容。目录包含六个大类项目。第一大类为节能，包括：工业节能，可持续建筑，能源管理中心，具有节能效益的城乡基础设施建设；

第二大类为污染防治，包括：污染防治，环境修复工程，煤炭清洁利用；

第三大类为资源节约与循环使用，包括：节水及非常规水源利用，尾矿及伴生矿再开发及综合利用，工业固废、废气、废液回收和资源化利用，再生资源回收加工及循环利用，机电产品再制造，生物质资源回收利用；

第四大类为清洁交通，包括：铁路交通，城市轨道交通，城乡公路运输公共客运，水路交通，清洁燃油，新能源汽车，交通领域互联网应用；

第五大类为清洁能源，包括：风力发电，太阳能光伏发电，智能电网及能源互联网，分布式能源，太阳能热利用，水力发电，其他新能源利用；

第六大类为生态保护和适应气候变化，包括：自然生态保护及旅游资源保护性开发，生态农牧渔业，林业开发，灾害应急防控。

第十三章

银行发行的金融债券

第一节　政策性银行发行的金融债券

　　政策性银行是指由政府发起、出资成立,为贯彻和配合政府特定经济政策和意图而进行融资和信用活动的机构。我国政策性银行包括国家开发银行、中国进出口银行及中国农业发展银行。根据《全国银行间债券市场金融债券发行管理办法》,政策性银行发行金融债券,应按年向央行报送金融债券发行申请,经央行核准后方可发行。政策性银行金融债券发行申请应包括发行数量、期限安排、发行方式等内容,如需调整,应及时报央行核准。

　　政策性银行发行金融债券应向人民银行报送下列文件:

　　1. 金融债券发行申请报告;

　　2. 发行人近三年经审计的财务报告及审计报告;

　　3. 金融债券发行办法;

　　4. 承销协议;

　　5. 人民银行要求的其他文件。

　　截至 2015 年 9 月,我国政策性银行金融债券的发行情况(单位:亿元)[①]。如表 13-1。

---

　　① 中央国债登记结算有限责任公司网站,统计数据专栏,http://www.chinabond. com. cn/Channel/19012917,访问日期:2015 年 10 月 16 日。

表 13-1

政策性银行	本月		本年		上年	
	次数	发行额	次数	发行额	次数	发行额
国家开发银行	14	650.00	182	9966.08	219	11405.42
中国进出口银行	6	240.00	91	4030.00	84	5025.10
中国农业发展银行	9	540.00	93	6585.60	123	6550.00
合计	29	1430.00	366	20581.68	426	22980.52

第二节 商业银行发行的金融债券

根据《全国银行间债券市场金融债券发行管理办法》的规定,商业银行金融债券是指依法在中华人民共和国境内设立的商业银行在全国银行间债券市场发行的、按约定还本付息的有价证券。截至 2015 年 9 月,我国商业银行各种金融债券的发行情况如下(单位:亿元)[①],如表 13-2。

商业银行债券	本月		本年		上年	
	次数	发行额	次数	发行额	次数	发行额
普通债	7	180.00	47	1219.00	46	834.00
次级债	0	0.00	0	0.00	0	0.00
混合资本债	0	0.00	0	0.00	0	0.00
合计	7	180.00	47	1219.00	46	834.00

---

① 中央国债登记结算有限责任公司网站,统计数据专栏,http://www.chinabond.com.cn/Channel/19012917,访问日期:2015 年 10 月 16 日。

一、商业银行发行的普通债券

(一)发行条件

根据《全国银行间债券市场金融债券发行管理办法》,商业银行发行普通金融债券应具备以下条件:

1. 具有良好的公司治理机制;
2. 核心资本充足率不低于 4%;
3. 最近三年连续盈利;
4. 贷款损失准备计提充足;
5. 风险监管指标符合监管机构的有关规定;
6. 最近三年没有重大违法、违规行为;
7. 人民银行要求的其他条件。

但根据商业银行的申请,人民银行可以豁免前款所规定的个别条件。

(二)申请材料

根据《全国银行间债券市场金融债券发行管理办法》,商业银行发行金融债券应向人民银行报送下列文件:

1. 金融债券发行申请报告;
2. 发行人公司章程或章程性文件规定的权力机构的书面同意文件;
3. 监管机构同意金融债券发行的文件;
4. 发行人近三年经审计的财务报告及审计报告;
5. 募集说明书;
6. 发行公告或发行章程;
7. 承销协议;
8. 发行人关于本期债券偿债计划及保障措施的专项报告;
9. 信用评级机构出具的金融债券信用评级报告及有关持续跟踪评级安排的说明;
10. 发行人律师出具的法律意见书;
11. 人民银行要求的其他文件。

采用担保方式发行金融债券的,还应提供担保协议及担保人资信情况说明。如有必要,人民银行可商请其监管机构出具相关监管意见。

二、商业银行发行的次级债券

2004 年 6 月 17 日,央行、银监会颁布实施的《商业银行次级债券发行管理办法》规定:商业银行次级债券是指商业银行发行的,本金和利息的清偿顺序列于商业银行其他负债之后、先于商业银行股权资本的债券。次级债券可在全国银行间债券市场公开发行或私募发行。

(一)发行条件

根据《商业银行次级债券发行管理办法》,商业银行公开发行次级债券应具备以下条件:

1. 实行贷款五级分类,贷款五级分类偏差小;
2. 核心资本充足率不低于 5%;
3. 贷款损失准备计提充足;
4. 具有良好的公司治理结构与机制;
5. 最近三年没有重大违法、违规行为。

商业银行若以私募方式发行次级债券或募集次级定期债务,则对核心资产充足率的要求稍低,为不低于 4%,其他条件与公开发行相同。

(二)申请材料

根据《商业银行次级债券发行管理办法》,商业银行发行次级债券应分别向银监会、央行提交申请并报送下列有关文件:

1. 次级债券发行申请报告;
2. 国家授权投资机构出具的发行核准证明或股东大会通过的专项决议;
3. 次级债券发行可行性研究报告;
4. 发行人近三年经审计的财务报表及附注;
5. 发行章程、公告;
6. 募集说明书;
7. 承销协议、承销团协议;
8. 次级债券信用评级报告及跟踪评级安排的说明;
9. 发行人律师出具的法律意见书。

(三)审核

银监会应当自受理商业银行发行次级债券申请之日起三个月内,对商业银行发行次级债券进行资格审查,并作出批准或不批准的书面决定,同时抄送人民银行。

人民银行应当自收到银监会作出的批准文件之日起五个工作日内决定是否受理申请,人民银行决定受理的,应当自受理申请之日起二十日内作出批准或不批准的决定。未经人民银行批准,商业银行不得在全国银行间债券市场发行次级债券。

(四)评级与发行

商业银行公开发行次级债券应聘请证券信用评级机构进行信用评级;次级债券私募发行时,可以免于信用评级,但私募发行的次级债券只能在认购人之间进行转让。

商业银行次级债券的发行可采取一次足额发行或限额内分期发行的方式。发行次级债券时,发行人应组成承销团,承销团在发行期内向其他投资者分销次级债券。

发行人应在人民银行批准次级债券发行之日起六十个工作日内开始发行次级债券,并在规定期限内完成发行。发行人未能在规定期限内完成发行时,原批准文件自动失效;发行人如仍需发行次级债券,应另行申请。次级债券发行结束后五个工作日内,发行人应向人民银行、银监会报告次级债券发行情况。

三、商业银行混合资本债券

2006年9月5日,人民银行发布《中国人民银行公告(2006)第11号——商业银行发行混合资本债券的有关事宜》,就商业银行发行混合资本债券的有关事项进行了规定。根据规定,混合资本债券是指商业银行为补充附属资本发行的,清偿顺序位于股权资本之前但列在一般债务和次级债务之后,期限在15年以上、发行之日起10年内不可赎回的债券。混合资本债券是一种混合资本工具,它比普通股票和债券更加复杂。

(一)混合资本债券特征

按照现行规定,我国的混合资本债券具有四个基本特征:

第一,期限在 15 年以上,发行之日起 10 年内不得赎回。发行之日起 10 年后发行人具有一次赎回权,若发行人未行使赎回权,可以适当提高混合资本债券的利率。

第二,混合资本债券到期前,如果发行人核心资本充足率低于 4%,发行人可以延期支付利息。如果同时出现以下情况:最近 1 期经审计的资产负债表中盈余公积与未分配利润之和为负,且最近 12 个月内未向普通股股东支付现金红利,则发行人必须延期支付利息。在不满足延期支付利息的条件时,发行人应立即支付欠息及欠息产生的复利。

第三,发行人清算时,混合资本债券本金和利息的清偿顺序列于一般债务和次级债务之后,但先于股权资本。

第四,混合资本债券到期时,如果发行人无力支付清偿顺序在该债券之前的债务或支付该债券将导致无力支付清偿顺序在混合资本债券之前的债务,发行人可以延期支付该债券的本金和利息。待上述情况好转后,发行人应继续履行其还本付息义务,延期支付的本金和利息将根据混合资本债券的票面利率来计算。

(二)申请及发行

商业银行发行混合资本债券应符合《全国银行间债券市场金融债券发行管理办法》第 7 条的有关要求,并按照第 10 条的要求向人民银行报送有关发行申请文件,同时报送近三年按监管部门要求计算的资本充足率信息和其他债务本息偿付情况。

混合资本债券可以公开发行,也可以定向发行。发行人发行混合资本债券应按照《管理办法》的有关规定披露其经营情况以及近三年按监管部门要求计算的资本充足率信息和其他债务本息偿付情况。

(三)评级和信息披露

混合资本债券公开发行和定向发行均应进行信用评级。在混合资本债券存续期内,信用评级机构应定期和不定期对混合资本债券进行跟踪评级,每年发布一次跟踪评级报告,每季度发布一次跟踪评级信息。对影响发行人履行债务的重大事件,信用评级机构应及时提供跟踪评级报告。

发行人按规定提前赎回混合资本债券、延期支付利息或混合资本债券到期延期支付本金和利息时,应提前五个工作日报人民银行备案,通过中国货币网、中国债券信息网公开披露,同时,作为重大会计事项在年度财务报告中披露。

混合资本债券存续期内,发行人应按季度披露财务信息。若混合资本债券采取公开发行方式发行,发行人应在债券付息时公开披露资本充足率信息和其他债务本息偿付情况,作为上市公司的商业银行还应披露其普通股红利支付情况。

第三节　小微企业专项金融债券

银监会2011年5月23日发布的《关于支持商业银行进一步改进小企业金融服务的通知》规定,对于小企业贷款余额占企业贷款余额达到一定比例的商业银行,在满足审慎监管要求的条件下,优先支持其发行专项用于小企业贷款的金融债,同时严格监控所募集资金的流向。同年11月,首单小微企业专项金融债获准发行。

2011年10月24银监会发布的《中国银行业监督管理委员会关于支持商业银行进一步改进小型微型企业金融服务的补充通知》,对小微企业专项金融债券做出如下规定:

一、发行条件

申请发行小型微型企业贷款专项金融债的商业银行除应符合《全国银行间债券市场金融债券发行管理办法》等现有各项监管法规外,其小型微型企业贷款增速应不低于全部贷款平均增速,增量应高于上年同期水平。

二、发行流程

申请发行小型微型企业贷款专项金融债的商业银行应出具书面承诺,承诺将发行金融债所筹集的资金全部用于发放小型微型企业贷款。

三、审核标准与申报流程

对于商业银行申请发行小型微型企业贷款专项金融债的，银监会结合其小型微型企业业务发展、贷款质量、专营机构建设、产品及服务创新、战略定位等情况做出审批决定。对于属地监管的商业银行，属地银监局应对其上述情况出具书面意见，作为银监会审批的参考材料。

四、其他相关事项

获准发行小型微型企业贷款专项金融债的商业银行，该债项所对应的单户授信总额 500 万元（含）以下的小型微型企业贷款在计算"小型微型企业调整后存贷比"时，可在分子项中予以扣除，并以书面形式报送监管部门。

各级监管机构应在日常监管中对获准发行小型微型企业贷款专项金融债的商业银行法人进行动态监测和抽样调查，严格监管发债募集资金的流向，确保资金全部用于发放小型微型企业贷款。

第十四章

证券公司发行的金融债券

第一节 证券公司短期融资券

2004 年 10 月,人民银行制定并发布《证券公司短期融资券管理办法》规定,证券公司短期融资券是指证券公司以短期融资为目的,在银行间债券市场发行的约定在一定期限内还本付息的金融债券。2014 年 10 月 15 日、2014 年 10 月 20 日,上交所、深交所及证券业协会曾分别出台了《上海证券交易所证券公司短期公司债券业务试点办法》《深圳证券交易所证券公司短期公司债券业务试点办法》及《证券公司短期公司债券试点办法》,允许证券公司在向交易所及中证监测中心备案的前提下,在交易所及报价系统发行转让证券公司短期公司债券。但交易所 2015 年 5 月 29 日分别出台的《上海证券交易所非公开发行公司债券业务管理暂行办法》《深圳证券交易所非公开发行公司债券业务管理暂行办法》规定,自该办法发布之日起,交易所依据上述办法的规定接受非公开发行公司债券的挂牌转让申请,确认是否符合挂牌条件;不再对证券公司短期公司债券进行发行前备案,并废除了去年 10 月上交所、深交所出台的《上海证券交易所证券公司短期公司债券业务试点办法》《深圳证券交易所证券公司短期公司债券业务试点办法》。

根据《证券公司短期融资券管理办法》、2012 年 7 月 23 日人民银行金融市场司《关于证券公司短期融资券发行管理和信息披露有关事项的通知》,以及 2005 年 1 月 11 日证监会机构监管部《关于证券公司发行短期融资券相关问题的通知》等规定,对证券公司发行短期融资券的主要规定进行如下介绍:

一、监管机构

证券公司短期融资券的发行和交易接受人民银行的监管。人民银行授权同业拆借中心通过同业拆借中心的电子信息系统每半年向银行间债券市场公示证监会有关短期融资券发行人是否符合发行短期融资券基本条件的监管意见。

二、发行条件

申请发行短期融资券的证券公司,应当符合以下基本条件,并经证监会审查认可:

1. 取得全国银行间同业拆借市场成员资格一年以上;

2. 发行人至少已在全国银行间同业拆借市场上按统一的规范要求披露详细财务信息达一年,且近一年无信息披露违规记录;

3. 客户交易结算资金存管符合证监会的规定,最近一年未挪用客户交易结算资金;

4. 内控制度健全,受托业务和自营业务严格分离管理,有中台对业务的前后台进行监督和操作风险控制,近两年内未发生重大违法违规经营;

5. 采用市值法对资产负债进行估值,能用合理的方法对股票风险进行估价;

6. 人民银行和证监会规定的其他条件。

三、申请文件

(一)向证监会提交文件

拟发行短期融资券的证券公司向证监会机构监管部提交证明其符合《证券公司短期融资券管理办法》规定的发行短期融资券基本条件的材料,包括:

1. 公司拟发行短期融资券的基本情况,包括拟发行短期融资券的目的、偿还安排、资金用途、最近三个月公司净资本情况等内容;

2. 公司客户交易结算资金存管情况、落实《关于进一步加强证券公司客户交易结算资金监管的通知》情况,以及公司高级管理人员对公司未挪用客户交易结算资金并承担相关责任的承诺;

3. 公司内部控制制度及执行情况的说明,包括自有资金运用与代理客户

管理资产业务的分离管理情况,中后台的建设及其对前台运作风险的控制情况,公司合规经营的承诺;

4. 公司采用有关规则对资产负债的估值情况;

5. 公司对股票风险进行评估和控制情况;

6. 取得全国银行间同业拆借市场成员资格的批准文件复印件;

7. 同业拆借中心发布的相关信息披露情况公告的复印件。

(二)向央行提交文件

经证监会认可具有发行短期融资券资格的证券公司,拟在银行间债券市场发行短期融资券应向人民银行提交以下备案材料:

1. 取得全国银行间同业拆借市场成员资格的批准文件复印件;

2. 同业拆借中心发布的相关信息披露情况公告的复印件;

3. 证监会有关短期融资券发行资格的认可文件复印件;

4. 人民银行要求提交的其他材料。

人民银行自收到符合要求的备案材料之日起 10 个工作日内,以备案通知书的形式确认收到备案材料并核定证券公司发行短期融资券的最高余额。最高余额自通知书印发之日起一年内有效。有效期内证券公司可自主发行短期融资券。

四、评级

拟发行短期融资券的证券公司应当聘请资信评级机构进行信用评级。

五、额度与期限

证券公司发行短期融资券实行余额管理,待偿还短期融资券余额不超过净资本的 60%。在此范围内,证券公司自主确定每期短期融资券的发行规模。

人民银行根据证监会提供的证券公司净资本情况,每半年调整一次发行人的待偿还短期融资券余额上限,并将该余额上限情况向全国银行间债券市场公示。人民银行有权根据市场情况和发行人的情况,对证券公司待偿还短期融资券余额与该证券公司净资本的比例上限进行调整。

短期融资券的期限最长不得超过 91 天。发行短期融资券的证券公司可在上述最长期限内自主确定短期融资券的期限。人民银行有权根据市场发展情况对短期融资券的期限上限进行调整。

六、发行规则

短期融资券的发行期最长不超过 3 个工作日,即从短期融资券发行招标日到确立债权债务关系日,不超过 3 个工作日。

短期融资券的发行应采取拍卖方式,发行利率或发行价格由供求双方自行确定。

人民银行授权中央结算公司负责安排短期融资券的发行时间。证券公司发行每期短期融资券前应向中央结算公司申请安排发行时间,由中央结算公司根据各发行人申请的先后顺序排期发行。申请安排发行时间的材料至少应包括如下内容:

1. 人民银行的备案通知书;

2. 拟发行短期融资券的规模;

3. 拟发行短期融资券的期限;

4. 拟发行短期融资券的利率确定方式;

5. 待偿还短期融资券的余额和明细情况;

6. 人民银行规定的其他内容。

中央结算公司应在收到符合本条规定的申请材料后 2 个工作日内确定发行日期并通知发行人。

七、信息披露

(一)发行过程中的信息披露

发行人应在中央结算公司确定的发行日前 3 个工作日,通过中国债券信息网公布当期短期融资券的募集说明书。募集说明书必须由律师事务所出具法律意见书。募集说明书的内容应当具体明确,详细约定短期融资券当事人的权利和义务。募集说明书至少应包括以下内容:

1. 发行人的基本情况;

2. 拟发行短期融资券的规模、期限和利率确定方式;

3. 拟发行短期融资券的担保情况;

4. 发行期;

5. 本息偿还的时间、方式;

6. 发行人的违约责任；

7. 发行对象；

8. 投资风险提示；

9. 人民银行要求公布的其他事项。

短期融资券发行完毕后,发行人应在完成债权债务登记日的次一工作日,通过中国债券信息网向市场公告当期短期融资券的实际发行规模、实际发行利率、期限等发行情况。中央结算公司应定期汇总发行公告,并向人民银行报告短期融资券的发行情况。

证券公司应在发行结束后 10 个工作日内向人民银行书面报告本期短期融资券的发行情况。报送报告的同时应附上发行公告或募集说明书中关于本期债券项的材料、本期发行情况公告或招标情况公告。报告应包括但不限于以下内容:

发行本期短期融资券的依据,人民银行核定证券公司短期融资券最高余额和余额有效期,本期发行时间、发行规模,本次发行的短期融资券期限,发行利率或发行价格,中介机构履职情况等。最近一期经审计的净资本和发行最近一月净资本,本期债权债务登记日短期融资券余额情况及与最近一期经审计净资本的比率。证券公司认为必要的其他事项。

(二)持续信息披露

发行短期融资券的证券公司,需向银行间债券市场披露信息。发行短期融资券的证券公司的董事会或主要负责人应当保证所披露的信息真实、准确、完整,并承担相应的法律责任。

1. 定期信息披露

发行短期融资券的证券公司,必须通过同业拆借中心的电子信息系统定期披露以下信息:

(1)每年 1 月 20 日以前,披露上年末的资产负债表、净资本计算表、上年度的利润表及利润分配表;

(2)每年 7 月 20 日以前,披露当年 6 月 30 日的资产负债表、净资本计算表、当年 1—6 月的利润表和利润分配表;

(3)每年 4 月 30 日前,披露经具有从事证券期货相关业务资格的会计师事务所及其会计师审计的年度财务报表和审计报告,包括审计意见全文、经审计的资产负债表、净资本计算表、利润表及利润分配表和会计报表附注。

2. 临时信息披露

发行人出现下列情形之一时,应当及时予以公告:

(1)预计到期难以偿付利息或本金;

(2)减资、合并、分立、解散及申请破产;

(3)股权变更;

(4)人民银行规定应该公告的其他情形。

已经成为上市公司的证券公司,可以豁免定期披露定期信息(1)、(2)项内容。

八、募集资金投向之限制

证券公司不得将发行短期融资券募集资金用于以下用途:

1. 固定资产投资和营业网点建设;

2. 股票二级市场投资;

3. 为客户证券交易提供融资;

4. 长期股权投资;

5. 人民银行禁止的其他用途。

九、交易、托管、结算与兑付

短期融资券采用簿记方式在中央结算公司进行登记、托管和结算。

(一)交易

短期融资券可以按照《全国银行间债券市场债券交易管理办法》的规定,只在全国银行间债券市场进行交易。短期融资券于债权债务登记日的次一工作日即可流通转让。短期融资券的交易必须通过同业拆借中心的电子交易系统进行。

(二)托管、结算与兑付

发行人应依照发行公告的约定,按期兑付短期融资券本息,不得擅自变更兑付日期。短期融资券到期日前三个工作日为截止过户日。发行人应于短期融资券到期日(遇节假日顺延)将待兑付短期融资券本息一次性全额划入中央结算公司指定的资金账户,由中央结算公司向短期融资券投资人支付本息。

如果发行人未能按期向中央结算公司指定账户全额划付短期融资券本

息,中央结算公司应在短期融资券到期日日终,通过中国货币网和中国债券信息网及时向投资人公告发行人的违约事实。

第二节 证券公司次级债

依据 2012 年 12 月 27 日证监会发布实施的《证券公司次级债管理规定》,证券公司次级债是指证券公司向股东或机构投资者定向借入的清偿顺序在普通债之后的次级债务(以下简称"次级债务"),以及证券公司向机构投资者发行的、清偿顺序在普通债之后的有价证券(以下简称"次级债券")。次级债务、次级债券为证券公司同一清偿顺序的债务。

次级债分为长期次级债和短期次级债。证券公司借入或发行期限在 1 年以上(不含 1 年)的次级债为长期次级债。证券公司为满足正常流动性资金需要,借入或发行期限在 3 个月以上(含)、1 年以下(含)的次级债为短期次级债。

一、发行条件

证券公司借入或发行次级债应符合以下条件:

1. 借入或募集资金有合理用途;

2. 次级债应以现金或证监会认可的其他形式借入或融入;

3. 借入或发行次级债数额应符合以下规定:

(1)长期次级债计入净资本的数额不得超过净资本(不含长期次级债累计计入净资本的数额)的 50%;

(2)净资本与负债的比例、净资产与负债的比例等各项风险控制指标不触及预警标准。

4. 募集说明书内容或次级债务合同条款符合证券公司监管规定。

其中,募集说明书与债务合同应当包含以下条款:

(1)清偿顺序在普通债之后;

(2)次级债的金额、期限、利率;

(3)次级债本息的偿付安排;

(4)借入或募集资金用途;

(5)证券公司应向债权人披露的信息内容和披露时间、方式;

（6）次级债的借入或发行、偿还或兑付应符合本规定；

（7）违约责任；

（8）募集说明书还应载明公司基本情况、财务状况、债券发行、转让范围及约束条件。

二、发行工作流程

（一）证券公司发行次级债务内部决策

证券公司借入或发行次级债应根据公司章程的规定对以下事项作出决议：

1. 次级债的规模、期限、利率以及展期和利率调整；

2. 借入或募集资金的用途；

3. 与借入或发行次级债相关的其他重要事项；

4. 决议有效期。

（二）需提交的申请文件

证券公司申请借入或发行次级债，应提交以下申请文件：

1. 申请书；

2. 关于借入或发行次级债的决议；

3. 募集说明书或借入次级债务合同；

4. 借入或募集资金的用途说明；

5. 合同当事人之间的关联关系说明；

6. 证券公司最近六个月的风险控制指标情况及相关测算报告；

7. 债权人资产信用的说明材料；

8. 证监会要求提交的其他文件。

（三）受理审核流程

证监会及其派出机构对证券公司借入或发行次级债进行批准。其中，证监会对证券公司申请发行次级债券事项做出核准或不予核准的书面决定，证监会派出机构对证券公司申请次级债务借入、展期、偿还、利率调整等事项做出核准或不予核准的书面决定。

1. 对证券公司发行长期次级债券的申请，自受理之日起 20 个工作日内做出决定;对证券公司发行短期次级债券的申请,自受理之日起 10 个工作日内做出决定。

2. 对证券公司借入长期次级债务、次级债务展期的申请,自受理之日起 10 个工作日内做出决定;对证券公司借入短期次级债务、偿还次级债务和利率调整的申请,自受理之日起 5 个工作日内做出决定。

证券公司次级债券经批准后,可分期发行。次级债券分期发行的,自批准发行之日起,证券公司应在 6 个月内完成首期发行,剩余债券应在 24 个月内完成发行。

三、发行方式

证券公司次级债券可由具备承销业务资格的其他证券公司承销,也可由证券公司自行销售。证券公司次级债券只能以非公开方式发行,不得采用广告、公开劝诱和变相公开方式。每期债券的机构投资者合计不得超过 200 人。

四、合格投资者范围

证券公司合格投资者为经国家金融监管部门批准设立的金融机构,包括商业银行、证券公司、基金管理公司、信托公司和保险公司等;上述金融机构面向投资者发行的理财产品,包括但不限于银行理财产品、信托产品、投连险产品、基金产品、证券公司资产管理产品等;注册资本不低于人民币 1000 万元的企业法人;合伙人认缴出资总额不低于人民币 5000 万元,实缴出资总额不低于人民币 1000 万元的合伙企业;经证监会认可的其他投资者。

五、上市交易

证券公司次级债券可在证券交易所或证监会认可的交易场所(以下统称交易场所)依法向机构投资者发行、转让。发行或转让后,债券持有人不得超过 200 人。

次级债券发行或转让后,证券公司应在中国证券登记结算有限责任公司或证监会认可的其他登记结算机构(以下统称登记结算机构)办理登记。

证券公司在银行间市场发行次级债券,应事先经证监会认可,并遵守银行间市场的相关规定。

六、次级债务的展期及偿还

(一)展期

证券公司申请次级债务展期,应提交以下申请文件:

1. 申请书;
2. 关于次级债务展期的决议;
3. 借入次级债务合同;
4. 债务资金的用途说明;
5. 证券公司最近三个月的风险控制指标情况及相关测算报告;
6. 证监会要求提交的其他文件。

前款所称次级债务展期,包括将短期次级债务转为长期次级债务。

(二)偿还

证券公司申请偿还次级债务,应在债务到期前至少10个工作日提交以下申请文件:

1. 申请书;
2. 借入次级债务合同;
3. 证券公司最近一个月的风险控制指标情况及相关测算报告;
4. 证监会要求提交的其他文件。

证券公司偿还短期次级债务的,还应提交债务资金使用情况的说明。提前偿还次级债务的,还应提交关于提前偿还次级债务的决议。

七、信息披露

证券公司应自借入次级债务获批之日起3个工作日内在公司网站公开披露借入次级债务事项,自发行次级债券获批之日起2个工作日内在公司网站公开披露获准发行次级债券事项,并及时披露次级债券的后续发行情况。

证券公司偿还或兑付次级债,应在到期日前至少3个工作日在公司网站公开披露,并在实际偿还或兑付次级债后3个工作日内公开披露偿还或兑付情况。证券公司在交易场所发行次级债券,还应遵守其信息披露的要求。

上市证券公司借入或发行、偿还或兑付次级债的,除应遵守本规定要求外,还应按照上市公司信息披露管理的规定,履行信息披露义务。

八、证券公司风险管理

长期次级债可按一定比例计入净资本,到期期限在3、2、1年以上的,原则上分别按100%、70%、50%的比例计入净资本。

短期次级债不计入净资本。证券公司为满足承销股票、债券业务的流动性资金需要而借入或发行的短期次级债,可按照以下标准扣减风险资本准备:

1. 在承销期内,按债务资金与承销业务风险资本准备的孰低值扣减风险资本准备;

2. 承销结束,发生包销情形的,按照债务资金与因包销形成的自营业务风险资本准备的孰低值扣减风险资本准备。

承销结束未发生包销情况的,借入或发行的短期次级债不得扣减风险资本准备。

证券公司可自长期次级债资金到账之日起按规定比例计入净资本。但是,长期次级债资金于获批日之前到账的,只能在获得批复后按规定比例计入净资本。证券公司借入的短期次级债务转为长期次级债务或将长期次级债务展期的,在获得批复后方可按规定比例将长期次级债务计入净资本。证券公司提前偿还长期次级债务后一年之内再次借入新的长期次级债务的,新借入的次级债务应先按照提前偿还的长期次级债务剩余到期期限对应的比例计入净资本;在提前偿还的次级债务合同期限届满后,再按规定比例计入净资本。新借入的长期次级债务数额超过提前偿还的长期次级债务数额的,超出部分的次级债务可按规定比例计入净资本。证券公司向其他证券公司借入长期次级债务或发行长期次级债券的,作为债权人的证券公司在计算自身净资本时应将借出或融出资金全额扣除。证券公司不得向其实际控制的子公司借入或发行次级债。

证券公司借入次级债务等事项获批后,未经批准不得变更次级债务合同。证券公司风险控制指标不符合规定标准或偿还次级债务后将导致风险控制指标不符合规定标准的,不得偿还到期次级债务本息。次级债务合同应明确约定前述事项。证券公司到期偿还次级债券不受前款约束。

除以下情形外,证券公司不得提前偿还或兑付次级债:

(1)证券公司偿还或兑付全部或部分次级债后,各项风险控制指标符合规

定标准且未触及预警指标,净资本数额不低于借入或发行长期次级债时的净资本数额(包括长期次级债计入净资本的数额);

(2)债权人将次级债权转为股权,且次级债权转为股权符合相关法律法规规定并经批准;

(3)证监会认可的其他情形。

第十五章

保险公司发行的次级债务

根据 2013 年 3 月 15 日保监会修订的《保险公司次级定期债务管理办法》,保险公司次级债务是指保险公司为了弥补临时性或者阶段性资本不足,经批准募集、期限在五年以上(含),且本金和利息的清偿顺序列于保单责任和其他负债之后、先于保险公司股权资本的保险公司债务。保险公司募集次级债应报保监会审批。

一、发行条件

保险公司偿付能力充足率低于 150% 或者预计未来两年内偿付能力充足率将低于 150% 的,可以申请募集次级债。另外,还应当符合下列条件:

1. 开业时间超过三年;

2. 经审计的上年度末净资产不低于人民币 5 亿元;

3. 募集后,累计未偿付的次级债本息额不超过上年度末经审计的净资产的 50%;

4. 具备偿债能力;

5. 具有良好的公司治理结构;

6. 内部控制制度健全且能得到严格遵循;

7. 资产未被具有实际控制权的自然人、法人或者其他组织及其关联方占用;

8. 最近两年内未受到重大行政处罚;

9. 保监会规定的其他条件。

二、申请流程

（一）内部决策

保险公司募集次级债应当由董事会制定方案，股东（大）会对下列事项做出专项决议：

1. 募集规模、期限、利率；

2. 募集方式和募集对象；

3. 募集资金用途；

4. 募集次级债决议的有效期；

5. 与本次次级债募集相关的其他重要事项。

（二）申请文件及其必备条款

保险公司申请募集次级债，应当向保监会报送下列文件：

1. 次级债募集申请报告；

2. 股东（大）会有关本次次级债募集的专项决议；

3. 可行性研究报告；

4. 招募说明书；

5. 次级债的协议（合同）文本；

6. 法律意见书；

7. 公司最近三年经审计的年度财务报告和偿付能力报告以及最近季度末的财务报告和偿付能力报告；

8. 已募集但尚未偿付的次级债总额及募集资金运用情况；

9. 募集人制定的次级债管理方案；

10. 与次级债募集相关的其他重要合同；

11. 保监会规定提供的其他材料。

其中，可行性研究报告应当包括以下内容：

1. 募集次级债的必要性；

2. 次级债的成本效益分析（募集资金的规模、期限、债务定价及成本分析、募集资金的用途、收益预测、对偿付能力的影响等）；

3. 募集方式和募集对象。

保险公司对本次募集次级债进行了信用评级的，还应当报送次级债信用评级报告。

(三)中介机构及其分工

1. 律师事务所

募集人应当聘请律师事务所对本次次级债募集出具法律意见书。法律意见书应当对募集条件、募集方案、募集条款、信用评级等事项的合法合规性明确发表意见。律师事务所应当客观、公正地出具法律意见书并承担相应责任。

2. 资信评级机构

募集人可以聘请资信评级机构对本次次级债进行信用评级。资信评级机构应当客观、公正地出具有关报告文件并承担相应责任。

(四)增信方式之排除情形

保险公司及其股东和其他第三方不得为募集的次级债提供担保。

三、募集要求

募集人可以自行或者委托具有证券承销业务资格的机构募集次级债。募集人应当在保监会批准次级债募集之日起 6 个月内完成次级债募集工作,募集工作可以分期完成。募集人未能在规定期限内完成募集的,原批准文件自动失效;募集人如需募集次级债,应当另行申请。

保险公司募集的次级债金额不得超过保监会批准的额度。募集人应当在次级债募集结束后的 10 个工作日内向保监会报告募集情况,并将与次级债债权人签订的次级债合同的复印件报送保监会。

四、合格投资者范围及其认购比例限制

保险公司次级债应当向合格投资者募集。合格投资者是指具备购买次级债的独立分析能力和风险承受能力的境内和境外法人,但不包括:

(1)募集人控制的公司;

(2)与募集人受同一第三方控制的公司。

募集人的单个股东和股东的控制方持有的次级债不得超过单次或者累计募集额的 10%,并且单次或者累计募集额的持有比例不得为最高。募集人的全部股东和所有股东的控制方累计持有的次级债不得超过单次或者累计募集额的 20%。募集人分期发行次级债的,应当合并作为一次次级债适用前述两

款的规定。

五、保险公司次级债务后续管理和偿还

(一)后续管理

募集人可以委托中债登或者中证登作为次级债的登记、托管机构,并可委托其代为兑付本息。

募集人应当对次级债募集的资金实施专户管理,严格按照可行性研究报告中募集资金的用途和次级债管理方案使用募集资金。

次级债募集资金的运用应当符合保监会的有关规定,不得用于投资股权、不动产和基础设施。

(二)偿还规定

募集人只有在确保偿还次级债本息后偿付能力充足率不低于100%的前提下,才能偿付本息。募集人在不能按时偿付次级债本息期间,不得向股东分配利润。

募集人可以对次级债设定赎回权,赎回时间应当设定在次级债募集五年后。次级债合同中不得规定债权人具有次级债回售权。次级债根据合同提前赎回的,必须确保赎回后保险公司偿付能力充足率不低于100%。除依据前款设定的赎回权外,募集人不得提前赎回次级债。

募集人偿还次级债全部本息或者提前赎回次级债后,应当在10个工作日内向保监会报告偿还或者赎回情况。次级债需要延期的,募集人应当对延期期限、利率调整等事项提出议案,并经次级债债权人同意。募集人应当在与次级债债权人签订延期协议后的5个工作日内,向保监会报告延期情况,并将相关合同文本的复印件报送保监会。债权人可以向其他合格投资者转让次级债。

六、信息披露

(一)总体要求

次级债招募说明书、专题财务报告及重大事项告知等信息披露文件的内容及其制作、发布等,应当符合保监会的有关规定。

募集人应当按照保监会的有关规定制作次级债招募说明书和其他信息披露文件,保证真实、准确、完整、及时地披露一切对募集对象有实质性影响的信息。募集人和有关当事人不得以任何方式误导投资者购买次级债。

募集人应当在招募说明书的显著位置提示投资者:"投资者购买本期次级定期债务,应当认真阅读本招募说明书及有关的信息披露文件,进行独立的投资判断。保监会对本期次级定期债务募集的批准,并不表明其对本期债务的投资价值做出了任何评价,也不表明对本期债务的投资风险做出了任何判断。"

(二)募集过程中的信息披露

募集人应当在招募说明书的募集条款中明确约定:

1. 募集人只有在确保偿还次级债本息后偿付能力充足率不低于100%的前提下,才能偿付本息;

2. 募集人在无法按时支付利息或者偿还本金时,债权人无权向法院申请对募集人实施破产清偿;

3. 募集人依法进入破产偿债程序后,次级债本金和利息的清偿顺序列于所有非次级债务之后;

4. 招募说明书中的募集条款应当具体明确,向投资者充分披露《保险公司次级定期债务管理办法》关于次级债募集、赎回、延期和本息偿付的规定,详细约定次级债当事人双方的权利和义务,约定条款的内容不得违反法律、行政法规和保监会的强制性规定。

招募说明书至少应当包括下列内容:

1. 次级债募集的规模、期限(起止时间)、利率;

2. 募集方式和募集对象;

3. 募集资金的用途;

4. 本息偿付的法定条件、时间、程序、方式;

5. 次级债的转让和赎回;

6. 募集人和次级债债权人的违约责任;

7. 中介机构及其责任。

募集人对本次次级债募集进行了信用评级的,招募说明书中还应当包括信用评级报告及跟踪评级安排的内容。

(三)定期信息披露

在次级债存续期间,募集人应当在每个会计年度结束后四个月内,向次级债债权人披露上一年度的次级债专题财务报告。该报告至少应当包括下列内容:

1. 经审计的财务报表;

2. 经审计的偿付能力状况表、最低资本计算表、认可资产表和认可负债表;

3. 债务本息的支付情况;

4. 募集资金的运用情况;

5. 影响次级债本息偿付的重大投资、关联交易等事项;

6. 其他对次级债债权人有重大影响的信息。

募集人进行了跟踪评级的,还应当包括跟踪评级情况。

(四)临时信息披露

募集人出现下列情形之一的,应当及时告知次级债债权人,并同时报告保监会:

1. 偿付能力状况发生重大不利变动;

2. 预计到期难以偿付次级债利息或者本金;

3. 订立可能对次级债还本付息产生重大影响的担保合同及其他重要合同;

4. 发生重大亏损或者遭受超过净资产10%以上的重大损失;

5. 发生重大仲裁、诉讼;

6. 减资、合并、分立、解散及申请破产;

7. 拟进行重大债务重组;

8. 保监会规定的其他情形。

七、监督管理

募集人应当在每年4月30日之前向保监会提交次级债专题报告,内容包括已募集但尚未偿付的次级债的下列信息:

(1)金额、期限、利率;

(2)登记和托管情况;

（3）募集资金的运用情况；

（4）本息支付情况；

（5）影响本息偿付的重大投资、关联交易等事项；

（6）保监会要求报告的其他信息。

募集人对次级债务登记、托管次级债的，应当于每季度结束后 15 个工作日内向保监会提交次级债专项报告，内容包括：

（1）次级债登记和托管情况；

（2）次级债转让情况；

（3）其他需要说明的重要事项。

八、保险公司风险管理

保险公司募集次级债所获取的资金，可以计入附属资本，但不得用于弥补保险公司的日常经营损失。保险公司计入附属资本的次级债金额不得超过净资产的 50%，具体认可标准由保监会另行规定。

第十六章
企业集团财务公司
发行的金融债券

为满足企业集团发展过程中财务公司充分发挥金融服务功能的需要,改变财务公司资金来源单一的现状,满足其调整资产负债期限结构和化解金融风险的需要,同时也为了增加银行间债券市场的品种、扩大市场规模,2007年7月13日,银监会下发《企业集团财务公司发行金融债券有关问题的通知》,明确规定企业集团财务公司发行债券的条件和程序,并允许财务公司在银行间债券市场发行财务公司债券。

一、发行条件

财务公司发行金融债券,应具备以下条件:

1. 具有良好的公司治理结构、完善的投资决策机制、健全有效的内部管理和风险控制制度及相应的管理信息系统;

2. 具有从事金融债券发行的合格专业人员;

3. 依法合规经营,符合银监会有关审慎监管的要求;

4. 财务公司设立一年以上,经营状况良好,申请前一年利润率不低于行业平均水平,且有稳定的盈利预期;

5. 申请前一年,不良资产率低于行业平均水平,资产损失准备拨备充足;

6. 申请前一年,注册资本金不低于3亿元人民币,净资产不低于行业平均水平;

7. 近三年无重大违法违规记录;

8. 无到期不能支付债务;

9. 银监会规定的其他审慎性条件。

另外,财务公司已发行、尚未兑付的金融债券总额不得超过其净资产总额的100%,发行金融债券后,资本充足率不低于10%。

二、申报流程

(一)受理机构

财务公司发行金融债券应当遵守有关法律、行政法规,未经银监会批准,财务公司不得发行或变相发行金融债券。

(二)申请文件

财务公司发行金融债券应提供以下申请材料:

1. 发行金融债券申请书。

2. 可行性研究报告。报告应当至少包括财务公司经营和财务状况分析、发债资金用途、金融债券本息兑付资金安排和金融债券发行计划等内容。采取分期发行方式的,还应包括分期销售的时间及每期销售量。

3. 财务公司股东会发行金融债券的决议。

4. 募集说明书。

5. 有关担保协议及担保人资信情况说明。

6. 财务公司和担保人近三年经审计的财务报告或审计报告。

7. 发行公告或发行章程。

8. 信用评级报告和跟踪评级安排的说明。评级报告应针对财务公司的特点,重点分析财务公司的信用水平和揭示本次发行金融债券的风险。

9. 承销协议或者意向书。

10. 律师出具的法律意见书。

11. 银监会要求提交的其他文件和资料。

(三)受理与审核

银监会直接监管的财务公司发行金融债券,向银监会提交申请,由银监会受理、审查并决定。银监局监管的财务公司发行金融债券,向所在地银监局提交申请,银监局受理、初审后,报银监会审查并决定。

银监会自收到完整申请材料之日起 3 个月内做出批准或不批准的书面决定。

三、外部增信

财务公司发行金融债券应当由财务公司的母公司或其他有担保能力的成员单位提供相应担保,经银监会批准免予担保的除外。

四、募集资金投向

财务公司的发债资金用途应符合国家产业政策和相关政策规定,用于支持集团主业发展和配置中长期资产,解决财务公司资产负债期限不匹配问题,不得用于与集团和财务公司主业无关的风险性投资。

五、承销与发行

财务公司金融债券由符合条件的金融机构承销,财务公司自主选择承销机构。需要组织承销团的,由承销机构共同组织承销团。承销方式及相关费用由财务公司和承销机构协商确定。

财务公司发行金融债券可在银行间债券市场公开发行或定向发行,并遵守相关规定。财务公司发行金融债券可采取一次足额发行或限额内分期发行的方式。

财务公司应在人民银行批准金融债券发行之日起 2 个月内开始发行金融债券,并在规定期限内完成发行。财务公司金融债券如未能在上述规定期限内发行,则批准文件自动失效。财务公司如仍需发行金融债券,应另行报批。

采取分期发行的,如发行方式和发行条件发生变化,财务公司应当在每期销售前将发行方案报银监会备案。每期金融债券发行结束后 15 个工作日内,财务公司应向银监会报告金融债券发行情况。

六、评级

财务公司公开发行金融债券应由具备债券评级能力的评级机构进行信用评级。信用评级机构对评级的客观性、公正性和及时性承担责任。

七、上市流通

金融债券发行结束后,经人民银行批准,可以在银行间债券市场进行流通转让。具体交易和结算办法参照相关规定。

八、信息披露

财务公司金融债券存续期间,财务公司和担保人应于每年 4 月 30 日前向银监会提交经注册会计师审计的上一年度财务报告。公开发行金融债券的财务公司应通过人民银行指定媒体披露本公司和担保人的年度财务报告。

财务公司如发生影响金融债券价格或本息兑付的事件,应及时报告银监会,并按照相关规定向投资人披露。

第十七章
金融租赁、汽车金融和消费
金融公司发行的金融债券

2014 年 5 月 15 日，人民银行、银监会发布《金融租赁公司、汽车金融公司和消费金融公司发行金融债券有关事宜》，对金融租赁公司、汽车金融公司和消费金融公司等非银行金融机构发行金融债进行规范。

根据规定，金融租赁公司是指经银监会批准设立，以经营融资租赁业务为主的非银行金融机构；汽车金融公司是指经银监会批准设立，为中国境内的汽车购买者及销售者提供金融服务的非银行金融机构；消费金融公司是指经银监会批准设立，不吸收公众存款，以小额、分散为原则，为中国境内居民个人提供以消费为目的的贷款的非银行金融机构。

一、监管机构

人民银行和银监会依法对金融租赁公司、汽车金融公司和消费金融公司金融债券的发行进行监督管理。人民银行对金融租赁公司、汽车金融公司和消费金融公司在银行间债券市场发行和交易金融债券进行监督管理；银监会对金融租赁公司、汽车金融公司和消费金融公司发行金融债券的资格进行审查。

二、发行条件

金融租赁公司、汽车金融公司和消费金融公司发行金融债券，应具备以下条件：

1. 具有良好的公司治理机制、完善的内部控制体系和健全的风险管理制度；

2. 资本充足率不低于监管部门的最低要求；

3. 最近三年连续盈利；

4. 风险监管指标符合审慎监管要求；

5. 最近三年没有重大违法、违规行为；

6. 人民银行和银监会要求的其他条件。

对于资质良好但成立未满三年的金融租赁公司,可由具有担保能力的担保人提供担保。

三、核准机构及提交文件

(一)向银监会提交文件

金融租赁公司、汽车金融公司和消费金融公司发行金融债券,应向银监会报送以下文件：

1. 金融债券发行申请报告；

2. 发行人公司章程或章程性文件规定的权力机构的书面同意文件；

3. 发行人近三年经审计的财务报告及审计报告；

4. 募集说明书；

5. 发行公告或发行章程；

6. 承销协议；

7. 发行人关于本期偿债计划及保障措施的专项报告；

8. 信用评级机构出具的金融债券信用评级报告和有关持续跟踪评级安排的说明；

9. 发行人律师出具的法律意见书；

10. 银监会要求的其他文件。

采用担保方式发行金融债券的,还应提供担保协议及担保人资信情况说明。

(二)向央行提交文件

金融租赁公司、汽车金融公司和消费金融公司发行金融债券的申请获得银监会批准后,应向人民银行报送以下文件：

1. 上述第一项至第九项要求的文件；

2. 银监会同意金融债券发行的文件；

3. 人民银行要求的其他文件。

四、募集资金投向

金融租赁公司、汽车金融公司和消费金融公司的发债资金用途应当符合国家产业政策和相关政策规定,不得从事与自身主业无关的风险性投资。

第十八章

金融债券业务相关监管法规

金融机构发行金融债券,须依据以下文件:

1. 央行:《银行间债券市场发行绿色金融债券有关事宜公告》(2015 年 12 月 15 日)

2. 上交所:《上海证券交易所非公开发行公司债券业务管理暂行办法》(2015 年 5 月 29 日)

3. 深交所:《深圳证券交易所非公开发行公司债券业务管理暂行办法》(2015 年 5 月 29 日)

4. 中证协:《证券公司短期公司债券试点办法》(2014 年 10 月 20 日)

5. 深交所:《深圳证券交易所证券公司短期公司债券业务试点办法》(2014 年 10 月 16 日)

6. 上交所:《上海证券交易所证券公司短期公司债券业务试点办法》(2014 年 10 月 15 日)

7. 央行、银监会:《金融租赁公司、汽车金融公司和消费金融公司发行金融债券有关事宜》(2014 年 5 月 15 日)

8. 上交所:《关于国家开发银行金融债券发行交易试点的通知》(2013 年 12 月 24 日)

9. 保监会:《保险公司次级定期债务管理办法》(2013 年 3 月 15 日)

10. 证监会:《证券公司次级债管理规定》(2012 年 12 月 27 日)

11. 央行:《关于证券公司短期融资券发行管理和信息披露有关事项的通知》(2012 年 7 月 23 日)

12. 银监会:《中国银行业监督管理委员会关于支持商业银行进一步改进小型微型企业金融服务的补充通知》(2011 年 10 月 24 日)

13. 银监会:《关于支持商业银行进一步改进小企业金融服务的通知》

（2011 年 5 月 23 日）

14. 央行:《全国银行间债券市场金融债券发行管理操作规程》(2009 年 5 月 15 日)

15. 央行:《公司债券在银行间债券市场发行、交易流通和登记托管有关事宜公告》(2007 年 9 月 29 日)

16. 银监会:《关于企业集团财务公司发行金融债券有关问题的通知》(2007 年 7 月 13 日)

17. 央行:《中国人民银行公告(2006)第 11 号——商业银行发行混合资本债券的有关事宜》(2006 年 9 月 5 日)

18. 央行:《全国银行间债券市场金融债券发行管理办法》(2005 年 6 月 1 日)

19. 证监会:《关于证券公司发行短期融资券相关问题的通知》(2005 年 1 月 11 日)

20. 央行:《证券公司短期融资券管理办法》(2004 年 11 月 1 日)

21. 证监会:《关于进一步加强证券公司客户交易结算资金监管的通知》(2004 年 10 月 12 日)

22. 央行、银监会:《商业银行次级债券发行管理办法》(2004 年 6 月 17 日)

23. 央行:《全国银行间债券市场债券交易管理办法》(2000 年 4 月 30 日)

24. 央行:《关于发行企业短期融资券有关问题的通知》(1987 年 2 月 17 日)

25. 央行、工行、农行:《一九八五年发行金融债券、开办特种贷款办法》(1985 年 7 月 22 日)

后　记

关于本书的出版,要感谢老朋友贺学会教授老师百忙中为本书写序,要感谢厦门大学出版社的甘世恒老师作为本书的责任编辑付出的艰辛劳动!

关于职业成长,感谢郑州亚细亚、德隆、明天系曾经为我提供的宝贵的工作机会和难得的实战体验:郑州亚细亚的军事化管理手段和强烈的市场竞争意识,德隆的敢为天下先的创新理念和广纳高端人才、全球视野的胸怀和见解,明天系的低调务实的神秘风格、学院派的综合优势。

关于从海南岛到上海滩闯荡江湖,要感谢张世信老师及师母、史文清老师三位老人家对我父母般的关爱。世事难料,张师母已经仙逝,愿张老师安度晚年。

感谢父母,他们虽已去世多年,但是二老言传身教给我留下了宝贵的精神财富:本本分分做人,踏踏实实做事,乐观坚强而又知足常乐。

感谢妻子和孩子,她们是我的动力,也是我的港湾。

书稿交付出版社之后,出台了三部相关规定,分别是上海证券交易所2016年2月1日公布的《资产证券化业务指南》、上海证券交易所2016年1月29日发布的《关于加强公司债券及资产证券化业务风险控制的函》、中国人民银行20162月14日发布的《全国银行间债券市场柜台业务管理办法》。本着对读者负责的精神,据此对书稿的相应内容进行了补充和完善。

余红征

2016 年 2 月 15 日于上海陆家嘴世纪金融广场